名师讲堂

文物精品与文化中国

彭林 著

商务印书馆
2019年·北京

图书在版编目(CIP)数据

文物精品与文化中国 / 彭林著.—北京：商务印书馆，2019
（名师讲堂）
ISBN 978-7-100-17063-5

Ⅰ.①文⋯ Ⅱ.①彭⋯ Ⅲ.①文物—介绍—中国②中华文化—介绍 Ⅳ.①K87②K203

中国版本图书馆 CIP 数据核字(2019)第 014445 号

权利保留，侵权必究。

文物精品与文化中国
彭林 著

商 务 印 书 馆 出 版
(北京王府井大街36号 邮政编码100710)
商 务 印 书 馆 发 行
北 京 冠 中 印 刷 厂 印 刷
ISBN 978-7-100-17063-5

2019年3月第1版　　　开本 710×1000　1/16
2019年3月北京第1次印刷　印张 26¾　插页 2
定价：78.00元

曾侯乙编钟 局部图

伏鸟双尾铜虎

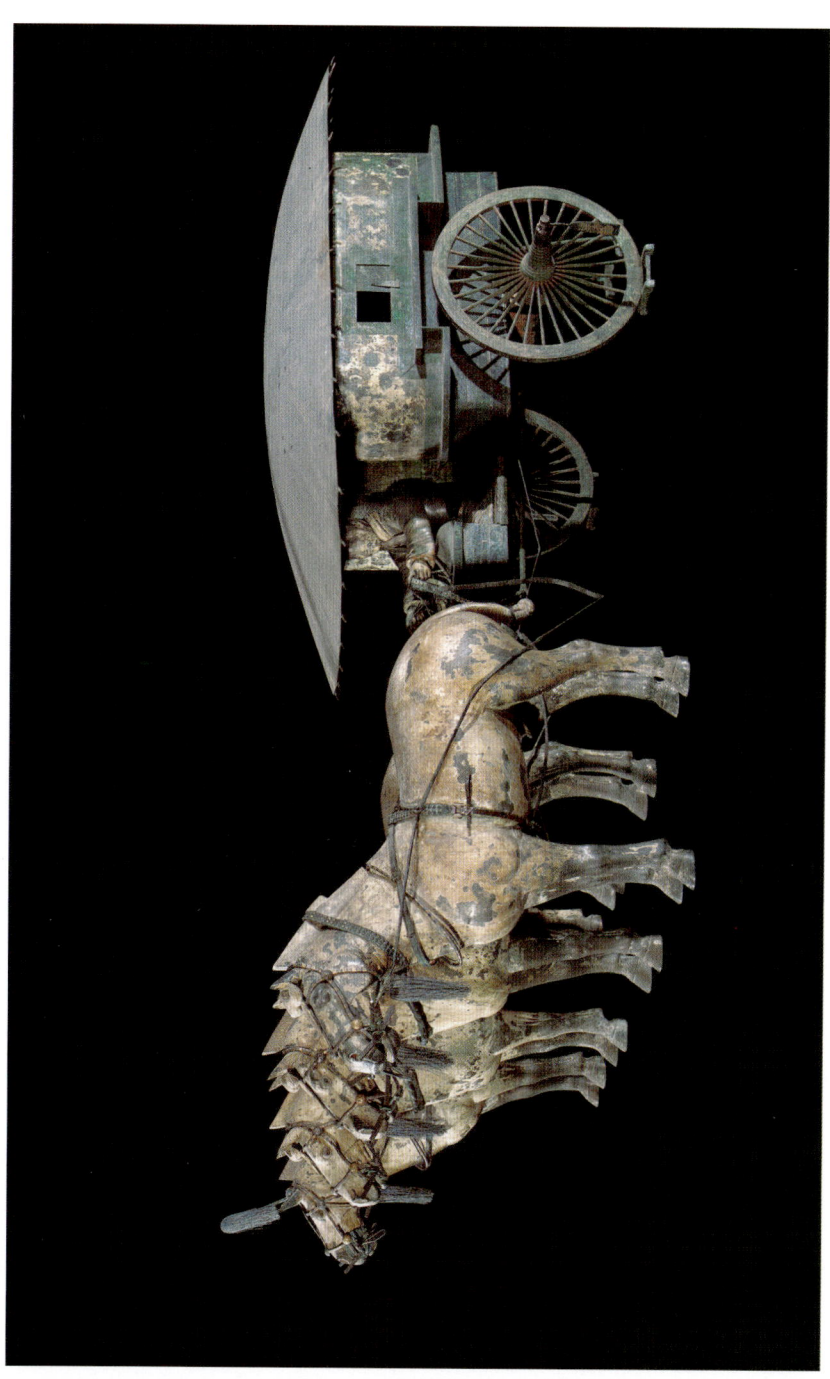

秦始皇陵2号车全图

紫禁城太和殿的飞檐神兽

目 录

第三版前言　I

"清华版"原序　VI

"北大增订版"前言　IX

第一讲　河姆渡骨耜与中国古代农业文明　001
  一　农业文明起源的几种学说　001
  二　磁山—裴李岗遗址：粟起源于黄河流域　004
  三　石破天惊河姆渡　008
  四　澧县彭头山文化稻谷：刷新河姆渡纪录　013
  五　不能遗忘的原始稻作区：黄淮流域　017
  六　玉蟾岩稻谷：一万年以前的古栽培稻　021
  七　原始稻作的"边缘起源说"　022

第二讲　贾湖骨笛与中国古代七声音阶的起源　026
  一　先秦文献所见的七声音阶　026
  二　音乐史家对七声音阶起源时间的探索　028
  三　周代有七声音阶：曾侯乙编钟作证　030
  四　河南舞阳贾湖遗址概况　035
  五　贾湖骨笛的鉴定　037
  六　贾湖骨笛的年代与分期　040

七　贾湖骨笛的制作技巧　042
　　八　贾湖骨笛的未解之谜　046
　　九　上古时代为何偏爱五声音阶　049

第三讲　上孙家寨舞蹈纹盆与甘青地区的彩陶文化　051
　　一　彩陶的制作　051
　　二　仰韶彩陶的发现　056
　　三　甘青地区的彩陶文化　060
　　四　绚丽的甘青地区彩陶　065
　　五　中国彩陶文化是否西来？　072

第四讲　河姆渡蚕纹杖饰与先秦服饰文化　079
　　一　"治其丝麻，以为布帛"　079
　　二　抽丝剥茧之谜　082
　　三　蚕桑发祥在何地　084
　　四　黏附在铜锈上的商代丝织品　088
　　五　成为国家行为的周代蚕桑业　091
　　六　东周时期的丝织品　094
　　七　先秦时代的服饰文化　101

第五讲　良渚"琮王"与中国史前时代的玉文化　109
　　一　绵延数千年的中国玉文化　109
　　二　新石器时代的中国古玉　112
　　三　古玉王国良渚　115
　　四　鬼斧神工的良渚玉器　119

五　解读良渚"神徽"　124

　　六　含山玉器：史前制玉的又一奇迹　127

第六讲　四羊方尊与长江流域的商代文明　134

　　一　长江流域：司马迁笔下的"荒蛮服地"　134

　　二　四羊方尊带来的疑问　136

　　三　盘龙城：长江之滨的商文化　137

　　四　吴城遗址：异军突起的江西商时期青铜文化　139

　　五　洋洋大观的新干商墓　141

　　六　新干商墓的文化属性　149

　　七　新干商墓：层出不穷的新课题　157

　　八　江西新干牛头城遗址　160

　　九　宁乡炭河里西周古城　161

　　十　佘城遗址　162

第七讲　妇好墓象牙杯与先秦时期的生态环境　166

　　一　妇好墓为什么会有象牙杯？　166

　　二　史前时代华北地区的生态环境　170

　　三　象与先秦社会生活　173

　　四　解读吉美象尊　178

　　五　象逐步南移与消失的原因　181

第八讲　妇好偶方彝与青铜时代的礼乐文化　190

　　一　灿烂的中国青铜时代　190

　　二　何谓礼乐文化　194

三　青铜礼器　198

　　四　青铜礼器的组合　207

　　五　青铜乐器　210

第九讲　曾侯乙墓漆箱盖天文图与二十八宿的起源　216

　　一　《尧典》所见的上古天文学　216

　　二　北极、北斗和二十八宿　220

　　三　二十八宿起源于何地　223

　　四　铁证如山：曾侯乙墓漆箱盖星图　227

　　五　濮阳西水坡45号墓：远古时代的北斗二宫图　232

　　六　西水坡45号墓墓主身份之谜　236

第十讲　曾侯乙墓均钟与中国古代的律吕　238

　　一　三分损益法　238

　　二　匪夷所思：曾侯乙编钟的乐律　241

　　三　五弦琴乎？筑乎？　246

　　四　均钟！湮没千年的均钟！　249

　　五　雨台山律管：又一种战国调音器　255

第十一讲　越王勾践剑与吴越地区的冶铸技术　259

　　一　文献中的吴越之剑　259

　　二　剑与先秦社会　263

　　三　吴王夫差剑，出土知多少　266

　　四　地不爱宝，越王剑频频面世　269

　　五　揭开吴越复合剑的千古之谜　273

六　吴越之剑的菱形暗格纹技术　275

　　七　薄壁同心圆剑首：高妙在何处　278

　　八　剑的衰落　281

第十二讲　秦陵铜车马与先秦时代的造车技术　284

　　一　文献所见的先秦马车　284

　　二　田野考古所见的商周车辆　289

　　三　《考工记》记载的造车工艺　292

　　四　秦陵铜车马概说　302

　　五　秦陵铜车马的学术价值　305

　　六　秦陵铜车马的精湛工艺　310

第十三讲　泉州宋船与中国古代的造船技术　315

　　一　文献所见的原始渡河工具　315

　　二　绰墩山出土的渡河浮木　317

　　三　我国古代舟船的遗迹　319

　　四　中国古船制造的原创性技术　324

　　五　泉州宋船的发现　333

　　六　泉州宋船的结构与建造技术　336

第十四讲　正统针灸铜人与中国古代的经络学说　341

　　一　针、灸、经络溯源　341

　　二　扁鹊与仓公的针灸医术　345

　　三　《内经》与针灸　348

　　四　马王堆帛书、张家山汉简中的经络文献　353

五　明代正统针灸铜人　359
　　六　针灸是中医学对世界文明的重要贡献　366

第十五讲　《周易》《周礼》与故宫、北京城　370
　　一　《周易》与《周礼》其书　370
　　二　忽必烈：《周礼》建国之制的第一位实行者　374
　　三　明清故宫、北京城的阴阳五行格局　378
　　四　故宫：礼制与审美情趣统一的典范　387

"清华版"后记　397
"北大版"后记　398

第三版前言

本书初名《文物精品与文化中国》,是作者在清华大学开设的同名课程的教材,全书共10个专题,2002年由清华大学出版社出版。2007年,本书被北京大学出版社的"名家通识讲座书系"选入,因高校每学期的长度为15周,故该书系的书名均缀以"十五讲"一词;为与之配合,本书增写5个专题,易名为《文物精品与文化中国十五讲》。今年,2018年,本书在修订后推出第三版,版权移交商务印书馆,书名复归《文物精品与文化中国》。回眸本书从第二版到第三版的十年间,若有值得一提的事,当是本课程开始从教室走向网络平台。

一门大学的新课,从构思设计、搜集资料、反复修改,到趋于成熟,至少要投入三至五年的时间。一门课一学期有300人选修,就算规模了得。以此为率,十年之积,受众不过区区3000人。投入与产出,极之不成比例。课程的传播,受到校门、山河等因素阻隔,故其行也不远。而文化只有通过传播,才能实现其价值;辐射越广,影响面越大,价值的实现也就越充分。突破教室、国界的藩篱,让课程走向世界，变成人类共享的资源，曾经是每位教师期盼的梦想。令人欣喜是，不仅梦想居然成真，而且我有幸成为国内最早的参与者。

2012年4月，美国哈佛大学与麻省理工学院联手创建了面向大众、免费提供大学教育水平的在线课堂平台：edx。他们利用现代高科技手段，将高等学府里的教学资源网络化，做成社会人士都可以随时上网收看的课程，课程的内容被分割成许多段落，每段5—10分钟，自成首尾，以便收看者充分利用点滴时间学习；实现大规模、开放式教学的梦想由此成为现实。为进一步打造世界顶尖高校相联合的共享教育平台，2013年，edx运营方决定新增15所著名大学的在线课程，其中包括清华大学、北京大学、香港大学、京都大学等六所亚洲名校。

清华大学闻风而动，确定了首批加盟edx的四门课程，我讲授的"文物精品与文化中国"忝列其中。随后，校领导与入选的四门课程的主讲教师商讨网络课件的制作细节。不久，又专门讨论我这门课程的拍摄方案，提出两点要求：其一，鉴于课程以讲解"文物"为特色，故应该走出教室，到博物馆、考古工地去讲，每个专题至少采访两个博物馆或考古工地；其二，课程涉及领域广泛，专业性强，为保证视频英文字幕的水准，应聘请外籍人士翻译。我们随即议定了拟往拍摄的文博单位的名单，并决定聘请英国学者龚丹（Don Jonathan Cohn）担任字幕的英译工作，他在香港生活过三十多年，谙熟中国文化与汉语。

清华那年9月18日开学，而我秋季学期有两门课，届时再难有大块的时间外出拍摄。为此，决定在开学前先去南方地区、学期结束后再去西北地区拍摄的原则。9月7日，我们飞抵合肥，次日前往含山县凌家滩遗址拍摄。9日，驱车前往南京，拍摄明代宝船厂遗址，次日上午继续，原本下午转往南京博物院，不料该院正在大修，遂前往杭州。11日上午，在浙江省博物馆采录良渚玉器资料；下午前往良渚博物馆，承馆方热情接待，派人带我们先去良渚古城墙遗址拍摄，次日再回良渚博物馆。13日，前往余姚河姆渡遗址博物馆拍摄。14日回杭州，第三次到良渚博物院拍摄。当晚，乘坐21点多的航班从杭州飞往泉州，计划拍摄陈列在开元寺内的南宋古船。15日上午方知，古船陈列馆正在维修，一概不接待来访。我们多方委托，依然无法通融，只得先在泉州海外交通史博物馆采录。16日上午，经我们陈述后，海交馆丁馆长特许我们进开元寺古船陈列馆，真是大喜过望。因清华已开学，故此日必须赶回学校，原定21点20分起飞的航班，居然延误至23点30分，到家已是凌晨3点。南方地区的拍摄，至此完成。

为加快进度，我们在学期中间见缝插针地完成了某些器物的拍摄。10月14日，笔者到中国音乐学院参加国乐节的活动，发现河南平顶山学院乐队用复制的贾湖骨笛演奏，遂邀请演奏者到清华工字厅录制吹奏方式。此外，清华蒙民伟楼大厅有一套曾侯乙编钟的复制件，因白天人来人往，无法录制，到晚上10点，蒙民伟楼清馆后，我们进入录制，至深夜12点告成。

12月14日到太庙拍摄。20日乘高铁去安阳，21—23日在殷墟及中国文字博物馆、中国社科院考古研究所殷墟工作站库房、殷墟博物苑、妇好墓采录甲骨、铜器、象牙器资料。24日，前往河北武安县磁山遗址博物馆采录，馆长赠送全套照片资料，并主动带我们去文物库房采录，收获甚丰。晚9点回到安阳。25日，雾霾严重，拍甲骨文专题，上午到殷墟博物苑127坑、碑林等地采录，下午离安阳回京。

2014年，元月3日下午飞往武汉，4、5两日在湖北省博物馆拍摄曾侯乙墓相关文物，适逢该馆正展出盘龙城专题，内有不少我们所需要的题材，故一并拍摄。6日是周一，湖北省博物馆馆休日，馆领导特许我们开柜拍摄越王勾践剑、均钟、二十八宿漆箱盖。下午5点开车前往与武汉临近的某市博物馆，尽管事先已与之通话联系，并按对方要求携带了清华大学的正式介绍信，但我们到达后，馆长与保管部有关人员虚与委蛇，互相推诿，仅仅出示电脑中二三十张内容不重要的图片，令人愤慨，遂折返武汉机场，乘晚班飞机回京。

4月21日晨，飞往西安，下午在秦陵兵马俑博物院采录，为避开川流不息的观众，院方特许我们在闭馆后拍摄铜车马等文物。次日，前往半坡博物馆拍摄。23日上午飞抵西宁后，随即驱车至乐都县柳湾彩陶博物馆，时值周末，库房保管员已回西宁家里，不少彩陶无法拍摄。午后前往青海省博物馆，馆长安排在5点闭馆后，从库房取出若干件我们点名的彩陶供拍摄。24日再往柳湾，保管员专门从西宁赶回，拍摄非常顺利，中午，馆长在附近农家院宴请。下午拍摄结束后，开车前往兰州，9点多到达。25日上午与兰州文物局联系到省博物馆拍摄事宜，对方回答说，有上级部门领导正在馆内视察，故无法接待。下午，兰州大学博物馆张克非教授邀请我们到该馆参观，发现不少展品与我们的生态专题有关，随之拍摄，收获良多。26日中午飞回北京。

上述行程逾两万里，出发时是酷暑，在泉州拍摄时，衣服被汗水浸透，稍干后即是成片的白色盐渍。为了保持讲解时的状态，12月14日在太庙拍摄时，脱了帽子和羽绒衣，在凛冽的寒风中讲述约40分钟，之后连日偏头痛，19日针灸治疗。20日以后的几天在安阳偏头痛依然严重,加之天气极其寒冷,以致脚趾冻麻,精神很差。最后一站到兰州时,半夜下雪,酒店窗户关不严,无法入睡。伴随这段经历的,既有奔波、劳累、郁闷,也有欣喜、感激、期待。尤其值得提及的是,在拍摄前方,研究生李旭、罗婷婷始终鞍前马后,执鞭随镫,跟随我转战南北;在后方,罗婷婷、陈士银夜以继日地上传网络画面、英文字幕,回答海外学员的各种提问,马延辉同学则负责与各地文博部门的联络;他们辛劳有加,与我同甘共苦,笔者书此,正是希冀留下这段深铭五内的珍贵记忆。

2014年本课程在edx上正式播出,灿烂的中国文物所承载的东方文化,受到西方朋友的广泛欢迎与赞叹,马库斯·鲁格(Marcus Luger)便是其中的一位,他是德国一家媒体的记者,选修本课程后,对中国文化非常痴迷,主动承担欧洲地区的助教。2014年6月,他得悉我将到德国哥廷根大学访问,驱车两百公里,专程过来与我见面。

2016年11月15日,edx授予"文物精品与文化中国"课程以"突出贡献奖"荣誉证书。本课程的中文版进入清华大学"学堂在线"后,选修的人数自然更多,今年春季"自主模式"与"随堂模式"的选修人数均接近9万人。让自己的课程走向全国、全世界,已成为现实,令人深感欣慰。

本书的第三版,增加了若干内容,在文字上做了全面校订,更换了大量插图。商务印书馆的编辑尽心尽力,付出了辛勤的劳动,在此三申敬谢之意。

彭 林

于2018年"五一"劳动节

"清华版"原序

本书是我在清华大学为本科生开的选修课的教材。这门课之所以要以"文物精品与文化中国"为名，经历了很长时间的酝酿。

中国考古学，是20世纪初诞生的一门新兴学科，但在过去的一百多年中，考古学无疑是发展最快、成就最为辉煌的学科之一。无数沉睡千年乃至万年的古代遗址、遗物，如同被法术从地下呼唤出来，我们对于中华文明的认识，由此而不断被刷新。

文物是文化的载体，是一种物化了的文化。一件有价值的文物，必然凝聚着古人的审美情趣、工艺技术、行为方式、思维特点等内涵。然而文物是无声的，需要学者去发掘和解读。因此，从某种意义上来说，某项考古发掘的结束，只是完成了一半的任务，当然，这是最基本的任务；另一半工作是要解读文物所包含的信息。如果没有后一半的工作，文物的价值就不能充分展现。例如，著名的曾侯乙编钟，如果没有古文字学家对铭文的成功释读，没有音乐史家对铭文所记乐律的深入研究，曾侯乙编钟的价值就难以真正为世人所认识。

不无遗憾的是，这些研究成果，通常是用相当专业的语言撰写的，一般读者难以卒读，而且都是在相当专门的刊物上发表的，专业之外的读者连刊物都难以见到。例如，曾侯乙墓出土的一件五弦器，经过中央音乐学院音乐研究所前所长黄翔鹏教授的缜密研究，确认为《国语·周语》记载的均钟，也就是编钟的音准器。这一发现，对于认识曾侯乙编钟的乐律体系，有着重大的贡献，可谓凿破鸿蒙，他的精深的功力和卓越的识见令人惊叹！可惜的是，黄先生的研究，鲜为音乐史界之外的人所知。

我之所以开设"文物精品与文化中国"的课程，正是出于以上的感慨。我希望通过本课的讲授达到以下两个目的：

一是充当考古学家、文物研究专家与大学生和普通读者之间的桥梁。我试图将考古学家和文物研究专家的高头讲章，转换成普通读者能够听懂的语言，把专家们的重要研究成果变成大众的共识。希望听过本课的同学，或者读过本书的读者朋友，能对文物研究的一些重要成果有更加深刻的了解，由此而对灿烂的中国古代文明形成比较直观的印象，对"文化中国"的含义有更为透彻的认识。

二是希望通过本课，在学生中提倡学科交叉的思想。学术原本是一个整体，但是迄今所见的学科划分的态势，却是越来越细，其结果是人们的视野越来越窄。实际上，学术的发展越来越依赖于学科的联合。即使是一件文物的研究，也会涉及广泛的学科知识。文物研究的重要突破，每每得力于学科交叉的力量。这一现象，昭示了未来世纪的学科发展方向。希望学生能从本课得到启发，多多关注其他学科的研究状况。

本教材选择的10件（组）文物，大多是足以改变我们对古代中国的固有认识的精品，将它们作为引子来介绍古代中国的文化，是鉴于它们的学术价值。本书内容涉及古代农业、天文、音乐、纺织、玉器、建筑等领域，远远超出了我的专业范围，在撰写的过程中，深感力不从心。因而，尽管黾勉为之，但错误和粗疏之处仍是不可避免的，恳请专家和广大读者赐教。

彭　林
2002 年 4 月 4 日于清华园

"北大增订版"前言

20世纪80年代以来,社会上至少出现过两次大的文化热,在大学里,文化类选修课非常受欢迎。但是,稍加观察就可以看出,这类课程的大结构比较单调,几乎都集中在思想文化领域:《周易》《老子》、道家、佛教等等。众所周知,人类创造的文化可以大别为三种形态:物质文化、思想文化以及介于两者之间的制度文化。这三种形态是共生的、相互依存的,思想文化的课程当然很重要,但却不能偏执于此,犹如弹钢琴,手指不能总是按在一个键上。要反映人类文明的整体,就应该百花齐放,鼓励开设更多的、不同类型的选修课。为此,我决定尝试开两门目前还比较少见的课程:一门是"中国古代礼仪文明",旨在介绍古代中国的礼仪制度,迄今为止,全国高校还未见有第二家开设同样课程的,当然讲得是否成功是另一回事;还有一门是"文物精品与文化中国",希冀以出土文物为线索来介绍古代中国的物质文化。本书就是后者的教材。

"文物精品与文化中国"开讲之后,受到清华同学的热烈欢迎,报名选修的学生有时多至上千名,教务处不得不用电脑抽签的方法来确定选课者的名单,并且将清华最大教室之一的"主楼后厅"作为课堂。有的同学连续两年没有选上,便旁听了两轮。也有的同学发动寝室的所有同学为自己选这门课。本课程的内容,还给美国富布莱特基金会教师访华团、中国香港高级公务员清华课程班、新加坡高级公务员高级课程班,以及港、澳、台地区来大陆参访的大学生团队讲授过,同样受到普遍的欢迎。这并不是说我有多高的教学水平,而是证明中国文化有着无穷的魅力,在它面前,谁都会由衷地折服。换了谁来讲这门课,都会出彩。

借本书出版的机会,我要向清华的学生表达内心的敬意。从某种意义上来说,是他们成就了这门课程。选修的学生来自全校各院系,而以理工科同学居多,然而所有的学生都表现出了对于文化中国的无比热情,课堂气氛总是热烈得让我感动。每次走上讲台,都是我生活中最愉悦的时刻,我会不由自主地陶醉其中。每学期,我都要组织听课的同学自费乘火车到河南安阳殷墟考察,有一年居然去了整整两节车厢的同学,连安阳市政府的领导和中国社会科学院考古所殷墟工作站的专家都很吃惊。正是他们的热情,点燃了我的心灵之火,使我如同"夸父逐日"一般,矢志不渝地为他们奔跑。孟子把"得天下英才而教之"作为帝王都享受不到的人生快乐,诚非虚言也。

清华大学教务处和校文化素质教育基地对本课程的建设给予了很大支持。教务处主动投资协助我制作了与课程教学配套的教学软件,为课堂教学增色不少。教育部文化素质指导委员会副主任张岂之先生,校文化素质教育基地的胡显章、徐葆耕等领导多年关心本课程的建设,给予了许多指导性的意见。正是由于各方面的关怀和支持,本课程2003年被教育部授予"首批国家精品课程"称号,

2004 年获北京市优秀教学成果一等奖，2005 年获国家级优秀教学成果二等奖。平心而论，面对这些不期而至的荣誉，内心总是惴惴不安，因为我比谁都清楚，这门课程确实还存在许多不足之处，而且原教材只有十个专题，内容也略显单薄。为了将这门课建设成真正的精品课，我一直在酝酿增写新的专题。

本课程原有的教材于 2002 年由清华大学出版社出版，不久重版过一次。2005 年，北京大学出版社推出一套"十五讲"书系，出版社希望我将这门课的教材列入其中，这从客观上给了我尽快推出增订本的压力。为了与"十五讲"系列的体例匹配，我决定在修订原教材的基础上再增写 5 个专题。

这次增订，改正了原教材中的一些文字错误，对原教材中"河姆渡骨耜与中国古代农业文明"专题中有关湖南澧县城头山遗址的部分，以及"良渚'琮王'与中国史前时代的玉文化"专题中有关安徽含山凌家滩遗址的部分作了修订。增写的五个专题是："上孙家寨舞蹈纹盆与甘青地区的彩陶文化"、"妇好墓象牙杯与先秦时期的生态环境"、"秦陵铜车马与先秦时代的造车技术"、"泉州宋船与中国古代的造船技术"、"正统针灸铜人与古代中国的经络学说"。

之所以增写上述五个专题，似乎都有机缘在。近几年我先是到兰州的西北师大参加博士论文答辩，后又到青海大学支教，承两校领导的热情安排，我得以前往考察著名的甘肃临洮的马家窑文化遗址和青海乐都柳湾的彩陶博物馆，两地彩陶之丰富和精美，令人惊叹。近年我在清华历史系讲授先秦史，彩陶是非讲不可的内容，于是便把相关资料作为一个专题做了整理。

写古代生态环境的专题的念头，是我在做研究生的时候就有的。

当时读著名史学家徐中舒先生的《殷人服象与象的南迁》、竺可桢先生的《五千年气象变迁》两篇宏文，深深为他们的博学与卓识折服，而知古今气候变迁之大，犹如沧海桑田，由此开始积累古代气象与生态方面的资料。

1974年，福建泉州出土一艘南宋古船，在海内外学术界引起轰动。但我直到2003年去泉州参加学术会议，才得以目睹它的雄姿。会议期间，巧遇清华毕业的老学长、华侨大学远洋系教授刘延杭先生。与这位古代海船专家的交谈，使我获益匪浅，由此知我国海船建造技术在明代以前一直处于世界领先地位，因而一直想把它写出来。

关于古代造车技术的研究，缘起于2002年我到德国参加中国科技文献学术会议，此后到台湾大学参加清代学术研讨会，我向这两个会议提交的论文，前者与出土马车有关，后者与《考工记》中的车辆制作部分有关。而秦始皇陵出土的铜车马对两者的研究都极有帮助，将这些成果和心得串联起来就形成了本专题。

医古文是最为难读的文献，历来有"天书"之称，非我等浅学所敢染指。但是自从马王堆帛书《足臂十一经脉灸经》和张家山汉简《脉书》出土后，我就无法再回避了，因为它们是先秦科技的重要组成部分。为此，我专程到中国中医科学院针灸研究所拜见所长朱兵研究员、著名针灸学术史专家黄龙祥研究员，承他们热情指教，惠赐著作，并陪同参观针灸博物馆，使我树立了撰写针灸专题的信心。

原先酝酿的专题中，还有介绍香港、新疆文物的专题，以及介绍古代数学、地理成就的专题，资料也收集了不少，由于本书的篇幅有限，只能忍痛割爱了。

向读者交代以上的背景，是为了说明这些题目都不是一时的即兴之作，尽管水平不高，但都浸透了笔者的汗水。我希望，当我带着新版的教材走上清华的讲台时，内心的不安能够有所减少，并希望它能得到广大同学和读者的喜爱。

彭　林
丁亥年正月初一于清华园寓所

第一讲　河姆渡骨耜与中国古代农业文明

骨耜，1977年第二次发掘河姆渡遗址时在第四文化层出土，是用牛肩胛骨制作的翻土工具，耜长18厘米，刃宽9.8厘米，上部厚4.2厘米，宽5厘米。出土时上部残留着一截用藤条捆缚的木柄。

农业是人类文明之母，是人类一切文明中最古老的文明。世界几大独立起源的文明，都是建立在农业文明的基础之上的。由于栽培作物的发明，人类不再仰赖大自然的恩赐，走上了改造和征服自然的道路。农业文明最初是在什么时间、什么地方、由于什么因素起源的？这是涉及人类早期文明形成途径的重要课题，最近一百多年来，国际学术界对此进行了艰苦的探索。

一、农业文明起源的几种学说

最早研究人类农业文明起源的主要是植物学家。1882年，瑞士植物学家康多尔（de Candolle）从生物进化的角度，结合作物的地理分布，比较系统地研究了野生植物与栽培作物的关系，提出了世界上有三个最早的植物驯化中心——西南亚埃及、热带美洲和中国的理论。1883年，康多尔《栽培作物的起源》出版，受到学术界的重视。

1923—1931年，苏联科学家瓦维洛夫（Nikolai Vavilov）带领考察队前往亚洲、非洲和美洲各地，广泛收集植物标本。1935年，瓦维洛夫以大量实物和统计数据为基础，提出了新的作物起源中心的概念。瓦维洛夫认为，作物起源有八个中心：东亚、印度、中亚、近东、地中海、阿比西尼亚、中美洲和南美洲。其中的"东亚"，主要是指中国，是作物的第一起源中心之一，这里栽培作物的种类最为丰富，约占全世界栽培作物总数的20%。瓦维洛夫的理论影响很大。1971年，西方学者哈兰（J. R. Harlan）提出了栽培作物的中心和非中心的理论，中心是指作物的起源地，非中心是作物早期传入的地方。他认为中东、中国北部和中美洲是最早的三个农业中心。另有三个非中心，即非洲、东南亚和东印度群岛、南美洲。三个中心和三个非中心恰好呈对称状态分布：中心在北，非中心在南。

人类最初将野生植物变为栽培作物的动机是什么？这是一个令人很感兴趣的问题。20世纪30年代，英国学者柴尔德（Vere Gordon Childe）开始提出栽培作物起源的"干燥学说"。柴尔德认为，大约在一万年之前，在最近的一次冰川时代消逝之后，中东地区的气候发生了剧烈变化，生态环境的转换，使得动物数量锐减，因此原本以渔猎为生的当地居民，面临食物来源匮乏的困境。迫于生计，他们开始驯化野生的禾本科种子植物，培育出了最早的小麦和大麦，形成了原始农业。到50年代，柴尔德将他的理论进一步完善，并公开发表，引起学术界的普遍关注。

随着田野考古的发展，越来越多的原始农业遗存在世界各地被发现，栽培作物的标本和农具不断出土。农业起源的讨论进入了全新的境地，人们不再仅仅依据现存农作物的分布状况来推断栽培作物的原生地，而是必须依据考古实物资料下断语。任何关于作物起源的说法,都必须经过考古学的检验,考古学家成为了论坛的主角。

中国自古以农业立国,农业的历史源远流长,早期农业的文献记载也极为丰富。黄帝是我国的人文初祖,《史记·周本纪》说他"时播百谷草木",能顺应四时之宜播种百谷草木,说明农业文明已经出现。《尚书·尧典》记载,尧命羲和四子分居四方,观察日月星辰的运行,授民以农时。大禹治水,开九州,通九道,使在高地躲避洪水的人民回到自己的土地上,从事农作。《史记·夏本纪》

1-1 甲骨文中"受黍年"的记载,出自《甲骨文全集》04·9956

说，禹命令伯益"予众庶稻，可种卑湿"，禹将稻种分发给居住在低湿之地的庶民，可知夏朝已经知道水稻的特性，并且推广种植。周人的始祖稷，好耕农，是尧的农师。黄帝、尧是传说时代的人物，文献中有关的记载是否可靠？农业是否发明于 5000 年前的黄帝、尧舜时代？中国的早期农业对人类文明发展和中华文明崛起有过怎样的贡献？这一切，都需要用考古学的资料来回答。

二、磁山—裴李岗遗址：粟起源于黄河流域

从文献记载看，我国黄河流域种植粟的历史非常悠久。《史记·周本纪》说，武王克商后，为了赈济贫弱，曾经"发钜桥之粟"，可见当时已有规模相当的粟仓。粟的野生种俗称"狗尾草"，先秦文献称为"莠"。曾有学者提出黄河流域是粟的驯化中心的说法，可惜没有出土实物作为佐证。20 世纪 50 年代，考古工作者在西安半坡仰韶文化的窖穴和陶罐中发现了粟的朽壳，人们才确信中国史前时期确实已经有了栽培粟。

1976—1978 年，考古工作者在河北武安县的磁山发现了一处新石器时代的遗址。据碳十四测年，遗址的年代为公元前 6050—前 5490 年，距今约 8000 年。磁山一、二两期遗址中，共发现灰坑 476 个，其中 88 个是窖穴，形状为长方形，内有大量已经腐朽的粮食，经中国社会科学院考古研究所用灰像法鉴定，以及对残存外壳的观察，确认是粟的遗迹。[1] 这是中国粟出土年代最早的实物。据统计，

---

[1] 安志敏：《磁山遗址的原始农业——试论中原新石器文化的渊源及发展》，《考古》1979 年第 4 期。

窖穴中粟的厚度为 0.5—0.6 米的有 40 多个，约占 60%；厚度在 1 米以上的有 20 个，占 25%；2 米以上的有 10 余个，约占 15%。粮食在窖穴内埋藏了 8000 多年之后，体积已经大大紧缩，有学者推测，当初粮食的体积当有 109 立方米，约重 69 100 千克。粟的大量储存，表明磁山人的农业已有了相当大的规模。

在磁山遗址中，发现了石斧、石铲、石刀、石镰等农具，其中的石磨盘、石磨棒，不仅数量众多，而且形制规整，十分引人注目，成为磁山文化的代表性器物。1977 年，磁山遗址出土一件石磨盘与磨棒，用砂岩制作，盘面呈长椭圆形，前端较尖，后端平缓，下底有四个扁棱形矮足，磨盘高 8.8 厘米，长 57.2 厘米，宽 20.9 厘米，磨棒长 14 厘米，径 5 厘米。密集的粮食窖穴，可能是氏族组织的公共窖穴区。成系列的农具伴随出土，表明此时已经不是农业起源的初始阶段，栽培粟发生的年代应当更为遥远。作为农业经济的补充，狩猎和采集经济也占有一定比重，家畜饲养业也比较兴盛，猪、狗等家畜的骨骸都有出土。

与磁山文化年代和性质相当的是裴李岗文化。裴李岗遗址位于河南新郑县城西北约 8 公里的裴李岗村西，面积约 2 万平方米。从 1977 年到 1979 年，先后进行了 4 次发掘，揭露面积达 2700 多平方米。发掘墓葬 114 座、陶窑 1 座、灰坑 10 多个，以及几处穴居房基。出土器物 400 多件，其中石器有石铲、石斧、石镰、石磨盘、石磨棒等；陶器有壶、钵、罐、碗、勺、鼎等；骨器有骨针、骨锥；还有陶纺轮、陶塑猪头、羊头等，以及弹丸、酸枣核、核桃等。裴李岗遗址的年代，经中国社会科学院考古研究所碳十四实验室测定，距今约 8000 年，比仰韶文化要早 1000 多年。

裴李岗遗址尚未发现像磁山遗址那样埋藏粮食的窖穴，只在部

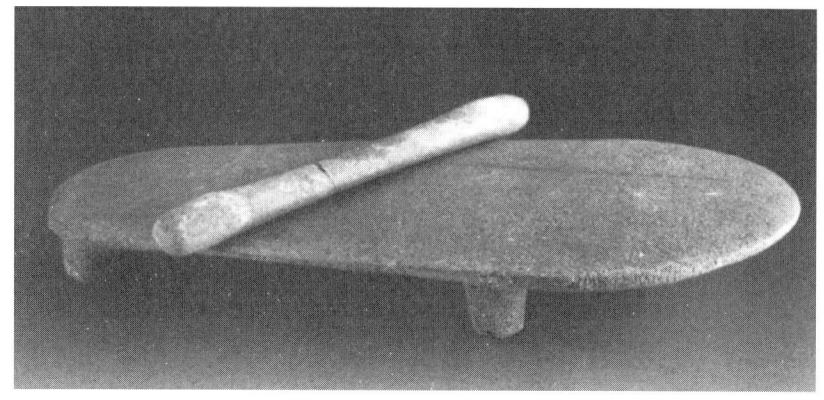

1-2 裴李岗遗址出土的石磨棒和石磨盘

分房基的周围发现了一些碳化腐朽了的粟粒。但是，由于裴李岗遗址出土了大批农具，我们可以推测它有着与磁山文化相近的农业文明。裴李岗文化的典型农具也是石磨盘、石磨棒，形制与磁山文化出土的基本相似。1978年，裴李岗遗址出土一套石磨盘、石磨棒，盘长68厘米，前宽37.5厘米，高6厘米，棒长58厘米，用整块砂岩琢制而成。磨盘呈鞋底形，正面坦平，底部凿有四个矮柱足。磨棒原本为圆柱体，因长期碾磨中部已经磨损内凹。1991年，河南扶沟县西店村北的黄土岗上发现一件石磨盘，长100厘米，宽32.5—44厘米，厚3.5厘米，通高8.5厘米，平面呈长椭圆形，也是用整块黄砂岩琢磨而成，但没有使用痕迹。在目前已发表的139件裴李岗文化石磨盘中，这是最大的一件。[1] 该遗址的器物有独特的文化面貌，石器以磨光为主，其中舌状刃石铲、锯齿刃石镰和石磨盘、磨棒都有显著特点。陶器多为红褐色，火候低，手制，器表多为素面，纹饰有篦点纹、划纹、指甲纹等，器形以三足钵、小口双耳壶、三足壶、大口深腹罐等最有代表性。考古学界命名为"裴李岗文化"。

---

[1] 郝万章、张桂云：《扶沟出土最大裴李岗石磨盘》，《中国文物报》1991年9月22日。

目前在河南省范围内共发现裴李岗文化遗址五十余处,主要集中在淮河上游各支流之间。

石磨盘与磨棒在磁山—裴李岗文化遗址普遍发现,往往是在墓葬中成套出土,二者配合使用,是脱去谷粒皮壳的工具。云南的独龙族和怒族的妇女至今还用石磨盘加工粮食。石磨盘的底部为什么要琢出柱状的足呢?根据民族学的资料,石磨盘使用时都不是放在地上,而是放在竹器内,有了柱足,石磨盘就不易滑动,而且使磨盘与竹器之间有一定空隙,不易被碾磨好的粮食埋没。

20世纪的80、90年代,在西起甘肃,东至辽宁的整个华北地区,普遍发现了公元前7000—前5000年的粟的遗存,有些遗址虽然没有发现谷物遗存,但出土了相应的农具。中国是粟的栽培中心,已经为国际学术界公认。考古发现表明,中国不仅是最早栽培粟的国家之一,而且是世界上唯一的、最早从粟开始发展起来的农业国家。

史前时代黄河流域的农业文明如此辉煌,它是否向世界其他地区传播过呢?从考古资料来看,它与美洲的某些古文明有若干相似之处。公元前2000年到公元前250年,是美洲的"前古典时期",这一时期的早期,有两个代表性的拉丁美洲古文明,一是位于墨西哥湾沿海低地的奥尔美克(Olmeca)文明,二是在南美安第斯高原上的查文(Chavin)文明。秘鲁历史和考古学家利奥·特略(Julio C. Tellor)通过对查文文化的长期研究,发现了额头带有"王"字的人头雕像。查文文化时期的石雕、石刻及陶器中有大量的蝙蝠图案,而蝙蝠是中国传统的吉祥物。查文文化遗址中还有雕刻精细的石笔筒、鸳鸯笔筒,以及石龟、数以百计的石雕人像,雕刻风格与中国同类作品类似。最令人惊奇的是,查文文化时期发现的一套石磨盘和石磨棒,形状与磁山—裴李岗出土的完全一致。著名考古学家张光直先生认为，这是1万—2万年前中国文明向美洲传播时带去的。

三、石破天惊河姆渡

水稻是人类的主要粮食作物之一。水稻的种属，可以分为非洲稻系和亚洲稻系两大类。非洲稻系起源于尼日利亚，学术界没有太大的分歧。而亚洲稻系最早发源于何地，学术界的分歧非常大。

1883年，瑞士植物学家康多尔在他的《栽培作物的起源》中，提出中国是栽培稻的起源中心的看法。20世纪30年代，苏联植物学家瓦维洛夫最早提出，印度是稻米的起源地，中国和亚洲其他地区是次级栽培区，并说中国稻作是从印度传入的。[1] 瓦维洛夫的理论影响很大，成为当时学术界的主流说法。

20世纪50年代以来，中国、印度、越南、泰国、印度尼西亚等地普遍发现了史前时代的栽培稻遗存，有关稻作起源地的争论日趋热烈，意见纷纭，有印度阿萨姆邦起源说、阿萨姆—云南起源说、喜马拉雅山麓"带状"起源说、泰国或东南亚起源说、锡金—大吉岭起源说等，不一而足。

有些学者通过对稻谷遗存、考古学、地理学以及古气候学等的综合研究，提出了稻作多中心起源说的理论。菲律宾国际水稻研究中心的张德慈教授认为稻作起源可以有多个中心。[2] 著名学者何炳棣教授也主张多中心论，他说："稻谷大概是在中国南方、东南亚和

---

1 严文明：《中国稻作的农业起源》，《农业考古》1982年第1期。
2 张德慈：《水稻对人类文明和人口增长的影响》，《农业考古》1988年第1期。

印度次大陆独立驯化的。"[1]

1973年，在一个名不见经传的江南小镇——河姆渡附近发现一处新石器时代的遗址，出土大量古稻，使瓦维洛夫的理论受到了极大的挑战。河姆渡遗址位于浙江余姚县河姆渡镇的浪墅桥村，发掘的面积达2800平方米，依遗址年代的早晚，可以分为两期。早期文化遗存距今约6900多年，文化内涵独特、丰富，被命名为"河姆渡文化"。

在先后进行的两次大规模的发掘中，第四文化层都发现了大量的栽培稻谷遗存，上层的堆积尤其丰富。在第一次发掘的400多平方米范围内，普遍发现一层或多层由稻谷、稻壳、芦苇茎叶等等混杂而成的堆积层，层层叠压，厚度不等，或10—20厘米，或30—

1-3 河姆渡遗址第四文化层发现的稻谷堆积
出自严文明著《农业发生与文明起源》

---

[1] 严文明：《中国稻作的农业起源》，《农业考古》1982年第2期。

40厘米，最厚处竟达 80厘米。由于河姆渡遗址地势很低，而地下水位却比较高，使该文化层完全浸没在水中，与空气隔绝，稻谷保存状况相当完好，举世罕见。出土时，稻秆、稻叶、稻谷与秕谷壳色泽如新，外形完好，有的连稻谷颖壳上的隆脉、稃毛、芒尖仍清晰可辨，个别地方还出土有稻谷与茎叶连在一起的稻穗。[1] 有学者推测，堆积层的厚度原先当在 1 米以上；假定当时的平均厚度为 1 米，而其中的四分之一为稻谷和谷壳，则换算成稻谷的重量当在 120 吨以上。尽管这可能不是一年的产量，而是多年的堆积，但可以肯定，当时稻米的产量不仅可以满足河姆渡人的食用，而且有较多的剩余。有趣的是，在一件陶器上刻着一大束向两侧弯垂的稻穗，给人以稻实累累的丰收印象。此外，在一件陶釜内还发现了残留的锅巴，陶釜相当于后世的锅，表明河姆渡人已经将稻米作为主食。

稻谷遗存出土后遇到空气很快碳化，但外形非常完整，颗粒的大小接近于现代栽培稻，每千粒约重 22 克，比野生稻重得多。经浙江大学著名农史学家游修龄教授鉴定，确认为栽培稻的籼亚种中晚稻型的水稻，其学名应为：Oryza Sativa L.subsp.hsien Ting。由于河姆渡出土稻谷的年代距今近 7000 年，是当时亚洲所见最古老的稻作遗存，因而引起国内外学术界的高度重视。

在河姆渡遗址的出土物中，另一个引人注目的现象是发现了 270 多件大型偶蹄类哺乳动物的肩胛骨，其中大多是水牛的肩胛骨，也有少数为胯骨。肩胛骨的臼部经过锉削平整，正面的左右各凿有一个长方形扁孔。有的在骨面中部凿一道纵向浅凹槽，槽下端两侧各凿一孔。肩胛骨的骨面残缺严重，有的仅剩其半。这些肩胛骨为

---

[1] 林华东：《河姆渡文化的经济特点》，《河姆渡文化初探》第六章，杭州：浙江人民出版社，1992 年。

1-4　河姆渡骨耜

什么要锉磨穿孔？它们的用途究竟如何？引起人们的种种揣测。后来，在第四文化层出土一件肩胛骨，上部有十多圈藤条穿过方孔捆缚住一截断残的木柄。人们这才恍然大悟，它们原来是骨铲，上面的穿孔和纵槽是为了固定和捆缚长柄而开凿的！这是一种与河姆渡遗址沼泽型地貌相适应的复合农具，是文化地理的产物。

骨铲大多出土于稻米堆积丰富的第四文化层，这绝不是巧合。目前，学术界一般认为，骨铲是河姆渡人在水稻田中除草、翻土、平地、挖沟、引水、排水时使用的农具。先秦文献中将端面宽而薄的翻土工具称为"耜"，所以，考古学家将河姆渡骨铲命名为"骨耜"。骨耜的出土，使我们看到了7000年前长江下游地区的农具，证明我国早在新石器时代早期，就已进入"熟荒耕作制"农业阶段。游修龄先生认为，我国农业有自己的发展形态，最早的耕地农具就是耒耜。河姆渡遗址出土的精制骨耜不同于后来的锄，我国农业的早期形态应该叫作"耜耕农业"。

苏联库页岛的洛维页次科耶遗址和涅韦尔斯克城公民街遗址曾出土一种骨铲，形状、大小和穿孔捆绑方法与河姆渡骨耜都很接近，苏联考古学界把它归属于"发达的新石器时代"，年代为公元前2000年末至公元前1000年。在苏联的楚科奇半岛和阿留申群岛、日本北海道东北岸和千岛群岛的"鄂霍次克文化"遗址中都发现过类似的工具，但日本的遗址属于铁器时代，与河姆渡遗址的年代相去甚远[1]。

与骨耜同时出土的还有用动物肋骨制作的骨镰、中耕农具鹤嘴锄和谷物加工用的木杵等，可见河姆渡人早已脱离了"刀耕火种"的落后状态，进入到使用成套农具、普遍种植水稻的阶段。专家认为，河姆渡水稻的进化程度表明，它距离驯化野生稻的初期阶段至少已有一二千年的历史。河姆渡遗址的发现，对于亚洲稻起源中心的争论带来了极大的冲击，使得以印度为亚洲稻的原产地、中国稻种来自印度的结论难以立足。

在河姆渡文化之后，太湖流域地区的稻作业不断发展，目前已在20多个良渚文化的遗址中发现稻谷遗存，居民使用的农具更为先进，已多次发现三角形的石铧犁，表明已经在水稻田中使用犁耕。此外，还发现破土器、耘田器、镰刀等农具。水稻田的基本要求是要呈水平状态，否则高处的禾苗就会无水，而低处的禾苗会淹没在水中。为此，需要平整土地，还要有调节水量的沟洫系统。在江苏吴县草鞋山遗址还发现了4000多年前的稻田，许多块稻田连成一片，并有水沟和储水坑等，说明已经有了排灌设施，稻作业已经比较成熟。著名考古学家严文明教授认为，"一个以稻作农业为主的农业

---

[1] 林华东：《河姆渡文化的经济特点》，《河姆渡文化初探》第六章，杭州：浙江人民出版社，1992年。

体系到这时应已基本建立"[1]。

国外有些否认中国是亚洲稻原生地的研究者认为,中国没有野生稻,所以不存在培育栽培稻的基础。但是,古文献中关于野生稻记载很多,《说文解字》:"秜,稻。今年落,来年自生谓之秜。"何炳棣教授说:"几乎可以肯定秜就是 Oryza perennis,越来越多的稻谷专家认为它可能是稻的祖先。"[2]《说文解字》中的"稆"也是野生稻的别称。古文献中还屡屡可见灾荒时人们采食野生稻的记载,如《后汉书·献帝本纪》说,建安元年(196)发生灾荒,"群僚饥乏,尚书郎以下自出采稆",就是例证之一。1978年,中国农科院和各农业院校组成全国野生资源考察协助组,对9个省区的306个县进行普查。据该考察组发表的《我国野生稻资源的普查与考察》报告,野生稻广泛生长于彼此并不相连的海南区、两广大陆区、云南区和湘赣区。长江下游之所以难以发现野生稻,是由于明清以来,该地区经济发达,土地利用率高,荒地稀少所致,上古时代则必定有野生稻的存在。

四、澧县彭头山文化稻谷:刷新河姆渡纪录

河姆渡遗址发现的7000年前的稻作文化,使得不少学者认为这是中国最古老的稻作文化。人们不敢想象还会出现比河姆渡年代更早的稻作文化。可是,河姆渡的纪录很快就被在湖南西北部澧阳

---

1 严文明:《稻作起源研究的新进展》,《农业发生与文明起源》,21页,北京:科学出版社,2000年。
2 何炳棣:《中国农业的本土起源》,《农业考古》1985年第1期。

平原的一系列发现刷新了。

澧阳平原是长江中游及南部支流、澧水、涔水等河流冲积形成的平原。1988年，考古工作者在湖南澧县大坪乡彭头山发现了一处新石器时代早期的遗址，面积约1万平方米。发掘时，发现了夹杂在红烧土块中的稻谷壳和稻草痕迹，在陶片中也发现了夹杂的稻壳碎屑，其中有4粒稻壳的形状比较完整。经日本学者测量，分别长5.43、5.88、5.89、6.24毫米，与短粒型的粳稻比较接近。经常规碳十四和加速器质谱碳十四测定，彭头山稻作遗存的年代为距今9000年—7500年，是迄今为止世界上最早的稻作遗存。其后，在彭头山遗址附近的李家岗、曹家湾、下刘家湾、黄麻岗等地也发现了性质类似的稻谷遗存。

1992年冬，考古工作者在距离彭头山遗址25公里的梦溪镇五福村八十垱，发现一处彭头山文化晚期的遗址，年代距今约8000年。此后，考古工作者进行了6次发掘，揭露面积达1200平方米，发现墓葬百余座，出土了木耒、木铲、木锥、木杵、木钻等工具，以

1-5　八十垱全景

及芦席、芦筘、麻绳、藤索等编织物。遗址的中心区域，整体为长方形，近南北向，四周有围墙和围壕并行环绕。北部边缘已被晚期河道破坏，现存部分南北长约110米，东西宽70—80米，环绕面积将近8000平方米。遗址比周围高出1—2米，围墙以内文化堆积厚达1米，有若干成排布置的房基。八十垱的壕沟与围墙是黄河以南整个南中国最早的环壕遗址，开启了中国土城建筑之先河。[1]这次发掘最重要的收获是，在一条古河道的黑色淤土中收集到的稻谷、稻米有将近1.5万粒，数量惊人，超过国内同时期各地出土古稻数量的总和，保存情况非常完好，有的出土时还可见1厘米长的芒。经水稻专家研究和鉴定，定名为"八十垱古稻"[2]。

1978年，考古学家曹传松在澧县城西北约12公里处的车溪乡

1-6 城头山遗址

---

[1] 裴安平：《澧县发现我国最早聚落围壕与围墙》，《中国文物报》1994年12月4日。
[2] 《澧县八十垱遗址出土大量珍贵文物》，《中国文物报》1998年2月8日。

南岳村城头山发现一座新石器时代的古城址。从 1991 年冬开始至 2001 年，湖南省文物考古研究所先后在这里进行了 11 次考古发掘，发现了近于圆形的城墙和环壕，以及一批房基址、500 多座墓葬、制陶作坊区、居住区等，还有一条宽 2 米多、用红烧土铺成、两旁有排水沟的宽阔道路。经解剖，该遗址的城墙分为四期，最早一期城墙筑造于大溪文化一期，距今 6000 多年。第二期城墙是对第一期城墙的加高，年代为大溪文化中晚期，距今 5600—5300 年。第三期城墙不早于大溪文化末期。第四期城墙年代属于屈家岭文化早期和中期，距今 5200—4800 年。事实证明，这是我国目前所见最早的一座古城。

1996 年冬，在解剖城头山东城墙时，在第一期城墙和最早的文化层之下、生土之上，发现了一片面积约 140 平方米的青灰色的纯净的静水沉积，黏性很强，上面有因一干二湿而形成的龟裂纹，这是水稻田特有的现象。田土呈灰绿色，厚约 40 厘米，内夹杂大量碳化稻谷、稻叶、稻茎、稻的根须等。稻梗和根须的形态，与今天农田中所见没有区别。从局部的剖面观察，可以看到向下伸展的根须所留下的痕迹，由此可以知道，当时采用的是撒播方式。从稻田

1-7　城头山出土的稻米　　　　1-8　城头山第二期环壕内出土的骨耒

底部原生土表层、稻田土、压着稻田的夹大量草木灰的土层、一般文化层以及屈家岭文化时期城墙筑土分别选取土样进行检测，发现了数量众多的水稻硅质体和稻叶硅质体，95%以上稻叶硅质体为粳型。在水稻田的一（西）侧，有三个人工挖成的水坑，以及三条通过水坑的小水沟，专家判定，这是目前所见最早的原始灌溉设施。这片水稻田距今约6500年，是已知世界上最早的水稻田。城头山水稻田的面世，轰动了海内外学术界，被评为1997年全国十大考古新发现之一。

五、不能遗忘的原始稻作区：黄淮流域

正当长江流域的远古稻作遗址接二连三地被发现之时，黄淮地区开始打破沉默，不断爆出新的重要发现，似乎要为自己争得一席之地。

1994年，南京博物院等单位发掘了江苏高邮龙虬庄遗址。龙虬庄遗址是江淮东部地区的一支原始文化，风格独特，文化特征稳定，文化序列完整，可划分为连续发展的两个阶段：第一阶段距今7000至6300年，第二阶段距今6300至5500年。考古工作者在4个新石器时代的文化层中浮选出大量的碳化稻米，并发现了距今5500年前人工优化选育稻种的实证。第一次发掘时，在探方T3729第6层发现碳化稻米。接着在T3729的对角探方T3830进行发掘，对第4至第8层的5个新石器时代文化层逐层进行淘洗浮选，除第5层为居住面未发现稻米之外，第8层浮选出碳化稻米数十粒，第7、第6和第4层各浮选出碳化稻米1000余粒，颗粒大多完整。尤其宝贵

的是，它们是在同一遗址同一探方的不同层位发现的，从时间上贯穿了龙虬庄遗址新石器时代的始终。

为了获取这些碳化稻米的变异形态所包含的遗传进化信息，鉴定其所属亚种类型，江苏农业科学院对第8、第7、第6、第4层中随机取样的碳化稻米，以及探方T3830、T3929第8至第4层的5个土壤样品作水稻植物蛋白石分析，结果是：T3929的第8层未见水稻植物蛋白石，第7、第6、第5、第4层均见大量的水稻植物蛋白石。每层测量了50个水稻植物蛋白石的参数并求出平均值，然后计算出籼粳类型判别值。根据临界判别值判别，每一层的水稻植物蛋白石均属 β 型，均为粳型稻。T3830第8、第7、第6、第4层的稻米形态是，稻壳保存完好的颖尖无芒，有的连有枝梗，颖尖无芒和落粒性降低均为人工栽培稻的特征。对粒长、粒宽、粒厚也做了测量，其分布范围和标准差以第4层为最大，第6、第7层居中，第8层最小，第4层的碳化稻米在1%水平上极显著地大于其他三层。第8、第7、第6、第4层的变异系数，明显地由第8向第4层逐层增大。最后计算了碳化稻米的粒型指数、粒大指数和粒重指数，并用现代江苏农家粳型稻5个品种作为对照，第4层籽粒的大小及重量已与现代农家品种相似，其他三层处于栽培稻的初级阶段，并开始向大粒化演变。

龙虬庄遗址发现的史前栽培稻具有重要价值，它将距今7000年前后我国稻作文化区的北缘划在北纬33°的淮河流域，证明江淮东部地区的栽培稻至少已有5500年的历史。更为重要的是，它反映了距今7000至5500年之间江淮东部的野生稻驯化为栽培稻的过程，即第8至第6层，栽培稻处于初级阶段；在第6至第4层之间，开始人工选育良种，第4层的碳化稻中，小粒野生稻演化为大粒栽培稻，无芒、非落粒性等栽培化性状已经明显出现，并达到与现代农家品种相似的水平，这对于研究水稻的原始种质向栽培种质的演变和进化、研究我国稻作农业的起源和发展都有重要意义。[1]

黄河下游的山东地区也多次发现原始稻作遗迹。1981 年，考古工作者在山东栖霞杨家圈龙山文化遗址的红烧土中发现十几个稻壳的印痕，稻粒已经碳化。经中国科学院遗传研究所和日本佐贺大学农学部鉴定，判定为普通栽培稻种，形态特征与现今的粳型稻相似。其后，山东日照县的尧王城遗址中也浮选出 10 余粒粳米。1995 年，山东省文物考古研究所发掘了滕州的庄里西遗址，面积 200 余平方米，发现龙山文化时期的房址、灰坑和窖穴等，出土一批陶器、石器、骨器和蚌器，并在灰坑内发现了碳化稻米粒。考古工作者对 13 个含腐殖质较多的典型灰坑中的灰土进行水洗和浮选，在 41 号、52 号、62 号、77 号和 100 号灰坑内共发现碳化稻米 280 余粒，其中仅 77 号灰坑中就有 162 粒，是迄今为止山东龙山文化遗存中发现碳化稻米数量最多的一例，灰坑的年代距今约 4000 年，属于龙山文化的中晚期阶段。碳化稻米呈扁椭圆形，质脆，呈黑色，标本大多完整无损，部分颗粒饱满，侧面出现 2 条纵棱，其旁有 2—3 道浅沟，在下部呈现凹入的胚区，颖果基端为椭圆形疤痕，米粒长宽之比在 2 左右。经中国科学院植物研究所鉴定，确认是人工栽培的粳稻的米粒。这证实了在龙山文化时期山东地区是人工栽培水稻的重要地区之一。[2]

河南舞阳的贾湖遗址，是新石器时代中期的裴李岗文化遗址，其文化遗存分为 3 期，每期都有大量的稻谷遗存出土。据碳十四测年，

---

[1] 张敏、汤陵华：《五千年前选育优化的稻种》，《中国文物报》1995 年 7 月 30 日。
[2] 何德亮：《滕州庄里西遗址发现龙山文化碳化稻米》，《中国文物报》1997 年 1 月 5 日。

遗址的年代为公元前6800—前5700年，与彭头山文化的年代相当。考古工作者在一些窖穴的底部发现有深黑色的灰烬与泥土相混杂，其中有许多碳化的稻米，以及少量稻谷。在房屋残壁的涂层中也发现有许多稻谷壳。有的陶片的断面上也可见稻壳碎屑。稻米的长宽之比，多为2∶1。经扫描电镜观察，稻谷的表面形态和结构，与现代粳稻大体相同，少数与籼稻相近。此外，贾湖遗址还出土有粟，以及石磨盘、石磨棒等裴李岗文化的各种农具。种种迹象表明，贾湖稻作业已经不是初始阶段的水平。

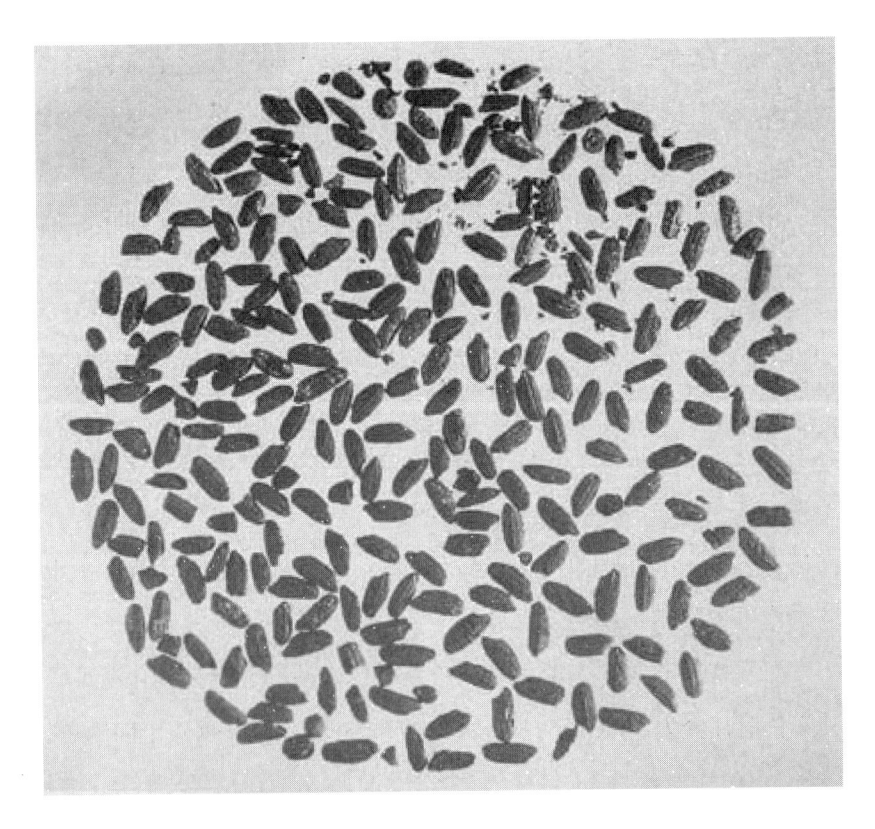

1-9　舞阳贾湖出土的碳化稻米

六、玉蟾岩稻谷：一万年以前的古栽培稻

20世纪80年代初，考古工作者在湖南道县白石寨村玉蟾岩发现一处旧石器文化向新石器文化过渡的全新世早期遗址。洞穴高于现代地面约5米，洞厅宽约12—15米，进深6—8米。遗址堆积物主要在洞厅内，厚1.2—1.8米，自然堆积层次近40层。洞内没有明显的灶坑，只有地面烧火的灰堆。灰堆直径一般为40—50厘米，厚不足10厘米，有的灰堆厚度超过15厘米。生产工具主要是石制品和骨、角、牙、蚌制品。石器都是打制石器，制作粗陋。最有特征的掘土工具是锄形石器，在扁长形砾石的一端及两侧单面打击成器，使用部位是端刃。遗址还出土了十分原始的陶片，呈黑褐色，火候很低，质地疏松，胎厚近2厘米，夹炭、夹粗砂。陶片贴塑，可见交错层理。陶片内外均饰纹样，似绳纹，但为编织印痕，有清晰的经编与纬编。从陶片的形态判断，比彭头山文化陶片的年代（距今9000—8000年）要早，据测定，其年代距今约一万三四千年，这是我国迄今所见保存最好的早期陶片。

1993年，考古工作者在该遗址的3个层位发现水稻谷壳，均有稻属的硅质体。1995年又在文化胶结堆积的层面中发现2枚水稻谷

1-10
道县玉蟾岩出土的稻谷

壳,其中1枚形态完整,出土时呈灰黄色。农学专家对两次发掘出土的稻壳进行初步电镜分析,鉴定1993年出土稻谷为普通野生稻,但有人类初期干预的痕迹;1995年出土稻谷,粒长与野生稻相同,但粒幅略宽,稃毛、稃肩的特征与籼稻相近,而双峰乳突与粳稻相近,兼有野、籼、粳的特征,是由野生稻向栽培稻进化的古栽培稻类型,从而将我国栽培水稻的历史提前到一万年以前,为研究水稻起源的时间与地点提供了新材料。现代实验表明,驯化野生稻的过程大约只需要一二百年,对于漫长的石器时代而言,这几乎只是一瞬间,因此,寻找这一过程中的实物标本极为不易。玉蟾岩古稻是世界上迄今所见年代最早的水稻实物标本,对于研究水稻的演化历史,稻作业起源的时间、地点都有特殊意义,为探讨旧石器文化向新石器文化的转化提供了重要资料。[1]玉蟾岩发现的1万年前的栽培稻植硅石和稻谷以及大量野生稻遗存,使栽培稻的起源地的争论更加明朗化,证明中国是亚洲稻系的起源中心。

七、原始稻作的"边缘起源说"

20世纪70年代以来,关于原始稻作的起源,最有影响的是"从印度阿萨姆到中国云南的山地起源说",这一说法已经被上述一系列考古发现所否定,亚洲稻系起源于中国已成定局。但中国幅员辽阔,其起源的具体地区究竟在何地,学术界纷争不已,有长江中下游说、华南说、云贵高原说、云南说、鲁西南或黄河下游说、成都

---

[1] 袁家荣:《玉蟾岩获水稻起源重要新物证——出土已知时代最早水稻实物标本,人类栽培水稻历史提前到一万多年前》,《中国文物报》1996年3月3日。

平原说、江西说、安徽说、江苏说等多种意见。虽然以上地区都发现过栽培稻遗存，但在数量上彼此相差悬殊。据严文明教授统计，从1954年到1993年年底，中国史前栽培稻遗存的出土地点已经达到146处，其中长江中游有105处，约占71.9%；黄淮流域21处，约占14.4%；华南、云南各9处，四川、辽宁各1处。但是因为史前时期的栽培稻中，中国的长江流域发现得最多，年代也最早，应该就是稻作农业发源地。

普通野生稻是栽培稻的祖本，主要分布于热带地区。中国的华南等地气候温暖、湿润，特别适宜于野生稻的生长，是野生稻分布范围的中心地区。野生稻分布区的北端，可以到达亚热带的边缘，大致在北纬24°一线。由于普通野生稻的抗寒能力较差，再往北就难以越冬。就地理环境而言，华南地区有充分的理由成为亚洲稻系的发源地。但是，考古学提供的资料恰恰相反：野生稻首先是在它的分布范围的边缘地区，也就是长江、黄淮地区被人工栽培。如何解释这一似乎有悖于情理的现象呢？严文明教授作了如下的精辟分析[1]：

第一，长江流域四季分明，冬季漫长，食物匮乏，而稻是一种适宜于储藏的食物。长江流域自然状态下生长的野生稻并不多，唯其如此，才需要人工栽培。只有经过人工栽培，稻种才能安全过冬而得以继续繁殖。于是从采集到选种，再到培育，出现了真正的栽培稻。

第二，华南地区炎热多雨，冬季较短，甚至没有冬天，植物茂盛，禽兽和鱼类也比较多，食物来源比较充足，通过采集和渔猎就可以

---

[1] 严文明：《中国史前的稻作农业》，《农业发生与文明起源》，3—4页，北京：科学出版社，2000年。

基本解决对食物的需求，故不屑于去采集野生稻这样难以加工的植物，这正是那里长期没有产生农业的原因。

第三，华南地区多丘陵山脉，缺乏较大的平原，人口较少，在很长时期内都没有形成人口压力，所以缺乏发展农业的内需。而长江中下游有比较广阔的冲积平原，史前文化比较容易得到发展，人口增长较快，天然食物与越冬需求的矛盾比较突出。

第四，黄淮流域的冬季比长江流域更加漫长，尽管当地早已种植粟、黍等旱地作物，但由于需求量大，为了扩大粮食储备的范围，所以也积极引进水稻种植。但黄淮地区气候相对干旱，所以仅在水源比较充足的地区种植，在当地农业中的比重也比较小。

第五，栽培作物的产生是一种文化现象，与史前文化的水平密切相关，"必须在人类文化发展到一定高度，产生了培植谷类作物的社会需要，才会变成社会的行动"[1]。

随着社会的发展，文明因素对于产生新的栽培作物的作用日益突出。在文明比较发达的地区，为了修建宫殿、城池以及统治者的大型陵墓，需要征调大量的人力；此外，随着手工业的发展，手工业者的队伍不断扩大，脱离农业生产的人越来越多，需要社会提供的粮食的数量也不断增长，发展农业的动因也就更为强烈。

近百年来的研究表明，世界农业起源有三个中心：一是西亚的两河流域，是小麦和大麦的起源地；二是中国的黄河流域和长江流域，是小米（粟）和大米的起源地；三是中美洲，是玉米的起源地。严文明教授认为，中国的情况与其他两个起源中心有所不同："中国实际上包含有两个相互联系的起源中心。一个是黄河流域的粟作

---

[1] 严文明：《稻作起源研究的新进展》，《农业发生与文明起源》，22页，北京：科学出版社，2000年。

农业起源中心,一个是长江流域的稻作农业起源中心。两个中心逐步发展为两个紧密相连的农业体系,它们互相补充,互有影响,形成为一个更大的复合的经济体系,进而为中国古代文明的孕育和发展奠定了坚实的基础。"[1] 长江流域和黄河流域这两个紧密相连的农业体系至迟在5000年前就已经形成,它们既有联系又有区别。两者之间经历了数千年的融会和发展,为新的文明的形成提供了广阔而深厚的基础。公元前2000年前后,中国开始迈入青铜时代,并进而造就了灿烂辉煌的商、周青铜文明,正是两大农业中心交融发展的必然结果。如果要说中华文明的悠久和博大,要说它对于人类文明的贡献,就首先要从远古的农业文明讲起,不这样认识问题,就不能深刻理解文化中国。

顺便要提到的是,除了大米、小米之外,中国还是许多其他农作物的原生地。例如大豆,古代称为"菽",至迟在夏、商时期就已驯化成功。中国是世界上三大果树原产地之一,北方的李、杏、枣、柿、栗,南方的柑橘、橙、柚、龙眼、荔枝、枇杷等,都是我国的先民首先培育成功的。世界上最常用的100多种蔬菜中,有一半原产于中国。这是中国对于人类文明所作的重要贡献之一。

参考论著:

1. 严文明:《农业发生与文明起源》,北京:科学出版社,2000年。
2. 林华东:《河姆渡文化初探》,杭州:浙江人民出版社,1992年。
3.《中华文明史》第一册,石家庄:河北教育出版社,1989年。

---

[1] 严文明:《农业发生与文明起源·前言》,北京:科学出版社,2000年。

第二讲　贾湖骨笛与中国古代七声音阶的起源

骨笛，1987年5月于河南舞阳贾湖遗址282号墓出土，系用鹜禽的胫骨制作。长22.7厘米，一端内径为0.93×1.32厘米，另一端内径为0.85×1.11厘米，壁厚约0.15厘米。管身开有7孔，在第七孔的内侧开有一个直径约0.15厘米的调音小孔。经测试，已经具备七声音阶，距今8000多年，是我国现存最早的乐器之一。

说起先秦时期的音乐，很容易使人想起宫、商、角、徵、羽五声音阶（相当于现代简谱的1、2、3、5、6）。那么，当时是否有七声音阶呢？如果有，那又是从何时出现的？这在20世纪60年代以前，是颇有争议的问题。有些学者，尤其是力主中国文化"西来说"的学者，认为中国的七声音阶是很晚的时候从国外传入的，在此之前，中国古代只有五声音阶。

一、先秦文献所见的七声音阶

中国自古就是重视音乐的国度，文献中有关音乐的记载，触目皆是。《尚书》的《尧典》篇说到，尧时的乐官叫夔，负责"典乐"。到了夏代，各地就出现了富有地方特色的乐舞。据《吕氏春秋》记载，夏王孔甲所作的《破斧之歌》，是为最早的东音。大禹到南方巡察时，其妾在涂山之阳等待而作歌，是为最早的南音。有娀氏派燕子去看望二位美丽的女子，二女作歌，是为最早的北音。商王河亶甲迁都于西河，思念故居，作歌咏之，这就是最早的西音。

文献所见的上古时代的乐器，种类也非常丰富，自古有八音之说：土曰埙，匏曰笙，皮曰鼓，竹曰管，丝曰弦，石曰磬，金曰钟，木曰柷。《尚书·皋陶谟》提到夔的乐器有鸣球、琴瑟、鼗鼓、柷敔、笙镛，演奏的技法有戛击、搏拊等，演奏《箫韶》，旋律纡曲反复，共有九章（"九成"）。用如此众多的乐器演奏如此繁复的乐曲，没有音阶是不能想象的。

《汉书·律历志》说："声者，宫、商、角、徵、羽也。所以作乐者，谐八音，荡涤人之邪意，全其正性，移风易俗也。"宫、商、角、徵、羽是音阶中的五个音级，合称"五声"。五声只有相对音高，没有绝对音高。古人一般将宫音作为音阶的第一级，第一级音调的音高一经确定，则其他各级的音高也随之确定。表示乐曲的调性，即音程的大小。一旦移动宫音，则其他音高也随之移动，这就是所谓的旋宫转调。

在先秦的文献记载中，除了宫、商、角、徵、羽，是否就没有出现过其他音阶呢？答案是否定的。据《史记·刺客列传》记载，公元前227年，燕太子丹派荆轲去刺杀秦王，送行到易水河边，即将离别时，"高渐离击筑，荆轲和而歌，为变徵之声，士皆垂泪涕泣。又前而为歌曰：'风萧萧兮易水寒，壮士一去兮不复还！'复为羽声忼慨，士皆瞋目，发尽上指冠。"所谓"变徵"，是中国古代的一个音阶名称，位置在徵音之前，而比徵音低半音，相当于今天的升高半音的4（fa）。变徵之音，已经不在五声音阶的范围之内。

这使一些音乐史学家感到迷惑不解。有学者认为，荆轲所用变徵之声可能是从两河流域，即西南亚的美索不达米亚平原一带传入中国的。

《国语·周语下》记载有周景王与乐官伶州鸠的长篇对话。周景王将要铸造林钟，因而向伶州鸠询问了许多乐理方面的问题。其中有"七律者何"的问题。根据韦昭的解释，文中的"七律"，就是指宫、商、角、徵、羽、变宫、变徵"七音之律"，即七声音阶。韦昭还特意说明"周有七音"。联系上下文，可知韦昭的解释是正确的。到此，问题似乎已经很清楚，周景王之前，周人已经有七声音阶，否则，周景王不会提出"七律"的问题。但是，伶州鸠在回答周景王的问题时，试图对为什么音阶只有七个的现象作出解释。他说，武王伐纣之日，岁星在鹑火之次的张宿，月在大火之次的房宿。岁星与月亮之间正好有张、翼、轸、角、亢、氐、房七宿，所以周人取"七"为音阶之数。其实，音阶何以只有七个的问题，是音乐的自然属性，在伶州鸠的时代是没有能力回答的，迫于无奈，只能用"岁在鹑火、月在天驷"等天象来加以附会。但是，武王伐纣时，是否出现过"岁在鹑火、月在天驷"等天象，学术界有很大分歧，而伶州鸠关于音阶何以为七的谈论又充满神秘色彩，所以，大多数学者对伶州鸠的论述持怀疑态度。

二、音乐史家对七声音阶起源时间的探索

由于文献记载存在争议，一时无法得出结论，所以，音乐史家转而从测试出土乐器出发，来解决中国七声音阶起源的时间问题。

从 20 世纪五六十年代开始，音乐史家作了不懈的探索。有关的研究从对史前陶埙的测音开始，因为埙是古代中国最原始的乐器。

半坡出土的一音孔陶埙，距今约 6700 年，是已知年代最早的小度音程乐器。到新石器时代晚期，出现了两音孔陶埙，包含的大多是小三度的音程关系。时至今日，我国民间的劳动号子，依然是小三度居多。

山西万泉县荆村出土的三件陶埙，音高各不相同，埙的主人似乎没有按绝对音高或者标准音来制作。其中一音孔埙所发二音约为小三度，如 3—5 或 6—i；二音孔埙所发的音构成纯五度上加小三度，如 5—2—4 或 6—3—5。二音孔埙能吹出两三个高度不同的乐音，可以确认为旋律乐器，制造者可能已略具音阶或调式的意识。

甘肃玉门火烧沟出土多件三音孔陶埙，三个音孔呈倒品字形，吹奏时的指法可以有全闭的一种、开一孔音的三种、开二音孔的三种、全开的一种八种指法。经初步测试，略去同音的结果，尚有六种指法能得出不同音高。专家测试了其中 9 个完好的埙。由于埙体大小不等，各埙全闭孔的音最多相差达一个八度。又因为各埙孔位大致相同，所以每埙都能发 4 个音，但所构成的 3 个相邻音程又只有 4 个埙大致相同，另外 5 个则彼此大多不相同。由此可知，五声音阶的应用已相当成熟，专家认为，此时有可能已经应用六声、七声音阶。

如果用西周以来沿用的阶名表示三音孔陶埙的音阶序列，可以发现大多数是以宫、角、徵、羽作为骨架，而缺少"商"音。

安阳殷墟出土一件武丁时代的五音孔陶埙，经测试，音列已经相当完备，表明至迟在晚商，完整的七声音阶已经出现。令人惊异的是，安阳埙已在十一音之间有了半音关系，距离完整的"十二律"已经只有一步之遥。有理由认为，晚商音乐中已经有若干变化音可供使用，并有可能产生某些具有变化音特点的调式。安阳埙除了以C大调为宫的七声音阶各音以外，还有清商、清角、清徵和闰四个变化音。耐人寻味的是，有几件甘肃陶埙没有出现五声音阶中的主要音阶"商"，却率先出现了"清角"。联系到安阳埙的四个变化音，可知"二变"的出现不一定比五声晚。

安阳埙的出现，表明七声音阶至迟在商代就已经形成，从而划定了我国七声音阶出现的下限。那么它的上限又在哪里？人们期待着新的考古材料的出现。

三、周代有七声音阶：曾侯乙编钟作证

1977年，考古工作者在湖北随县发现了一位名叫"乙"的曾国诸侯的墓葬，这就是著名的曾侯乙墓。

"曾"似乎是名不见经传的国家。《春秋》《左传》等文献对江汉地区诸侯国的记载非常详密，甚至连江、黄、邓、唐、厉等鲜为人知的小国都曾提及，但就是没有提到过曾国。而至迟从北宋开始，湖北的安陆、京山、襄阳、随县，以及河南的新野等地都出土过曾国的铜器，曾国的地望究竟何在，学术界一直不清楚。难道"曾"是史籍失载的国度？

《春秋》桓公六年曾提到"随国"，清代学者认为，随国的地望就在"湖广德安府随州"（即今湖北随县），并说"终春秋世犹存"[1]。《左传》说"汉东之国随为大"，并记载了楚国与随国之间的几次

---

1 顾栋高：《春秋大事表》，575页，《春秋列国爵姓及存灭表卷五》，北京：中华书局，1993年。

战争。可见，随国曾经是汉水以东的一个国力较强的国家。著名历史学家李学勤先生认为，所谓曾国，实际上就是文献所见的随国[1]。

曾侯乙墓出土的器物中，最为轰动的是一套青铜编钟。编钟出土时，沿中室的南壁和西壁呈曲尺形立架陈

2-1 曾侯乙墓编钟出土现场

放，钟架由长短不同的两堵立面垂直相交。钟架为铜木结构，7根彩绘木梁，两端以蟠龙纹铜套加固，由6名铜质的佩剑武士和8根铜圆柱承托。长钟架长748厘米、高265厘米；短钟架长335厘米、高273厘米；最大的钟通高152.3厘米、重203.6千克；最小的钟通高20.4厘米、重2.4千克。编钟的总重约2567千克。钟架的铜套、铜人、铜立柱、挂钟配件等共重1854.48千克。两者相加，共用青铜4421千克。是目前所见最大、最重的成套青铜乐器群。

整套编钟共65枚钟组成，钟的形制，可以分为钮钟、甬钟、镈钟三类。它们依照大小和音高，有规律地编成8组，分别悬挂在上、

---

[1] 参见李学勤：《曾国之谜》《论汉淮间的春秋青铜器》，载《新出青铜器研究》，146—159页，北京：文物出版社，1990年。

2-2　曾侯乙编钟

中、下三层钟架上：上层为三组钮钟，中层为三组甬钟，下层为两组大型甬钟，另有镈钟一件。

钟的正鼓部正中及左右鼓部铸有标记音名的铭文。测试结果表明，每枚钟的正鼓部和右鼓（或左鼓）部，都能发出两个呈三度音程的不同基频的乐音，称为正鼓音和侧鼓音，证明是双音钟。如中层3组5号钟，正鼓为羽，右鼓为宫。正鼓音为第一基频，侧鼓音为第二基频。击发点准确时，音色优美，音质纯正，另一基频一般不鸣响。正鼓音音量稍大，音色最优，余音略长。三层编钟，下层为低音区，钟体厚重雄浑，声音低沉庄严；中上层为高、中音区，钟体相对轻薄，声音清脆响亮。三层彼此配合，可以形成和弦的效果。

整套编钟以姑洗律为基调，形成倍低、低、中、高四个音域区，音阶结构与现今国际上通用的C大调七声音阶属于同一音列，总体音域宽广，从大字组的C（发自下・一・正鼓部），一直到小

4字组的d（发自上·一·1侧鼓部），从最低音到最高音跨越5个八度又1个大二度，仅比钢琴的两端各少一个八度，其中心音区12个半音齐备，构成了完整的半音音阶，可以旋宫转调，音列如现今通行的C大调，能演奏五声、六声或七声的中外乐曲。演奏效果表明，编钟的和音、复调、转调手法的运用已经相当成熟。

整套编钟以徵、羽、宫、商四个阶名为核心，在这四声上方和下方的大三度音分别后缀"角""曾"字表示，构成十二个半音。钟铭的律名或阶名还用前缀或后缀的形式表示律高、音程、音域的变化。已经完全具备了旋宫转调的能力。

曾侯乙编钟中有一件镈钟，上有31字铭文："佳王五十又六祀，返自西阳，楚王熊章，作曾侯乙宗彝，奠之于西阳，其永持用享。"铭文中的"楚王熊章"，就是楚惠王。"佳王五十又六祀"，就是楚惠王五十六年，即公元前433年。"西阳"可能就是曾国的都城。墓中出土的竹简中提到，曾侯乙去世时，楚、宋两国的国君前来会葬，并赠送车马等助葬的器物。"作曾侯乙宗彝"，是说

2-3　曾侯乙编钟局部图

2-4　曾侯乙编钟局部图

将这件镈钟作为曾侯乙宗庙祭祀的彝器。铭文的大意是,楚惠王五十六年,楚惠王从西阳参加会葬回来,特地制作了这件镈钟,作为曾侯乙的祭器,置于西阳,永远使用。根据这段铭文的记载,专家认为,曾侯乙墓下葬的年代为战国早期的公元前433年或稍晚。[1]

曾侯乙编钟有如此完善的钟律体系,其前至少经历了数百年,甚至更长的发展阶段。据此可以推断,《国语·周语下》伶州鸠关于"七律"的论述当有事实为基础,而不会是空穴来风,或者是出自后人的伪托。如果与安阳埙联系,则无疑可以为商代已有七声音阶的结论提供佐证。

1　谭维四:《曾侯乙墓》,43页,北京:文物出版社,2001年。

2-5　曾侯乙编钟局部图

四、河南舞阳贾湖遗址概况

1961年，河南舞阳县城北22公里的贾湖村发现了陶片、人骨、红烧土等古代遗物。经文博部门鉴定，确认为新石器时代裴李岗文化的遗址。1983年，考古工作者开始在贾湖进行发掘，此后的5年中，一共进行了6次发掘，揭露面积达2358平方米，清理出房址45座、陶窑9座、灰坑370座、墓葬349座、瓮棺葬32座、埋狗坑10座，以及壕沟、柱洞等。[1] 发掘表明，遗址是新石器时代早期的一处规模较大的聚落，总面积达55000平方米。

1　本文所引贾湖遗址资料，除特别注明外，均见于河南省文物考古研究所编撰的《舞阳贾湖》一书，北京：科学出版社，1999年。

贾湖遗址位于淮河的支流沙河南岸的台地上。贾湖人生存的年代，正值全新世大暖期的前期，气候温暖湿润，与现在的江南相仿，周围有大片草原和水热资源。文化遗存可以分为三期，每期都发现大量已经碳化的人工栽培稻的米粒，[1] 总数达1000多颗。经碳十四测年，其年代约为公元前5800—前5700年，与湖南澧县彭头山遗址的年代相当，证明地处淮河流域的贾湖也是中国最早培植水稻的地区之一。遗址中还出土有粟，表明是水旱混作的农业形态。贾湖人已经使用成系列的、规范化的农具，他们用舌形石铲和骨耜翻土，用带锯齿的石镰收割作物，用磨盘和磨棒脱粒。狩猎和捕捞依然是经济生活的重要内容。射猎的工具主要是骨镞，投掷的工具有石球和弹丸，此外还有石矛和骨矛，贾湖人猎捕的对象主要是梅花鹿、四不像、獐和麂等。他们用渔网和骨鱼镖打鱼，捕获最多的是青鱼、鲤鱼、龟鳖和扬子鳄。作为补充，他们还采集栎果、野菱、野大豆等植物。

贾湖陶器种类繁多，包括炊器、水器、容器、盛食器、工具等，在遗址收集到的陶片有几吨之多，可见已经广泛使用。陶器制作精良，形态规范，并已出现渗碳技术，烧成温度一般在700—850℃，个别陶器烧流变形，推想烧成温度当高于1000℃，可见已掌握了一定的加温技术。贾湖还发现1000多件石制品，大多是工具，取材于附近的河床，一般经过制坯、修琢、打磨、钻孔、开齿等多道工序。

在贾湖聚落中，居民区、墓葬区各成格局，房屋大多为椭圆形半地穴式建筑，窖穴多为圆形，墓葬多为长方形，当是经过规划和

---

1 张居中：《舞阳史前稻作遗存与黄淮地区史前农业》，《农业考古》1994年第1期。

测量。

贾湖先民已经有了一定的精神生活。他们将玉石、动物骨头做成桥形、圭形、管形、环形等各种形状,或有穿孔,作为装饰品,显示了较高的审美情趣。贾湖出土的甲、骨、石、陶器上,还发现了16种刻画符号,其中一片龟腹甲上契刻一"目"字,字形与殷墟甲骨文所见基本相同。此外,在一些墓葬中发现有完整的龟甲,龟甲的腹腔中藏有颜色不同、数量不等的石子,有学者认为是占卜的工具。

那么,距今约9000年的贾湖先民有没有音乐生活呢?这几乎是一个无法想象的问题。可是,始料未及的是,震惊中外音乐界的重大发现,恰恰就出现在这个鲜为人知的地方。

五、贾湖骨笛的鉴定

1986年5月到1987年6月,考古工作者在贾湖遗址的墓葬中,一共发现了16件骨管,都是两头洞通,管表的一侧开有若干个成排的孔。骨管出土时大多位于墓主人股骨的两侧,呈土黄色。据鉴定,骨管是用鹤类飞禽的肢骨,截去两端骨节后,再钻孔而成。16件骨管的形制比较一致,它们究竟是什么性质的器物?由于骨管的样子与笛子十分相像,令人不由自主地想到,会不会就是笛子?

考古工作者将骨管送到北京,请音乐史家鉴定,并请笛子演奏家演奏。1987年11月初,中国艺术研究院音乐研究所音响实验室与武汉音乐学院组成测音小组,用Stroboconn闪光频谱测音仪,对保存最为完整的20号7孔骨笛进行了测试。

骨管的构造与笛子尽管很相像,但有一个重要的不同,就是骨管两端开口,没有吹孔。它能否用于吹奏呢?专家指出,尽管骨管没有吹孔,但仍然是吹奏乐器。塔吉克族的鹰骨笛、哈萨克族的斯布斯额,都是用笛子的一端作为吹口的,只是吹奏时要将笛子斜持,使吹口与嘴唇形成45°的倾斜角,利用声波的振荡,使乐管的边棱发音。尤其重要的是,至今还在河南民间流传的吹奏器竹筹,也是两端开口的。

两位演奏家各自用这支骨管作了上行、下行吹奏,发现即使简单地平吹,也至少能吹出8个音(7个按音,1个筒音)。演奏试验和测音结果表明,骨笛音质较好,音阶结构至少是六声音阶,也有可能是七声齐备的古老的下徵音阶。该笛可以吹奏以C调为宫的七声古音阶(123#4567i),或以G调为宫的七声新音阶(1234567i)。此外,还存在多宫演奏的可能性,可以吹奏比较复杂的旋律。专家一致认定,这就是贾湖先民的骨笛!

20号骨管的年代,距今8000多年,居然已经具备了七声音阶,这是全世界所仅见的现象,简直令人难以置信。人们自然而然会怀疑它的可信程度。有人提出这样一种假设:骨管原本是贾湖先民的随意之作,不过偶然与音阶相符罢了,并非刻意制作的乐器。专家的回答是否定的,因为同一遗址出土的骨管并非仅此一件,而是多达16件;制作的时间也有先有后,绵延400余年之久。这绝不可能是无意制作或者偶然的巧合。

也有人提出这样的假设:骨管原本是在年代较晚的地层中,由于发掘时不小心而混入到了年代较早的地层中。其中341号墓出土的两支骨笛已有轻度的石化迹象,考古学常识,凡是有石化痕迹的骨器,其年代至少有一万年,因此,它们的年代没有问题。

专家对同时出土的其他骨笛也进行了鉴定。341号墓属于贾湖遗址的早期墓葬，墓中出土的 2 支骨笛（编号为 1 号、2 号骨笛），开孔的数目、形制、吹奏出的音阶都不一样。1 号骨笛开有 5 孔，可以吹出 G5、#A5、C6、#D6、G6、C7 六个音，主音是 #D6，可以构成 3 5 6 1̇ 3̇ 6̇ 的音序，是四声音阶。就自然音序而言，用 3 5 6 i 四个音为主干音，可以构成一个完整的曲调。有趣的是，如今河南舞阳、叶县、驻马店地区的流行民歌中，就有很多用这四个音（或者它的变体）构成的音调，《一人一马一杆枪》就是例证。

2 号骨笛开有 6 孔，由骨笛的音序，可以吹出 #A5、C6、D6、F6、G6、#A6、D7 七个音，主音是 #A5，可构成 1 2 3 5 6 1̇ 3̇ 的音序，是完整的五声音阶加上一个大三度音程。如果去掉高音的大三度音程，就是 1 2 3 5 6 1̇，成为标准的五声自然音阶。专家认为，2 号 6 孔骨笛，显然是在 1 号 5 孔骨笛四声音阶的基础上发展来的，它派生出了 1235 四个音组成的新的四声音型，使骨笛的表现力更为丰富。同样令人惊讶的是，河南上蔡县至今还有像《五姊妹梳头》那样只使用 1235 四个音的民歌，而上蔡距舞阳只有 70 公里。

专家认为，1 号骨笛的制作年代可能早于公元前 7000 年，当时的音乐以 1356 四个音为主，吹奏的音只是构成小调调式的基础音。2 号骨笛制作的年代应该晚于 1 号骨笛，它增加了一个按指孔和一个音，使骨笛由四声音阶发展成为完整的五声音阶，既可以吹奏自然小调的音乐，也可以吹奏自然大调的乐曲。因此，专家推测，在公元前 7000 年之前，当地音乐的主调是 6 1̇ 3̇ 6̇ 四个音；而当五声音阶的骨笛发明后，音乐的主调就变成了 1 3 5 1̇ 和 5 6 1̇ 3̇。将 1235 和 356 i 两种四声素材交织运用，乐曲的表现力更为丰富。舞阳县至今还流行的灯歌《问答》《说家乡》等，都还保留着这种形式。

贾湖早期遗址出土的骨笛,年代在9000年之前,已经可以吹奏四声和五声音阶构成的音调,证明五声音阶在中原地区确实源远流长。9000年来,它的因子一直存在于这里的民间音乐中。当地的《孙中山先生之歌》正是用1235和356í两种序列正向或反向进行的。

属于贾湖遗址中期的282号墓,出土2支骨笛,其音序的自然排列方法,是对早期341号墓1号骨笛自然音的扩大和发展,一音之差,却使它的表述领域大为扩展,如今豫南的民歌和小戏中的很多曲调,依然沿用这种较为原始的自然音序构成旋律,如豫南的西调皮影唱腔中还有贾湖282号墓骨笛的自然音序排列的状态。《孔仙兵阻金鸡岭》这一唱段所使用的音列为3̇5̇6̇7̇1235八个音,它的最低音"3"在整个唱段占有重要位置,结束音也落在它上面。这类小戏中自然音列的应用,与8000年之前贾湖骨笛自然音序如此一致,绝非偶然的巧合,当是当地居民长期的音乐审美习惯的延续。

六、贾湖骨笛的年代与分期

贾湖出土的18支骨笛,分散在不同的墓葬,其年代先后相差很大。根据地层关系和碳十四测年,贾湖文化遗存依照年代先后可以分为三期,18支骨笛也相应地分为三种类型,与贾湖文化的分期基本一致。

贾湖出土的早期骨笛,年代在公元前7000—前6600年左右,这一时期出土的2支骨笛分别开有五孔、六孔,能奏出四声音阶和完备的五声音阶。

贾湖出土的中期骨笛，在公元前6600—前6200年期间，这个时期出土的骨笛都是管开七孔，它们不但能吹奏出完备的五声音阶，而且已经能够吹奏出六声音阶和七声音阶，这个时期的骨笛与初期比较，已进入成熟期，并发展到制作骨笛精品的时代，其中最具代表性的是82号墓出土的20号、21号2支骨笛，标志着贾湖音乐文化的高峰。

贾湖晚期的骨笛，大约在公元前6200—前5800年的四百年间，这一时期的骨笛除了一部分保持了中期的七孔骨笛的形制之外，还出现了八孔骨笛，不仅能吹奏出七声音阶，而且还出现了变化音，反映了贾湖先民精神生活的多姿多彩。

下面将三个时期的骨笛以音阶的形式排列，以便清楚地看到贾湖骨笛在三个时期的音阶变化。

遗址早期（公元前7000—前6600年左右）：

341号墓的2支骨笛，分别开五孔、六孔，能奏出四声音阶和完备的五声音阶。

　　五孔骨笛：356136（主音：#D6）
　　六孔骨笛：123561̇3（主音：#A6）

遗址中期（公元前6600—前6200年左右）：

282号墓出土2支骨笛，钻有七孔，能奏出六声和七声音阶。

　　21号七孔骨笛：35ᵇ6̇7̇1̇2̇3̇ᵇ6̇（主音：D6）
　　20号七孔骨笛：356ᵇ71̇2̇3̇5̇（主音：D6）

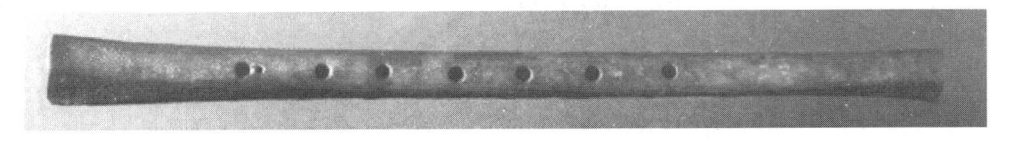

2-6　282号墓20号骨笛

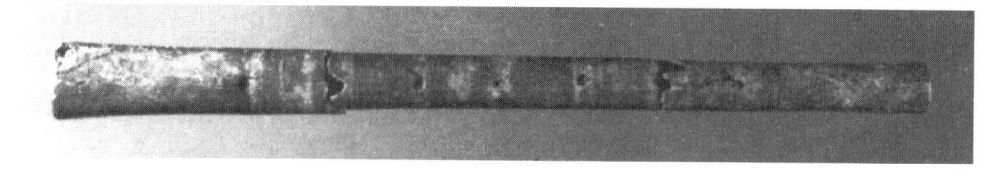

2-7 411号墓出土骨笛

411号墓出土1支骨笛，钻有七孔。出土时已经断为三截。

78号墓出土2支骨笛，都钻有七孔。

遗址晚期（公元前6200—前5800年左右）：

253号墓出土2支骨笛，分别钻有八孔、九孔，能奏出完整的七声音阶以及七声音阶以外的一些变化音。

4号八孔骨笛：1234567$\dot{1}$（主音：$^\#$A5）

123$^\#$4567$\dot{1}$（主音：$^\#$D6）

1 2 $^\flat$3 4 5 6 $^\flat$7 $\dot{1}$（主音：C6）

253号墓的4号骨笛管开八孔，比中期的282号墓出土的2支骨笛多开一孔，音律上产生了明显的变化，根据测音数据，若以$^\#$D6为主音，可以排列出如下七声音阶：

4$^\flat$6$^\flat$7$\dot{1}$$\dot{2}$$\dot{3}$5 6

$^\#$2、$^\#$4、5、6、7$^\flat$、7、$\dot{1}$、$\dot{2}$、$\dot{3}$（$^\flat\dot{3}$），也即123$^\#$4567$\dot{1}$

七、贾湖骨笛的制作技巧

贾湖遗址发掘的349座墓葬中，以282号墓规模为最大，随葬品多达60件，足见墓主人生前的身份非同一般。墓中的2支骨笛，一支在墓主左股骨的外侧，另一支在墓主左股骨的内侧，制作之精良，音质之优美，都堪称贾湖骨笛之最。其中一支骨笛出土时已经断为三截。经专家分析，并非入土时折断，而是墓主生前就已经损坏。耐人寻味的是，主人并未抛弃之，而是细心地在折断处钻了4个小孔，用细线连缀，可见墓主人对它的珍爱。

舞阳骨笛一般长20多厘米，直径约1.1厘米，圆形钻孔都分布在同一侧，一般为7孔，制作规范。有的骨笛上划有等分记号，表明制作之前先经过度量、计算，然后画线，再钻孔。个别笛子的主音孔旁还钻有小孔，专家认为是调音孔，可见制作者已有声律规范的意识，开孔后先要试音，如果音律不谐，再开小孔作微调。

在早、中、晚三期的5支骨笛中，有3支骨笛的表面留有制作者为了确定孔距而留下的计算刻度，它们是早期的341号墓的1号笛、中期的282号墓的20号笛、晚期的253号墓的4号笛。其中282号墓20号笛的痕迹最为复杂，下面略作介绍。

从20号骨笛的笛身，还可以清晰地看到开孔前计算孔位时留

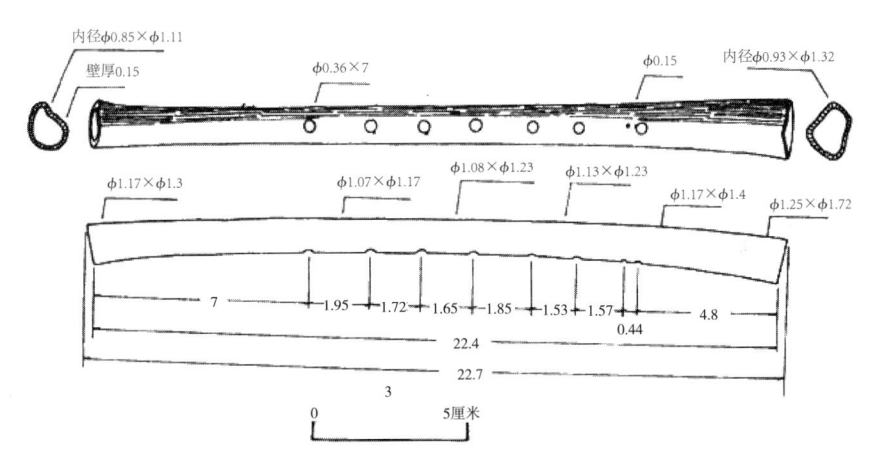

2-8 贾湖282号墓20号骨笛线图
采自河南省文物考古研究所编著《舞阳贾湖》(下卷)

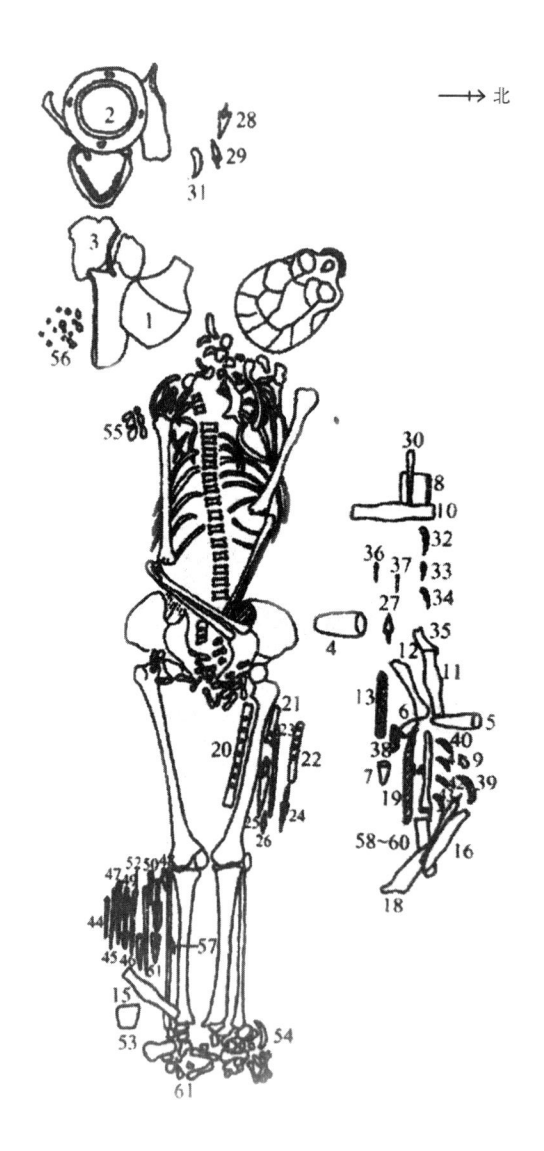

2-9 贾湖282号墓平面图

1 陶壶 2 陶罐 3 陶鼎 4、5 石斧 6、7 石凿 8、9、53 砺石 10～12、15 骨板 13、14、38、58 骨凿 16～19 骨刀 20、21 骨笛 23、25、44～47、49、51、52 骨镖 24、26～29、48、50、57 骨镞 30 骨锥 31、54 牙削 32～34 牙锥 35 牙刀 36、37 骨针 39～43 牙饰 55 龟甲 56 石子 59、60 骨柄 61 角料

采自河南省文物考古研究所编著《舞阳贾湖》(上卷)

下的痕迹，可知在开孔前预先作计算，再用钻头轻轻接触，留下钻点，但不钻透管壁，意在为正式钻孔再作调整时留下余地。原先计算的第二孔的位置向下移动了 0.1 厘米，使第一孔与第二孔的音距为 300 音分；原第三孔的位置也向下移动了 0.1 厘米，使第二孔与第三孔的音分值调整到 200 音分，而第三孔与第四孔之间的音距也成了 200 音分。通过调整两个音孔位置，彼此的音距和音分数与今天的十二平均律的音距和音分数完全相同，并且形成了 1235 四个声音组合的、以十二平均律为基础的相互关系，简直令人难以置信。贾湖人似乎已经有了对十二平均律某些因素的基本认识。开第七孔时，先开一个小孔，经过试听，可能觉得该孔的音稍高于预定的音，于是在它下方 0.44 厘米处再开了一个正式的音孔。专家测音后发觉，六孔至七孔的音距为 178 音分，与小全音的音分数 182 音分只差 4 音分，这是人耳都难以辨别的。而七孔至筒音的音距为 250 音分，与纯律增二度 275 音分也只差 25 音分。由于校正了第七孔的位置，使六至七孔的音距接近了小全音的标准，使第七孔与筒音之间的距离缩小到与纯律增二度相近的音分值。

贾湖中期偏后的墓葬出土的骨笛，大多可见计算

2-10 墓葬出土的骨笛

开孔位置时的刻度，说明了贾湖的先民制作骨笛采用的是经验与计算相结合的方法。

341号墓1号骨笛全长20.9厘米，两端的骨头节已被锯去，但断面尚可见刻痕，当是锯割前所画的记号。骨笛通体呈棕色，把握光滑，显然是长期使用之物。经测音，1号骨笛如果以 #D6+15 为主音，则此笛的自然音序为 35613̇6̇，按音阶排列为 1356i，实际为四声音阶。它与同墓2号骨笛有着本质区别和时间上的差别。如果说四声音阶是旧石器音乐水平的最高体现，则五声音阶的出现就是新石器时期的一个飞跃。

通过两支骨笛自然音序的比较，可知1号骨笛相邻两音的距离比较远，自然音序中只有一个大二度音程，而在2号骨笛的自然音序中，却有三个大二度音程。这是一个重要的变化，可以看出贾湖人从对开放式的粗犷型走向密集的细微型表现方式的追求，这是音乐思维方式上的重大发展。在贾湖文化延续的1200年的历史时期中，分别制作出了能演奏四声和五声音阶的骨笛，六声及不完备七声音阶的骨笛，七声以及带有变化音的骨笛，反映了中国民族音乐发展的渐进性。萧兴华先生说："要揭开一万年以来中国音乐文化文明的日子越来越近了。"

八、贾湖骨笛的未解之谜

著名音乐史家、中国艺术研究院音乐研究所萧兴华教授，以十余年之功对贾湖骨笛进行了深入的研究，取得许多重要的发现[1]：

---

1 萧兴华：《中国音乐文化文明九千年——试论河南舞阳贾湖骨笛的发掘及其意义》，《音乐研究》2000年第1期，3—14页。

1. 北京山顶洞人遗址的年代距今约10050年，贾湖遗址早期的年代距今约9000年，两者相去并不远。山顶洞人在石片上开的孔大而粗糙；贾湖骨笛的音孔直径仅为0.1—0.3厘米，但细致而圆整。两地的加工工艺差别如此悬殊，贾湖人究竟使用了怎样的钻孔工具？它是用怎样的材料制作的？

2. 贾湖骨笛上刻画的"一"形直道很多，研究者多认为是制笛时设计孔位的符号。但是，在贾湖晚期的253号墓出土的4号八孔笛上，有刻画细致的"三"形符号，它又代表什么意思？"一"形刻画符号是否还有其他的功能和含义？

3. 9000年前的中国人的数学知识究竟处在怎样的水平上？在贾湖骨笛出土之前，这似乎是无从讨论的问题。除了仰韶陶片上的刻画符号之外，研究者几乎没有多少可据的资料。因此，数学史家表现出相当的无奈，只能审慎地说：原始公社末期，私有制和货物交换产生以后，数与形的概念有了进一步的发展，仰韶文化时期出土的陶器，上面已刻有表示1、2、3、4的符号。[1]

现在，由于贾湖遗址的发现，数学史上的这一页需要改写了。贾湖早期文化的年代要比仰韶文化早2000年，据此而知，早在旧石器时代向新石器时代过渡时，先民对数的认识早已超越仰韶陶片所显示的水平。贾湖骨笛中，音孔最多的只有八个，但我们不能从1到8之间的简单排列去认识当时的数学水平。实际上，贾湖先民不但熟悉从1到10之间的差别，而且对于数的等分和不等分已能灵活地加以运用。要在骨壁上找到合理的音高排列，不仅需要有长期的实践经验和对音准的高度感觉，而且需要综合种种不确定因素

---

[1] 《中国古代数学的萌芽》，《中国大百科全书·数学卷》，847页，北京：中国大百科全书出版社，1988年。

来加以考虑和计算。这中间存在着数学与音律的复杂关系。就音乐领域而言，数与律密不可分，弦乐器的弦长、管乐器的孔径，与音高标准之间都有比例关系。确定音阶关系的法则和规律，与数有一定关系。对此，贾湖人显然已经有了相当的知识积累。

4. 由于贾湖骨笛是截取飞禽胫骨而得，每支骨笛的长短、粗细、厚薄都不相同，骨管的形状也不甚规则，要在这样的异形管上计算出符合音阶关系的孔距，有相当的难度。贾湖先民在制作前肯定经过某种计算，并在钻孔过程中一再调整，直至开出满意的音孔。20号骨笛留下的三处计算开孔的痕迹，使我们得以了解贾湖骨笛制作的复杂过程。究竟先民是通过怎样的方法来计算音孔位置的？这是我国数学史家和音律研究家面临的难题。

5. 341号墓2号骨笛的音，以及各音之间构成的音程，除4个音程与十二平均律完全相同之外，将其他能构成音程的音分值与十二平均律的音程、音分值相比，最大的音分值系数都低于5个音分值。以现代专业器乐演奏者的听觉，都难以辨别出它与十二平均律之间的差别。当代最优秀的钢琴调音师，对五度调音的音准度可以控制在2个音分，但不是靠仪器，而是靠感觉。一般来说，弦乐器演奏家对音高的敏感度最强，小提琴演奏家对音高的敏感度通常都在7个音分以上，专业音乐工作者则在10个音分以上。9000多年前的贾湖人，在没有任何调音仪器的情况下，居然能制作出任何音程都不超过5个音分差的骨笛，其中的奥秘究竟何在？

舞阳骨笛是我国迄今所见年代最早的乐器，是贾湖先民有意识、有目的地制作的规范化的成品，显示了制作技术和演奏技巧的成熟。在迄今所见的史前音乐文物中，舞阳骨笛居于无可争议的领先地位，表明早在史前时代，中华民族的音乐文化就已经具备了相当的水平。

九、上古时代为何偏爱五声音阶

从以上分析可知，中国七声音阶的形成经过了曲折复杂的历程。那么，世界其他民族是否就没有经历过类似的过程呢？答案是否定的。黄翔鹏先生指出："世界上无论东、西方的各种民族，只要是远古和古代音乐史料的遗存足以判明其音乐发展情况的，几乎无不采用过五声音阶作为其本民族的调式基础。问题恐怕在于此五声音阶和彼五声音阶的不同；五声的形成过程不同；同样运用着五声音阶而有曲调型的不同；从五声向七声（或如某些东方民族的其他类型的、结构较为复杂的音阶）的发展过程不同。"[1]

黄先生以希腊为例加以分析。古希腊的音阶发展，经历了三声音阶（相当于中国的徵、宫、商）、四声音阶（相当于中国的徵、羽、宫、商）、五声音阶（相当于中国的徵、羽、宫、商、角）的过程。可见古希腊的音阶，是以徵、宫、商结构的四度、五度音程为骨干的。古希腊人重视四、五度的谐和关系，而古代中国重视小三度谐和关系。正是这种音阶骨干音上的差别，决定了不同民族的曲调型的差异，从而造成了民族音乐的多样性。

为什么不同民族的音阶骨干音会有所不同呢？黄先生认为，这与民族语言有着密切关系。不同的民族有不同的语言传统，如节奏、重音、发音方式、审美习惯等。最初的歌曲，是在语言的基础上变化而来的，因此必然受到语言的影响。

---

[1] 黄翔鹏：《溯流探源——中国传统音乐研究》，22页，北京：人民音乐出版社，1993年。

"变宫"和"变徵"的出现，表明我国先秦时期七声音阶的存在，但这并不意味着当时以七声音阶为主。儒家文化偏爱和谐，表现在音乐中，认为宫、商、角、徵、羽五音比较和谐，"二变"出现在乐声中容易出现不和谐，因而不太喜欢用变宫、变徵之声。这是民族的审美习惯使然。因此，古代音乐依然以宫、商、角、徵、羽为骨干音，而将"二变"作为五声音阶的辅助。《左传》昭公二十五年，子大叔在回答赵简子关于揖让、周旋之礼的问题时说："为九歌、八风、七音、六律，以奉五声。"意思是说，各种各样的歌曲，各个地区的民歌，不论用七音，还是用六音，都是以"五声"为主。黄先生认为，中国古代音阶的确立，可能是人们从多于七声或五声的乐音序列中选择的结果，其中有一个简单到复杂，又从繁杂复归于单纯的过程，即"由简单的、不甚稳定的'少'发展到精选的、稳定状态的'少'"[1]。

参考论著：

1. 河南省文物考古研究所：《舞阳贾湖》，北京：科学出版社，1999 年。
2. 萧兴华：《中国音乐文化文明九千年——试论河南舞阳贾湖骨笛的发掘及其意义》，《音乐研究》2000 年第 1 期，3—14 页。
3. 黄翔鹏：《溯流探源——中国传统音乐研究》，北京：人民音乐出版社，1993 年。
4. 童忠良：《舞阳贾湖骨笛的音孔设计与宫调特点》，《中国音乐学》1992 年第 3 期。
5. 谭维四：《曾侯乙编钟》，北京：文物出版社，2001 年。

---

[1] 黄翔鹏：《溯流探源——中国传统音乐研究》，51 页，北京：人民音乐出版社，1993 年。

第三讲　上孙家寨舞蹈纹盆与甘青地区的彩陶文化

舞蹈纹彩陶盆，1973年青海大通县上孙家寨马家窑文化遗址出土，高12.7厘米，口径28.5厘米。内壁绘有舞蹈图案，用弧线和勾叶纹区隔为3组，每组5人，都有发饰和尾饰，手拉手作舞蹈状。

大约在一万年前，随着农业和畜牧业的出现，人类迈进了新石器时代的门槛，它的标志性器物是磨制石器、陶器和纺织工具。在耕、稼、渔、陶的定居生活中，陶制的炊煮器、饮水器、储存器是人们生活中不可或缺的器物。

一、彩陶的制作

制陶业是新石器时代新兴的手工业，是人类利用火这一自然力来改变物质化学性质的成功尝试，陶器的出现促进了人类的定居生活，是划时代的伟大发明。

我国新石器时代的制陶材料，主要是低熔点的黏土，以及少数高铝黏土。将黏土捏成一定的形状，放在火上烤，当温度超过800℃时，便会失去结晶水，发生晶形转变和固相反应，并产生低共熔玻璃相，黏土便聚结成具有一定强度、硬度，结构比较致密的新物质，这就是陶器。

我国中原地区的黄土含钙量较高，可塑性较差，不适合制陶，只有红土、黑土，以及河谷中的沉积土等黏土，含钙量较低，而含铁量较高，Fe_2O_3 的含量在 5%—9% 之间，最适宜做陶土。铁氧化物有助熔作用，一般在 1000℃ 左右就可以烧成。陶土的成分对陶器的烧结和颜色会产生影响。如果在氧化焰中烧成，则呈红色；如果在还原焰中烧成，则呈灰色。

陶土必须是黏土，但如果黏结性过高，不但难以成型，而且会在使用过程中因长时间受热而发生收缩、开裂。为了克服黏土的这些弱点，需要在陶土中掺和其他材料，以减少其黏性，最常见的办法是夹炭和夹砂，此外还有夹云母或蚌壳的。

夹炭陶的"炭"，主要是指水稻的茎、叶和皮壳之类的东西，可以直接掺入陶土，也可以先行碳化然后掺入。夹炭陶胎壁厚，胎质疏松，有些出土的陶片孔隙度达 50% 以上，渗漏严重，不好使用。夹炭陶主要出现在江南地区。浙江余姚河姆渡遗址第四层出土的十多万片陶片，绝大多数是夹炭陶，只有少数夹砂陶。第三层夹砂陶明显增多，第一、二层的夹炭陶很少，绝大多数是夹砂陶。可见，夹炭陶存在的时间不长。

在陶土中掺和砂粒的陶器叫夹砂陶。秦安大地湾、磁山—裴李岗、万年仙人洞等新石器时代早期遗址出土的陶器，大多是夹砂陶。到仰韶文化和龙山文化时期，夹砂陶的比例依然较高。夹砂陶有粗砂陶和细砂陶之分，总体而言，粗砂陶的数量较多，细砂陶很少。细砂陶的特点是陶土细腻纯净，只掺和很少、很细的沙子，而硬度比粗砂陶高。在仰韶文化彩陶和龙山文化蛋壳陶中，还发现一种既不夹砂，也不夹炭的陶器，致密度比较高，称为泥质陶。

陶器的形制，是按照生活的实际需要来确定的，可以分为储存器、蒸煮器、盛食器、汲水器等几大类。储存器有瓮、罐等。蒸煮器有鼎、釜、甑等。盛食器有碗、钵、盘、盆等。汲水器有小口尖底瓶。我国新石器时代的陶器就非常美观而实用，初步确立了中华民族日用器皿的样式，影响非常深远。

最初的陶器，是用手直接捏制而成的，称为"捏塑法"。用这种方法做出来的陶器，上面总是可以看到制器人留下的指纹。捏塑法只能制作器型简单的小陶器，远远不能满足人们的需要。

于是人们发明了泥条盘筑法。先将陶泥搓成条，然后盘筑成形。有些体型比较大的器物，需要先分成上下两部分分别制作，然后再合为一体。为了器身的严密和坚固，要在两者的结合部位贴一圈黏土，然后再作修饰。此外，在陶坯还有一定湿度时，要将器物的耳、把手等粘上。用这种方法制作的陶器，如果我们用手去触摸它的内壁，可以清楚地感觉到它的条状盘筑的痕迹。

器物成型之后，要稍微晾干，再放到陶车上修整。方法是，转动慢轮，一手用陶拍在器表轻轻拍打，另一手用砥石在器物的内壁顶住拍打的部位，使器型更圆润，器壁更均匀、致密。最初的陶器都是素面的，但常常可以见到早期陶器上有绳纹，这是因为先民往往在陶拍上缚以绳子。有用签子在器表刻画装饰花纹的。接着是将器表磨光，用比较细腻的石头在器表打磨，使之呈现出光泽，这样既美观又便于在上面彩绘。

用彩色来装饰陶器，经历了漫长的过程。在甘肃秦安大地湾见到的最原始的彩陶，仅仅是在口沿附近抹一圈红色的颜料。后来，先民开始把日常所见的动植物画在陶器上面，这些题材最初是写实的，后来经过提炼和变化，并且融入了作者对自然和生活的感受。

随着时间的推移，构图和色彩越来越丰富和绚丽，审美情趣日益高雅，于是，原本是日用的器皿，变成了魅力无比的艺术珍品。

彩绘的题材，我们到后面再细谈。彩陶的图案以红、黑二色为主，都是取材于矿物。红色颜料取自含有铁的赭石之类的矿物；黑色颜料取自含有锰的矿物，也有将两种矿物调和成新颜料的。矿物颜料的优点是不容易褪色，许多彩陶上的纹样，历经千年依旧光鲜如故。宝鸡北首岭遗址发现两块用赤铁矿物制作的颜料锭。陕西临潼姜寨遗址出土过一套绘画工具，包括砚、磨棒、赭石块和水杯。兰州白道沟坪马厂期遗址的窑场发现了研磨颜料用的石板，以及调色用的陶碟。陶碟有分格，里面居然还有当年用剩的颜料。甘肃临洮马家窑文化遗址出土三个高5厘米、直径3厘米的颜料瓶，其中一个尚未启封，伴随出土的还有一件调色用的陶钵，钵内残存着红色的颜料[1]。

彩绘的工具是什么呢？只要你使用过毛笔，而且亲眼见过彩陶

3-1 颜料瓶与颜料钵
采自王海东著《马家窑彩陶鉴识》

---

[1] 王海东：《马家窑彩陶鉴识》，39页，兰州：甘肃人民美术出版社，2005年。

上挥洒自如的线条，你就会得出结论：它一定是用毛笔，或者是与之类似的工具画出来的。遗憾的是，我们至今没有见到这种彩绘笔的实物。

彩绘完成之后，要放到火上去烧制。最初的陶器，是露天烧制的，把陶坯放在燃烧的柴堆上就可以了。这种烧法火候很低，而且不容易控制。于是，先民在地上挖坑，作为火膛；上面放一层箅子，陶坯放在箅子上，然后把上面用土封起来，成为窑室，这样炉温可以达到800℃。后来，先民解决了窑室密封的技术，炉温可以达到1000℃，烧成的陶器，质量要好得多。由于陶土中的铁元素被氧化，所以陶胎呈红色。

陶窑的遗迹已经发现不少，西安半坡发现6座，华县泉护村发现7座，兰州白道沟坪马厂期遗址的窑场规模较大，保存也比较好，共发现5组12座，以及一些陶窑残迹。每组陶窑共用一个烧火坑，各窑的窑门都朝向烧火坑。窑室都呈方形，窑箅上有9个火眼，三三排列，非常整齐。窑场中有一个备料坑，内有制造陶器的熟料和余料，其中的红胶泥条正可以与马家窑文化陶器多用泥条盘筑而成的情况互相印证。

需要说明的是，除了彩陶之外，还有一种彩绘陶。两者的差别有两点。第一，彩陶是上彩之后再烧制的，而彩绘陶相反，是入窑烧制之后再画彩的。所以，前者的彩绘附着力非常强，而后者的彩绘很容易脱落。第二，彩陶上的颜料要经受窑内1000℃的火温，所以它必须是矿物颜料；彩绘陶不然，它不需要经过炉火，所以矿物、植物颜料都可以用。总体而言，我国新石器时代出土的彩陶要远远多于彩绘陶。目前出土彩绘陶最多的是山西襄汾陶寺龙山文化墓地、内蒙古敖汉旗大甸子早期青铜器时代墓地。

此外，还有使用普通镁质易熔黏土，以及瓷土和高铝质黏土的，其共同特点是氧化铁的含量比陶土低得多，由于烧成后呈白色，习称白陶。我国是世界上最早发明白陶的国家，黄河流域在仰韶文化晚期就已经出现白陶。南方的白陶出现在7000年前，而且数量很大，湖南省和深圳也有出土。在大汶口文化和山东龙山文化中比较流行。在黄河流域出土的主要是高铝质白陶，在长江流域则有高铝质和高镁质两种类型的白陶。白陶的发明，对于从陶器向瓷器的转变，具有重要意义。

二、仰韶彩陶的发现

中国人很早就懂得制陶。陶，古人多写作"匋"，《说文解字》说："匋，作瓦器也。"有关制陶的记载，文献中屡见不鲜。例如《史记·五帝本纪》说："舜耕历山，历山之人皆让畔。渔雷泽，雷泽上人皆让居。陶河滨，河滨器皆不苦窳。"意思是说，舜是圣明之君，他无论是在历山耕作，还是在雷泽捕鱼，民众都彼此礼让，和谐相处，制作的陶器质量都很好。又如，《诗经》说"昆吾作陶"，昆吾是夏商之间的部落，初封于今河南濮阳，"夏衰，昆吾为夏伯，迁于旧许，后为汤所灭"。昆吾以擅长制作陶器而闻名。

可是，20世纪初，在西方考古学传入中国之前，谁也没有想过要去寻找史前时代的中国陶器，无数深藏于地下的史前文明无人知晓。19世纪，西方考古学家在欧洲、近东发现了史前时代的石制工具，后来又在近东等地发现了同一时代的彩陶，而中国却没有见到。在这种背景之下，有些西方学者武断地认为：中国没有新石器文化可言，中国文化最早只能追溯到公元前7、8世纪，没有史前文明可言。有趣的是，最先推翻这一结论的，也是一位西方学者，他就是瑞典人安特生。

安特生（Johan Gunnar Andersson，1874—1960），是瑞典地质学家、考古学家。1906—1914年，他担任瑞典地质调查所所长。1914—1924年，他受聘为中国北洋政府的农商部矿政顾问。1926—1939年，他回国担任瑞典远东古物馆馆长。在中国工作期间，他发现了许多中国史前时代的遗址。1921年，他在北京房山周口店调查时，判定这里的龙骨山是远古时代人类活动的遗址，后来龙骨山果然发现了举世震惊的"北京人"遗址。在此前后，安特生到河南等地调查，先后三次到过河南渑池县的仰韶村。1921年，安特生决定在仰韶村发掘，在灰土层中发现了与磨制石器共存的陶片，上面有用黑色和红色描绘的纹饰。随后，安特生还在辽宁锦西的沙锅屯洞穴遗址以及黄河流域的一些地方发现了彩陶，他将它们命名为"仰韶文化"。安氏的这些发现，使"中国没有史前文明"的说法不攻自破，证明中国文献的记载并非子虚乌有。

仰韶文化被发现之初，人们所能见到的史前遗址非常有限，认识也比较粗浅。当时比较流行的看法是，仰

3-2 瑞典地质学家、考古学家安特生

韶文化是与殷墟的商代文化相衔接的文化，年代不会太早，大约在公元前两千年左右。

1928年，著名考古学家吴金鼎在山东章丘龙山镇城子崖发现一种与石器、陶器共存的薄黑而有光泽的陶片，与仰韶文化彩陶的面貌判然有别，于是命名为"龙山文化"。龙山文化是什么年代的文化？它与仰韶文化是什么关系？当时谁都说不清楚。一般认为，龙山文化与仰韶文化是分处于东西方的同时代文化，也就是说，两者文化面貌的不同是属于地域文化的差别，而不是时代先后的差别。

1931年，著名考古学家李济和梁思永在殷墟后冈发现了殷代文化、龙山文化和仰韶文化三者相叠压的地层关系：上层是殷代文化，中层是龙山文化，最下层是仰韶文化。在考古学的地层学说中，年代越早的遗物，所处的地层越下；年代越晚的遗物，所处的地层越上。后冈的这种地层叠压关系表明，龙山文化与仰韶文化不是并行发展的关系，而是前后承接的关系，龙山文化是介于仰韶文化和殷代文化之间的一种文化。这就是著名的后冈"三叠层"，它对于中国史前考古学的谱系的建立，作出了重大的贡献。与后冈"三叠层"同样的地层叠压关系，后来在晋南和陕西也有发现，学术界由此形

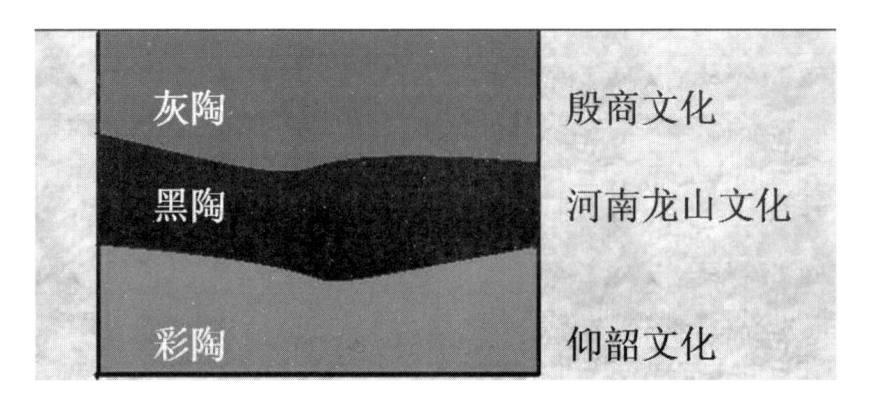

3-3 后冈三叠层示意图

成了共识：仰韶文化是黄河流域新石器时代较早的一种文化。

近90年来，对仰韶文化的发掘和研究，始终是中国田野考古的重点之一。现在我们知道，仰韶文化的分布区域，以黄河中游的河南、陕西、山西三省为中心，年代距今6000—5000年。目前，已经发现的仰韶文化遗址有上千处，有些地区的遗址分布相当稠密，例如在三门峡库区发现的仰韶文化遗址就有69处。遗址一般位于河谷的台地上，面积往往很大，从几万平方米到几十万平方米都有，半坡遗址面积达5万平方米，分为居住区、窑场和公共墓地三大块，居住区的面积达3万多平方米；陕西华阴西关堡则有90万平方米之大；文化堆积层也很厚，多者达四五米，无疑是先民长时期在此生活的证据。

有关仰韶文化的全貌，是随着考古工作的全面展开而逐渐显现出来的。20世纪50年代，考古工作者在西安的半坡和河南陕县的庙底沟两地的仰韶文化遗址进行了大规模发掘，发现了数量众多的彩陶。将两个遗址的彩陶等出土物进行比较，发现两者的文化特色同中有异，前者的器型以盆、钵、壶、尖底瓶为主；动物纹饰有鱼、蛙、鹿等，而以鱼纹为主；此外，还有人面纹、三角纹、带纹、网格纹等，几乎都是红陶黑彩；后者的器型以敛口曲腹盆、大口深腹缸、尖底瓶和平底瓶为主，纹饰以鸟纹和花卉纹为主，大多数是黑彩，少数兼用红彩，有的器表有白陶衣。经碳十四测年，前者年代较早，后者年代较晚，表明它们是仰韶文化发展过程中形成的不同类型，学界称为"半坡类型"和"庙底沟类型"，代表仰韶文化的早期和中期，是仰韶彩陶的鼎盛期。

庙底沟类型分布范围非常广泛，北到辽河流域，南过长江，东到山东，西到甘青地区，对周边的文化产生很大影响。在典型仰韶文化地区，继庙底沟类型之后是西王村类型，主要分布在关中渭水流域,以及陕北、晋南、豫西地区。此外,分布在河南省的黄河以南、东起郑州、西至洛阳、南及汝河河谷平原及丘陵地带的称为秦王寨类型(或称大河村类型);分布在河南北部、河北南部地区的称为后冈类型;分布在江汉流域北部,以及唐河、白河地区的称为下王冈类型等。这些类型都属于仰韶文化晚期,陶器构图单调而松散,主题不鲜明,用笔比较潦草,显示出仰韶彩陶衰落的特征。

三、甘青地区的彩陶文化

安特生在发现了仰韶彩陶之后,并没有就此止步,而是将视野投向了中国的西部地区。他认为仰韶彩陶已经相当成熟,在它前面一定还有更加原始的彩陶,他判断中国彩陶的源头可能是在黄河流域的上游。于是,1923—1924年间,安特生到甘肃、青海地区调查,发掘了不少遗址,其中既有新石器时代的遗址,也有青铜时代的遗址,限于当时的水平,他未能加以区分。当时,考古学界一般认为,甘肃地区的彩陶文化是一种与仰韶文化平行的文化遗存,所以称之为"甘肃仰韶文化"。

20世纪50年代以后,考古工作者对甘青地区的史前遗址进行了比较全面的发掘,由于大批新材料的出土,考古学家发现甘青地区的彩陶与仰韶文化有明显区别,不能混为一谈。尤其是在马家窑、渭源寺坪等地发现所谓的"甘肃仰韶文化"与中原仰韶文化有地层叠压关系之后,人们方才知道,甘青地区马家窑文化的早期晚于仰韶文化的庙底沟类型,是承袭庙底沟类型的某些文化因素发展而来的一种文化,而它结束的时间要比仰韶文化晚。于是,考古学家将它重新命名，称之为"马家窑文化"。

马家窑文化主要分布在甘肃、青海、宁夏的黄河上游、大夏河和湟河流域地区，年代为距今5800—4000年。遗址相当密集，仅青海省就有上千处。在马家窑文化时代，甘青地区温暖湿润，到处是森林草原，生态环境良好。先民们筚路蓝缕，辛勤开发了这块美丽富饶的土地，创造了灿烂的史前文化，这里成为了中华文明的发祥地之一。河陇地区（今甘肃、青海、宁夏和新疆的部分地区）相传是伏羲和轩辕黄帝的故里，素有"羲、轩桑梓"之称，夏朝末年，周人兴起于陇东，后来向东发展到陕甘接壤的地区，最后取得天下，所以史称这里是"周道始兴之地"。此外，甘肃的礼县、天水一带又是秦人的发祥地，这是大家都非常熟悉的。

马家窑文化遗址中，最为著名的是柳湾遗址。柳湾遗址位于青海乐都县城东的柳湾村北，湟水河的北岸，总面积约11.2万平方米。墓地分为东、中、西3个墓区。东区以半山类型墓葬为主，有257

3-4 青海乐都柳湾彩陶博物馆

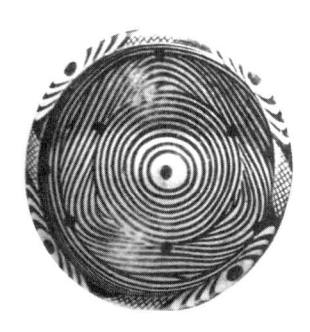

3-5 石岭下类型彩陶之一

3-6 石岭下类型彩陶之二

3-7 马家窑类型彩陶

座。中区以马厂类型墓葬为主，有872座；而该区的北端有5座辛店类型墓葬。西区以齐家类型墓葬为主，有366座。柳湾遗址前后经历了从新石器时代到青铜时代的1000多年，是迄今为止我国规模最大、保存较好、发掘墓葬最多的一处氏族公共墓地。1974年，在这里发掘出土的彩陶达13000件以上，举世罕见。其中以马厂类型的器物为最多，也最精彩。

马家窑文化前后绵延数千年，通常将它分为四个类型，代表从早到晚的四个时期：

1. 石岭下类型，因最先发现于甘肃武山县石岭下遗址而得名，距今5600—5300年，主要分布于甘肃天水一带，以及渭河及其支流葫芦河流域。石岭下类型彩陶继承了庙底沟彩陶的因素，多平行线纹、同心圆纹、波浪形纹、草叶纹等。

2. 马家窑类型，因首次发现于甘肃临洮马家窑遗址而得名，距今5300—4700年，主要分布于陇东山地、陇西平原、宁夏南部和青海西北部，西至甘肃武威。在该区域内发现的马家窑类型遗址有数百处之多。

陶器多用手制，不少陶器的形制和花纹都与仰韶文化庙底沟类型的相似或接近，显然是从庙底沟类型脱胎发展起来的。彩陶多为黑彩，常以密集的平行、弧曲、交叉、同心圆、涡旋的线条变化，表现水的动感。构图繁缛，浑然一体。动物纹样主要有鸟纹、鱼纹、蛙纹和蝌蚪纹。几何纹样有S形纹、葫芦纹、垂幛纹、旋涡纹、水波纹、圆圈纹、多层三角纹、桃叶纹和草叶纹等。著名的陶器有"鲵鱼纹双耳瓶"，鲵鱼用黑彩描，头部为人面，鱼身细长，以网格纹代表鱼鳞，鱼尾弯曲，前肢有四趾。

3-8 半山类型"四大圈"彩陶之一

3. 半山类型，因首次发现于甘肃和政的半山遗址而得名，距今4700—4300年，主要分布于陇西河谷和盆地、河西走廊以及青海东北部，与马家窑类型的分布区大致重合。1924年首次发现时，发掘了一座墓葬，墓主是一位40岁左右的男性，随葬品中有8件彩陶罐和4件夹砂陶罐。

3-9 半山类型"四大圈"彩陶之二

半山彩陶的特色是好用红黑两色相间的锯齿纹，构成旋涡纹、水波纹、葫芦纹、菱形纹和平行带纹。旋涡纹一般

3-10 马厂类型彩陶

由四个以上的旋涡作二方连续勾连而成，通常是中心用红彩绘旋涡的骨架，上下绘黑红彩带纹，黑彩较宽，带有锯齿纹，锯齿嵌入红彩。此外，器身的正面每每平均分布四个圆圈，俗称"四大圈"，圆内用方格纹、网纹、菱形纹装饰。此外还有变体蛙纹和棋盘格纹。

4. 马厂类型，因首先发现于青海民和的马厂塬遗址而得名，距今 4300—4000 年，分布区域与半山类型大致重合，但向西延伸到酒泉、玉门一带。马厂遗址发现于 1924 年，当时清理了两座墓葬，出土 4 件彩陶。

马厂彩陶一般有红色或紫色的陶衣，上面多施黑彩，极少有锯齿纹。早期喜欢用红黑相间或黑边红带的粗条带构成圆圈纹、螺旋纹、变体蛙纹和波折纹等，注重色调的搭配和变化。其中最有特色的纹样是蛙纹，写实与简化并见，风格各异。晚期则用单色线条，以黑色为主，有时单用红色，构成波折纹、菱形纹、回形纹、编织纹和变体蛙纹等。这一时期最著名的陶器，是柳湾出土的人体雕塑彩陶双耳壶。晚期彩纹用单色，以菱形纹和编织纹为母题，已经开始向齐家文化过渡。

马家窑文化的陶器年代较晚，但后来居上，发挥和超越了仰韶文化，使中国彩陶文化达到极致的水平。它有几个最显著的特点：

首先，彩陶的数量大增。由于当今的博物馆和教科书都把仰韶出土的彩陶放在非常突出的位置加以介绍，从而造成了很多人的误解，以为仰韶时期的陶器都是彩陶。其实不然，仰韶文化遗址出土的陶器，大部分是不画彩的，彩陶只占 10% 左右。而马家窑文化中的彩陶占全部陶器的 20%—50%，在随葬品中占 80% 以上，这个比例冠于全国彩陶文化之首[1]。青海乐都柳湾墓地一处就出土各种陶器 13000 件，其中大部分是彩陶，例如 564 号墓随葬陶器 95 件，其中 87 件是彩陶，这是其他地区无法企及的。

其次，画彩的部位增多。仰韶彩陶画彩的部位，一般在器身的中部以上，马家窑文化的许多细泥陶的外壁和口沿布满花纹，许多

---

[1] 崔永红、张得祖、杜常顺主编：《青海通史》，西宁：青海人民出版社，2002 年。

大口径器物的内壁以及其他夹砂的炊器上也常常画彩,甚至出现了"满彩",即通体画彩的陶器。在盆、钵之类的大口器物的内壁画彩,即所谓的"内彩"也多了起来。纹饰繁缛多变而又有明显的格律,彩画技术相当成熟,令人有流光溢彩、满目生辉之感。

再次,仰韶确立的二方连续图案构成方式正为马家窑文化所继承,其能够熟练地将各种基本纹饰变化、组合,或重复出现,或循环使用,或虚实结合,或动静呼应,或讲究对称,或追求韵律,无不得心应手,挥洒自如。器身的图案,无论正视俯视,皆能成趣。这一时期的彩陶艺术,风格独特,富于审美享受,达到了前无古人的境界。

四、绚丽的甘青地区彩陶

甘肃、青海地区的彩陶,绚丽多姿,是中华文明史上的瑰宝。它的成就是多方面的,包括器物造型、制作技术、构图技巧等等,无不达到高超的水平。下面我们略举数例,以收管中窥豹之效。

1. 人物题材的彩陶

人是社会生活的主体,用陶器和彩绘来反映人物的神态和生活场景,是甘青地区彩陶中最令人瞩目的题材之一。

在大地湾时期的遗址一层发现的一座窖穴发现了粟的遗存,这是迄今为止我国最早的粟的实物遗存;此外还发现了十字花科的油菜的遗存。在仰韶文化和马家窑文化时期,甘青地区的许多遗址中都发现有粟、黍、麻的遗存,以及各种生产工具。柳湾遗址墓葬往往随葬容积较大的陶瓮,瓮内盛满了粟,表明当时的农业已经有了较高的发展水平。

甘青的先民似乎已经不必为食物担忧，他们在农作之余，有着丰富的文化生活。1973年秋，青海大通县上孙家寨出土一件舞蹈纹彩陶盆，为细泥橙红陶，高12.7厘米，直径28.5厘米，内壁口沿处绘有15人，每5人为一组，携手起舞，发辫、尾饰随之摆动。每组人物之间饰以多道微微弯曲的直线，然后再用一片斜置的树叶分隔。著名舞蹈史家王克芬先生说："这是迄今为止出土文物中可以确定年代的最古老的一幅原始乐舞图"，"舞人服饰划一整齐，动作配合默契，头饰摆向一致，显然他们有着统一的节奏和韵律，这必然离不开音乐的提示。"[1] 王先生的分析很有道理。舞蹈一定有节奏，而人类最早的打节奏的乐器通常是鼓。那么，甘青地区在这一时期是否有鼓呢？回答是肯定的。考古工作者在青海民和县、甘肃永登乐山坪、兰州红固区等地都发现过彩陶鼓。其中永登乐山坪出土的一件几何纹彩陶鼓，通高45厘米，鼓面直径32厘米，是迄今为止

3-11 上孙家寨出土舞蹈纹彩陶盆　　3-12 舞蹈纹彩陶盆联想图

1　《中华文明史》第一卷，333—334页，石家庄：河北教育出版社，1989年。

新石器时代最大的一件打击乐器。这种陶鼓，正是《礼记·明堂位》说的"土鼓"，它以陶、瓦为框，再蒙上兽皮做鼓面。既然《礼记》提到它，说明周秦之际的人还能见到这种原始形态的鼓。

无独有偶，1995年，青海同德县宗日也出土了一件人形纹舞蹈盆，高12.1厘米，直径23.2厘米，细泥橙陶，内壁上部绘有两组人物，一组12人，一组13人，彼此牵手，下裳作圆裙形，体态轻盈。人物脚下有四道圆圈纹。这两件舞蹈盆向我们展示了先民安居乐业的祥和场面。

对于人的个体形象的塑造，也有不少，年代最早的一件，是秦安大地湾半坡类型遗址出土的人头形器口彩陶瓶，高31.8厘米。口部是捏塑而成圆雕人头像，披发，额头短发，面颊圆而扁平。双眼、鼻孔和口镂空，形象逼真。目光平直远望，鼻梁挺拔，嘴角微翘，神色平和，恬静自得，十分传神。器身与人体合一，用三列弧线三角形和斜线构成的两方连续图案，浑然天成，妙不可言。

青海柳湾出土一件马厂类型的陶罐，器身用堆塑和彩绘相结合的手法创作了一个裸体人像，五官俱全，双乳袒露，其生殖器似男又似女，难以判断。有专家推测，它可能具有宗教意义。

此外，还有用人头像做器物的盖的设计。甘肃礼县高寺头遗址出土一件红陶人头像，

3-13 乐都柳湾裸体人彩陶壶

双眼和口也经镂空，双耳有穿孔，头的上部有一圈堆塑的饰物，类似于帽檐。鼻子略呈鹰钩状，面容丰满，颈部粗壮，足见是一位体魄健壮的人物。甘肃东乡也出土过两件人头形器盖，有胡须，颈部有多道圈形纹饰，颈部以下的彩绘有衣裳的装饰效果。

柳湾出土一件陶器，器的上部作人头形，鼓腹状的器身上布满圈形的图案，但并非同心圆，有一位指纹专家认为，这是中国最早的指纹图案。

2. 动物题材的彩陶

以动物为题材的陶器，在仰韶文化中很多，最著名的一件是1980年在河南临汝出土的"鹳鱼石斧彩陶缸"，高47厘米，口径32.7厘米，画中的鹳直立，微微后倾，圆目长喙，口衔一鱼，旁边有一柄石斧。该画成功地运用了勾线、填色和设骨等绘画技法，鹳用白色，以表示羽毛的轻柔；鱼和石斧用黑彩钩边，内填白色，以表现鱼的僵直和石斧的坚硬，为史前彩陶画的杰作。此外，半坡遗址中以鱼为主题的陶器，更是为大家熟悉。

甘青地区马家窑文化的动物题材彩陶，比较著名的是石岭下时期的鲵鱼纹彩陶。1958年，甘肃西坪出土一件彩陶瓶，高38厘米，器腹绘有人面鲵鱼纹，人面有须，头上有节支状腮，身体狭长，向一边弯曲，身上饰有渔网纹。仅有两前足，足有四趾。1973

3-14　动物纹彩陶之一

3-15　动物纹彩陶之二

年在甘肃武山、1978 年在礼县石嘴坪也有与之类似的鲵鱼纹彩陶发现。

青蛙是马家窑文化彩陶中最常见的纹饰。1924 年在甘肃临洮马家窑出土一件彩陶盆，器的内壁用写实的手法画了一只蛙，双眼圆瞪，两前肢向前弯曲，两后肢向后弯曲，蛙身几乎圆形，四周空白处用圆点点缀。这是马家窑类型的蛙，到马厂类型，蛙依然是彩陶的主题之一，但大多采用省略的画法，突出蛙的弯曲的四肢，而将头部省减，或者将器口代替蛙头。

此外，鸟也是彩绘主题之一，这在青海民和核桃庄出土的陶器中尤其多见，限于篇幅，这里不再列举。

3-16　鸟纹

3-17　鲵鱼纹彩陶

3. 几何题材

甘青地区的彩陶，大量使用了圆圈纹、三角纹、菱形纹、方格纹等几何图案，以及旋涡纹等来构图，既有对称构图，也有不对称构图，视具体情况而定，但都能恰到好处地表现主题。其中最令人怦然心动的，则是对于圆的各种使用，下面举一些实例。

由于陶器绝大多数是圆形的，因此，用圆形装饰最能与器物谐和。但是，纯粹的圆圈容易给人以单调的感觉，而用分割的方法处理画面，则不仅可以使构图活泼，而且可以变换出更多的表现空间。在甘青地区的彩陶中可以看到大量等分圆形器身以及圆圈的案例，从 2 等分、4 等分、6 等分到 12 等分，再到 28、34 等分，甚至 80

3-18 马家窑彩陶上的同心圆

等分，令人惊叹！此外，还有不等分的，如3分、5分、7分等。可见先民已经有了一定的几何知识。当然，它们还不是严格意义上的几何学上的等分圆，但却相当规整。在行家看来，它们所蕴含的知识信息要比我们想象的多得多。已故著名科学史家薄树人先生指出：要将一个圆形分成若干等分，"至少应该有2等分一段圆弧的几何知识，尽管我们现在还说不出来，当时究竟是如何完成这2等分的。"[1]

利用同心圆构图也是马家窑文化彩陶中习见的现象之一，它犹如层层外展的涟漪，给人以动感。1959年，甘肃兰州雁儿湾出土一件马家窑文化的陶盆，内面的图案中有15个同心圆，中间的9个同心圆是完整的，外侧的6个同心圆被3组线条遮住了一部分，但从露出的弧线可以知道，这15个圆的同心度相当之高，圆形的线条也非常规整，如果没有圆规之类的工具，要画出如此水平的图案，是无法想象的。从这件器物的构图还可以看出构图者的匠心，他为了破除繁密的同心圆带来的呆板之气，用3组线条从不同的方向叠压住最外侧的6个同心圆的大部分，使构图更显复杂和生动。

---

[1] 《中华文明史》第一卷，225页，石家庄：河北教育出版社，1989年。

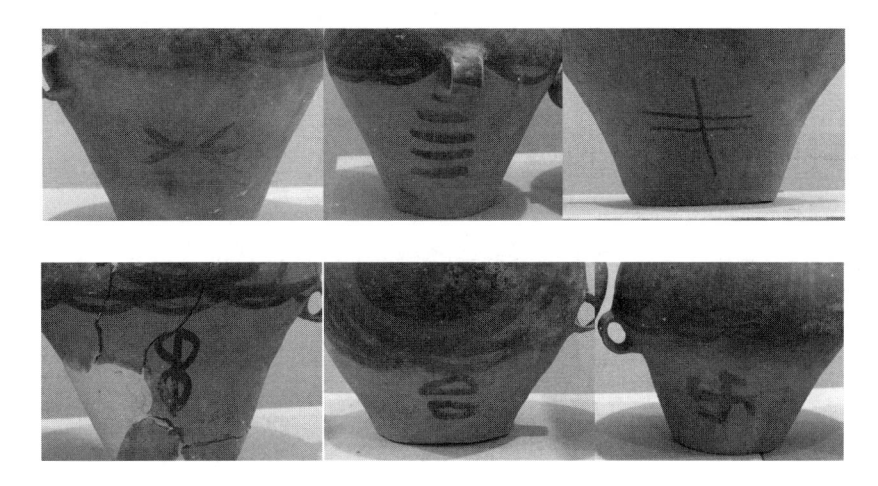

3-19 书写在柳湾彩陶上的符号

此外，还有用各种几何图形外切和内接来表现变化的手法。例如，1973年甘肃永昌县鸳鸯池出土的一件彩陶盆，器的壁内接一个画成的双线正五边形，正五边形又内切两个同心圆，而同心圆又内接一个双线的正方形。如此交叠转换，给人以无穷的想象空间，可谓别具匠心。

4.书写在彩陶上的符号

在半坡陶器的口沿等部位，经常可以看到刻画符号，关于它们的性质，学术界至今不能取得共识，有学者认为是汉字的滥觞，也有学者认为不过是制陶者给自己的陶器做的记号，与文字毫无关系。甘青地区的陶器上也有类似的刻画符号，其中柳湾遗址出土的陶器中刻画符号之多，令人瞠目。据统计，柳湾有670多件陶器上绘有符号，如果加以归类，共有139个不同的符号，引起学术界重视。与半坡的陶器不同，柳湾彩陶的符号大多刻在器身正面的下部，字体大小，略似于今天小学生描红用的大楷，而且是用类似于毛笔的工具书写的，笔道舒展、大方。其中有些符号与后世的汉字非常相似,甚至完全一样。但由于它们多数是单个出现的,没有连缀成句,我们还不能判定它已经是可以记录语言的工具,只能期待有更多的资料出土,再作综合研究。

五、中国彩陶文化是否西来?

彩陶是全世界在新石器时代共有的文化现象。在新石器考古文化中,彩陶无疑是最为引人注目的器物。彩陶研究最基本的问题是,它是怎样形成的?又是怎样传播的?各地彩陶之间的承传关系如何?

1903 年,希腊考古学家 C. 特孙塔斯(C. Tsountas)发掘了希腊新石器时代晚期文化遗址迪米尼,年代约为公元前 4000—前 2800 年。彩陶在希腊新石器中期即已出现。迪米尼彩陶多用白、黑两色,衬以器壁的淡赭色。图案有螺旋纹、回纹、粗细相间的带纹等,富丽而奔放。典型器物是双耳大水罐,每每在绕器壁的带纹大花之间穿插以螺旋等图案,是希腊史前彩陶的杰作。

1904 年,美国考古学家彭北莱(Raphael Pumpelly)在中亚土库曼南部科佩特山北麓平原发掘了中亚铜石并用时代的安诺遗址。安诺文化的年代约为公元前 5000 年初至前 3000 年初,彩陶为手制的平底钵、碗、罐,用深褐色的单彩或红、黑色的双彩绘出三角、菱形、方格、十字、平行线等几何纹,以及山羊等动物图纹。

1911 年,德国学者 E. 赫茨菲尔德(Ernst Hetzfeld)在西亚美索不达米亚北部底格里斯河的索万之北的萨迈拉遗址,发现了制作精巧、装饰精美的碗、罐、瓶等陶器。器表涂有黄色陶衣,并以赭褐、黑灰或淡色颜料绘制水纹、花卉、动物、人物等图案。

仰韶彩陶出土后,表明彩陶并非西方的专利,中国亦有之。于是,有些西方学者又说,仰韶彩陶是从中亚、西亚等地经由新疆和河西走廊传入中原的。由于当时中国新石器时代遗址的发掘刚刚起步,所掌握的资料太少,对于上述论点无法回答。安特生也是如此,只能随声附和仰韶彩陶西来之说。1923年,安特生发表了他的《中华远古之文化》一文,认为仰韶出土的彩陶与近东的安诺以及欧洲的彩陶相似,可能同出一源。由于巴比伦彩陶的年代比较早,所以仰韶彩陶可能是由西方传过来的。但他同时又说,彩陶西来说只是一个尚待证实的假说,还需要更多的材料来证明。尽管如此,中国"彩陶文化西来说"依然非常盛行。

3-20　清华毕业前夕的李济
采自李光谟著《李济与清华》

令人欣慰的是,中国田野考古学正在兴起。1925年,时任清华研究院人类学讲师的李济先生发掘山西夏县西阴村遗址,这是中国学者第一次自行主持的考古发掘,标志着中国田野考古学的诞生,李济先生由此被誉为"中国考古学之父"。1928年11月,李济先生应邀在广州中山大学作了题为"中国最近发现之新史料"的学术讲演,他在讲演中对安特生的仰韶彩陶西来说进行了全面的批评,他指出：

1. 安氏把他发现的商以前的仰韶文化的年代定为公元前3000年，并认为这与中亚的安诺、欧东的巴尔干及印度的哈拉帕、摩亨佐达罗等地的陶器都有相似之处，即认为在公元前中华文化与西方各处有直接联系。

2. 安氏主张彩陶来自西方，不带彩的陶则为当地原有。但是，中国陶器不管带彩的还是不带彩的，原料彼此相似，并没有这么大的区分。英国人法兰克复把欧洲彩陶时期文化作了总结分析，打破了一元论，认为彩陶并非出于一源。法氏怀疑安氏的发现与安诺并无关系，从而在根本上动摇了安氏的结论。

3. 中国带彩与不带彩陶器关系密切，如果认为彩陶来自西方，则彩色细致的陶器应在距来源近的地方，但事实上是"愈往西愈粗"，因此，对彩陶来源应作疑问。

4. 这一文化与后来的文化有无关系？它与甲骨文是并行的，还是同一条线上的原来的文化？中国有文字历史之前已有文化，而且是固有的，在晋南已经发现十余处。此外，法国人德日进神父在河套发现了一万年前的旧石器时代遗物，这证明中国不但有新石器时代，而且有旧石器时代。在北京周口店发现两颗猿人牙齿化石，经鉴定是在冲积期以前（约十万年以前），与爪哇猿人同时，可证实中国这块土地上之有人类是在史前了。[1]

李济先生的讲话已经过去了八十余年，这正是中国田野考古取得举世瞩目的成就的八十余年。无数的考古发现证明，李济先生对安特生的西来说的批评是完全正确的。中国是世界上为数甚少的几

---

[1] 李光谟：《从清华园到史语所——李济治学生涯琐记》，117—119页，北京：清华大学出版社，2004年。

大原生的古文明之一。中国的旧石器人类及其遗迹，除了周口店的北京猿人之外，还有距今170万年的元谋人、距今70万年的蓝田人、距今万年的金牛山人等等；中国是世界上猿人遗迹最为丰富的国度。

新石器时代的遗迹更是遍布南北各地。河北徐水南庄头遗址近年出土了1万年以前的陶片。在南方，江西万年仙人洞遗址、广西桂林甑皮岩遗址、江苏溧水仙人洞遗址都出土过距今8000年以上，甚至1万年以上的陶片，与国外出土的陶器相比，年代相当，甚至更早。

就彩陶而言，在陕西华县老官台、甘肃秦安大地湾遗址发现了黄河流域迄今所见年代最早的彩陶。大地湾遗址位于甘肃天水秦安县的邵店村东，总面积达110万平方米，已发掘面积为1.38万平方米，发现房址241座，灶址104处，灰坑和窖穴321个，墓葬70余座，壕沟9条，出土文物近万件。该遗址的年代为距今7800—4800年，包含4个文化期。第一期为前仰韶文化期，距今7800—7300年，不仅出现彩陶，而且出现了栽培粟；第二、三、四期分别与仰韶文化的早、中、晚期对应。

浙江余姚河姆渡遗址的第四层发现三件彩陶片，有白色陶衣，上面施以红色或褐色彩绘。纹饰为变体植物纹和几何纹，线条流畅，已没有原始气味，它的前身在何处？近年，考古工作者在浙江萧山跨湖桥发现一处新石器时代早期遗址，年代距今约8000—7000年，该遗址中出土了一件绘有太阳纹的彩陶。跨湖桥遗址所见的文化特色，与河姆渡有明显不同，两者没有前后传承的关系，但这里出土的彩陶片明显早于河姆渡，则是无可争辩的事实，证明我国南方的彩陶文化有自己体系，出现的时间与北方大致相同。

公元前5000—前3000年，中国彩陶进入兴盛时期，中原地区的仰韶文化彩陶是杰出的代表。与仰韶文化约略同时期的山东地区的大汶口文化、两湖地区的大溪文化、辽宁内蒙古地区的红山文化等，彩陶也有相当规模的发展。大约到距今5000年前，仰韶文化走向衰落，开始向龙山文化过渡，陶器也随之以全新的面貌继续发展。在山东龙山文化地区，陶器制作使用轮制，流行一种薄胎陶器，器壁厚度仅2毫米，薄如蛋壳，故人称"蛋壳陶"。蛋壳陶的致密度相当之高，略如瓷器，即使较长时间在水中浸泡，重量也几乎不增加，堪称龙山时代中国陶器的瑰宝。

彩陶在仰韶晚期走向衰落、向东发展成另一种陶器的同时，却向西方继续发展，在甘肃、青海地区的马家窑文化中再度发皇，并将中国彩陶推向了巅峰，一直延续到东周时期才消失。新疆彩陶出现和消失的时间都比甘肃、青海要晚。如果我们将中国各地新石器时代彩陶的年代标记在地图上，就可以清楚地发现，年代最早的彩陶是在中原和江南地区，年代越晚的越是在西部，与中国彩陶西来说的顺序正好相反。

安特生的错误不光是附和了中国文化西来之说，还在于他对中国境内彩陶文化之间的关系作了错误的判断。1925年，安特生在他的《甘肃考古记》中，将中上游地区的考古学文化，划分为齐家、仰韶（半山）、马厂、辛店、寺洼（卡约）和沙井等六期，认为它们全部属于仰韶期或仰韶文化。今天，任何一位稍具考古学常识的人都可以指出安特生分期的问题。安特生几乎把它们的顺序颠倒了。齐家文化是新石器晚期到青铜时代的文化，年代约公元前2000年，要比半山和马厂晚得多，他却把它排在第一。其次，马厂文化早于半山文化，安特生也把它们排反了。辛店、寺洼、沙井的顺序倒是不错，可惜辛店和寺洼的年代相当于中原的商周时期，而沙井的年代已经到了东周，都比齐家要晚。安特生根据如此混乱的排序来说解仰韶彩陶，怎么可能得出正确的结论来呢？此外，安特生认为彩陶上的蛙纹，是有先抽象画法，然后渐次复杂，最后变成形象的画法。事实证明，蛙纹画法的顺序正好相反，是先具象，后抽象。当然，安特生所犯的错误，是时代的局限使然，当时发掘的东西太少，并非安特生有意颠倒黑白。

顺便要提到的是，在安特生发现中国彩陶之后，西方考古学家也在不断地发现新的有彩陶的遗址，以下是年代较早的几处遗址：

1953—1955年，在希腊色萨利地区拉里萨市附近的奥察基遗址发现的新石器中期遗存，有丰富的彩陶，彩绘初为暗红色，后发展为赭红。图案初为四方形、菱形、三角形等几何纹样，后变为火焰纹、锯齿纹，并在器内壁绘回旋涡纹。遗址的年代为公元前5000—前4000年。1960年，在马其顿地区的新尼科门迪亚发现了希腊新石器时代早期遗址，出土较多的陶器，初期无彩绘，后期始见简单的红色彩绘。遗址年代为公元前6000—前5000年。

1964年，在西亚黎凡特地区幼发拉底河东岸穆赖拜特发掘了新石器时代文化和铜石并用时代的重要遗址，共有17个文化层，分为3期。在10—17层中发现5件低温烧制的陶器，年代约为公元前8000年初，是迄今所知最早的陶器。这些陶器极为粗糙，烧得不透，气孔犹存，不能盛水。在该遗址年代较晚的地层中却没有发现陶器。

伊拉克东北部的基尔库克以东的耶莫遗址是农业部落遗址，文化堆积厚8米，从上到下分为16层，下部的11层为无陶阶段；上部为有陶阶段，年代为公元前6100—前5800年，主要为彩陶。早期彩陶的底色为橘黄、浅黄或微红，绘有倾斜的红色线条。而时代较晚的陶器多为粗制陶，且无原始陶器。该地区的阿里库什遗址，在公元前6000—前5700年为有陶阶段，出现彩陶。

此外，分布于伊拉克、叙利亚北部，以及土耳其的东南部山区的哈拉夫文化，形成于公元前6000年末。在古代美索不达米亚地区，哈拉夫文化的彩陶最为优秀，器壁薄，表面涂有奶油色或浅黄色的泥釉，饰以黑、白、橘红色的彩色图案。图案大多为几何形，也有以人和动物为题材的。

如果将中国年代最早的彩陶与之比较，可知两者都出现于距今8000年前后，并没有明显的差距，而陶器彩绘的色调、构图却呈现出明显的区别。事实证明，中国彩陶是在黄河、长江流域独立形成和发展起来的。

参考论著：

1. 王国栋：《中国新石器时代彩陶泛论》，北京：华文出版社，2003年。
2. 张力华：《甘肃彩陶》，重庆：重庆出版社，2003年。
3. 王海东：《马家窑彩陶鉴识》，兰州：甘肃人民美术出版社，2005年。

第四讲　河姆渡蚕纹杖饰与先秦服饰文化

蚕纹杖饰，用象牙制作，1977年浙江余姚河姆渡遗址第三文化层出土，距今约6500—6000年。高2.4厘米，外口径4.8厘米，圆底，内空略呈长方形，口沿处钻有左右对称的小孔各一。器表刻有蠕动的蚕纹和编织纹，是目前所见最早的蚕桑文物之一。

中国是举世闻名的丝绸之国，相传黄帝之妃嫘祖发明蚕桑，这是中华文明史上具有划时代意义的事件。《礼记·礼运》说，远古时人们以羽毛兽皮为衣，后来有圣人"治其丝麻，以为布帛"。《易·系辞下》说："黄帝、尧、舜垂衣裳而天下治。"用兽皮、树叶为材料，难以制作适合体态、气温的衣裳。用丝麻制作的衣服，不仅能适合体态、气温，而且能展示自我个性和身份，社会文化由此更加丰富灿烂。所以，古人把"衣冠文物"作为中华文明的代称。

一、"治其丝麻，以为布帛"

古代中国，丝和麻是先民的两大衣料来源，从时间上来说，对麻类的利用早于丝。但就加工的方法而言，两者却有许多共同之处。

先民从实践中发现，某些植物的纤维可以用于纺织衣料，例如野生麻和葛。野生麻包括苎麻、大麻，纤维素的含量丰富，纤维力强，单纤维的长度在60—550毫米。葛属于藤本植物，枝条可长达8米多。麻和葛遍布我国各地，生长力强，一年之中可以收割多次，来源充足，是比较理想的纺织原料。

麻类植物分为表皮层和韧皮层，纤维素在韧皮层内。为了提取纤维素，先要剥去表皮层，然后再撕分韧皮层，使之成为长条形的纺材。河姆渡遗址出的绳头，是用植物茎皮捻成的，在显微镜下观察，纤维为片状，经过粗略的撕分。

撕分后的纤维比较硬，表面也比较粗糙，原因是纤维的表面有胶。如果脱去纤维的胶质，不仅便于绩织，而且织物的手感柔软光滑。古人最常用的脱胶方法是浸泡。《诗经·东门之池》说"东门之池，可以沤麻"、"东门之池，可以沤纻"。将麻或纻（苎麻）沤（浸泡）在东门之池，可以分解植物韧皮和茎叶中的胶质，使纤维分散而柔软。经显微镜观察，浙江钱山漾遗址出土的4700年前的苎麻布的纤维可能经过了脱胶的程序。

葛的纤维也有胶质，但在常温中难以脱胶，需要有较高的水温。

4-1 葛藤　　　　4-2 苎麻、大麻

《诗经·葛覃》说:"葛之覃兮,施于中谷,是刈是濩,为絺为绤。"濩(音huò)是煮,絺(音chī)是细葛布,绤(音xì)是粗葛布。葛藤刈割之后,用热水煮熬脱胶,就能制作或粗或细的葛布。

如果把单股的纤维搓合成多股,就可以增加强度。河姆渡遗址出土的绳子,有的较粗,是先用多股植物纤维搓成三股,再绞合为一。较细的绳子是用两股绞合而成。根据顺序先后,搓、绞的方向有所不同,单股的捻向是S,整体的捻向是Z。

在新石器时代晚期,我国各地已经普遍出现简单的纺织工具。西安半坡遗址曾一次出土骨针281枚,最长的约16厘米,直径最小的不足2毫米,针孔约0.5毫米。迄今所见我国最早的纺轮,出土于距今7000多年的河北磁山遗址,其后南北各地都有出土,1974年在青海乐都柳湾遗址出土的纺轮竟达一百多枚,纺织业的兴盛不难想见。

河姆渡遗址出土一批样式各异的木器,专家发现与云南、广东等地少数民族腰机的部件非常相似,其中一件木刀,长430毫米,背部平直,厚8毫米,刃部较薄,呈圆弧形,应当是打纬刀。另有18根大小不等的硬木圆棒,长的有40厘米,推测是定经杆、综杆之类的部件。

从已知的遗迹、遗物来看,新石器时代已经普遍使用织物。西安半坡和姜寨遗址的陶器底部发现有铺垫织物的印痕,都是平纹,纱线较粗,但经纬向纱线排列非常均匀。有些地方已经出现比较复杂的织物,江苏吴县草鞋山遗址中出土的葛织品残片,有山形和菱形花纹,花纹处的纬纱曲折变化,罗纹部纬纱上下绞结。经纱为双股,S捻,经密约10根/厘米,纬密罗纹部约26到28根/厘米,已是原始的绞纱织物。

二、抽丝剥茧之谜

蚕丝是一种柔软、光滑、弹性好、品质优良的纺织原料。裹在一枚蚕茧外的丝，可以长达800—1000米。蚕丝的断面略呈三角形，主要成分是丝素和丝胶。丝素是略呈透明状的纤维，是茧丝的本体，不溶于水。丝胶是包裹在丝素之外的、带黏性的物质，只有在一定温度的水中，丝胶溶解，蚕丝纤维才会分离。这一神奇的奥秘，是肉眼无法窥见的。智慧的先民是怎样解开抽丝剥茧之谜的呢？《黄帝内传》说"黄帝斩蚩尤，蚕神献丝，称织维之功"，将发明权归于蚕神，只能博得我们一笑。

据专家研究，最初发现蚕茧可以抽丝，有多种可能。蚕蛹大概是先民的食品之一，剥食时先要撕去茧衣，再咬破茧壳。由于偶然的原因，有人将蚕茧放入口中，茧壳在唾液中长时间浸润后，丝胶溶解，密缠的茧丝分离，因而无意中发现了缠在蚕茧上的茧丝。此外在撕咬茧壳的过程中，也有可能会牵出丝来。经过反复实践，先民悟出在合适的水温下就可以抽丝剥茧的道理，于是将蚕茧在热水中浸煮，脱去丝胶，在丝绪浮起后，再缫取丝绪。这就是最早的缫丝技术。

缫丝之前，首先要剥茧，因为蚕开始吐丝时是一层乱丝，因裹在茧壳外面，所以称为"茧衣"。只有剥去茧衣，丝绪才会暴露出来。剥下的茧衣称为"丝絮"，强力很低，无法用于织作，但可以填充在夹衣中间起保暖作用。剥茧之后，为防止蛹化为蛾，咬破茧壳，要及时缫丝。

4-3 甲骨文中的蚕和桑叶

蚕茧的丝纤很细，只有20—30微米，难以单根使用，所以缫丝时要集绪、绕丝，就是把若干个茧的丝绞合在一起，形成一根生丝。

浙江吴兴钱山漾遗址出土的绢片，表面光滑均匀，蚕丝的横断面呈三角形，表明丝胶已经脱落，应该是在热水中缫取的丝。钱山漾还出土了用草茎制成的小帚，柄部用麻绳捆扎，与缫丝工具索绪帚非常相似，此物与绢片一起出土，绝非偶然。

在热水中缫取的丝是生丝。生丝中含有各种杂质，只有通过精练，将杂质除去，才能漂白、染色，丝的光泽、手感以及丝鸣之声才能显现，这就成了熟丝。古人将精练称为"练"或"湅"。练丝、练帛用的是灰、蜃等含碱的物质。

家蚕是由野生蚕驯化而成的。最初的丝源，完全来自野生蚕。

随着丝绸制作的发展,需求量不断扩大,于是开始驯养野生蚕,从而出现了家蚕。

三、蚕桑发祥在何地

自南朝刘宋元嘉起,以嫘祖为先蚕而奉祀之,历代相沿不绝。因而,传统的说法认为,蚕桑起源于黄河流域。

1926年,清华大学国学研究院李济博士在山西夏县西阴村仰韶文化遗址组织发掘,这是中国考古学家第一次自行主持的田野发掘,其中最重大的收获之一,是出土一枚已经转化为化石的茧壳和一个纺轮。蚕茧被某种利器切割去约六分之一。后经美国Smith-Sonion学院鉴定,确认是蚕茧。这是当时所见年代最早的蚕桑实物,加上与纺轮同时出土,引起国内外学术界的强烈关注。由于西阴村地处黄河流域,嫘祖为西陵氏之女,地望相近,似乎可以作为蚕桑起源于黄河流域之说的硬证。

1958年,浙江吴兴的钱山漾遗址(公元前2750±100年)出土的竹筐中发现一块平纹残绢和一段碳化的丝带和丝线。绢片残长2.4厘米,宽1厘米,经纬线密度为每厘米52×48根。经鉴定,纤维截面积为40平方微米,截面呈三角形,是家蚕蛾科的蚕丝。1979年浙江丝绸工学院、浙江省博物馆对绢片作了进一步鉴定,确认为长丝产品,经纬向丝线至少是由20多个茧缫制而成,没有加捻。股线平均直径为167微米,丝缕平直。绢片是平纹组织,平整、光洁,每厘米经密52.7根,纬密48根,与现代的电力纺的规格接近。这是迄今所见最早的家蚕丝织品,它不仅证明我国丝绸业至少有4700

年的历史，而且对蚕桑起源黄河流域的传统说法提出了挑战。从丝的长度、韧性等可知，钱山漾人已有了较高的丝绸制作技术，在此之前，必定有漫长的发展历程。

1977年，著名的河姆渡遗址出土一件牙雕器，起初定名为盅；经过反复研究，最近易名杖饰。该器的出土，为蚕桑起源的时间和地点带来了新的证据。杖饰的表面刻有蠕动的蚕，蚕身的环节数与家蚕相同，应是当时家蚕的写照。意味深长的是，器表还刻有丝织物模样的几何形图案，暗示杖饰上的蚕与此有关。由于河姆渡遗址的年代距今7000年左右，要比钱山漾遗址早得多，因此有专家认为，我国至迟在7000多年前就发明了蚕桑。

孢粉分析表明，太湖地区的桑树数量有明显的增长趋势。在马家浜文化的崧泽遗址的生土层中，常绿阔叶树的青冈栎、栲属花粉最多。文化层的下部，桑属禾本科的花粉大有后来居上之势。文化层的中部，桑树花粉大为增加，表明桑树已经普遍种植。专家认为，太湖流域气候温暖湿润，有着家蚕生长的良好生态环境，而且出土了大量有关蚕桑业的实物，最有可能是中国丝绸业的发祥地。

4-4 牙雕蚕纹杖饰及线图
采自《中华文明史》(第一卷)

要确定中国蚕桑的起源问题，目前还为时过早，因为各地新石器遗址出土的蚕桑资料非常之多，尚难定于一说。在辽宁锦西沙锅屯洞穴遗址中出土一枚数寸长的石雕蚕，内蒙古巴林右旗出土有两枚黄玉蚕，都是红山文化[1]时期的遗物。中国国家博物馆也藏有一枚红山文化的白玉蚕蛾，长 2.2 厘米，宽 3.6 厘米，琢法古拙，形态逼真，作展翅欲飞状。翅膀分为四片，上大下小，层次分明。腹部椭长，与蚕蛹相似。腹部两侧各有一个供系佩用的圆孔。[2] 此外，1960 年山西芮城西王村遗址发现一件蛹形陶饰。1980 年河北正定南杨庄遗址也出土过两件陶蚕。

安徽蚌埠吴郢新石器遗址，最近在一件出土陶器的底部发现蚕形刻画，蚕头呈三角形，身分五节，尾部方正，有肛线，与甲骨文的"蚕"字十分相似。构图简练、准确，蚕头微昂，作吐丝状，是蚕正在结茧时的形态。同时还发现了与甲骨文"丝"、"束"等字很相近的刻画符号。[3]

传统的看法认为，汉使通西域之前，丝织业不过陕西。1963 年，临洮县发现一件齐家文化[4]的泥质红陶罐，腹部正面刻有六条蚕，其中心部位是两条竖刻的蚕，两侧各有两条斜刻的蚕。蚕身微曲，作蠕动状，尾部呈三角形，与甲骨文的"蚕"字相似。蚕身的节肢用平行线或折线表示。这是迄今所见唯一的"群蚕图"，也是新石器时代最

---

[1] 红山文化是我国北方地区新石器时代的考古学文化，主要分布于内蒙古的东南部、辽宁的西部和河北的北部，相对年代与仰韶文化大致相当，碳十四测年数据为公元前 3500 年左右。
[2] 石志廉：《中国早期的丝织业和红山文化白玉蚕蛾》，《中国文物报》1987 年 3 月 20 日。
[3] 徐大立：《蚌埠发现新石器时代蚕形刻划》，《中国文物报》1988 年 5 月 6 日。
[4] 齐家文化是我国黄河上游地区新石器时代晚期至青铜时代早期的考古学文化，主要分布在甘肃、青海境内的黄河沿岸及其支流渭河、洮河、湟水等流域，其早期文化的年代距今约 4000 年。

西边的蚕桑资料。由于甘肃已经出土过大量纺轮,许多陶器上有清晰的布纹,粗布的经纬密度为每平方厘米11根,细布的经纬密度可与现代细麻布媲美。可见,甘肃地区丝绸业的发生也比较早。[1]

河姆渡遗址出土有线轴形纺轮,南杨庄遗址出土有加捻、牵伸的陶纺轮以及既可理丝又能打纬的薄刃条形骨匕,甘肃永靖大何庄墓葬出土有加捻、牵伸的陶纺轮和为数较多的薄片条形骨匕,这表明在今浙江、辽宁、山西、河北、甘肃等不少地区的养蚕丝织业,早在新石器时代就有了一定的水平和基础,其产生的年代应该更早。

古书中记载的我国史前时期的蚕桑丝绸业,也已经有了相当的发展。《尚书》的《禹贡》篇,相传记载的是尧时大禹治水,奠定高山大川之后,九州地理、出产状况,以及向中央进贡的方物的情况。文中涉及蚕桑、丝绸的相当之多:

兖州:桑土既蚕,……厥贡漆丝,厥篚织文。

青州:岱畎丝枲,……厥篚檿丝。

徐州:厥篚玄纤缟。

扬州:厥篚织贝。

荆州:厥篚玄纁。

豫州:厥篚纤纩。

由上文可知,兖州凡是种植桑树的地方都养了蚕,青州泰山的山谷中出产丝麻。各地进贡的丝织品都盛放在一种称为"篚"(音 fěi)的竹筐中,兖州的贡物是漆和丝,篚中盛放的是锦绮之类的丝织物。青州的贡物是适宜做琴瑟之弦的蚕丝。扬州的贡物中有细缯。荆州的贡物是宜于染成玄纁之色的丝。徐州的贡物是质地细密、染成玄

---

[1] 陈炳应:《群蚕图》,《中国文物报》1988年10月1日。

色后可以做祭服的丝绸。豫州的贡物中有纤细的丝絮。九州中竟有六个州出产丝绸,而且品种多样,用途各殊。这些记载与考古发现是基本吻合的。

四、黏附在铜锈上的商代丝织品

商周时期是中国青铜时代的全盛期,文物灿然大备,丝绸业也有了长足的发展。但由于丝绸不易保存,所以至今没有完好的实物出土。不过,有关的信息依然十分丰富。甲骨文中从糸或与糸有关的字有几十个,如蚕、桑、丝、乐、帛等。有的甲骨上刻画着蚕和桑叶,有的刻有祭祀"蚕示"(蚕神)的卜辞。有些甲骨文保留了商代蚕桑业的信息,如"工"字,为纤或轩的本字,是绕丝工具的象形字。1979年,江西贵溪战国崖墓(距今2595±75年)出土的纺织工具中就有"H"形、"X"形的绕纱框。金文中的"亂(乱)"

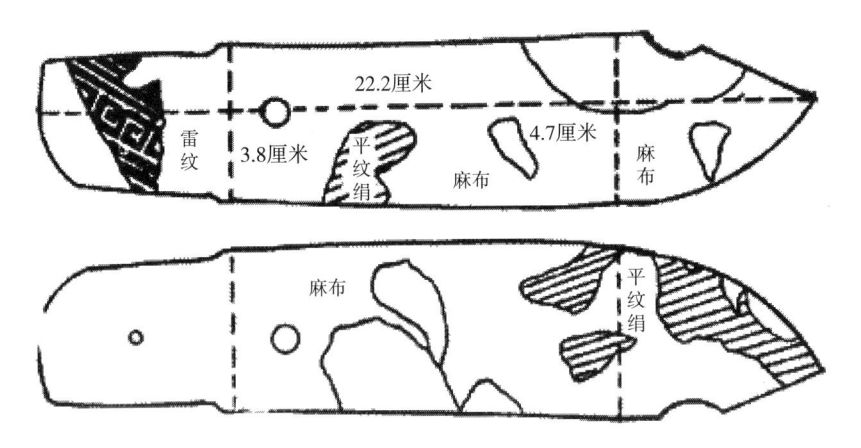

4-5 商朝玉刀上正面绮、绢部位图
采自朱新予主编《中国丝绸史》

字,从爪、从幺、从手,像手持"H"器绕丝之形。有关蚕桑的文物也时有所见。1953年,殷墟大司空村的商墓中出土一枚玉蚕,长3.15厘米,蚕身分为7节,与真蚕几乎一样。类似的玉蚕,在山东益都苏埠屯的商代大墓中也曾发现过。

商周时期,青铜器是十分珍贵的器物,在埋入坟墓前往往要用丝织品包裹,因此,出土时器表每每残留着织物的痕迹,为我们了解当时丝绸业的情况提供了重要信息。其中比较重要的有江西新干大洋洲商墓、河北藁城台西商代遗址等几处。

新干商代大墓出土的青铜器上,附着有织物的纤维原料,从铜钺上采样,并选用红外线光谱法进行测定,表明为真丝,亦即蚕丝。大多是平纹绢。河北藁城台西33号墓出土的铜觚上有5种不同的丝织物痕迹,主要是平纹织物,包括纨和縠。有一处残痕,外观绉褶,有疏松的孔眼,乃是一种绉纱织物。织物的丝线,最细的是0.05毫米,最粗的为0.7毫米,说明已能按照织物的要求制作不同规格的丝线。此外,经丝比纬丝略细,但捻度略大,这是为了便于织造的做法。藁城发现的一枚陶滑轮,形状和大小都与后世手摇纺车的锭盘相仿,专家认定是手摇纺车上的零件。

钱山漾出土的绢片由合股丝织成,但没有加捻。由于丝织物品种的多样化,要求通过并丝、加捻等方法,纺出粗细不同的经纬线。所谓并线,是在络丝之后将若干根丝并合在一起。所谓加捻,是搓绞并合过的丝线。

漂白、染色前,丝要经过精练,以便除去纤维中的杂质。《考工记·慌氏》记载丝帛精练的方法说:"涑丝,以涚水沤其丝七日。去地尺暴之。昼暴诸日,夜宿诸井,七日七夜,是谓水涑。"共三道工序:一是用碱性的灰水浸渍七天,脱去丝胶;二是离地一尺,用日光暴晒，进行脱胶漂白；三是水浸脱胶与日光暴晒交替进行。《考工记》还记载了练帛工艺，先在碱性较浓的楝灰水中浸渍，充分溶解丝胶，再用碱性较稀的蜃灰水脱胶。这种以灰水精练丝绸的工艺，商代已经出现。

瑞典马尔米博物馆和远东古物博物馆收藏有中国商代的青铜器觯和钺各一件。1937年，瑞典学者西尔凡发现铜器上有与铜锈黏附在一起的两种丝织品残片，其中一片为平纹织物，另一片是平纹地上有菱形花纹的绮。前者为单股丝、无捻，丝纤维上尚有丝胶，说明未经精练；后者丝纤维柔软，丝胶除尽，不仅经过水洗精练，经纬丝都是双股并丝，并经过加捻，捻度高达每米千捻，这种强捻丝是不可能用纺坠加工的，推测当时已出现诸如纺车的加捻机械。绮上一个菱形花纹的纬纱循环为30根。斜纹变化组织是一下一上、一下三上为基础，花纹的经纬纱循环很大。

故宫博物院收藏的殷代铜器上也有丝织品的菱形图案，但比西尔凡见到的要复杂，每个回纹由35根经丝和28根纬丝组成，外围的线条较粗，在平纹地上加入另一种组织，形成联合组织的纹样，图案对称协调，层次分明，做工精巧。[1]

商代已经出现素白丝织品——纨，经过精练，经密大约是60—100根/厘米，纬密30—40根/厘米，相差较大。殷墟出土的铜钺上黏附有经密72根/厘米、纬密35根/厘米的平纹织品，专家认为就是纨。

商周时期出现了青铜的纺织工具，促进了纺织业的发展，出现了专门从事纺织的氏族。武王克商后，周王室将殷民六族赐给鲁国，

---

[1] 陈维稷主编：《中国纺织科学技术史》（古代部分），94页，北京：科学出版社，1984年。

七族赐给卫国。其中的索氏（绳工）、施氏（旗工）、繁氏（马缨工），都是世世代代从事纺或织的氏族。

五、成为国家行为的周代蚕桑业

周代以农桑为天下之本。每年冬至，周天子要到南郊祭天祈年，王后则在中春二月到北郊举行"亲桑"和"亲缫"的礼仪，为万民树立表率，各级贵妇都要参与其礼。周代"国之大事，在祀与戎"，祭祀与战争是举国并重的大事，贵族的祭服都用丝绸制作，丝绸的地位十分特殊。

周代文献中涉及纺织的记载很多，其中《诗经》最为典型。如《诗经·魏风·十亩之间》说"十亩之间兮，桑者闲闲兮"，"十亩之间兮，桑者泄泄兮"，描写了采桑者在长长的桑田之间从容劳作、心情和乐的样子。《诗经·豳风·七月》说"春日载阳，有鸣仓庚。女执懿筐，遵彼微行，爰求柔桑。春日迟迟，采蘩祁祁"，说春暖之时，黄莺欢叫，采桑的女子手执深筐，沿着田间小道去采柔嫩的桑叶，或者去采蘩。蘩就是白蒿，是为蚕结茧做蚕山用的。《诗·小雅·隰桑》说"隰桑有阿，其叶有难"，"隰桑有阿，其叶有沃"，"隰桑有阿，其叶有幽"。隰（音xí）是低湿之地，难（音nuó）是茂盛，沃是滋润，幽是黑色，诗人赞美桑叶长势良好。《诗·小雅·大东》说："小东大东，杼柚其空。""杼"是纡子，"柚"是经柚。《诗经·卫风·氓》有"氓之蚩蚩，抱布贸丝"之句，氓指农民，布是货币。诗中的农民憨厚地笑着，用布币来换丝。可见丝也用于下层农民之中。西周青铜器"曶鼎"的铭文中记载，有人用一匹马和一

4-6 战国青铜器上的采桑图

束丝交换五个奴隶,可见丝织品在当时的贵重。

纺织品的组织与结构是决定织品花色品种和外观风格的重要因素,织物组织的复杂程度又是织造技术水平高低的重要标志。平纹组织是最原始的织物组织,由两根经纱和两根纬纱交叉构成一个完全组织,织法简单,结构紧密,织物平整,起源于新石器时代。商周时期,平纹组织的纱支、密度、捻度不断发生变化,突破了平纹和原始纱罗的组织,形成了风格与质地各异的平纹变化组织,如斜纹组织、平纹和斜纹的变化组织、联合组织、绞纱组织、经二重和纬二重等复杂组织,出现了绡、纺、纨、縠等品种。织物由简单组织、变化组织跨入了复杂组织的行列,为我国古代织物组织的发展奠定了基础。织机已由原始腰机发展为完整的手工机器,出现了先进的提花机。

染色方法有草染和石染两种。草染是用植物性染料染色,石染是用矿物性颜料涂染。从染料的选择、培育、加工到丝麻的精练和染色,工艺齐备,并出现了型版印花术。

锦是用彩色丝线织成花纹的织物,是最为精巧复杂的丝织品之

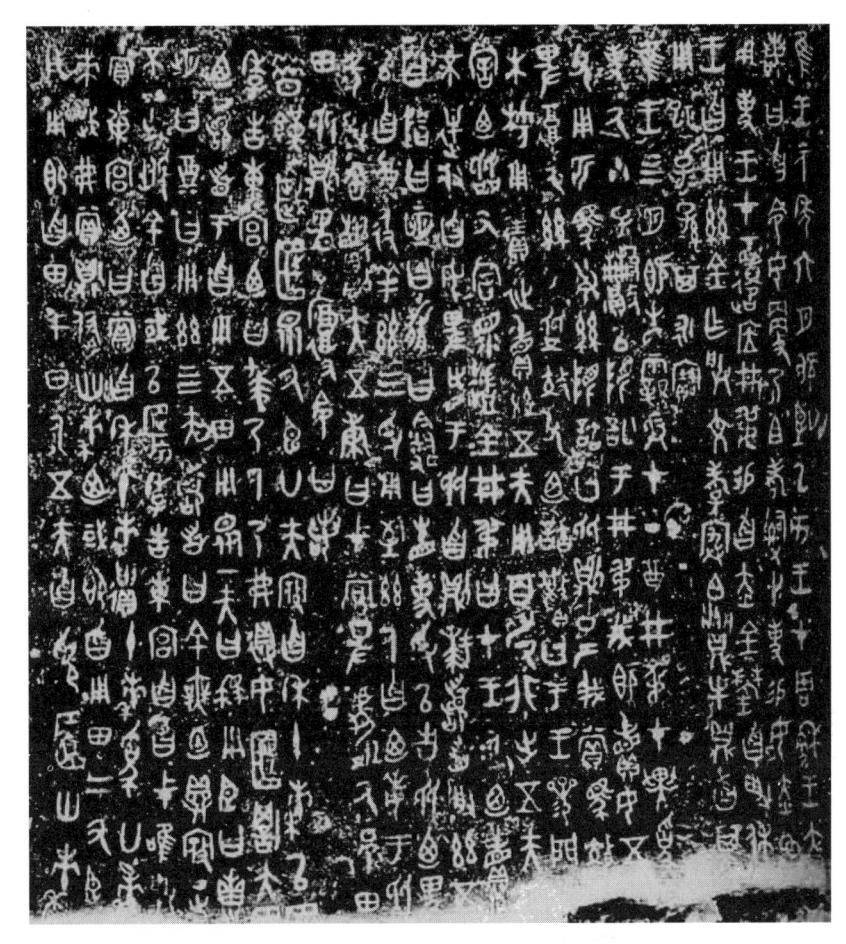

4-7 曶鼎铭文
采自《殷周金文集成（修订增补本）》02.02838

一，把织物图样的变化和纱线色彩的变化结合，使织物异常绚丽多彩，是商、周丝绸生产技术水平的重要标志。辽宁朝阳、宝鸡茹家庄等地的西周早期遗址都出土过锦。朝阳出土有经二重丝织品多层，正反两面均采用三上一下的经重平组织，表面的经纬浮点都有斜纹效果。

1979年，在宝鸡茹家庄墓葬（约当周穆王时期）中出土的青铜

器和泥土上，发现丝织品与刺绣的遗痕，上有以变化斜纹为地纹的提花菱纹的绮，刺绣的印痕有鲜明的朱红、石黄两种颜色，估计原是

4-8 陕西宝鸡茹家庄出土的辫子股刺绣印痕

绣料制成的衣衾，采用的是至今犹在流行的辫子股刺绣的针法，出现了由五枚假纱组织组成"井"字花纹，九个"井"字组成一个菱形，每个"井"都有透孔，形成均匀的菱形透孔花纹，是联合组织中的重大发展。

六、东周时期的丝织品

至迟在西周，先民就掌握了复杂的织锦技术。东周时期已形成织锦中心，陈留的襄邑出产的美锦、文锦、纯锦与齐纨、鲁缟齐名。

《列女传·鲁季敬姜传》有敬姜将国家机器比作织机的议论，当有先秦实物作为依据，其中提到的织机部件有用来清理经纱疵点的工具"物"、引纬打纬工具"梱"、卷布棍"轴"、卷经轴"摘"等，比较复杂。《列子·汤问》载，纪昌学射于飞卫，为了锻炼目力，"偃卧其妻之机下，以目承牵挺"。此"牵挺"就是脚踏板，它的

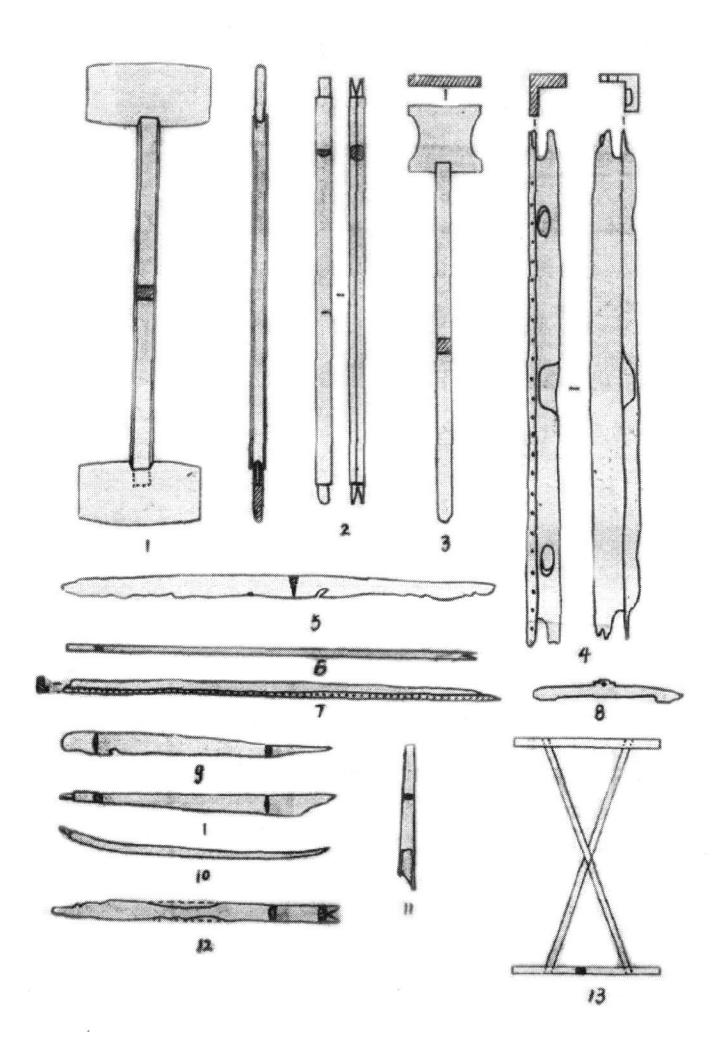

4-9 江西贵溪战国崖墓出土纺织工具13种

出现，使织机从手工提综，变成借助脚踏板牵动的升降运动来提综，使织造过程大大加快，织机已发展到"机械的完整阶段"。

1978 年在江西贵溪的春秋战国崖墓群中，发现一批纺织工具，其中有平面呈 H 形的绕纱框，长度为 62—73 厘米，用整块木料制作，外表光滑，显经长期使用；还有 X 形的绕线框，中间交叉处用竹钉固定，长度为 36.7 厘米。此外，还发现有打纬刀、经轴、杼杆、吊综杆等腰机部件。

1977 年在随县擂鼓墩一号墓中，出土有大花纹的丝织品，纬纱循环数达 136 根，综片数自然更多，专家认为当时已有多综多蹑提花。墓中出土的平纹丝织品中，有属于纨一类丝织品，还有属于绨的平纹染色丝织品残片，经纬较粗，纬丝更粗一些，丝线经过并丝、练和染，织品紧密，光洁，厚实。

丝织品总称为帛或缯，未经练的生丝织品称素，精练的熟丝织品称练。日本学者布目顺郎对战国时代楚国的丝织品精练程度作过专门研究，发现织物的精练程度并不相同，如帽带、竹器上的带子、剑柄上的编结带等没有脱胶，当是为了保持丝纤维的强度而不作精练，而丝头巾、剑鞘绸等都经过精练，楚帛书也精练得不错，精练得最好的是包裹绸，可见当时已按照织物的不同用途而作不同程度的精练。

1957 年，在长沙左家塘战国中期的 44 号楚墓中，发现包裹死者的衣衾的残片 20 余块，其中的锦多为三重经组织，经纬密度为每平方厘米 80×44 至 120×56 根。花纹有三角形、多角形、菱形、龟背形等图形，与当地的漆器、铜镜的风格相同，当是本地的织品。此外还有非直线几何图案的复杂构图，如朱条暗花对龙对凤锦、褐地双色方格锦、褐地几何填花燕纹锦等，都是经二重、经三重组织，

4-10　凤鸟纹绣线图

经、纬丝有朱、棕、橘、土黄、褐等色彩，搭配和谐，设计和织造水平已有明显突破。

左家塘的一块藕色纱手帕，平纹组织，织品长28厘米，宽24厘米，有稀疏的方孔，经、纬丝投影宽为80微米，估计是10枚茧缫成的丝镂，经纬丝都加强捻，纬丝捻向S，经丝有S捻、Z捻两种，相隔排列，透孔率为百分之七十，其轻薄程度与现代的真丝乔其纱相当。其原理是，将平纹织物的经纬纱作方向相反的强捻，经煮练后，由于组织应力的缘故，加捻的经纬丝发生退捻，引起收缩弯曲，织物外观就会出现方孔和细致均匀的鳞状绉纹，这就是文献所说的"縠"。

4-11 左家塘出土的朱条文对龙对凤纹锦

另有一块褐色矩纹锦，是用两块缝缀而成，一侧有0.8厘米宽的黄绢边，上有墨书"女五氏"三字，推测是伍氏女子的署名，具体身份不详。锦面钤有一方长条形朱玺，推测是织造机构的标记，由于玺文已残，无法判断机构的性质。专家认为，当是便于消费者识别的标记，这块锦可能是当时的名产。[1]

左家塘出土的褐地红黄矩纹锦、朱条暗花对龙对凤锦等四种是二重经组织，是两组经丝和一组纬丝交织而成的织物，中间有一组夹纬，以增加织物的厚度，在花纹轮廓处调换表里层经丝，使双层织物联成一体，织物紧密，轮廓分明，是我国迄今最多最完整的大提花复杂组织。

到春秋战国时代，纺织品的基本色调已经应有尽有。石染发明较早，材料有赭石（赤铁矿）、朱砂、石黄、石绿、蜃灰等。为增加颜料附着力，还使用了有机黏合剂，如《考工记·钟氏》说："钟氏染羽，以朱湛丹秫，三月而炽之，淳而渍之。""朱"是朱砂；"丹秫"是赤粟，一种黏性粟。意思是说借助于黏合剂来涂染羽毛。

1974年，长沙发现一件战国丝织品，是经二重组织，其中一种

---

[1] 陈维稷主编：《中国纺织科学技术史》（古代部分），北京：科学出版社，1984年。

经丝是朱砂染成，但另一种经丝却是淡褐色植物性染料染成，两种色丝上下交织，但彼此很少沾染，肯定是使用了黏合剂。草染是这一时期的重要技术成就。从《礼记》《诗经》《尔雅》等文献来看，染草主要是靛蓝、茜草、紫草、荩草、皂斗等。染色的基本方法是多次浸染，后期可能采用了媒染法。《尔雅·释器》说："一染谓之縓，再染谓之赪，三染谓之纁。""縓"是黄赤色，"赪"是浅红色，"纁"为绛色，从一染到三染，颜色渐次加深。1979年，贵溪春秋战国崖墓出土了几块印有银白色花纹的深棕色苎麻布，是迄今所见最早的印花织物，印花用的涂料是一种含硅化合物。

战国时期的丝织品实物，最初主要出土在长沙左家塘和浏城桥，但都是残片。1982年1月，考古工作者在江陵发现了著名的马山一号墓，年代为战国中晚期之交。死者身穿2件绵袍，1件夹袍，以及禅裙和绵裤各1件。上面覆盖1块锦巾和1条黄色绢裙。再上面是8件绵袍和禅衣。接着又用2条衾覆盖，然后是1条"亚"字形的夹锦衾，于是用9道锦带捆扎衾被包裹的尸体。最后用1条素绢

4-12　马山一号墓舞人动物纹锦

4-13 马山一号墓龙凤虎纹绣罗禅衣局部

4-14 江陵出土的丝织品纹样图（动物花卉绢绣纹示意图）
采自湖北省文物考古研究所《江陵望山沙冢楚墓》

绵袍和 1 件绣龙凤纹的绢衾覆盖。绢衾与棺盖之间的空隙，全部用衣衾填满。除此之外，还出土了棺罩、帛画、席囊、镜衣及木俑的衣服等丝织品。除了绮之外，其他品种几乎应有尽有，还有许多刺绣，保存相当完好，这是我国纺织考古史上的奇迹。

马山一号墓出土的衾、袍的里及大部分的面都是平纹绢，多为白色，间有红、紫、黑、黄、褐等色。经纬密度不一，最稀的为每平方厘米 50×30 根；最细密的竟达到每平方厘米 160×70 根。在以往的出土物中，很少见到罗，而马山一号墓中有一件浅棕色的罗禅衣，上面绣有龙凤虎纹。锦都是二重经组织，有一件棕色锦面夹袄，用四幅缝合而成，经纬密度为每平方厘米 156×52 根，花纹饰有七种八组舞人和龙凤、走兽等动物图形。颜色最多的一幅锦着有六色。马山一号墓出土的丝织品，最引人注目的是大量的色彩绚丽的丝绣品，衾、衣、袍、袴上多有刺绣，有些衣的边缘也有刺绣，绝大多数以绢为绣地。针法以辫子股绣为主，平绣为辅，丝色有朱红、绛红、浅黄、金黄、蓝、绿、棕、褐、黑等多种，艳丽之极，纹样多以龙、凤、虎、三头鸟等为主，构图繁缛，令人叹为观止。

云梦睡虎地秦简《封诊式》有《穴盗》一条，说秦人士伍（无爵者）乙有一件绅面的绵衣，夜间被贼偷去，绵衣是该年二月做的，用料五十尺，用帛做里，绵絮五斤，用缪缯五尺镶边，可知秦代制作绵袍的情况。在秦都咸阳第1号宫殿建筑遗址曾出土一包衣服，内有禅衣、夹衣、绵衣、丝绸有锦、绮、绢等种。其中有以绢为地的刺绣，另有一种平纹绢，经纬密度达到每平方厘米 160×56 根。

七、先秦时代的服饰文化

由于织物难以保存，今天已经难以考察先秦服饰文化的全貌。但是，由于文献中有若干记载，考古发现的实物也不断增加，所以仍可以勾勒出它的概貌。

安阳殷墟妇好墓曾出土两件着衣玉人，其中一名玉人衣服样式为交领，腰带较宽。另一名玉人的衣服为套领，袖口有缘饰。两件玉人的身上都有复杂的纹饰，当是玉器装饰的需要所致，而不是衣服本身的纹样。前者有尾饰，身份不高，估计是仆御之类的人物。后者头顶有发辫，估计地位也不高。贵族服饰的样式当有所不同。殷墟出土的另一件玉人，服饰与文献记载的比较接近，包括头衣、上衣、下裳、鞋四部分。上衣为右衽，腰有束带，腹部正中有韠。

先秦的头衣是指冠、弁、冕，相当于今天的帽子，但样子很不相同。古人束发，盘发于头顶挽成髻，然后用一块称为"缡"的缁色的帛将发包住，再用簪子将头发固定住，然后戴冠。最初，先民为了护发而戴的冠，不过是一块白布，祭祀时再把它染成缁色，故称缁布冠。后来，缁布冠退出了生活舞台，只在个别礼仪场合使用。代之而起的冠，由武和梁两部分组成。武就是冠圈，梁是连接冠圈前后的宽带，带上有褶。冠圈的左右有缨带，结于颔下，多余的缨带称为"緌"，有装饰作用。《诗经·齐风·著》说"充耳以素乎而"，"充耳以青乎而"，"充耳以黄乎而"，古代富贵男子的帽子的两边各系一条丝绳，下端有穗。丝绳用素、青、黄三色的丝编成，在对着耳朵之处分别打结，故称充耳。

弁有皮弁和雀弁两种。皮弁是用数块白鹿皮缝制而成，样子类似瓜皮帽，皮块的接缝处镶嵌的彩色玉石称为"璂"。雀弁即雀色之弁，因弁色红而微黑，与雀头的颜色相似，故

4-15 妇好墓玉人

4-16 凤鸟花卉纹绣浅黄绢面绵袍

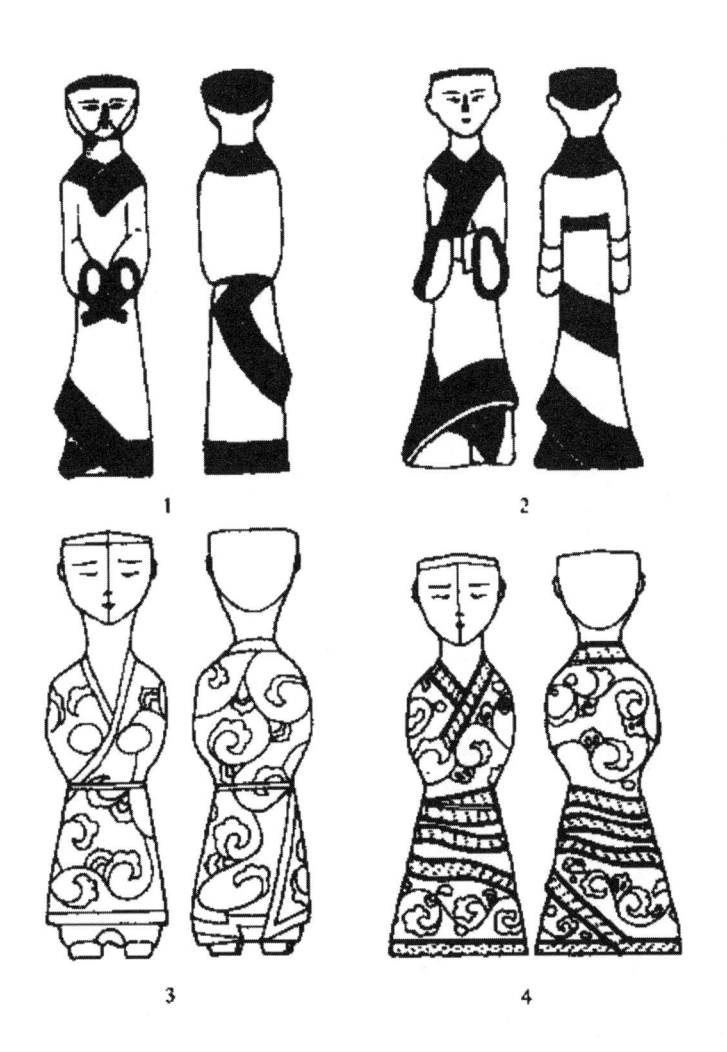

4-17 男、女深衣俑
采自孙机著《中国古舆服论丛》（增订本）

名。雀弁的形制不清楚，据东汉《释名》，雀弁与皮弁形制相同，只是颜色不同。也有人认为爵弁与冕相似，只是头顶的版，冕是前低后高，爵弁则是前后平衡。此外，冕有旒而爵弁无旒。

大夫以上的贵族戴的冠称为"冕"，特点是顶部有称为"延"的长方形的版，前端有成串的垂玉称为"旒"。旒的数量与贵族的

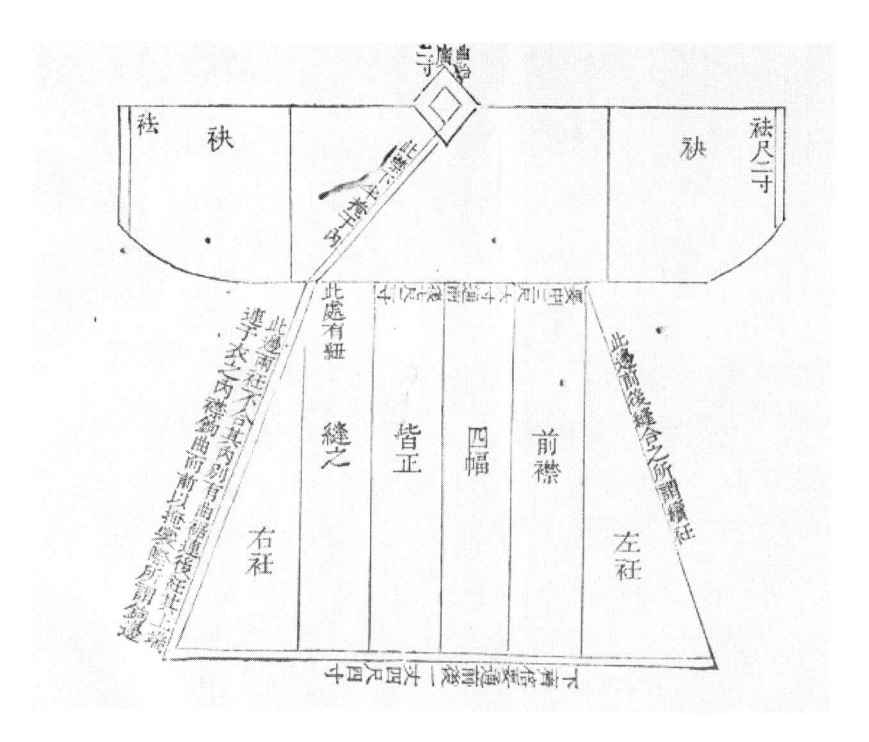

4-18 深衣

等级对应：天子九旒，诸侯七旒，大夫五旒。

古代男子的礼服有上衣、下裳之别。在非正式场合则穿衣与裳相连的衣服，这种衣服深长，故称为"深衣"。妇人的衣服没有上衣下裳之别，都是上下相连的。甲骨文中的"衣"字，是一个象形字。殷墟出土的玉人，保留了商代下层人民的衣服样式，衣襟向右。《论语》说："微管仲，吾其被发左衽矣！"孔子把"被发左衽"作为少数民族的形象，而把"右衽"作为华夏族的表征。

《诗经·邶风·绿衣》说："绿兮衣兮，绿衣黄裳。"衣是上衣，裳是下身的衣服。衣裳的边，往往镶有花边，《诗经·鄘风·君子偕老》说"象服是宜"，象是"褖"的假借字，是镶的意思。褖服是周边、领子、袖口都镶有花边的上衣。周人的衣服，色彩丰富，《诗经·王

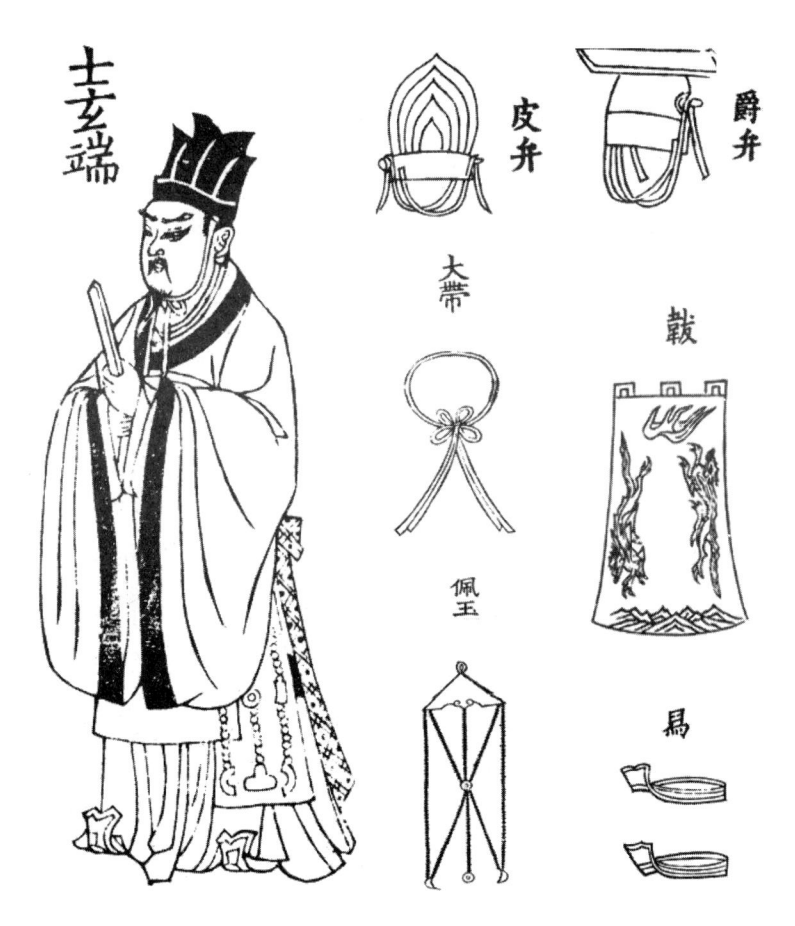

4-19 宋代学者构想的先秦服饰
采自聂崇义纂辑《三礼图》

风·大车》说:"大车槛槛,毳(音cuì)衣如菼(音tǎn)","大车啍啍(音tūn),毳衣如璊(音mén)"。毳衣是细毛织的上衣,诗中菼字借指绿色,璊字借指赤色,上古通常女子穿绿衣,男子穿红衣,此即"红男绿女"一词的来历。当时女子的服饰,下体有围裙,《诗经·郑风·出其东门》说诗人想念的女子"缟衣綦巾",綦巾就是浅绿色的围裙。《诗经》中甚至有妇女采集染草的诗歌,《诗经·小雅·采绿》说"终朝采绿,不盈一匊","终朝采蓝,不盈一襜（音 chān）"。绿是菉草，可以染黄；蓝是靛草，可以染青。

当时有夹衣，《诗经·邶风·绿衣》说"绿兮衣兮，绿衣黄里"，意思是衣服的面料是绿色的，但里子是黄色的。《礼记·儒行》说："丘少居鲁，衣缝掖之衣。"这是有道君子所穿的衣服。衣袖的长、宽大体相当，是另外缝上去的，袖口的下半缝合，以便往袖内放东西。

先秦的裳，有如后世的裙。礼书记载，裳分前后两片，前面的宽3幅，后面的宽4幅，共7幅。每幅宽二尺二寸。前后幅在腰际用带子系连。

衣服穿好后，要用带束腰。腰带有革带与大带两种。革带用皮革制作，用来系挂韨以及刀、砺、觿、金燧等物件。大带用丝制作，《诗经·曹风·鸤鸠》："淑人君子，其带伊丝。"郑玄笺："谓大带也。大带用素丝，有杂色饰也。"大带系在革带之外，下垂的部分称为"绅"。大带的长度、颜色，以及是否用彩缯滚边，有严格的等级制度。

韨，初文作"市"，或写作"韠"，用皮革制作。《说文解字》："市，韠也。上古衣蔽前而已，市以象之。天子朱市，诸侯赤市，大夫葱衡。从巾，象连带之形。"上古时代，文明未开，人们仅用一块布遮在腹前，这就是"韨"。由于其长度及于膝盖，所以又称为"蔽膝"。为了表示不忘古昔，所以在衣服发明之后，先民依然保留了韨的形制。

礼服的颜色通常有一定之规：衣与冠、带的颜色相同，裳与韨的颜色相同。例如，头戴玄端（缁布冠），则上衣为玄衣，大带为缁带；头戴皮弁（鹿皮为白色），则上衣和带均为素色。裳与韨的颜色关系依此类推。

既然上古的衣服外面要用带子系束，那么上衣是否有纽扣？从文献来看，应该是有纽扣的。《诗经·召南·羔羊》云："羔羊之皮,素丝五纰","羔羊之革,素丝五緎","羔羊之缝,素丝五总"。纰(音tuó),是丝带做的纽;緎(音yù),是丝绳做的扣;总,是将纽纳入扣内。这首诗说衣的一边有5个纽,另一边有5个扣,不过说的是羊皮之裘,一般的丝绸衣服不用纽扣。

　　屦就是鞋,古时有单底、复底之分。复底的称舄(音xì),单底的称屦。鞋帮的质料,夏天用葛,冬天用皮。舄和屦上都有丝带作装饰,鞋头翘起的装饰叫絇,嵌在鞋面与鞋帮之间的丝条叫繶,镶在鞋口的边叫纯,鞋带叫綦。出土文物中,鞋的数量不多,江陵出土的男尸所穿的鞋,与文献所记载的形制不同。

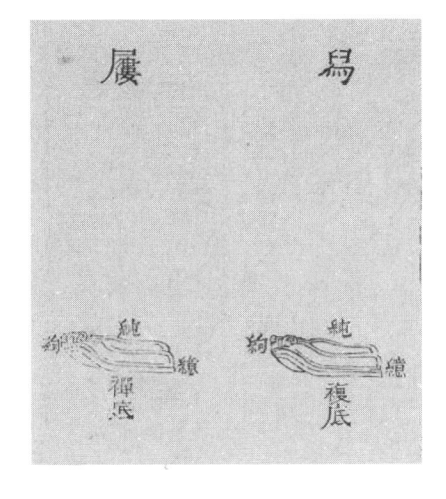

4-20　舄与屦

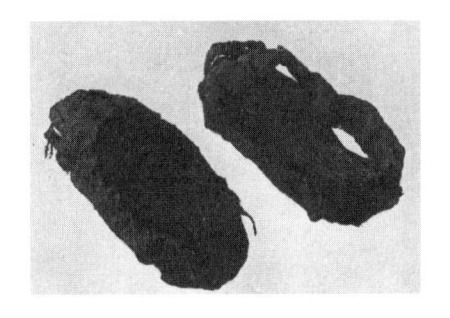

4-21　马山楚墓出土的锦面漆屦

　　如前所述,先秦时期丝绸业发展极为迅速,新技术、新品种、新花色不断涌现。设计师和工匠在世世代代的钻研和传承之中,追求工艺和艺术的完美。对于人文日新的社会而言,丝绸已不仅仅是保暖的材料,更多的是展示审美情趣和内心世界的手段。服饰就是这样成为了中国传统文化的重要特色。

参考论著：

1. 陈维稷：《中国纺织科学技术史》，北京：科学出版社，1984年。
2. 彭　浩：《楚人的纺织与服饰》，武汉：湖北教育出版社，1996年。
3. 朱新予主编：《中国丝绸史》，北京：纺织工业出版社，1992年。

第五讲　良渚"琮王"与中国史前时代的玉文化

玉琮，高10厘米，宽17.6厘米，重6.5千克，1986年出土于浙江余杭反山12号墓，是目前考古发掘所见最大的玉琮，故有"琮王"之称。器身纹饰复杂，四面竖槽的上下各有一个高3厘米、宽4厘米的"神徽"，全器共8个。

著名考古学家夏鼐先生指出：中国、墨西哥、新西兰是举世闻名的三大古玉产地。[1]墨西哥玛雅文化以拥有"印第安玉器"闻名，包括工具和各种工艺品。新西兰的毛利人用当地出产的碧玉雕刻人物或制作小型器具。中国人制作玉器的历史尤其久远，工艺精美，风格典雅，存在于社会生活的各个层面，形成了富于特色的玉文化。

一、绵延数千年的中国玉文化

古代中国流行爱玉之风，用玉范围十分广泛。就玉的种类而言，可以大别为佩玉、礼玉、葬玉、弄玉等几类。先秦时代佩玉是贵族服饰的重要组成部分。《诗经·卫风·淇奥》云"有匪君子，充耳

---

[1] 夏鼐：《汉代的玉器》，《考古学报》1983年第2期。

琇莹，会弁如星"，是说冠的左右有青丝绳垂至耳边，当耳处紧系一块玉石，就是"充耳"（"瑱"），他戴的用鹿皮缝制的弁，在皮的接缝处（"会"）缀饰的玉粒（"璂"），灿如星斗。可知当时的冠弁上镶玉。此外，周代贵族的服饰，还有所谓"组佩"的制度，就是把璜、珩、环、珑、串珠等各种玉饰配套佩戴。《诗经·郑风·有女同车》描绘一位美女遨游时，"将翱将翔，佩玉将将"，身上各种佩玉相撞击，发出悦耳的声音。

玉器又是沟通人神的重要媒介。甲骨文"礼"字写作 ，像在器皿中放两串玉，用以媚神。《诗经·大雅·云汉》云"圭璧既卒，宁莫我听"，说周宣王因连年大旱，用尽了所有的圭璧来求雨，老天依然不领情。祭神之玉称为"礼玉"，《周礼·春官·大宗伯》说："以苍璧礼天，以黄琮礼地，以青圭礼东方，以赤璋礼南方，以白琥礼西方，以玄璜礼北方。"璧、琮、圭、璋、琥、璜等历来被认为是礼玉的主要形制。

古代玉器还用于殓葬，称为"葬玉"。古人认为玉器可以防止尸体腐烂。葛洪《抱朴子》说"金玉在九窍，则死者为之不朽"。《史记·殷本纪》正义引《周书》说，纣王临死之前以玉环身。《左传》定公五年说，季平子死了，阳虎要用玙璠殓尸。《吕氏春秋·节丧》提到有些人死后"含珠鳞施"，以示厚葬，尸身玉片密如鱼鳞。近年出土的中山靖王刘胜的"金缕玉衣"，就是一种更为精致的玉殓

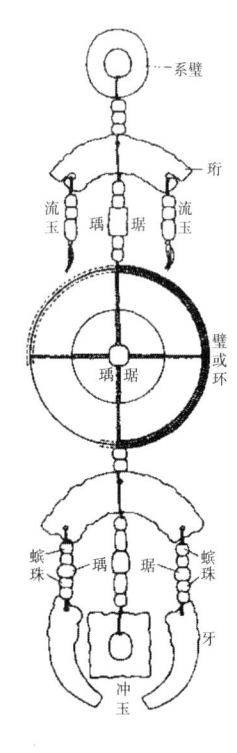

5-1 郭宝钧所拟"战国组玉佩模式图"

葬的葬具。

弄玉是供人把玩的玉器，一般雕刻成牛、虎、鱼、鸟、龟、蝉等动物形象。殷墟妇好墓出土的弄玉有虎、熊、象、凤、鹤等25种，玲珑可爱，惟妙惟肖，动物局部的特殊质感与习性特征刻画鲜明，显示了很高的审美情趣。

由于制玉工艺为人熟知，所以充斥于日常语言之中。《说文解字》玉部所收的字多达117个，涉及玉质、玉色、玉声、玉器形制、治玉方法等等，是字数最多的部首之一。玉字对语言的影响可见一斑。"理"的本义是治玉，后借用为治理国家。《诗经·卫风·淇奥》说："有匪君子，如切如磋，如琢如磨。"《诗经·小雅·鹤鸣》："它山之石，可以为错"，"它山之石，可以攻玉。"琢、磨、攻、错，都是指玉器的加工方法。《礼记·聘义》说"瑕不掩瑜，瑜不掩瑕"，瑜是美玉，瑕是疵点，两者不可掩隐。瑜、瑾、珩、瑷、瑛、瑶等都是美玉，故人名中采用极多。玉器还往往有代表语言的功用，如玦字与"决绝"之决同音，《荀子·大略》说"绝人以玦"，就是借用此义。《左传》闵公二年，"公与石祁子玦"，是说卫懿公给石祁子玦，暗示他要决断。《王度记》说"大夫俟放于郊三年，得环乃还，得玦乃去"，环与还同音，故得之乃还。

玉有超凡脱俗之美，因而往往成为美的同义词，《诗经·魏风·汾沮洳》说"彼其之子，美如玉"，《诗经·召南·野有死麕》说"白茅纯束，有女如玉"。在外交或礼仪场合，玉字多用为敬语字。《战国策·赵策四》触龙见赵太后时说"恐太后玉体有所郄也"，称太后身体为"玉体"，是尊敬的说法。《左传》僖公二十六年，展喜对齐侯说"寡君闻君亲举玉趾，将辱于敝邑，使下臣犒执事"，把入侵说成玉趾将临，是外交辞令。后来这类词语越来越多，如称人行步为"玉步",称人为保持气节而死为"玉碎",称人之女为"玉女",成人之美为"玉成",祝人安好为"玉安"等等,不胜枚举。

《说文解字》解释玉的字义说:"石之美,有五德者。"将玉说成是有仁、义、知、勇、絜五种德行的美石,古人重视德行修养,故赋予它五德的含义。作于战国时代的《王度记》说:"玉者有象君子之德,燥不轻,湿不重,薄不浇,廉不伤,疵不掩,是以人君宝之。"先秦的士喜欢佩玉,不仅为了展示仪容,更是为了展示内心美德。玉器加工,至为不易,《礼记·乐记》说"玉不琢,不成器",以治玉比喻君子修德。玷是玉上的疵点,《诗经·大雅·抑》说"白圭之玷,尚可磨也;斯言之玷,不可为也",人言之"玷"无法磨灭,因此出言当谨慎。

玉器与青铜器是古代中国居于主流地位的艺术珍品,它们的风格奠定了中国工艺美术的基调。而玉器产生的年代早于青铜器,对后者有着直接的影响。那么,博大精深的中国玉文化的源头又在哪里呢?

二、新石器时代的中国古玉

上古时代,中国的玉矿很多,仅《山海经》和《尚书·禹贡》记载的就有一百多处。玉的种类很多,也非常复杂。就玉材的晶体结构而言,有软玉和硬玉之分。硬玉,俗称翡翠,由钠和铝的硅酸盐矿物组成,主要出产于缅甸等地,硬度6.5—7度,质地坚硬。软玉又叫"真玉",是指透闪石、阳起石矿物组成的隐晶质、致密块状集合体,硬度一般不超过6度。纯净的玉为白色,有润滑的光泽,在强光下呈半透明状；若含有铁、铬、锰等氧化金属离子时，则变为青、绿、黄、棕等色。古代中国所谓的玉，是指"石之美者"[1]，除软玉外，也包括所有自然生成的、质地坚韧、化学性能稳定、加工后细腻匀润、色彩鲜丽的属于蛇纹石系列的美石，都归在玉类。所以，称中国古玉为"玉石"，含义更为准确。

中国古玉最著名的是今新疆和阗的和阗玉。和阗玉主要由透闪石、阳起石系列矿物组成，而以透闪石为主，是全世界最好的玉料，故《千字文》有"玉出昆岗"之说。至迟在商代晚期，和阗玉就已进入中原地区，著名的殷墟妇好墓、江西新干大洋洲商墓出土的玉器，大多是和阗玉。此外还有辽宁岫岩县的岫岩玉、陕西蓝田的蓝田玉、河南南阳的独山玉、甘肃酒泉的酒泉玉、河南密县的密县玉、河南淅川的淅川玉等，主要成分是蛇纹石。

玉材的外表有璞包裹，不易被发现。在漫长的石器时代中，先民从经手的无数种石料中，逐步发现和认识了玉矿。著名玉器专家杨伯达先生认为，至迟在距今约70万—20万年的旧石器时代早期，"北京人"就能够将制造一般石器的石材和打制精细器物（主要是工具）的玉材加以区别。我国第一代玉器，是用包括水晶、玉髓、炫石、石英、玛瑙等质地细腻、光泽莹耀、色彩鲜艳、硬度较高的石英类器物制作的，可以称之为第一代玉材，主要出土于北方。此后，我国东部地区新石器时代的玉材，除了第一代玉材之外，又有蛇纹石、透闪石和阳起石、绢云母、氟石等，可称为第二代玉材。[2]

我国目前所见最早的玉器，距今约7000多年。到了新石器时

---

[1] 许慎：《说文解字》。
[2] 杨伯达：《追溯玉器之渊源——从文物精华展红山文化玉器谈起》，《中国文物报》1990年10月18日第四版。

代中晚期,从北方的辽河流域,向南经山东、江苏、浙江等沿海地区,直到珠江流域,玉器已经普遍出现。在河姆渡文化、良渚文化、红山文化、龙山文化、大汶口文化、石家河文化、薛家岗文化的遗址中出土的玉器,已经有了各自的风格和特色。

大汶口文化的玉器,在山东宁阳、曲阜、安邱、胶河等地都有发现,就种类而言,以玉镯、玉坠、玉珠、玉指环、玉臂环等饰物为多。此外,还有一件形状如璧、外缘有三处牙状凸起的玉器,用途不明。这种三牙璧在民间早有流传,清代学者认为就是《尚书·尧典》中提到的"璿玑",是上古玉制的天文仪器中的机轮,所以名之为"璿玑"。大汶口文化出土的玉铲,材质精良,制作考究,非常引人注目。

龙山文化是黄河流域新石器时代晚期的文化,由于文化面貌和历史渊源的区别,又分为山东龙山文化、河南龙山文化和陕西龙山文化,其中玉器出土最多的是山东龙山文化。山东龙山文化的玉器,以日照县两城镇所出最为著名,如一件玉锛,正反两面都刻有饕餮纹,但构图不同,一面简练,一面繁缛,制作精美。另有一件玉刀,四面开刃,器长48厘米,而厚度只有0.5厘米,十分罕见,制作如此长而薄的玉刀,需要有成熟的剖分玉料和研磨的技术。山东滕县出土的一件"璿玑",直径约10厘米,但形状要比大汶口的"璿玑"复杂,在外缘的三牙之间,各有一段作锯齿状,使人联想到齿轮。三牙之间的距离与齿间的距离基本相等。其用途究竟是什么,令人百思不得其解。

红山文化(距今6000—5000年)的玉器,1942年在辽宁凌源县的牛河梁遗址首次发现,是一件勾云纹玉佩。其后在辽宁喀左、阜新,内蒙古翁中特旗、敖汉旗等地都有大量玉器出土。红山玉器的主要特色,是以动物造型为题材的特别多,如龙、猪、鸟、龟、鹗等，其中不乏精品。如1971年在赤峰翁牛特旗出土的一件青玉制作的玉龙，是迄今所知最早的玉龙，高26厘米，曲长60厘米，直径2.2—2.4厘米，圆雕加阴线琢纹而成，通体素面，不作任何雕饰，仅仅刻画头部，目、鼻、口、须俱全，虚实分明。C形的龙身，充满张力。项背有一夸张的鬃形装饰，增加了龙的动感。背部有圆孔，可以系挂。此器是红山文化出土的最大的玉龙，也是新石器时代龙山玉器的代表作。1999年，国家文物局举办"新中国文物工作50年展览"时，曾用它作为标志。红山文化另一件典型的玉器，形体似龙又似猪，体态憨厚可爱，故名"玉猪龙"。

5-2 玉猪龙

但是，无论是玉器的数量、质量，还是品种，上述地区都无法与良渚文化的玉器相比，良渚文化的玉器在整个新石器时代最为发达。

三、古玉王国良渚

早在20世纪初，浙江余杭的良渚镇一带就出土过兽面纹琮和素璧。在传世文献中，琮和璧是周代贵族祭祀天地的礼器，学术界认为良渚不可能有这么高的文化，因而对良渚文化的年代表示怀疑。

范文澜主编的《中国通史简编》，就把良渚出土的璧、琮列为西周文物。[1]

1936年，考古学家在良渚发现了新石器时代的遗址。出土物中有黑色的陶器，发掘者认为与山东城子崖的龙山文化黑陶属于同类文化，故视之为浙江龙山文化。到20世纪50年代，由于新遗址不断发现，而知它与龙山文化的文化面貌并不相同，乃是当地土生土长的文化，于是更名为良渚文化，年代为公元前3300年—前2200年。

良渚文化是长江下游新石器时代晚期的一支重要的考古学文化，它以太湖流域为中心，南至杭州湾，北达苏北海安，东起东海，西到宁镇山脉东侧。其源头是马家浜文化、崧泽文化。良渚文化遗址出土的玉器、黑陶、稻谷、竹器、丝织品等，显示了很高的物质文化发展水平。20世纪60年代，考古学家发掘了江苏吴县的草鞋山遗址，发现了十分清楚的太湖地区史前文化层的叠压关系，从而揭示了当地史前文化的发展序列，证明良渚遗址是新石器时代晚期的文化。兽面纹琮和素璧在草鞋山遗址中已经出现，证明它们至迟是新石器时代晚期的器物。

经过长期的寻找，目前已发现良渚文化遗址200多处。良渚文化遗址中，玉器是最重要的文化内涵，几乎达到无墓不出玉的程度，这在史前考古中是绝无仅有的。出土的玉器中，礼器、兵器、佩饰、工具、弄玉、葬玉等应有尽有。器型则有璧、琮、璜、钺、镯、管、珠、坠、冠状饰、牌饰等几十种，以及各种动物肖形玉器。余杭吴家埠遗址的良渚文化早期墓中，发现了珠、管、璧、璜等构成的佩饰，是目前所见最早的玉组佩。常州寺墩遗址3号墓，用33件兽面纹

---

[1] 见《中国通史简编》修订本第一编，143页，北京：人民出版社，1965年。

第五讲 良渚"琮王"与中国史前时代的玉文化 117

5-3 良渚—莫角山遗址模型

玉琮围绕墓主，是目前所见最早的玉殓葬。

从1986年起，考古工作者陆续在余杭发现了以莫角山为中心，包括反山、瑶山、汇观山等遗址在内的良渚文化遗址群。在近34平方公里的范围内，分布着40多个聚落遗址、10余处墓地。莫角山是该遗址群的中心，也是目前所见良渚文化规模最大的遗址。人工夯筑的高大台基，面积约3万平方米，上有大型建筑的遗迹。莫角山的西北是反山遗址，东北为瑶山遗址，正西为汇观山遗址。著名考古学家严文明教授认为，这是史前时期的"台城"[1]。

瑶山墓地位于一座小山上，面积约400平方米，也是人工堆筑而成，长方形祭台之南有12座墓，分作南北两排，仅玉管、玉珠串饰就出土46组。玉珠有鼓形、球形等等的不同，最多的一组多达201件。此外还有形态各异的各种坠饰，背后多有穿孔，或做成鸟、鱼、龟、蝉等动物形状，可知是系挂在衣帽上的饰物，或者就是弄玉。南排居中的12号墓规格最高，出土玉器近400件。

反山墓地中，12号墓的规格最高，墓的情况将在下一节谈到。出土的一件玉钺，刃部两面的上方都有一浅浮雕"神徽"，与15、16号墓的玉冠状饰类同；下方则有一浅浮雕鸟形图案，以抽象的笔法，寥寥数笔勾勒一鸟，神态逼肖，可见善于捕捉神韵的匠心。

汇观山墓地也是在山丘上堆筑而成，面积近1600平方米，中部有长方形砂石祭台，4号墓长4.75米，宽2.6米，棺椁齐全，为目前所见最大的良渚文化墓葬，随葬品多达250余件，仅钺就有48件。

良渚文化展示了史前时期灿烂的玉文化，令人惊叹。著名美籍

---

[1] 严文明：《良渚随笔》，《文物》1996年第3期。

华裔学者张光直教授认为,应该在中国新石器时代和青铜时代之间插入一个"玉琮时代",以附和《越绝书》中风胡子的"玉兵时代"之说,认为这一时代是巫政结合的时代。

四、鬼斧神工的良渚玉器

软玉比普通石料坚硬得多,加工相当困难。先民将加工石器的丰富经验运用于玉石,发展为一整套加工方法。良渚时期治玉的工艺,大致有切割、打样、钻孔、琢纹、研磨、抛光等工序,已经具备了后世玉器加工的所有技法。

玉器加工,首先要将大块玉料切割成毛坯。仰韶文化早期的玉器上就有条锯切割的痕迹,方法是用单股或数股植物纤维或动物的皮筋带动解玉砂,分别从坯体两侧向中间切割,快接近时再敲落玉料。切割的沟槽较宽,有5毫米左右。良渚时期,大件礼器日益增多,大面积切割的难度随之增加。从大型玉璧表面的切痕可知,良渚人已能熟练解剖大件玉料。有些器表残留有弧形的线割痕迹,或者直线的锯割痕迹,良渚人究竟是用怎样的工具、用什么方法加工出数量庞大、制作精美的玉器的?考古学家牟永抗先生认为,良渚人采用的是"以片状硬性物件的直线运动为特征的锯切割,和筋、弦等柔性物体作弧形运动为特征的线切割"的方法。有学者根据某些玉器表面的弧形的切割痕,判定良渚人已经采用金属铊具切割玉料。但是良渚文化遗址至今没有发现金属。还有学者认为,良渚人的铊具可能是用硬度较高的石料做的。仿真实验表明,这是不可能的。因为硬度高的材料必然脆性大,为了防止铊片脆裂,必须增加其厚度，而玉器上弧形切割的沟槽宽仅1—2毫米。

良渚不少玉器有钻孔，这既是为了实用，也是为了美观。由出土实物可知，钻孔有管钻和实心钻、琢钻等几种方法。较大的孔一般从两面对钻，然后敲去芯部。上海博物馆收藏的一件多节玉琮，高约32.9厘米，中间的长孔从两端对钻而基本同心，技巧惊人。玉器的硬度达摩氏6度，良渚人究竟使用了怎样的钻孔工具，至今无法解释。

良渚文化的琮、璜、钺、冠状器、牌饰等玉器的表面，大多有用阴线或阳线刻画的图案。阴线是指用单线条勾勒纹样，线条凹入器表；阳线是用双钩的方法使纹样的线条凸现。良渚玉器纹样的线条或坚挺刚劲，或圆滑流畅，可见良渚人使用着一种游刃有余的雕刻工具。可是，在新石器时代，他们又能有什么样的利器呢？这是中外学术界长年争论的热点。80年代初，江苏丹徒磨盘墩遗址和新沂花厅遗址先后出土过一些石英质料的小工具，器端尖锐，硬度超过摩氏7度。牟永抗先生认为，这类高硬度燧石工具，应当就是良渚人的琢纹工具。但是，有人用玛瑙料做工具在软玉上试刻，硬度虽可，但效果很差。因为玛瑙料的尖锋太长就容易崩断，过钝又无法刻画。日本学者林巳奈夫认为，良渚人的工具有可能是硬度极高的天然钻石。但是，良渚玉器上的刻画线条比较纤细，显然不是用天然钻石刻画的，而且良渚遗址中至今没有出土过钻石，故此说也不能成立。

良渚的一座大墓中曾发现过一枚宽约1.4厘米的鲨鱼牙齿，呈等腰三角形，边缘带有细齿。瑶山7号墓曾出土四枚鲨鱼牙齿，上海福泉山等遗址也有相同的发现。鲨鱼牙的珐琅质硬度超过软玉。有学者用幼鲨小齿在软玉上刻画，划痕纤细清晰，证明有足够的刻玉硬度，推测就是良渚人的工具。[1]但也有完全相反的实验结论。因此，鲨鱼齿是否就是良渚人的琢纹工具，学者有很大争议。

良渚玉琮上的兽面纹，是用浅浮雕的技法雕琢的。所谓浅浮雕，就是用减地法磨去纹样周围的地子，使纹样浮突于器表。凡是浮雕程度比较高，纹样呈半立体状的，称为半圆雕。半圆雕作品富于质感，有很强的表现力。凡是立体雕琢成形的作品称为圆雕，良渚文化的双面玉人以及许多动物雕塑都是圆雕作品。

良渚出土的玉牌饰，多采用透雕的技法。透雕又叫镂空，是一种将琢孔与线锯切割结合的复合式技法，有相当的难度。反山出土的两件玉冠状饰，运用了透雕和阴线细刻相结合的手法，玲珑剔透，器身布图繁缛，线条宛曲多变，但疏密得当，富丽堂皇，反映出很高的审美意识，是玉器中的珍品。透雕作品在良渚屡见不鲜，可见其时已经普遍掌握高难的玉雕技术。

良渚玉器中还出现了类似微雕的技法。镇江地区出土的一件良渚文化玉器上，兽面的眼睛的直径与圆珠笔的笔芯相当，用放大镜观察，竟然是用16根切线组成的。反山的一件玉琮上，神人兽面纹饰构图繁密、细腻，线条之间密不容针，甚至能在1毫米的宽度内，刻入四五根细线。汇观山的一件琮式镯，在宽仅3.5毫米的弦纹凸棱上，刻有14条凹弦纹，用高倍放大镜才能分清线条之间的界限，真是匪夷所思。反山出土玉器上琢刻的神人与兽面复合的"神徽"，高约3厘米，宽约4厘米，方寸之地，纹饰繁复，线条纤若游丝，堪称鬼斧神工。在不知放大镜为何物的良渚时代，先民们究竟使用了什么样的"秘密武器"？

---

[1] 张明华：《良渚古玉的刻纹工具是什么》，《中国文物报》1990年12月6日。

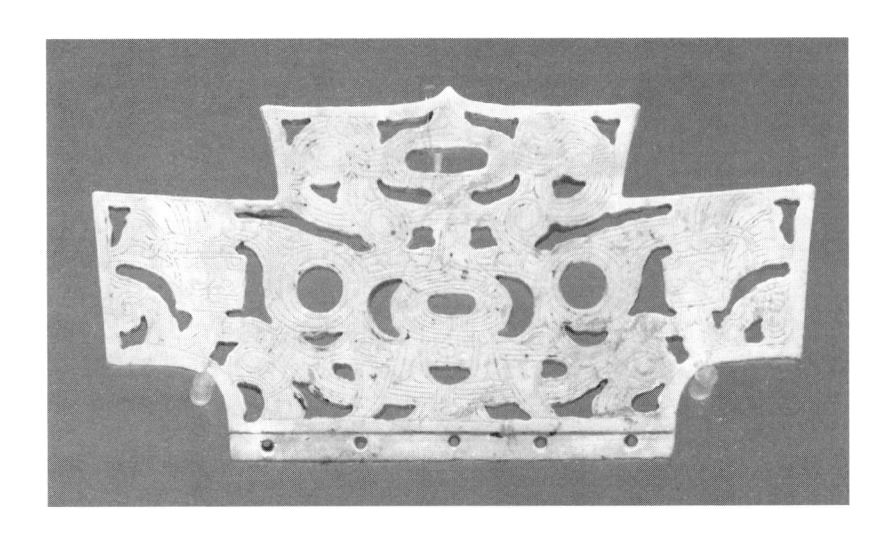

5-4 良渚文化玉饰品

研磨是玉器加工的重要环节，方法是用解玉砂磨削器表，使之平滑光洁。武进寺墩良渚文化墓葬出土的一件玉璧，表面有硬度很高的石英、黑云母砂粒，可能就是研磨时的残留物。良渚晚期玉璧直径多在20厘米以上，但厚薄均匀，器表光洁，可见研磨水平之高超。反山的一件玉环上有同心圆旋纹，纹线浅细，有学者认为，可能是借用了制陶工艺中的转轮装置加工的结果，方法是将玉器固定在转轮上快速转动，再在器表加上解玉砂进行研磨。

良渚玉器大多经过"抛光"处理，也就是为玉器上光，所以光洁度很高，埋藏数千年，依然润泽光亮。有学者根据云南腾冲县的民族学材料，认为原始的抛光方法是，将粗竹剖为两半，一半覆盖于地，将玉器在竹皮上反复摩擦，直至出现光泽。[1]

从良渚文化玉器看，匠师有着很强的构图能力，兽面纹玉琮堪

---

[1] 汪宁生：《玉器如何磨光——〈古俗新研技术篇〉之七》，《中国文物报》1991年5月5日。

称典范。琮的样式为外方内圆，构成方圆相切的风格。兽面纹玉琮有四组兽面图案，通常会将兽面分别安排在方形玉琮的四个正面上。良渚匠师不落俗套，大胆地将作为兽面中心的兽鼻安排在四角的棱边上，突出角隅的形式感。兽面向棱边两侧对称布图，用重圆表示眼睛，两眼之间用桥形浅浮雕连接，吻部设计为长方形突起。从而使画面新奇活泼，毫无呆板沉滞之气。尤其令人惊叹的是，匠师还将本应突起的兽鼻设计成弧形的凹入，不仅使兽的表情更为生动，而且在受光时显现出独特的效果，可谓大手笔之作。对于条形的玉料，匠师往往设计成多节琮，如寺墩出土的一件玉琮，高约33厘米，分为15节，中间的竖槽贯通上下，造成宏通的气势。在横带的区隔下，兽面的主图与副图交替出现，给人以鲜明的韵律感。这一超水平的构图法对中国古代艺术有深远影响，殷代青铜器上的饕餮纹就是按照它的模式设计的。良渚玉器的设计充满求新求变的气息，即使是同一器种，也务必避免雷同，少有抄袭之作。良渚出土的一件手镯，镯身凸现规律性斜状旋纹，构思新颖，设计匀称，加工细腻，堪称上品。

即使与当今工匠的制玉相比，良渚文化的玉器也处处闪耀着骄人的光辉。在4000多年前，如此精美绝伦的杰作是如何制作的，现代人无法想象，也无法回答，以至有人断言，这一定是外星人留在太湖地区的作品。

5-5 寺墩出土的玉琮

五、解读良渚"神徽"

1986年,考古工作者在余杭发现了闻名中外的反山墓地。这是一座人工堆筑的长方形高台,东西长90米,南北宽30米,高6米以上,推测土方量有2万立方米。高台中部是祭坛,祭坛之南有11座大墓,分为南北两排。其中南排居中的12号墓规格最高,玉制礼器有璧、琮、钺、璜等,著名的"琮王"就出土于此墓,该墓出土的玉器上共有20个表示特殊身份的"神徽"。

良渚玉琮上的兽面纹,画面简略、抽象,不知所以,故以前没有引起重视。"琮王"上的兽面纹最复杂、最完整,人们由此而知,所谓兽面纹,实际上是一位头戴羽冠者骑伏猛兽的图像。由于这一图像内涵深奥、神秘,一般刻画在重要器物上,而且这类器物都出土于大墓中,所以学者称之为"神徽"。解读"神徽",对于研究良渚的社会性质和精神世界都有重要价值,所以备受海内外学者重视。

在"神徽"中,伏兽者的头部和兽的面部用浅浮雕处理,突出于器表;人的双臂和兽的下肢则用阴线细刻处理,凹入器表。层次相当分明。人脸呈倒梯形,用重圆表示眼,宽鼻,阔口,露齿,表情威严。羽冠由二十二组呈放射状的羽翎组成。伏兽者的双手内屈,作按压兽头状。兽面有巨目,两眼之间用微凸的短桥连接,宽鼻,阔口,獠牙外撇。兽肢作蹲踞状,有鸟足形利爪。人臂、兽肢密布卷云纹。

张光直先生认为,中国古代文明是萨满式文明,世界被划分成

5-6 玉琮　　5-7 反山出土的琮徽像

天地人神诸多层次，宗教人物的任务就是沟通不同的层次。玉琮外方内圆，代表天圆地方；从中贯通，象征天地间的贯穿，中间所穿的棍子，便是天地柱。神徽所表现的，正是巫师与其动物助理的形象，故可称为"人兽符号"或"巫符号"。龙山文化时期用玉琮做法器，正是政权开始集中的重要阶段，良渚大墓拥有大量玉琮便是明证。玉琮是巫师沟通天地的法器，兽面似虎形，在中国巫术中白虎是巫师沟通天地的助手。[1]

考古学家汪遵国先生认为，玉琮是用于祭祀的礼器，墓主是掌握祭祀天地大权的军事首领。猛兽实际上就是老虎，说明良渚人信仰老虎。据葛洪《抱朴子》记载，"骑虎"可以"周游天下，不拘山河"。因此，神徽的含义，应该是巫师骑上张口嘘气、举腿伸爪的老虎，作法迅驰，上天周游，与神仙往来，以通达天机。神像通体遍饰的不同表现方式的卷云纹等刻纹，表示云朵和云层，有上天通神的含义。[2]

日本学者林巳奈夫认为，玉琮是宗庙祭祀时祖先的灵魂降临时

---

[1] 张光直：《谈"琮"及其在中国古史上的意义》，《文物与考古论集》，北京：文物出版社，1986年。
[2] 汪遵国：《良渚文化神像的辨析》，《中国文物报》1991年4月28日。

的凭依之物，也就是中国古代宗庙祭祀用的"主"。玉琮中间的圆孔是灵魂驻留的小屋。祖灵之降，可上可下，所以中孔上下贯穿。玉琮上带蛋形眼的脸是太阳神的原形，能保护死者的灵魂，加福生人。[1]

台湾学者邓淑蘋认为，良渚文化玉璧、玉琮的孔径多在4—8厘米之间，推测巫师作法时，将玉璧平放在玉琮上，然后用木棍贯穿圆璧和方琮的中孔，组合成一套通天地的法器。他把"神徽"称为"神祖动物面复合像"，认为在古人的观念中，神祇、祖先、动物三者为一体，而且可以转化。其中的动物是巫师的助手，既是神的使者，也是氏族生命的来源。[2]

还有学者指出，"神徽"的图案不仅玉琮上有，在象征权力的玉钺上，以及贵族使用的三叉形冠饰、锥形器、项饰的玉璜、穿缀用的玉牌饰等器物上都有这种纹饰，而且造型一致，表明它并非只是巫师沟通天地的白虎，有可能是只有首领权贵才能掌握与代表的族徽。[3]

良渚"神徽"的确切含义是什么？目前还没有一致的结论，需要继续作深入的研究。对于与"神徽"相关的器物，学者也有很多讨论。如良渚玉器有一种三叉形冠饰，出土时都在死者头部，每墓一件。其基本形制是下端呈圆弧状，上端为对称的方柱体平头三叉。正面有线刻或浮雕的"神徽"。考古学家任式楠认为，良渚的玉三叉形冠饰与金文的"皇"字形正相暗合，是中国最初的皇冠。反山、瑶山两处权贵墓地中，凡随葬器物数量丰富、器种较全、质量精美

---

[1] 林巳奈夫：《关于良渚文化玉器的若干问题》，《南京博物院集刊》总7期，1984年。
[2] 邓淑蘋：《新石器时代晚期良渚文化玉琮》，台北《故宫文物月刊》，1991年，总100期。
[3] 叶文宪：《良渚玉琮兽面纹新解》，《中国文物报》1991年8月4日。

并含有若干重器的墓葬，必出三叉形冠饰。良渚文化中期偏早阶段出现的玉三叉形冠饰及其附饰，当系各级统治者的皇冠[1]。这从另一个侧面证明了"神徽"的重要地位。

六、含山玉器：史前制玉的又一奇迹

至此，我们可以了解到我国史前时期玉器制作的粗略概貌，体会到古代玉文化的源远流长。如果说良渚玉器是我国新石器时代的高峰，那么千年之后的商代玉器则是中国玉器史上的辉煌时期。商代的玉器发扬了自身的传统，也充分地吸收了各地制玉技术的优长，玉器的数量和品种出现了明显的飞跃。仅著名的殷墟妇好墓出土的玉器就多达755件，琳琅满目，美不胜收。

至迟从二里头文化开始，先民就有制作大型薄片玉器的爱好，如七孔石刀，长65厘米，宽9.6厘米，而厚度仅为0.1—0.4厘米。黄陂盘龙城的一件玉戈竟长达93厘米，显示了纯熟的技巧。作为玉器艺术重要题材的动物，有了越来越多的新成员，如象、熊、牛、虎、鹿、凤、鹰、蚕、蝉、鹦鹉、鸬鹚、鸱鸮等，形象刻画也更加鲜活。制作工艺不断创新，已经出现俏色玉。所谓俏色，是巧色的意思，就是将玉材上的杂色斑点巧妙安排，并与玉材的本色呼应，以收浑然天成之功。如妇好墓出土的一件玉鳖，玉材原有黑褐色石斑，匠师安排为鳖的背甲、双眼和爪尖，与玉材的灰白本色配合，浑如天成，妙不可言。此外还出现了掏膛、掐环等技艺。

---

[1] 任式楠：《良渚玉三叉形冠饰与皇冠》，《中国文物报》1991年10月20日。

商代玉文化，是史前玉文化的新发展。李学勤先生指出："商周玉器正是在这些史前文化的玉器的统治下发展的。《周礼》所记礼玉，无不可在早期玉器中找到原型。"[1] 至此，关于中国古玉的源头，似乎可以有一个比较完美的结论了。但是，考古学家的一项重大的发现，使学术界猛然发现，寻找中国玉文化的源头，还有许多路要走。

1987年，考古工作者在安徽含山县凌家滩发现一座新石器时期的遗址，其后经过三次发掘，揭露的面积为1775平方米，发现墓葬44座、祭坛1座、祭祀坑3个、积石圈4个、房屋遗址1座，以及数量众多的玉器、石器、陶器等珍贵文物。经碳十四测年，遗址的年代距今约5560—5290年，与红山文化相当，而早于良渚文化。该遗址有以下几个鲜明的特点：

首先，玉器在随葬品中的比例相当之高。凌家滩随葬品中有近千件玉器，包括玉龙、玉人、玉鹰、玉璜、玉璧、玉环、玉玦、玉钺、玉戈、玉镯、玉铲、玉斧、玉龟、玉兔、玉猪、玉勺等。据著名考古学家张忠培先生统计，凌家滩4号、15号、29号三座大墓随葬的玉器数分别为96、88、57件，占随葬器物总数的比例分别为72.1%、72.7%、67%。而在年

5-8　凌家滩玉玦

---

[1] 李学勤：《东周吴楚玉器序》，《中国文物报》1993年8月22日。

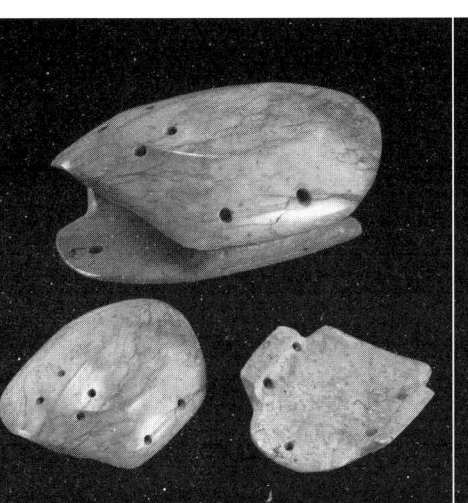

5-9 玉龟及玉片

代约略与之相当的大汶口文化、屈家岭文化的同等规模的墓葬中，随葬品绝大部分是陶器、石器，玉器只有一两件，或者一件也没有。如此高的玉器比例，只有年代比它晚的良渚文化墓葬才有。[1]

第二，玉器的内涵十分丰富。例如，凌家滩4号墓墓主人胸前发现一件玉龟，在腹甲和背甲之间夹有一块长方形玉片，可见其重要性非同一般。玉片中心部位刻有一个圆圈，圈内有一个八角星图案，圈外有一个同心的大圆圈，两个圆圈之间均匀分布着八个圭形图案，分别指向八个方向。玉片的四边分别钻有数目不等的圆孔。这块玉片显然有特殊的含义。它究竟要表达什么意思？学术界有多种说法。著名考古学家俞伟超先生认为，玉片与玉龟属于卜卦用具；也有学者说玉片上刻画的是原始八卦图。再如，29号墓出土的一件玉鹰，圆目钩喙，左右展翅，胸腹有线刻的圆形图纹，以此为中心

---

[1] 张忠培：《窥探凌家滩墓地》，载《凌家滩玉器》，141—153页，北京：文物出版社，2000年。

向四周八方伸出尖角光芒。双翅的翅端刻有兽头，出土时两翅上各置一枚玉，想必含有复杂的原始思维。又如，凌家滩出土一种璜形器，中部被整整齐齐切开，但在切口的两端分别琢出一个未透的小孔，以及连接两孔的浅槽，如果用细木条嵌入浅槽内，则被切成两半的玉器可以连接为一个整体；如果抽去细木条，则可以变为各自独立的两件器物。联盟虎首璜和龙凤璜备受学者关注。虎首璜系一璜剖分为二，有合拢时契合的记号，璜的两端饰有虎头图形。著名考古学家俞伟超先生认为，这是部落集团之间订立军事同盟时用的信物，类似于后世的"虎符"，立约的双方各执其半，必要时双方可以"合符"验证。[1]

5-10 凌家滩玉人

第三，出土不少首次发现的器型。例如，凌家滩出土六件玉人，这是已知最早的玉制人体作品。玉人或坐或站，浓眉大眼，双眼皮，具有蒙古人种的特征。蓄八字胡，似有剃须习俗。双臂弯曲，紧贴胸前。头戴圆冠，顶部有三角形纹，四周为方格纹，腰系三斜条纹的腰带，似已有纺织和服饰。耳有穿孔，似佩戴耳饰。双臂各有六圈刻纹，似代表臂圈。制作精巧，是中国新石器时代其他古文化遗

---

[1] 俞伟超：《凌家滩璜形玉器刍议》，载《凌家滩玉器》，135—140页，北京：文物出版社，2000年。

址不能比拟的。[1]再如，4号墓出土一件玉勺，通长16.5厘米，勺宽2.7厘米，匙柄长9.5厘米，柄宽0.7厘米，厚0.1—0.3厘米。勺池略如桃形，勺柄细长匀称，勺柄中有凹槽，柄端有圆孔，堪称中国汤勺之祖。

第四，制作精美。凌家滩玉器的选料、设计、磨制、钻孔、雕刻、抛光等技术一应俱全，有不少令人叹为观止的玉器，工艺水平似乎不亚于良渚文化。例如，16号墓出土一件喇叭状玉饰，推测是嵌于耳孔的玉耳珰，高1.3厘米，壁厚0.09厘米，而喇叭形圆口之匀称规整，犹如现代的塑料制品。又如，11号墓出土一件玉齿环，器的正面为圆形，但断面呈三角形，器身的外缘刻有87个齿孔（包括两个半孔），匀称秀美，令人爱不释手。

第五，加工痕迹奇特。良渚玉器是用什么工具制作的，至今仍是谜，而凌家滩玉器的出土，不仅没有破解它，反而提出了令人更加困惑的新证。以往有人认为，良渚人的钻孔工具是竹子或者动物的腔骨，然后再加上研磨砂。而凌家滩所见钻落的玉芯，有的直径仅0.5厘米。由于还要黏附琢玉砂，钻头的直径必须小于0.5厘米。有些器孔内壁的钻孔痕迹呈平行回旋，非常规整，钻下的玉芯非常光滑。

近年，安徽省文物研究所研究员张敬国先生与台湾古玉研究专家陈启贤先生合作，用偏光立体显微镜对含山出土的一件玉人背面的对钻小孔进行观察和研究，发现小孔的打法十分科学：先在两端打出直径0.07毫米的竖孔作定位，然后再斜钻贯通。这种钻法常见于现代过江隧道的设计和施工。在放大50倍的显微镜下，可以清

---

[1] 张敬国：《从安徽凌家滩墓地出土玉器谈中国的玉器时代》，《东南文化》1991年第2期。

楚地看到，当年打孔时管钻道玉芯尚留在孔内，玉芯的直径仅 0.05 毫米。据此推测，管钻的直径当为 0.07 毫米，比人的毛发还细！要打出如此纤细的微孔，就必须有能够高速转动的坚硬管钻，它当然不可能是竹管或者骨管，而只能是某种金属制作的管钻。

凌家滩玉料上的切割痕迹，大多呈圆弧形，顶端切痕较深，两端很浅，这显然不是线锯切割的结果。张敬国先生对玉器的凹槽进行微痕观察，发现这些凹槽是线性砣切割所致。他将显微镜放大 30 倍来观察一件玉镯，清楚地看到：在 0.5 厘米宽的弧面上，整齐地排列着约 50 条细如头发丝的细线，平行排列，纹丝不乱。稍有常识就可以明白，这一定是使用了类似今日车床的机械砣具加工的结果！[1] 那么，这种砣具是用什么材料制造的？又是如何操作的？令人悬测万度。

凌家滩出土了一件形状古怪的石器，上细下粗，总长 6 厘米。器的前端是长 4 毫米的握把，后端有呈螺丝纹形的凸起，直径仅 1 毫米，有明显的磨痕，专家认为是钻孔的工具。这是令所有参观者都瞠目结舌的发现。但是，它似乎是手工钻孔所用，无法用于硬度高于它的玉料。

据报道，目前凌家滩已经发现冶炼坩埚。含山玉器的年代要比良渚文化早，但它所显示的工艺技术以及匠师的思维能力却不在良渚人之下，或者还有超越之处。它给研究者带来了许多新的资料，但也带来许多新的难题。全面揭示古代中国玉文化的面貌，破解玉器制作中的种种疑团，还需要更多的考古发现，需要更多的学科来关心和介入。

---

1 参阅《凌家滩玉器：显微镜找到的文明之门》，《北京晚报》2005 年 5 月 7 日。

参考论著：

1. 浙江省文物考古研究所：《良渚文化研究》，北京：科学出版社，1999年。
2. 邓聪：《东亚玉器》，香港中文大学中国考古艺术研究中心出版，1998年。
3. 周膺：《美丽洲——良渚文化与良渚学引论》，北京：中华书局，2000年。
4. 安徽省文物考古研究所：《凌家滩玉器》，北京：文物出版社，2000年。

第六讲　四羊方尊与长江流域的商代文明

四羊方尊，通高58.6厘米，尊口边长52.4厘米，最大口径44.4厘米，重34.5千克，是我国迄今所见商代青铜方尊中最大也是最精美的一件。

商朝的历史，距今已有3000多年，可谓年代邈远。文献记载的商文化，仅限于黄河流域，江南地区似乎尚未开化。20世纪30年代，一件无意之中发现的青铜器，引发了学术界对于商王朝时江南是否有文明的争论。几十年后，考古学家的探铲揭开了辉煌的江南商代文明的一角。

一、长江流域：司马迁笔下的"荒蛮服地"

在司马迁的《史记》中，夏、商、周三朝出于同一个祖先，活动区域都在中原的河、洛之地，所以人们历来把黄河流域看作是中华文明的摇篮。那么，在黄河文明崛起的同时，长江流域是否有文明存在？当地的社会状况又是如何？《史记》很少提及。只是在《周本纪》记载"太伯奔吴"时说当地的土著居民"断发纹身"，似乎还在文明未开的时代。司马迁关于中华文明起源"一元论"的说法，有人比喻为"一棵大树说"，中华文明犹如一棵大树，黄河文明是树干，其他地区的文明则是树枝，是从黄河文明派生出来的。这种说法影响相当深远。

古人把王朝的中心地区称为"王畿"，王畿之外的广阔地区则划分为不同的"服"。《尚书·禹贡》以王畿为中心，以每五百里为一段，由近向远依次为甸服、侯服、绥服、要服、荒服等五服。荒服是离王畿最远的"化外之域"，其中靠近要服的三百里是荒服（蛮荒之地），其余

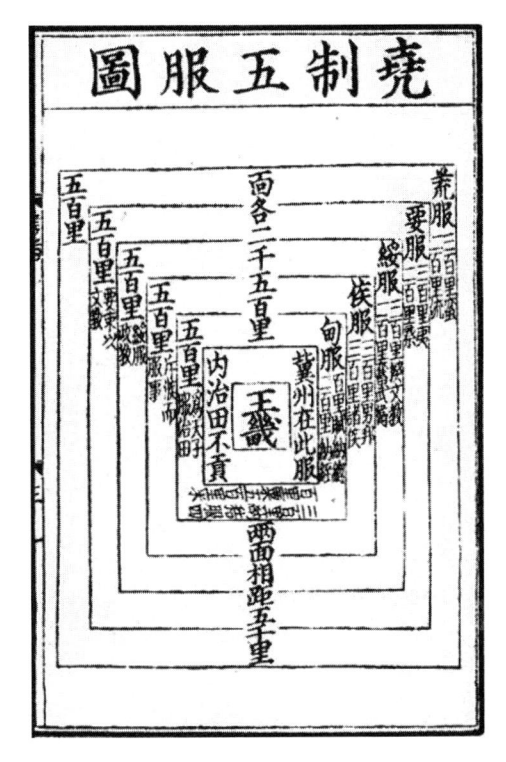

6-1 尧制五服图

二百里人迹罕至，是流放罪犯的地方。长江以南的湖南、江西、安徽、江苏、浙江等地，就是当时人们心目中的"荒蛮服地"。

20世纪，随着中国田野考古的飞速发展，中原以外广大地区的考古发现日新月异，许多传统的说法受到挑战。关于中华文明起源的问题也出现了新的理论，著名考古学家苏秉琦先生提出了中华文明起源的"多元论"，有人喻之为"满天星斗说"，即长江、珠江等流域都是与黄河文明并行发展的古文明地区。"一元论"和"多元论"究竟孰是孰非，拨动着历史学家和考古学家探索的心弦。

二、四羊方尊带来的疑问

1938年，湖南宁乡县黄材月山铺转耳仑的山腰上出土了一件青铜尊。尊是古代盛酒的器皿，一般呈圆形，而这一件却呈方形，在当时还比较少见。尊的设计相当奇特：上部的尊口，呈外侈状正方形，边长接近于器身的高度，舒展豪放；颈部布满线雕的蕉叶、夔纹和兽面纹。尊的中部是器的重心部位，四角各塑一羊，分别以棱线为中轴线，向两侧布图，生动活泼，不落俗套。羊头和卷曲的羊角用圆雕法铸成，突出于器外，栩栩如生，呼之欲出。尊体四面的正中，即两羊比邻之处，各安排一双角龙首，使画面富于变化，错落有致。羊身饰以鳞纹、饕餮纹等纹样。尊的下部，八条浅浮雕的羊腿呈外撇状，镶入方形的圈足，既与上部的方形尊口相呼应，又增强了器身的稳定感。尊是采用二次铸造法制作的，即先铸羊角和龙首，然后镶嵌在陶范内的羊头上，再与器身一起合范浇铸，但宛如一气呵成，令人叹为观止。方尊的四角和四

6-2 四羊方尊

面中心的合范处，均设计成造型精美的长棱脊，增加了器的装饰效果。这件铜器就是闻名世界的国之瑰宝"四羊方尊"。

四羊方尊的造型和铸造特征与安阳殷墟出土的青铜器完全一致，是一件典型的商代青铜器。但是，湖南这样的"荒蛮服地"怎么会出土如此精美的商代铜器？王国维在谈到商代文明的范围时曾说："卜辞所载地名，大抵在大河南北数百里内。"[1] 范文澜《中国通史简编》说，殷王朝的全盛时期，"大部当今河南全部及山东、河北、山西、安徽、陕西等省的一部。" 学术界一般认为，商文化的南界只到淮河流域，不可能越过长江。那么，如何解释四羊方尊在宁乡出土的现象呢？有人说，四羊方尊是殷代奴隶主由北方带来，而在殷王朝覆灭前奴隶主准备逃亡时被埋藏的；也有人说，四羊方尊可能是明清之际张献忠起义时带来此地的。还有人干脆否认四羊方尊是商代之器，认为是春秋时的器物。但也有人指出，宁乡地区可能是商代的一个方国，四羊方尊是当地制作的器物。[2] 由于缺乏进一步的资料，双方的争论很快归于沉寂。

三、盘龙城：长江之滨的商文化

1954 年，考古工作者在湖北黄陂县叶店的府河北岸发现一处保存比较完好的夯土城墙，经钻探，认为有可能是古代城址。1974、1976 年湖北省博物馆、北京大学考古专业在此进行了大规模发掘。

发掘表明，这是一座商代早期的城市遗址，年代约在公元前

---

1 《说亳》，《观堂集林》卷十二。
2 参见高至喜：《"商文化不过长江"辨》，《求索》1981 年第 2 期。

1600—前 1500 年之间。城址平面略呈方形，南北约 290 米，东西约 260 米。城外有宽约 14 米、深约 4 米的城壕。城南壕沟底部发现有桥桩的柱穴，当是壕沟上架桥梁时所用。城外是居民区、手工业区和墓地。

城内东北部发现 3 座前后并列、坐北朝南的大型宫殿基址，其中 1 号基址长 39.8 米，宽 12.3 米，夯土台基高出地面 20 厘米以上。台基四周的外沿各有一排径达半米左右、深 70 厘米的大檐柱穴，可以想见建筑物的高大雄伟。檐柱前有小而浅的挑檐柱的柱洞。殷墟小屯村北发现的宫殿基址，最大的也不过长 46.7 米。可见此城具有宫城的性质。

在发掘的 10 多座墓中，李家嘴 2 号墓是大贵族墓，墓口为 3.67 米×3.24 米。木椁上有雕刻精致的饕餮纹和云雷纹，椁内有棺，随葬品有青铜礼器 23 件，以及青铜武器和玉器。木椁外有 3 名殉葬者。

盘龙城遗址在城墙的夯筑技术、埋葬习俗、陶器特征、青铜工艺、玉器风格等方面，与黄河中游的二里岗上层文化基本一致，遗址的面貌与郑州等地的同时期遗迹十分相似，证明至迟在商代中期，商文化已经到达长江边上。联想到湖北、湖南、江西的许多地方都

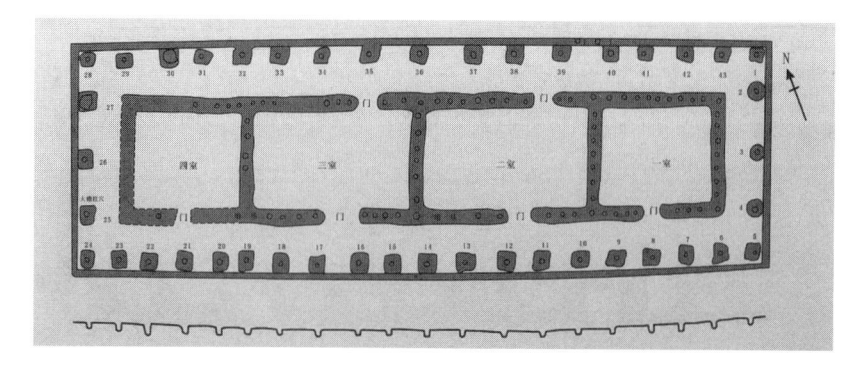

6-3 盘龙城商城一号宫殿基址平面图

发现过商代青铜器，而盘龙城地处长江南北的要冲，著名历史学家李学勤先生断言："商朝的势力达到长江中游"，盘龙城"是商朝南土的一处重要都邑"。[1]

四、吴城遗址：异军突起的江西商时期青铜文化

1973年，江西清江县吴城村的农民在修水库时发现古遗址，后经江西省博物馆和北京大学考古系发掘，而知是一处面积约4平方公里的商代遗址。遗址内涵丰富，出土文物极多，考古学家将它定名为吴城文化。

吴城文化延续的时间很长，可以分为三期：第一期的年代与郑州二里岗上层接近，二期的年代与殷墟早期相当，三期的年代与殷墟晚期和西周早期相当。可见它是自早商以来与商文化平行发展的一支南方文化。

吴城遗址中出土的农业、渔猎和手工业生产工具很多，主要是石器和陶器，也有少量青铜器。石器工具有斧、锛、凿、钻、刀、镰、铲、镞等。陶制工具有刀、纺轮、网坠、杵、研磨棒等。另外发现35件铸造锛、凿、斧、刀、镞等工具用的石范，以及少数容器范。将石范的形制花纹与出土青铜器比较，可知吴城青铜器都是在本地用石范铸造的。

吴城的陶瓷业已经比较发达，出土陶器的数量和品种很多，从生活用器到生产工具都有。已发现12座窑炉。在1986年的第六次

---

[1] 李学勤：《盘龙城与商代的南土》，《新出青铜器研究》，12—17页，北京：文物出版社，1990年6月。

	鬲	豆	盆	罐	刀
一					
二					
三					

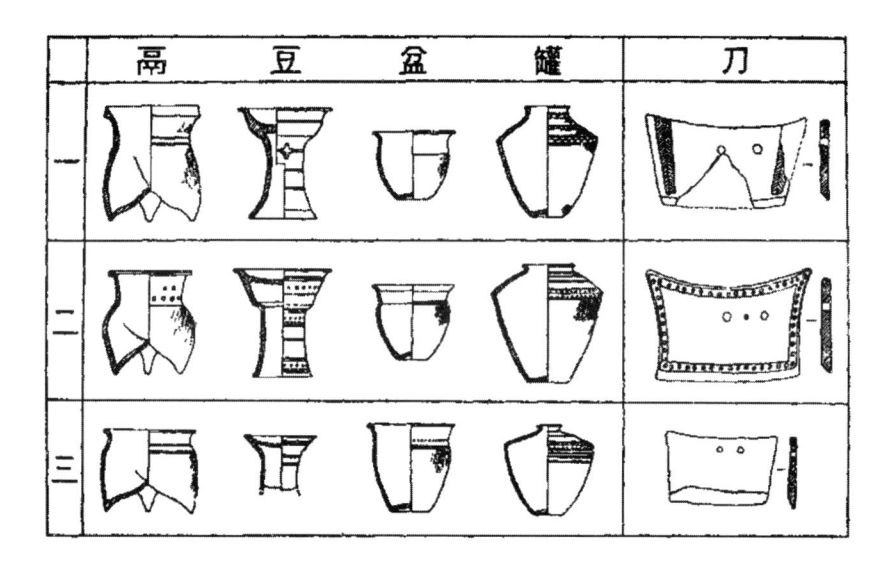

6-4　江西清江吴城文化陶器分期表
采自北京大学历史系考古教研室商周组编著《商周考古》

发掘中，发现平焰龙窑4座，窑身长而较窄。其中编号为Y6的一座，残长7.50米，窑尾宽1.07米，窑头残宽1.01米，北壁有9个水平排列的小孔。所谓龙窑，是将若干窑孔连成一体，所以呈长条形，为了提高炉温，窑体一般呈斜坡状，以利于拔风。经对堆积在龙窑窑床的原始青瓷的检测，其烧成温度一般在1150℃以上。我国最早的龙窑，以前认为是浙江富阳的春秋龙窑。吴城龙窑的发现，把我国龙窑出现的年代提前到了商代。值得一提的是，吴城的铸铜技术也很高，熔解铜矿必须有很高的炉温，这无疑是当地原始青瓷得以发展的重要条件。

吴城的硬陶和原始瓷器在各期陶瓷总量中所占的比例呈递增趋势，证明陶器在全社会已经广泛使用，而中原地区只有少数贵族才能使用这类器物。吴城陶瓷的典型器物是马鞍形陶刀（少数为原始瓷胎），已发现100余件，一般用模制，双孔，单面刃，两面压印方格纹，或者饰以叶脉纹、连珠纹等，有的还刻有文字符号。吴城陶刀在中原地区未曾出土，是赣江流域青铜时代最有特色的生产工具。

吴城遗址还发现了许多文字刻画符号，一般刻在陶器的底部、肩部或器表，石范上也有发现。每件少者1字，多者达12字。一般是在陶器成坯后、焙烧或施釉前所刻，是早于殷墟甲骨文的重要文字资料。

吴城遗址的出土器物既有与中原商文化相似者，也有富于地方特色者。专家对于吴城文化的归属有不同意见，有人认为是商文化遗址，有人认为是古代越族建立的方国。不管怎样，这一大规模的商代遗址的发现，已使商文化不过长江之说不攻自破。

五、洋洋大观的新干商墓

1989年9月20日，江西省新干县大洋洲的农民在程家村涝背沙丘取土，无意中挖到了埋藏在地下的青铜器，其后，江西省文物考古研究所等单位前往发掘。出乎意料的是，这里竟然是一处商代的遗迹！出土的遗物相当丰富，在不足40平方米的范围内，有铜器、玉器、陶器、骨器等1374件。其中最引人注目的是青铜器，有475件之多，种类之齐全、器型之繁复，令人瞠目：

礼器：鼎、鬲、甗、盘、豆、壶、卣、罍、瓿、瓒10种，48件；

乐器：镈和铙2种，4件；

农具：犁铧、锸、耒、耜、铲、钁、斫、锛、镰、铚等11种，51件；

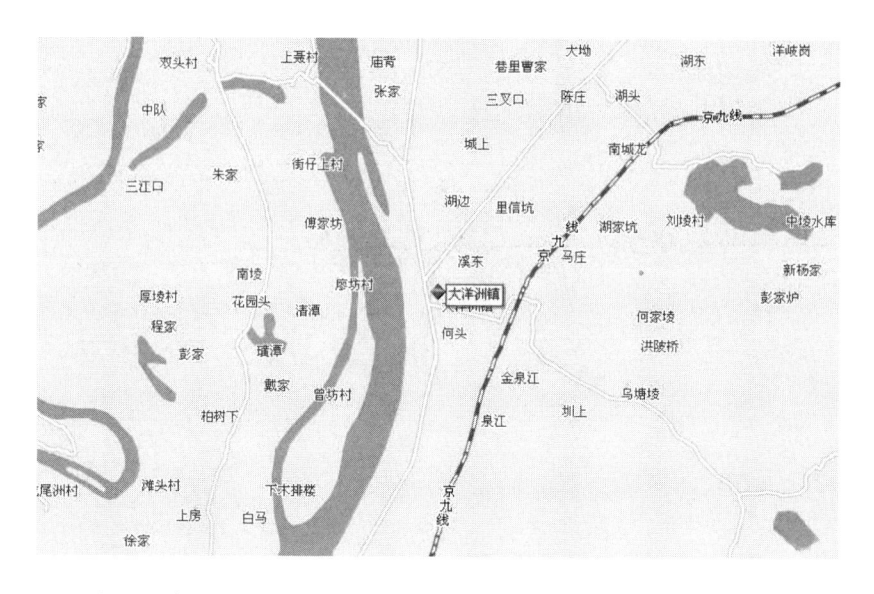

6-5 新干大洋洲地理位置

工具：修刀、凿、刻刀、锥、刀、砧等7种，92件；

兵器：矛、戈、勾戟、钺、镞、剑、刀、镡和胄等11种，232件；

杂器：双面神人头像、伏鸟双尾虎、羊角兽面等48件。

这一铜器群中，既有器形魁伟雄浑的重器，也不乏精巧奇特的珍品，下面略作介绍。

方鼎是商代青铜器文化最有代表性的器物。新干同时出土6件方鼎为商周考古发掘所仅见。另有21件圆鼎，按鼎足的形状可分为锥足圆鼎、柱足圆鼎和扁足圆鼎三类。其中14件是扁足圆鼎，浅圆腹呈半球状，支点为动物形的扁圆足，造型独特，玲珑飘逸，具有浓郁的赣江—鄱阳湖地区青铜文化的特色，因而尤其引人注目。依照造型，14件是扁足圆鼎又可以分为虎耳虎形扁足鼎、鱼形扁足鼎和夔形扁足鼎三类。

虎形扁足鼎共出土9件，其中7件在鼎耳上有卧虎作为装饰，鼎足是透雕状的变体虎形。新干的铜器以虎为装饰者如此之多，以至有学者认为，虎是当地文化的标志物。

鱼形扁足鼎的三条扁足，张口露齿，圆目稍凸，身上遍布类鳞片纹，背有脊，尾端收尖，作为支点。有学者认为鱼形扁足鼎的鱼的形象为扁头、长吻、利齿、角质鳞片，尾扁平，四肢较短。实际上是南方沼泽地区常见的鳄鱼的形象。

6-6 虎耳虎形扁足鼎

夔形扁足鼎，环状立耳上各伏一凤鸟，凸目，尖喙，花冠，敛翅，身饰环柱形的雷纹和燕尾纹。腹部纹带上下以连珠纹为边，中为三组单线条的环柱角兽面纹，细棱鼻较低，抹角长方形凸目，分尾。

豆是商代最常见的盛食器，但大多是陶豆，铜豆极为罕见。这次新干出土一件铜豆，是商代考古的重要收获。此豆高13.6厘米，口径15.2厘米，重1.72千克，高圈足，器腹外深内浅，是所谓的"假腹豆"。器的平口沿部有一周云雷纹，内壁为斜角式目雷纹。腹部为内卷角兽面纹，圈足上部为内卷角省体式兽面纹，下部为目雷纹带，两者之间有一组十字镂孔。上述纹饰全部是凸线条的阳纹，非常难得。

甗是古代蒸煮食物的器皿，已经出土过不少，大多为三足甗，甑、鬲分体。新干出土的是四足甗，高105厘米，重78.5千克，甑、鬲连体，鬲的分裆较高，四足中空，上部呈袋状。是迄今所见最大的甗，所以很快赢得了"甗王"的美名。甗的设计很有创意，双耳各铸一幼鹿，一雄一雌，躯体圆壮，短尾上翘，头向相反，回眸

6-7 四足铜甗

相顾，表情稚朴。鹿身布满类鳞片纹，腿部饰类云雷纹。甑的上腹部有四组浮雕式牛角兽面纹，上有一对牛角，尾上卷，背脊上饰刀羽状纹，下腹部素面，饰有凸弦纹。出土时，甗的外底部和足内侧有较厚的烟炱，说明是实用的器物。

卣是商代常用的酒器，一般有提梁。新干出土3件，铸造工艺都非常精致，尤其是夹底方腹提梁卣，器形独特，工艺复杂，堪称商代青铜器的典范之一。该器器盖、提梁和器腹以及蛇形饰各自独立，分别铸造。蛇形饰一端用销子连接于盖，而另一端挂在提梁的鼻上。提梁与器腹的配合间隙十分窄小，当是器腹铸造成型后，再使提梁成型。提梁鼻有明显的铸接痕迹，铸造提梁时既要与卣腹套

接，又要与鼻铸接，工艺十分复杂。

在商代考古中，铜铙也是稀有之物。新干出土一件铜铙，是殷商音乐考古的珍贵文物。此铙高 31.6 厘米，重 12.6 千克，外形大致呈梯形，截面椭圆。于平，内侧一周加厚。环钮。舞部有类蝉纹的阴线卷云纹，横向两端各伏一鸟。铙面花纹以阴线条的云雷纹为底；上面是浮雕式牛角兽面纹，牛角分别向左右上方内卷，内侧为圈状燕尾纹，中心部位是变体火纹。兽面类虎的正面图案，"臣"字目，左右各有一螺旋纹圈，为虎之鼻孔，上部两肢横置，两侧为竖置；牛首兽面阴刻云雷纹。铙身四周环饰燕尾纹，两栾各有勾戟状高扉棱七个，是典型的南方式样。此器浑铸成型，发音浑厚、响亮。

新干出土的铜器中还有一些非日常生活使用的器物，其中最重要的是双面神人头像和伏鸟双尾铜虎。双面神人头像高 53 厘米，宽 22 厘米，重 4.1 千克。立体双面雕，中空，宽额，窄颔，掏空的圆突目，尖耳，双孔蒜头鼻，高颧，口角上翘，以镂空方式显示牙齿，下犬齿外卷似獠牙。头顶正中有圆管，左右各出一角，角端外卷。颔下有方銎，可插入木柄。类似的作品仅见于四川广汉三星堆祭祀坑。

伏鸟双尾铜虎，长 53.5 厘米，高 25.5 厘米，宽 13 厘米，重 6.2 千克。形似虎尊，腹底空悬。张口，獠牙外撇，凸目，立耳。独具匠心的是，虎有双尾，分体并立，是前所未见的造型。背部正伏有一鸟，尖喙圆睛，竖颈短尾。虎身除正脊、尾部、四肢下截和鼻部饰类鳞片纹外，面、腹部饰卷云纹，背部则饰云雷纹，四肢膀部则为突出的雷纹。铜虎躯体庞大，双目圆睁，巨口怒张，作欲纵先卧之势，是一件杰出的艺术珍品。

新干铜器群中有 33 件农具，这也是考古学上罕见的现象。中

6-8　伏鸟双尾铜虎

国是农业大国，出土农具对于研究古代农业发展史具有重要价值。但是，殷代出土的农具大多是陶、石、骨、蚌器，青铜农具寥如晨星。在此之前，考古工作者曾在河南、河北、陕西、山西、安徽等9个省的27处商代遗存中出土过青铜农具，但总数只有50件。而新干一次出土的农具，就超过了总数的二分之一，真是值得大书特书的事件。耐人寻味的是，其中的17件青铜农具（犁铧2件，铲11件，锸、耜、镬、耒各1件），不仅器表装饰有花纹，而且出土时还残留着碳化的丝织品，可见下葬时曾经郑重地用丝绸包裹。青铜是商代最贵重的物质，很难想象新干的先民能用如此精美的青铜农具。因此，有学者认为，它们很可能是古代帝王举行籍田礼之类的典礼时使用的特殊农具。[1] 农具是当地自然条件和生产方式的产物，所以地方色彩鲜明。新干的厨刀、镰、斧等与北方所见迥然有别，如镰刀都是

1　参阅詹开逊、刘林：《初论新干青铜器的地方特色》，《南方文物》1994年第2期。

弯镰。除此，还发现一些用途不明的锋刃器。

此外，新干铜器群中还有大量的兵器，其中既有贴身防护的刀、剑、匕首，也有攻击用的戈、矛、长条带穿刀等，还有远射用的箭镞。兵器的种类非常多样，仅小小的箭镞，就有长脊短翼镞、短脊弧刃宽翼镞、短脊镂孔宽翼镞、短脊直刃窄翼镞、短脊镂孔窄翼镞、圆锋镞、扁菱锋镞、方锋镞等多种样式，足见制作之讲究。

玉器是深受古代贵族珍爱的物品，在商周的贵族大墓中，玉器都是大宗。新干出土的玉器多达754件，可分为礼器、仪仗器、装饰器和饰件四大类，细目如下：

礼　器：琮、璧、环、瑗、玦和璜等6种，33件；

仪仗器：戈、矛、铲等3种，7件；

装饰品：镯、坠饰、项链、腰带、串珠、水晶套环等17种，712件；

饰　件：神人兽面形饰、侧身羽人佩饰2种，2件。

专家从物理性质、化学成分、光学性质、折射率和矿物晶体结构等方面，对新干玉器进行了全面的科学检测，认定材质属软玉类的制品约占67%，其中有羊脂玉、青玉、白玉等较为名贵的玉种。玉石的质地、品级和色泽，多数接近于新疆的和阗玉，少数接近于陕西的蓝田玉。据查，江西及其邻省地区，没有同类的玉矿，因此它们很可能来自和阗或蓝田。出土品中有两件水晶套环，无色透明，是水晶中的上品。水晶的硬度比玉器还要高，很难加工，但二器的圆、弧和棱的制作相当到位，显示了纯熟的工艺水平。新干出土的玉石制品中，还有用绿松石石材、叶蜡石石材制作的。专家推测，绿松石来自湖北，叶蜡石取自浙江。新干玉石制品的代表作是神人兽面形饰和侧身羽人佩饰。

神人兽面形饰，玉材为磷铝石，黄绿色，有玻璃光泽，不透明，摩氏硬度4.5以上。整体扁平，竖长方形，高16.2厘米，玉质莹润，琢磨光滑。正面中段为浅浮雕的神人兽面像。兽面由上下两部分组成，上部是神人的脸面，梭形眼，卷云粗眉，宽鼻梁，蒜头鼻；下部为兽面，横长方形阔口，内露方齿，左右各有一对獠牙，脸庞和下颌等处刻有卷云纹。神人兽面的下部为脖颈，上部是由十一组呈放射状的羽翎组成的平顶羽冠。整个玉饰的正面浮雕图案，应该是头戴羽冠的神人兽面形象。雕琢技法，既有双线凸雕，也有单线阴刻，相得益彰。

神人兽面形象，虚实结合，寓意很深。出现在神人脸面上的是兽的口齿，而兽面有口齿却略去了脸面。由兽面的獠牙可知，可能是虎豹一类的猛兽。由于描述的主体介于人兽之间，故定名为"神人兽面形玉饰"。

出土时，该器位于墓主人的胸部，与头部的两件扁玉玦比邻。由于羽冠上部两卷角处均有细穿孔，器背无纹饰，估计原本是缀于衣服上的饰物。

侧身羽人佩饰位于墓主的头顶部位，通高11.5厘米，羽人身高8.7厘米，玉材为棕褐色叶蜡石，是一种由酸性火山岩和凝灰岩蚀变后形成的矿物，质地润滑，有蜡状光泽，色泽均匀，与浙江青田玉中的"紫檀冻"相当。羽人作侧身蹲坐状，正反两面对称。"臣"字目，粗眉，大耳，钩喙；头顶有鸟形高冠，尖喙，鸟尾后有圆角

6-9　侧身羽人玉佩饰

方孔，上拴三个链环。羽人双臂收于胸前，屈膝上耸，脚底有方形短榫，小腿下部有一斜穿孔。腰背至臀部有阴刻鳞片纹，两侧琢有羽翼，腿部琢出羽毛。羽人与套环用整块璞料琢成，三个链环为掏雕而成，活动自如，构思和技艺都不同凡俗。与殷墟妇好墓出土的侧身玉人相比，该器集人、兽、鸟于一身，具有更多的神话色彩。有专家认为，应该是当地越族土著鸟崇拜的遗风。

六、新干商墓的文化属性

如此丰富、精美的器物出于一坑，这在江南商代考古中是绝无仅有的，因而引起了海内外专家学者的关注，随之而来的是有关新干遗址性质的讨论。

首先，遗址的性质是什么？遗址位于沙丘之中，没有明显的墓壁，棺椁已经朽烂无存，也不见墓主的尸骨，而埋藏的器物却是如此集中。那么，它究竟是墓葬，还是窖藏，或者是如同三星堆那样的祭祀坑？考古工作者清理了墓底，根据残存的蛛丝马迹判断，这是一座长方形的土坑墓，一棺一椁，大体呈东西走向，长 2.34 米，宽 0.85 米。棺室东西两头各有宽 1.20 米的二层台。由于腰带、串珠等玉器是按照质地、大小和色泽等呈南北向弧形排列，可以推知墓主的卧向为头东脚西。著名考古学家邹衡先生前往考察后，认为确是一座墓葬。因为窖藏大多是藏重要的器物，不会大量埋藏日常使用的陶器。新干出土的陶器多达 139 件，数量惊人。

此外，窖藏中的器物大都是杂乱堆积的，而新干的铜器、陶器、玉器等无不井然有序：铜器基本是在棺室范围之内，5 件铜镰放入一圆鼎中，伏鸟双尾虎放在一件倒扣的四羊罍旁边。鼎、鬲等中型礼器和双面神人头像，以及生活、生产工具放在东南角。西南侧及中部偏南一隅，放甗及兵器。器型较小的礼器、工具，分两堆放于西侧二层台上。玉器，除一部分放在中型礼器群和大型礼器群中，其余的串珠、项链、腰带、侧身羽人佩饰、神人兽面形玉饰等佩饰和玉璧、玉戈等，都在棺木范围之内。

第二，既然是墓葬，那么，墓主人的身份如何？是一般的贵族，还是当地最高行政长官？邹衡先生认为，新干的墓葬规模很大，面积约30多平方米，除了没有墓道之外，其规模相当于殷墟的大贵族墓。中原地区只有安阳殷墟、辉县琉璃阁、益都苏埠屯等少数几个大墓可以相比，在江南则是前所未有的。从铜器规格来看，甗有一米多高，铜方鼎也接近一米，堪与郑州、安阳等地出土的商代王室的重器媲美。出土的青铜器多达475件，迄今为止，只有殷墟的妇好墓可以相比，而妇好是商王武丁的配偶。新干商墓出土6件青铜钺，其中两件为大钺，器身有长方形大口，露出上下两排镂孔的牙齿。从文献和甲骨文可知，钺是王权的象征。这种大型铜钺目前仅在安阳妇好墓、益都苏埠屯1号墓和盘龙城李家嘴2号墓出土过，墓主的身份都相当高。因此，"从墓葬的规模、出土的器物看，这个墓主人是地方的第一号人物，即国王"。[1]

那么，新干商墓的主人究竟是商王朝派驻此地的军事首脑，还是由当地部族自己拥戴的王侯呢？邹衡先生认为，判断这一问题，需要从墓中出土的陶器入手。陶器出现于新石器时代，由于不易搬迁，不易变形，而且是出自居民的手作，所以它最能代表一个民族

---

[1] 参见邹衡：《有关新干出土青铜器的几个问题》《〈彭适凡：江西先秦考古〉序》，载《夏商周考古学论文集》（续集）。

的风俗和文化特征。铜器不然，铜器属于时髦的器物，一般是从外部引进的。考古发掘表明，中国的青铜文化起源于二里头文化，各地铜器的风格绝大多数与它一致，同出于一源的轨迹是很清楚的。所以，在判断墓葬的年代和文化性质时，陶器的学术价值不在铜器、玉器之下。

新干与吴城相距不足二十公里，出土的陶瓷器与吴城遗址出土的基本相同，显然属于吴城文化的系统。吴城文化是中原风格与土著文化相结合的产物，它所包含的文化因素有两种倾向：铜器接近于中原殷商文化；而陶器的地方特色相当浓厚，无论是质地、器类，还是形制、花纹，几乎没有与中原完全相同的器物。因此，这位国王一定是土著居民的国王。

著名考古学家李伯谦先生认为，新干商墓与盘龙城商墓有明显的区别。盘龙城商墓的随葬品虽有某些地方特色，但基本面貌是典型的商文化。新干商墓的随葬品与郑州、安阳殷墟相似的不多，大部分有鲜明的地方特点，所以不是典型的商文化遗存。另外，新干随葬品反映的礼制表明，当地在一定程度上接受了商王朝的礼仪制度。但铜器造型所反映的虎崇拜，以及双面人首形神器所反映的宗教信仰却不见于中原商文化。而且，吴城文化从一期到三期，商文化的因素越来越弱，土著文化因素越来越强，因此，所谓的商文化因素不过是对商文化模仿的产物，"可见商文化对吴城文化主要是自然影响的关系，吴城文化对商文化主要则是'择优而从'的学习关系。大洋洲墓葬的死者应该是当地土著部族的首领"。[1]

第三，据文献记载，商王朝存在 400 余年。那么，商王朝新干

---

[1] 李伯谦：《长江流域文明的进程》，载《中国青铜文化结构体系研究》，北京：科学出版社，1998 年。

商墓的年代究竟与中原地区商文化的哪一段相当呢？专家认为，大多数新干铜器年代比吴城出土的铜器要早，而陶器的年代又相当于吴城二期，年代相差很大的铜器和陶器出在同一个墓中。因此，墓的下葬年代应该与同出的陶器相同，即相当于殷墟文化中期，大概在武丁以后。

就整体而言，新干铜器群的年代可以分为三个阶段，所涵盖的年代，从商代早期到商代晚期偏早，即商王武丁前后。跨越的历史年代如此久远，在商代考古学上十分罕见。过去，湖南等地也曾陆续发现过商代铜器，其中不乏重器，但是，出土地点相当分散。新干大批铜器如此集中地出于一墓，则是前所未有的。著名青铜器专家马承源先生说："在如此悠长的年代中积累起来的器物埋于一处，至今尚无先例。"[1]

第四，新干商墓的铜器是哪里制作的呢？著名考古学家安金槐先生对此作了详细的分析。首先，绝大多数鼎的铜耳上，都加铸了铜伏虎，扁足圆鼎的扁足纹样也采用了虎形纹，说明虎是该地区铸铜工艺的重要标志。其次，许多铜器器表的饕餮纹中除鼻与目外，多衬以云雷纹，郑州二里岗期上层青铜容器很少有这种情况，可见是新干青铜器的又一重要标志。江南地区的印纹陶、几何印纹硬陶和原始瓷器的装饰纹样中，云雷纹非常普遍，新干青铜器的云雷纹与印纹硬陶、原始瓷器一致，说明这批青铜器是当地铸造的。安先生还说，新干"可能是一个相当强大的国家统治点所在地"。[2]

那么，新干青铜器的原料取自何地呢？这一问题已经有了明确

---

[1] 马承源：《新干青铜器参观随笔》，《中国文物报》1990年11月22日第三版。
[2] 安金槐：《新干青铜器的重大发现揭开江南商代考古新篇章》，《中国文物报》1990年12月20日第三版。

的答案。就在新干商墓发现的前一年,江西瑞昌铜岭村的群众在改筑道路时发现一处古代遗址——瑞昌铜岭铜矿遗址。

(一) 铜岭铜矿遗址的发现与发掘

1964 年赣西北地质大队 506 队到瑞昌铜岭村一带勘探地下矿藏时,多次发现地下有采矿"老窿",从上到下为老井坍塌后形成的黄褐色亚黏土以及腐朽的支柱组成的坑道、竖井、大量朽木立柱等。1988 年 1 月,村民在修筑公路过程中又发现古代矿井木支护以及青铜采矿工具,考古部门闻讯赶来调查,推测是一处春秋战国时期的铜矿遗址。

1988 年 10 月至 1993 年先后进行五次发掘,面积共 3000 平方米,确认是一处集采矿、选矿、冶炼于一体的大型铜矿遗址。现已查明,古代采矿区分布面积约 7 万平方米;古代冶炼区分布面积约 20 万平方米。在已发掘的 1800 平方米范围内,共发现古代矿井 103 口,巷道 19 条,马头门 8 座,露采坑 3 处,探矿槽坑 2 处,工棚 6 处,选矿场 1 处,围栅 2 处,斫木场 1 处。出土铜锛、木钩、木扁担、竹筐、木铲、木锨、鼎、罐、缸等与铜岭铜矿遗址文化内涵相对应的生产生活文物 468 件,其中战国文物 18 件,春秋文物 214 件,西周文物 108 件,商代文物 128 件,多为采矿、选矿生产工具和生活工具。

经北京大学考古实验室、中国社科院西安黄土与第四纪地质研究室、澳大利亚国立大学等单位对出土木支护和木器标本所作碳十四同位素测定,证明该遗址采矿年代始采于商代中期,距今 3300 ± 60 年,终采于战国早期,距今 2360 ± 70 年。先后前来考察的有美国、德国、日本考古专家,一时成为历史界、学术界、考古界的中心议题。

（二）铜岭铜矿遗址的构成

铜岭铜矿遗址本体由采矿区、选矿区、冶炼区、矿工居住区等构成。

1. 采矿区：古采矿区范围大体分布在地质资料所反映的矿体圈内，而略大于主矿体，范围形状不规则，东西长径约385米，南北短径约190米，集中分布范围约70000平方米。铁山西部主要是露天开采，合连山西坡至铁山东北部是铜矿最富集的地带，主要为地下开采。井巷的形制基本上为方形、矩形，偶见圆形。按井巷支护木构节点的构造和接合方式，竖井先后出现8种接合形式，平巷从早至晚有4种结构形式。

2. 选矿区位于已发掘区东南侧，占地面积约100平方米，属露天选矿，使用年代属于西周。

3. 冶炼区内发现的炼炉遗迹有6处，主要分布在古矿山脚下的邹家、下戴、戴家铜石坡及禁地铜石坡。其中属于铜岭村的邹家冶炼区分布面积最大，南北长径约380米，东西短径约250米，面积约85000平方米，区内的西北部发现两座炼炉遗迹，中心部位有铜井。以低丘山坡处堆积为最厚，约1—2.23米，在低洼的稻田里仍分布大面积炼渣。

4. 在万家与檀树咀分别发现矿工居住区，前者面积300余平方米；后者面积2000余平方米，并发现商代中期至春秋时期典型陶器、房基、灰坑等遗迹。

中国境内目前所知先秦铜矿遗址，湖北大冶铜绿山，湖北阳新港下、麻阳，安徽铜陵金牛洞，新疆尼勒克奴拉赛等几处，始采年代最早为西周。瑞昌铜岭遗址的始采层位在9、10层及层下井巷，使用于商代中期，年代之早，堪称中国古矿冶遗址之冠；其上各层的使用年代分别为：9层及层下井巷属西周，8、9层及层下井巷属春秋，7层及层下井巷属战国。前后绵延千有余年，令人叹为观止。2001年6月被列入第五批全国重点文物保护单位。2006年12月，入选中国申报世界文化遗产预备名单。2011年，被列入国家"十二五"重要大遗址保护规划纲要。

20世纪的殷墟发掘，出土的商代青铜器之雄浑、瑰丽，震动中国。由于田野考古尚未全面展开，曾有某些外国学者认为，殷墟青铜文化鼎盛的原因，是外来文化的影响。50年代以来，由于二里岗、二里头以及早于二里头的早期文化相继发现，铜料的来源问题始终是史学界关注的焦点之一，铜岭铜矿遗址的发现证明，至迟到商代中期采铜、冶铜业已颇成规模，铜料来自本土，中国青铜文化采铸造技术自成体系。

（三）科学价值

世界上最早采用木支护[1]开矿的范例。欧洲鲁德纳格拉瓦古铜矿距今约6000年，为地下开采，竖井内未使用木支护，采用矿工自己掘出的碎石修筑支撑墙，稳定性较差。铜岭遗址在世界采矿史上最早采用木支护结构，同一矿井的所有框架均有统一的尺寸规格，采用预制和装配式工艺。井巷支护严格选用质地坚硬、无木节、无纽纹的栎木、楠木等，木支护结构部分至今犹有较好的抗压能力。

---

1 木支护：以圆木等为主要材料构成的支护措施，支护即地下挖掘过程中为稳定及施工安全所采取的支持、加固等防护措施的总称。

铜岭铜矿开采方法以地下开采为主，露天开采为辅，大体是在地表矿脉露头逐步向深部拓展。从商代中期至西周以后，形成一整套井巷掘进、支护、提升、运输、通风、排水等工序在内的、比较完善的地下采矿系统。矿井的开拓，基本采用竖井单一开拓法、槽坑—竖井联合开拓法、竖井—斜巷—平巷联合开拓法等三种方法。

大冶铜绿山发现封闭式选矿木槽，完全靠手选，操作强度大，选矿效率低。铜岭的西周地层出土实物表明，已采用具有半自动化功能的木溜槽选矿技术，即利用水的冲力使矿物颗粒在倾向水流中发生分选，选矿率很高。据文献记载，宋代使用过木溜槽选矿。

火法炼铜技术。冶炼区的炼渣遗存有六七十万吨，通过对炼渣的化学物理分析，发现渣的流动性好，含铜量低，证明已掌握烧成温度、配矿技术等复杂的冶炼程序，冶炼技术与规模举世罕见。铜矿量与大冶铜绿山近似，当是青铜时代的重要铜基地之一。欧洲巴尔干半岛发现的炼铜炉渣，尺寸都不大于 2 厘米，且都没有大面积分布。

通风、排水、提升技术。通风主要采用自然通风，又通过充填废弃的巷道，人为制造空气流通通道，达到人工辅助通风。排水设施则是疏水沟、排水槽、排水仓（井）等方式。遗址的矿井提升方法，浅井多使用符合杠杆原理的桔槔机械装置，而深井与巷道转弯处多采用木滑车提升装置，区内出土五件木滑车，其中商代木滑车为国内仅见，国外未发现一件上古时期的木制提升工具。

古遗址区内的地表，多用竹木编围的围栅分割为出矿、排水、支护木加工场等专用场所，这在世界各古铜矿遗址中均未发现。

瑞昌铜岭铜矿遗址，是我国迄今所见年代最早、保存最完整、内涵最丰富的大型采铜炼铜遗址，是继湖北大冶铜绿山遗址后的又一重大考古发现。铜岭铜矿遗址的开拓系统、巷道支护技术、采矿技术、溜槽选矿技术、矿井提升技术、管理技术、冶炼技术等,证明我国早在三千年前就已具备大规模采铜、炼铜的技术,解决了商周时期中国青铜文化大宗铜料来源的重大课题,证明中国青铜文明的独立起源。1991 年被评为中国考古十大新发现之一,2001 年被国务院公布为全国第五批重点文物保护单位,2006 年 12 月入选中国申报世界文化遗产预备名单。

经过几年的发掘,已经查明铜岭铜矿遗址是一座从商代中期开始,延续到战国,前后使用千余年的古代采铜和炼铜遗址,其范围长达 1 公里,是迄今所见我国最早的古铜矿遗址。经研究,该矿的采矿技术千年之中基本没有变化,推见在早商时期采矿水平就已比较高。铜岭矿区正处于吴城文化的分布范围之内,矿山的主人应该就是新干古方国的国王。该方国有规模如此壮观的矿区和先进的开采技术,出土大批青铜器就是顺理成章的了。

总之,在中国的青铜时代,江南地区已经出现了与中原文化同样先进的文明,并已进入文明社会,建立了国家。吴城文化是赣江中下游地区一支受到中原商文化强烈影响的土著青铜文化。新干出土铜器如此集中,形制如此新奇,工艺如此先进,在江南地区商代铜器中尚属仅见。由此,学术界对商代历史文化的估价,尤其是江南地区的文明程度,将要重新定位。

七、新干商墓:层出不穷的新课题

新干商墓出土的文物,秘藏着许许多多上古时代的信息,需要用现代科技手段层层解密。几年来，著名科学史家苏荣誉、华觉明等先生对这批宝贵的资料进行了深入研究，取得了重要进展。

第一，专家对新干青铜器群的合金成分作了检测，认为属于铜、锡、铅的三元合金，锡含量高者在20%以上，铅含量在10%以下，属于中国青铜时代典型的青铜合金体系。但新干铜器的工艺依然颇见个性，大多用分铸铸接法成型，即先铸造附件和主体，再将两者进行铸接。乳丁纹虎耳铜方鼎和兽面纹立耳铜方鼎，耳上的附饰和腹部的扉棱，都是分铸成型后再铸接于鼎的，这种工艺在商周时代非常少见。

泥范铸造工艺与分铸铸接法是中国青铜器铸造技术的两大支柱，两者在新干铜器中都已经得到娴熟的使用。新干青铜器的制作，有浑铸成型，也有分铸成型，而以后者居多。在分铸成型的工艺中，有附件先铸法（如扁足鼎的三足、甗肩上的四羊首饰等），也有后铸法（如大方鼎的四足、扁足鼎耳上的卧虎等），这对于解决分铸法的源流问题具有直接帮助。正是凭借这种工艺，古代匠师能够铸造出需要用失蜡法才能做出的青铜器。

第二，新干大甗的补铸，是用熔点稍高于原甗锡铅青铜材质熔点的锡焊青铜铸焊的，可见工匠已能很好掌握合金的性能。仪器分

6-10 夔形扁足鼎

析的结果表明，新干铜器群的材质主要是高锡铅三元合金，杂质极少。其主要合金成分，与二里岗时期高锡青铜或高铅低锡青铜都不相同，与殷末周初时期的青铜合金比较接近。从微量元素看，新干青铜器杂质的含量不仅比二里岗和殷墟前期的青铜器低，而且比殷末周初，乃至秦汉、明清时期的铜合金都要低（一般为1%—2%），说明原材料是用很纯净的铜、锡和铅配制的。冶炼如此纯净的金属是一件极了不起的成就，同时也说明这些金属的矿料是极为单一的矿体。

第三，新干青铜器群另一重要发现，是大铜钺上错有红铜，这是我国迄今发现最早的错金属实物。错金属工艺源于镶嵌工艺，那么，新干铜器的这种工艺又源于何处？

第四，对新干商墓青铜器的铅同位素质谱实验研究发现，殷墟含有低 $^{207}Pb/^{206}Pb$ 比值特征的异常铅的青铜器，早、中期有相当数量，晚期突然减少。山西曲沃县曲村西周遗址71个样品绝大多数属低比值铅；陕西宝鸡强国墓地12个样品数据则全属高比值铅。新干商墓的青铜器却普遍含有这种异常铅。目前所知的中国地质矿产资料中没有相对应的矿山数据。这一发现具有重要价值，例如学术界关于四川广汉三星堆祭祀坑的年代有争议，有

6-11 兽面纹柱足青铜鼎

认为是商周时期的,也有认为是春秋时期的。如今用铅同位素比值进行研究,发现三星堆与新干铜器所含的异常铅一致,证明二者的年代应相去不远。

第五,新干铜器铸造工艺的另一个特点,是大量使用铜芯撑。迄今为止,商代前期的青铜器中,只有个别铜器使用过自带泥芯撑,在器物浇注成型后除去泥范,再对自带泥芯撑的孔洞进行补铸。殷墟青铜器也只有个别器物使用了铜芯撑。到西周,铜芯撑才被普遍使用。可见,铜芯撑可能最早起源于我国南方,而后传播到中原,成为中原青铜器铸造的关键工艺之一。

除此以外,新干铜器还有许多有待探索的问题,例如,有一件呈十字交叉状的戈,形状与《尚书》记载的"戣"相似。这件戣和随同出土的另一件铜鬲都有早周的风格。而周人早期的活动范围在今陕西、山西、甘肃一带,类似的器物连河南都没有发现过,为什么会在遥远的江西出土?两地的交通途径是怎样的?彼此的文化交流又是如何?目前还很难作出令人满意的回答。

八、江西新干牛头城遗址

1976年11月,村民在大洋洲中凌水库南坝头山坡上发现一座五鼎墓,考古部门随即在中凌水库、牛头城村调查,发现村旁的天花会山几何印纹陶片俯拾皆是,又在村东南排灌渠上发现一土堤,经过钻探分析,判定是商周时期的一座城址的外城垣。

2006年,江西省考古研究所等单位对牛头城进行首次大规模发掘,探明牛头城城址内外城相套,均有城门,东南西三面有护城河,西、南城墙外侧均有城壕。外城墙平面呈梯形，东西长1000余米，南北宽600余米，全长3500米，北面依山壁筑墙，占地面积超过50万平方米。城垣为夯筑土城，风格与清江吴城的堆筑、河南郑州商城的版筑不同。内城位于城址的西南部，近似长方形，周长1424米，城垣平均高4—6米。城内有5000平方米的祭祀广场，2000多平方米的建筑遗迹，建筑内有鹅卵石通道，以及灶堂、火堂、饭厅等。城墙的筑造年代约在公元前1255年至公元前1195年之间。

大洋洲遗址和牛头城遗址的直线距离不足4公里，与吴城遗址相距20公里。牛头城内出土陶片数万块，其中陶鼎、陶鬲50多件，与大洋洲商墓出土陶器基本一致，推测大洋洲商墓主人就生活在牛头城内。大洋洲商墓、中凌水库南坝头贵族墓即为牛头城外的墓葬区。牛头城址是商代南方方国之一，文化风格与吴城既有联系又有区别，与吴城文化三期相对接，可能是吴城文化部落衰退后兴起的新的商代文化聚落中心。牛头城的发现和发掘，印证了新干江南青铜王国的所在，充实了吴城文化的内涵，为江南商代时期文化繁荣提供了新的证据。2006年经国务院批准列为全国重点文物保护单位。

九、宁乡炭河里西周古城

1938年4月，宁乡县黄材镇龙泉村出土了四羊方尊，此后在以遗址为中心直径不到2公里的范围内，先后出土商周青铜器300余件，包括兽面纹瓿、"癸"卣（内有环、玦、管等玉器320余件）、"戈"卣（内有珠、管等玉器1170余件）、云纹铙（伴出环、玦、虎、鱼等精美玉器）、象纹大铙（重221.5千克）等，无一不是商周青铜器中的上品。而在距黄材不到20公里的老粮仓镇，1959年、1993年先后在此发现了15件商代大铜铙。1959年，一位农民发现唯一以人面为主饰的商代青铜方鼎。为此被考古界称为"宁乡青铜器群"。

炭河里遗址位于宁乡黄材镇寨子村塅溪与湘江下游支流沩水交汇的台地上，1963年年初发现。2001年发掘发现商周时期的大型土台建筑遗迹。2002年起，连续三年进行大面积的发掘，发现并解剖了西周时期的城墙，在城内外均发现与城墙同时的壕沟线索，揭露2座大型人工黄土台建筑基址，清理出2座可能为宫殿建筑的大型房屋遗迹。在城外台地上发现西周时期小型贵族墓葬7座，出土大量青铜器和玉器。2004年被评为"全国十大考古新发现"。2006年，国务院公布其为第六批全国重点文物保护单位。古城遗址面积约20000平方米，始建于商末周初（2970±50年）。

迄今为止，南方地区商周古城非常罕见，仅湖北盘龙城、江西吴城和牛头城、四川三星堆等数座，其中牛头城未经发掘，三星堆城也未经解剖。西周时期城址，炭河里为首次发现。对中国古代南方城市文明的研究，包括选址、布局，宫殿的规模、格局、用材、技术等，以及早期国家的形成，江南地区与中原地区的文化异同及其交流等，都有重大价值。炭河里古城是目前所见南方地区最早的西周城址，2011年，列入国家文物局"十二五"期间7处大遗址保护项目之一。

十、佘城遗址

早在20世纪50年代，考古部门就在无锡的仙蠡墩大型遗址做过两次发掘，出土一批崧泽文化至良渚文化早期的石器、陶器，原始住宅基址以及稻壳堆，确认了5000多年前的原始聚落，环太湖地区稻作农业文明的序幕由此揭开。

20世纪最后二十年里，成功发掘了常州寺墩的崧泽和良渚文化大型遗址。

高城墩遗址位于江阴西北隅的石庄高城墩村北侧，属良渚文化中晚期的大型高台墓葬群，距今4500年左右，原有面积近万平方米，现残存面积2000多平方米，相对高度达10米。1999年11月至次年6月发掘，出土文物236件（组），14座良渚文化墓葬，呈"人"字形向东北、西北方向排列，多数墓葬有棺椁葬具，其中13号墓是太湖流域良渚文化遗址中规模最大的贵族大墓。部分墓葬中随葬有玉琮、玉璧等礼器，其中玉琮的用料、形制、刻工等风格与浙江瑶山等良渚文化中心遗址群所出同类器物十分相近。高城墩遗址与位于其东南方、时代略晚的武进寺墩遗址，组成了太湖北部良渚文化的另一个中心，被评选为1999年全国十大考古新发现之一。

江阴高城墩遗址位于宁镇丘陵和苏沪平原之间，其北有江阴古渡口、南有太湖古沼泽，属太湖北部地区。这一地区以前曾经发掘过圩墩和寺墩两个著名的遗址。20世纪末，江阴祁头山、高城墩等重要遗址的发掘，使考古界认识到除了良渚遗址群的最高等级之外，"至少还存在着江阴—武进和吴县—昆山—青浦为代表的两个二级中心"。高城墩遗址"是良渚时期又一处规模大，有严谨布局规划和严格建筑方法的高台墓地……墓葬呈人字形向西北、东北方向排列……发掘时找到了清晰的棺、椁板灰以及椁与墓坑的关系……13号墓是迄今为止良渚文化发现的墓坑中最大且葬具结构保存较好的一座大墓……这种随葬玉器等级较高而数量不多的墓葬，可能代表着良渚文化的另一类型"。"高城墩遗址所在的苏南地区……可能代表着与宁镇地区、上海福泉山一带地位相若的另一个中心。"

从 2000 年起，考古部门在无锡、江阴连续发掘四个遗址：无锡东郊鸿山镇的彭祖墩遗址，总面积约 7 万平方米；宜兴新街镇唐南村的骆驼墩遗址，总面积约 25 万平方米；宜兴芳庄镇西溪村的西溪遗址，总面积近 5 万平方米；江阴市区东南的祁头山遗址，原面积约 20 万平方米。

从 1998 年年末至 2002 年年初，南京博物院考古所先后发掘江阴云亭花山遗址及其东侧的佘城遗址。佘城发现的是江南地区早期的城址，平面略呈圆角长方形，面积约 30 万平方米，其中以南城墙保存较为完整，城外并设有护城河。城址西北角已发掘清理出大型建筑基址。位于佘城西北的云亭花山遗址作为城址郊外的村落遗址，文化内涵相同，属于同一时期的遗存。佘城、花山遗址出土的文物大致相当于马桥文化的亭林类型，年代属商代晚期至西周早期。遗址中出土的铜锛、铜镞和冶炼青铜块，表明当时已进入青铜时代。大量出土的陶器中既有地方特点的器物，又有受到周围文化影响的器物。目前学术界存在着两种不同意见，一种意见认为佘城遗存就是泰伯奔吴之后的早期吴文化，更有学者认为佘城即吴国最早的国都；另一种意见认为佘城遗存的文化内涵与以无锡惠山西麓华利湾墓为代表的西周早期吴文化之间，尚有较大的缺环，认为佘城遗存应是泰伯奔吴之前的古吴越文化。

参考论著：

1. 江西省文物考古研究所等：《新干商代大墓》，北京：文物出版社，1997 年。
2. 李学勤：《比较考古学随笔》，桂林：广西师范大学出版社，1997 年。

3. 邹　衡：《夏商周考古学论文集》（续集），北京：科学出版社，1998年。
4. 李伯谦：《中国青铜文化结构体系研究》，北京：科学出版社，1998年。
5. 江西省文物工作队、江西省新干县博物馆：《江西省新干县牛头城遗址调查与试掘》，《东南文化》1989年第1期。
6. 朱福生：《江西新干牛城遗址调查》，《南方文物》2005年第4期。
7. 钱贵成：《江西艺术史》（套装上下册），北京：文化艺术出版社，2008年。

第七讲　妇好墓象牙杯与先秦时期的生态环境

象牙杯，1976年出土于殷墟妇好墓，高42厘米，切地直径为10.6—10.2厘米。器身自下而上雕刻有鸟、夔、饕餮为主题的三组图案，图案之外的所有地方刻以雷纹。器身一侧，用榫接法嵌入一鋬，鋬身雕刻的花纹与器身一致、和谐，上部是饕餮，下部是一只竖立着的虎。

一、妇好墓为什么会有象牙杯？

殷墟是世界文化遗产，是一座名副其实的文化宝库，出土了数以万计的珍贵文物。但这并不是说每次发掘都能令人心满意足，相反，往往会伴随不少的遗憾，因为在地下埋藏了三千多年之后，不可能每件文物都能完美无损地保存下来，象牙制品就是其中的典型例证。在以往几十年的殷墟发掘中，尤其是在殷墟二、三、四期的大、中型墓葬中，象牙制品时有所见，例如在侯家庄1003号大墓出土1件残损的象牙梳，高13.5厘米，下部尚残留28枚梳齿。侯家庄1500号墓出土1件残长11.5厘米，饰有兽面、夔、三角形纹的柄形器。在侯家庄1001号墓的翻葬坑中，出土1件用象牙雕刻、饰有绿松石的立体蛇形兽。尽管这些象牙制品残损都比较严重，但是其保存的部分工艺水准之高，依然令发掘者惊叹！但人们也不无遗憾：难道殷墟就没有 1 件保存完好的象牙作品遗留下来？

殷墟没有让世人失望。1975 年到 1976 年，殷墟妇好墓出土了 3 件保存完好的象牙杯。3 件象牙杯中，编号为"M5：99"的一件器形最大，系用象牙的根部制作，高 42 厘米，切地直径为 10.6—10.2 厘米。器身自下而上雕刻有鸟、夔、饕餮为主题的三组图案，图案之外的所有地方刻以雷纹。器身的上部，利用象牙向外弯曲的趋势，设计成倒酒浆的鋬，十分自然。器身的一侧，用榫接法嵌入一鋬，鋬身雕刻的花纹与器身一致、和谐，上部是饕餮，下部是一只竖立着的虎。整个器形，给人以富丽堂皇、雍容华贵之感，构图之严谨，镂刻之细腻，令参观者无不叹为观止！

另外两件象牙杯的器形完全一样，只是比上述的那一件略小，高约 30 厘米。器身的主纹，是从上到下雕刻的两组饕餮纹，以及一组夔纹和一组几何图纹，每组图案之间都用绿松石带隔开，饕餮的眉毛、眼睛和鼻子都用绿松石装饰，色彩鲜明、形象生动。鋬也用榫接法接合，总体作夔形，但在上面两端刻有鸟形，中部刻有兽

7-1　妇好墓象牙杯

面和兽头各一，相应的部位也用绿松石装饰。

这三件象牙艺术品，让世人一饱眼福，领略了三千年前的象牙艺术品的绚丽神采，这是妇好墓发掘、也是殷墟发掘中最令人欣喜的文物之一。

那么，殷墟出土的象牙制品是属于周边方国进贡来的呢，还是殷墟本地自己制作的呢？按照我们今天的常识，象是热带动物，地处河南安阳的殷墟是不可能出象的。可是，殷墟发掘和甲骨文研究的成就否定了人们的成见：当年的安阳确实有象的存在。

我们先来看甲骨文。在罗振玉的《殷墟书契前编》中著录的一片甲骨上有"隻象"的记载，"隻"象用手抓住一只隹（短尾的鸟），是抓获的"获"的本字。既然有抓获象的记载，就说明当地有野象的存在。罗振玉据此推断说："知古者中原象，至殷世尚盛也。"

此外，在殷墟曾经发现两座象坑。1935年，在王陵区东区一座埋有一头象和一个人，象与人在一起，说明两者关系密切，推测是象的驯养者。由于该墓靠近1400号大墓，故有人推测该象是祭祖用的牺牲。1978年，在王陵区西区发掘一座象坑内，埋有一头尚未长出门齿的幼象和一头猪，有趣的是，象的项下系有一青铜的铃铛，似乎是宠物。这两处象坑，也从侧面证明了殷墟当地有象，殷墟的象牙制品是就地取材制作的。

那么，对于殷人而言，象除了可以提供象牙之外，是否还有其他作用呢？从流传至今的文字资料来看，象已经被殷人驯化，并在殷代的社会生活中发挥重要的作用。《世本·作篇》说殷人的先公王亥"作服牛"。"服"有驾驭的意思，王亥"作服牛"，是说王亥发明用牛力驾车。相传殷人是最早驾着牛车到远方经商的民族，殷人为此被称为"商人"。古书上说"殷人服象"，殷不仅能服牛，而且能够"服象"。罗振玉先生注意到古文字中的"爲"字写作：

他在《殷墟书契考释》中考释为"从手牵象"，是"役象以助劳"，并断定殷商时期"象为寻常服御之物"，他甚至认为，殷人服象之事，"或尚在服牛乘马以前"。这是非常有见地的看法，为学术界所公认。

今天的河南省简称"豫"，是否与象有关呢？回答是肯定的。《尚书·禹贡》说，大禹治水，划天下为九州，豫州为其中之一。古代流传的《禹贡》文本，有的将豫州之"豫"，写作象、邑二字之合文。著名学者徐中舒发现，青铜器"邑"字写作：

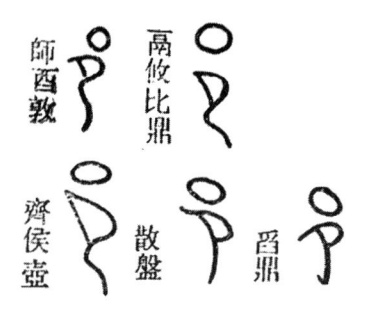

东周的两足布则变为：

可知"邑"与"予"的字形极为相似。汉碑中的"豫"写作：

而铜器中从"邑"的邦、隁写作：

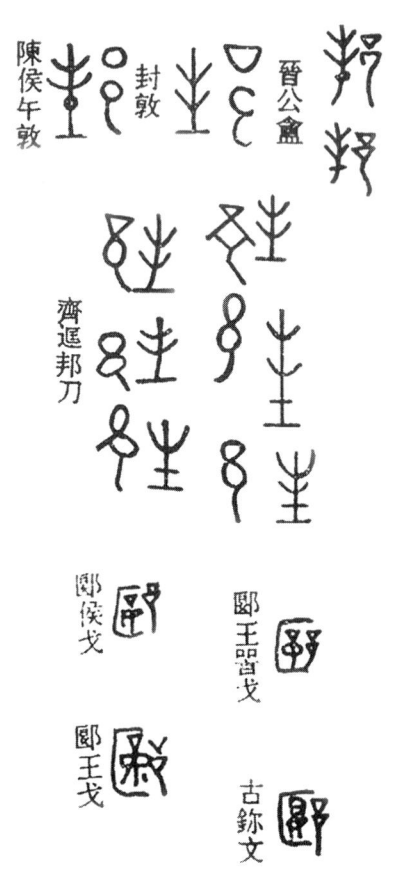

"豫"字的讹变之迹，斑斑可寻。可见，"豫"字原本是象、邑二字的合文，意思是大象之邑，是象的家乡。结合上面的资料，证明徐中舒先生的说法确不可移。

二、史前时代华北地区的生态环境

象是生活在热带地区的动物，为什么干燥的黄河流域会有大象生存？答案是古今的气候不同。

距今三百万年前，是地质年代的第三纪末期，黄河流域属于亚热带干旱性草原气候，气温比现在要高，雨量也比现在充沛得多，与现在非洲撒哈拉沙漠以南的草原气候相仿，非常适合象群的生活。当时象的种类非常之多，已知的有30多个种，统称为剑齿象，其中最常见的是古菱齿象属，包括欧洲古象、中国淮河象、印度纳玛象、日本诺氏象、地中海岛屿的姆奈德里象和法氏象等种类。与剑齿象化石共生的古脊椎动物有长鼻三趾马、板桥模拟鼠、真马、似双峰骆驼、羚羊、安氏鸵鸟等，可知它们曾经是最亲密的伙伴。

我国是剑齿象化石保存最为丰富的地区，据不完全统计，在甘肃的合水、天水、秦安、静宁、灵台、宕昌、兰州等地，在北京、天津，陕西的延川、旬邑，河南郑州西郊的董寨，河北赵县和保定市，湖北的丹江口，四川的南充、奉节白帝乡、南川金佛山、西康五坝乡，云南的弥勒、临沧，内蒙古的满洲里等地都发现过古象化石。2004年，在北京首都机场工地上挖出古象的腿骨化石。山东地区发现的古象化石很多，诸城、临沂苍山县、泰安大汶口等地都有发现，其中仅诸城一地就发现古象化石遗址十余处、古象化石近百件。

在全世界30多个古剑齿象种当中，我国已发现的有10多种，不仅品种丰富，而且保存完好的化石非常之多。江苏海安发现了印度象的化石，云南省临沧县城内发现古淮河象的化石，陕西延川的纳玛象化石，身高3.2米，体长6.3米，其头部、牙齿、四肢、脊梁骨都基本完好。满洲里发现的猛犸古象化石，长9米，高4.7米，门齿长3.1米，是目前我国境内所见猛犸古象中最大的一件。奉节的夔门古象肩高2.8米，体长6.3米，是目前类剑齿象出土最为完整的骨架之一。

7-2　甘肃合水县板桥岩层里发现的古象化石

　　值得一提的是合水古象化石。1973年，在甘肃合水县板桥的岩层里，发现一具古象化石，身高4米，体长8米，门齿长3.03米，个体之硕大，为世界之冠。骨骼保存基本完好，连化石中极为罕见的舌骨和仅 3—4 厘米长的趾骨末节也被保存下来了。这具古象化石如今陈列在北京自然博物馆，吸引过成千上万的海内外观众。

这种生态维持了几百万年，大约到 1 万年前的第四纪，剑齿象才从地球上消失。

三、象与先秦社会生活

剑齿象消失之后，依然有许多古象在我国黄河、长江流域生活。象不仅是我们先民的朋友，而且从各个层面走进了先秦的社会生活。

首先，象牙成为先民工艺品材料的重要来源。在新石器时代，玉石、角骨是人类器物制作的主要原料。象的上腭有两颗伸出口外的门齿，雄者较长，雌者较短，象牙美丽的色泽和细腻、缜密的质地，是工艺雕刻的珍贵材料，受到了先民的青睐。迄今所见最早的象牙工艺品，出土于距今约 7000 年的浙江余姚河姆渡遗址。河姆渡遗址出土多件象牙制品。其中河姆渡文化一期的地层中出土 3 件圆雕象牙匕，河姆渡文化二期的地层中出土 1 件象牙盖冒形器、1 件太阳纹象牙蝶形器；另有 1 件双鸟朝阳纹象牙蝶形器，长 16.6 厘米，残宽 5.9 厘米，厚 1.2 厘米，造型独特，构思奇妙，成为河姆渡遗址的标志性器物。

有趣的是，河姆渡遗址还出土一把象牙梳，有 16 根梳齿。无独有偶，在距今 5000 年的山东泰安大汶口文化遗址的一座大墓中也出土 1 把象牙梳，长 16.7 厘米，宽 8.2 厘米，厚 0.4 厘米，上部 S 形以及圆形、条形透雕，下部有 17 根梳齿，保存完好。说明早在史前时代，我国南北各地的先民就已有梳头的卫生习惯，不仅有用象牙制作梳子的传统,而且形成了大体一致的制作风格。大汶口文化遗址还出土过用象牙制作的雕筒和琮,制作手法都已经比较成熟。

制作象牙器的传统一直保留在先民的生活里,这在文献中屡屡可以见到。例如,《诗·魏风·葛屦》说:"好人提提,宛然左辟,佩其象揥。"所谓"象揥",就是用象牙制作的、用以搔头的簪子,有人把它佩在身上,作为装饰。《礼记·玉藻》提到:"孔子佩象环五寸,而綦组绶。"《礼记·玉藻》还说:"发晞用象栉。"疏:"晞,干燥也。沐已燥则发涩,故用象牙滑栉通之也。"《战国策·齐策三》则提到,孟尝君出行到楚国的时候,楚人"献象床",象床当是用象牙制作的卧具。后世有用象牙做簟席的习惯,《西京杂记一》赵飞燕女弟居昭阳殿,玉几、玉床、白象牙簟。《周礼·夏官·弁师》说:"会五采玉璂,象邸玉笄。"汉代学者解释说,"象邸"是古代的帽顶。

7-3 大汶口象牙梳

7-4 宋人绘象尊

《韩非子·十过》提到"象车":"驾象车而六蛟龙",是用象来拉动的车。

其次，象憨厚可爱的形象，也一直是商周青铜器的表现主题之一。至迟在宋代吕大临的《考古图》中就收录了一件模仿象的形态制作的青铜酒器，并名之为象尊。在今天海内外博物馆中收藏的象尊有好多件，下面略作介绍。

1975年2月，湖南醴陵狮形山出土一件象尊，器盖缺失，通高22.8厘米，长26.5厘米。全器以写实的手法，塑造了一只鼻子上翘、活泼而不失庄严的大象。器身以云雷纹为底纹，身的左右两侧各有一只象的浮雕，两条前腿上各有一头竖立的象，两条后腿上则各有一头倒立的羊。上扬的象鼻的顶端，是一只张口呼叫的鸟。

美国弗利尔博物馆收藏的一件商代晚期的象尊，专家认为来自

7-5　湖南醴陵象尊

7-6 科隆九象簋　　　　　7-7 故宫九象簋

湖南，器身与器盖俱全，器盖是一头小象，扬鼻与大象朝向同一方向，有如父子之亲，十分传神。象身侧面的主体部位也各有一头象的浮雕，只是四条腿上没有象和羊的浮雕，而代之以兽面纹。该器通高只有17.1厘米，器型不大，但却相当精美，堪称瑰宝。

陕西宝鸡茹家庄出土的一件西周早期的象尊，器身比较低矮，象身粗壮，造型简朴，而凸出上扬的象鼻。象尾作板状。除象身两侧各有两个旋涡状纹饰外，几乎不施装饰。

山东济阳出土的一件象足方鼎，构思也非常精巧，作者用四条卷曲的象鼻做鼎足，象的眼睛则分布在四角的两侧，很有灵气。

故宫藏有一件青铜簋，器身围绕着九头浅浮雕的象，故名"九象簋"。九头象都朝向左方，并作行走状，长鼻上扬、卷曲，形神俱在。无独有偶，德国科隆博物馆也有一件"九象簋"，器型以及象的神态都与故宫的九象簋基本相同，只是器身的九头象都朝向右方。人们有理由认为，两件九象簋原本属于一套。

湖南省博物馆收藏的一件大铙，敲击部位有两只相向而立的大象的浮雕。另一件大铙，两侧各有一头头部朝外的象浮雕。

象尊或者以象为主要装饰的铜器还可以举出不少，几乎都是商

7-8 湖南大铙

7-9 湖南大铙局部

周时代的作品,出土的地域则以长江流域和黄河流域为主,限于篇幅,不再一一罗列。这些器物对于象的刻画,无不惟妙惟肖,形神俱佳,这说明象在当地乃是常见之物,因而人们对象的观察细致入微，对象的特点捕捉得非常准确，从而创造出一件又一件精湛的艺术品。

四、解读吉美象尊

2004年是中法交流年，法国吉美博物馆送往上海博物馆展出的1件青铜象尊，以它的王者气势和罕有的瑰丽，轰动了沪城，让所有的观众都赞美不已。象尊长96厘米，宽45厘米，高85厘米，是迄今所见动物形青铜尊中最大的一件。象的长鼻已经断残，仅剩下很少一部分。背部有放置器盖的开口，长26厘米，宽21厘米。原件器盖散亡，据有关资料，收藏者曾用一件圆腹形壶代替，入藏时被管理人员除去。四足中空，有的足内还残留着铸造时用的范芯。

这件青铜器是伊札克·德·卡蒙多伯爵（1851—1911）于1903年6月在杜鲁欧拍卖所的拍卖中用300万法郎买进的。后来，卡蒙多伯爵将象尊等古物捐献给国家，并于1912年正式归入卢浮宫。1945年，卢浮宫亚洲艺术部门将馆藏的东亚艺术品转移给吉美博物馆，卡蒙多象尊也在其中。

象尊除了足内部和足底外，通体布满纹饰，象身的两侧，以浅浮雕的兽面纹为主题，足前方和头部以旋涡线条的雷纹作地。在兽体上卷的尾部上方，即象尊的颈部和接近臀部处各有一个鸟纹。象尊的四条腿上，各装饰了一个横置的鸟纹。在前面两条腿横置的鸟纹上部，各有一个倒立的变形龙纹，其总体风格与商周铜器所见基本一致，但研究者认为，象尊的年代定为商代晚期比较可靠。

象尊的制作地点在哪里？一直是最令研究者感兴趣的问题。一

7-10　吉美象尊

直有传言说，这件象尊来自湖南，但谁也说不出证据。商朝的腹地是中原，当时的湖南地区属于外围的方国。这件精美无比的象尊，究竟是在中原制造，由南下的商人带到湖南的？还是由定居南方的商人，利用中原的先进技术，结合土著文化因素就地制造的？或者干脆就是湖南当地的土著制造的？意见非常之纷繁。

专家们研究后发现，有几个现象可以作为研究象尊制作地点的切入点：

首先，从迄今所见的以动物为造型的青铜器来看，有明显的地域差别，中原地区的铜尊是宗庙的重器，以凝重、典雅为特色，很少有以动物为题材的，目前所见的只有鸮尊。而长江流域中部，尤其是湖南地区出土的自然写实风格的动物形铜器很多，如象尊、豕尊、双羊尊等，这应该是区域文化的特色所致。如果这一推测可以成立，则该器属于湖南的作品的可能性大为增加。

其次，中原地区的商周青铜器上的兽面纹，习惯用侧身的夔纹来表现。该象尊背脊两边的兽面纹也是如此，显然受到了中原风格的影响，但是增加了下颌，而且双目用重复的曲线构成的菱形表现，不同于中原某些兽面纹使用浮雕菱纹的做法。

7-11 吉美象尊局部

第三，象尊的额头上有两个凸出的圆形，上面用粗线条的连续雷纹构成类似龙形体躯的纹饰，在醴陵仙霞狮形山出土的象尊也有类似的纹饰，而在宝鸡茹家庄墓地出土的象尊的额头上却没有这种纹饰，显示了两地装饰风格的区别。

第四，象尊腹部的兽面纹与殷墟早期的兽面纹相似，但象尊的双耳、长鼻、背上口沿的周边，腹底和四腿部都装饰有鳞片形的纹饰，这是长江流域中部地区出土铜器上最常见的纹饰。醴陵仙霞狮形山出土、弗利尔博物馆收藏的象尊长鼻上，日本根津美术馆和大英博物馆收藏的双羊尊，岳阳鲂鱼山出土的青铜尊的兽面纹上，以及湘潭船形山出土的豕尊上都有这种鳞片形的纹饰，新干大洋洲的扁足鼎上也有之，而这种装饰在中原地区很少见。

第五，从吉美象尊大型的体积、基本上写实的风格、兽面纹处理的方式来考虑，与之最类似的作品是湘潭出土的豕尊以及京都泉屋博古馆收藏的铜鼓，樋口隆康认为，后者只可能来自湖南。

综合以上分析，学者们比较倾向该器是湖南的土著在当地制作的，它吸收中原青铜器的特色，又糅进了南方文化的因素，从而造就了这件珍品。

五、象逐步南移与消失的原因

象从黄河、长江流域退出，不是一朝一夕的事，而是经历了漫长的历史过程，其原因也是多方面的，下面略作分析。

第一，青藏高原地壳运动的作用，青海地区的地面迅速上升，使得黄河呈间歇性下切入海之势，陇原地区的生态急剧变化，象群失去了生存的环境，于是很快绝迹。今天我们在青海地区发现的古象化石尤其之多，与这一段沧桑历史有关。

第二，气候变迁的原因，使得黄河、长江流域也变得不适合象群生活。据我国著名气象学家竺可桢先生研究[1]，在距今 5000 年到距今 3100 年的一千多年，是中国的温和气候时代，比现在年平均温度高 2℃左右，正月的平均温度高 3—5℃，证据是在半坡遗址和殷墟遗址中可以见到竹鼠、麋和水牛等热带和亚热带动物。此外，由甲骨文可知，当时种稻的时间要比现在早一个月左右。

竺先生还指出，在周初的文书中，如衣帽、器皿、书籍、家具和乐器等名称都以"竹"为头，表示这些东西最初都是用竹子做成的。有些字我们很熟悉，如篮、筐、簋、筹、箅等等；下面是见于《说文解字》竹部的一些字，本义都和竹子有关，只是我们今天不太知道了：

---

[1] 竺可桢：《中国近五千年来气候变迁的初步研究》，《考古学报》1972 年第 1 期。本文凡是引竺先生之说，均出于此文。

簠：音 fǔ，盛黍稷的长方形器皿；

簋：音 guǐ，盛黍稷的圆形器皿；

笾：音 biān，盛果脯等食品的器皿；

笥：音 sì，方形的竹器，可以盛饭或者放衣服；

箪：圆形的竹器，可以盛饭或者放衣服；

箫：古代特指排箫，大者有二十三管，小者有十六管；

籁：三孔的管乐器；

簦：音 dēng，有长柄的雨具，相当于今天的雨伞；

笞：音 tái，遮太阳用的帽子，遮雨用的称为"笠"；

箙：音 fú，盛箭矢的盒子；

籧：音 qú，粗竹席，又音 jǔ，养蚕用的圆形竹器；

簟：音 diàn，竹席；

筵：竹席；

簀：音 zé，竹席；

笫：音 zǐ，竹编的床板，也指床。

类似的例子太多，不胜枚举。可见，由于竹林的普遍存在，竹制品可谓触目皆是。《礼记·檀弓上》中孔子谈到为死者殉葬用的"明器"，只是为了表达生者的心意，并不是实用品，所以都做得比较粗糙："竹不成用，瓦不成味，木不成斫，琴瑟张而不平，竽笙备而不和，有钟磬而无簨（音 sǔn）虡（音 jù）"，文中首先提及的就是竹器，可见竹器至少在鲁国是日常使用的器皿。

不仅如此，在当时的警句或者炼语当中，也每每用竹子做比方。《礼记·礼器》说："其在人也，如竹箭之有筠也，如松柏之有心也。

二者居天下之大端矣。"《鸿雁之什·斯干》:"秩秩斯干,幽幽南山;如竹苞矣,如松茂矣。兄及弟矣,式相好矣,无相犹矣。"

春秋、战国时代,黄河流域的气候依然比现在温暖湿润,盛产竹子。《诗经》中有一首《淇奥》,是卫国的民歌。淇是卫国境内的重要河流,源出于今河南林县与辉县之间的淇山,古代为黄河支流之一;奥是水流的弯曲处。歌中说:

> 瞻彼淇奥,绿竹猗猗。有匪君子,如切如磋,如琢如磨。瑟兮僴兮,赫兮咺兮。有匪君子,终不可谖兮。
> 瞻彼淇奥,绿竹青青。有匪君子,充耳琇莹,会弁如星。瑟兮僴兮,赫兮咺兮。有匪君子,终不可谖兮。
> 瞻彼淇奥,绿竹如箦。有匪君子,如金如锡,如圭如璧。宽兮绰兮,猗重较兮。善戏谑兮,不为虐兮。

诗中反复提到"绿竹",汉儒解释说:"绿"是指"王刍","竹"是指"萹竹",两者都是比较长的草。朱熹在他的《诗集传》中不赞成这种解释,认为绿竹就是绿色的竹子。对朱熹的解释,今天的北方人可能很难认同,因为如今的北方几乎看不到竹子。但是,从文献来看,至迟到汉代,卫国依然盛产竹子。据《史记·河渠书》记载,公元前110年,黄河瓠子口决堤,由于当地人平时烧草,不烧薪柴,所以一时找不到许多树木来堵塞决口,情急之中,有人想到了"下淇园之竹以为楗"的办法。楗,就是柱桩。将粗大的竹子竖插在水中,然后填以竹竿、石块,终于堵住了洪水。据《后汉书》记载,光武帝平定河内后,委任寇恂为河内太守,然后北征燕、代。当时天下未集,为了应对随时可能发生的大规模战争,留守后方的寇恂"伐淇园之竹，为矢百余万"，淇园盛产竹筱，寇恂用它制作了百万余支竹箭，以备不虞。《水经注》最早引用汉代的这两条材料。因此，诗人用当地最常见的竹子来兴起对事物的感慨，是最自然不过的事情。

《左传》中有两处记载提到了齐国的竹林，可以作为《淇奥》绿竹的佐证。一处是文公十八年，说邴歜的父亲死后被齐懿公开棺刖足，纳阎的妻子被齐懿公霸占，于是两人密谋杀死了齐懿公，将他的尸体"纳诸竹中"，扔到了竹林里，可见齐国也是有竹林的。另一处是襄公十八年，说晋人追击逃跑的齐国军队，一路挺进，攻破齐国都城的西门雍门后，放火焚烧之，而刘难、士弱率领的诸侯之师，则"焚申池之竹木"，申池位于齐都西南门外，周围多竹林、树林，遭到晋军焚烧。可见齐国也有竹林，而且它们的规模似乎都不会太小。后来由于气候的变迁，黄河流域不再适合竹子的生长。竺可桢先生指出，五千年以来，竹类分布的北限大约向南后退了1—3纬度。

除了竹之外，竺可桢先生还举出了其他的证据。他说：商周时期，黄河流域下游到处都生长梅树，梅子被普遍用来调和饮食。《诗经》中五次提到梅。《秦风》中有"终南何有？有条有梅"的诗句，说明终南山有梅树。战国到秦汉时期的气候也很暖和，《史记》所见的汉代经济作物，江陵（四川）有橘，齐鲁（山东）有桑，渭川（陕西）有竹，陈夏（今河南南部）有漆，这些亚热带植物的北界比现时都推向北方。

春秋、战国之世，象犹生息于江淮流域，《诗经·泮水》说："憬彼淮夷，来献其琛。元龟象齿，大赂南金。"淮地向中原贡献象齿，则其地必然产象。《国语·楚语》说：楚地的云连徒州（云梦）视为珍宝的，有"龟、珠、角、齿"等等，其中的"齿"，就是象齿。

至于四川地区就更是如此了,《国语·楚语》说:"巴浦之犀、氂、兕、象,其可尽乎?"巴浦,汉代称益州,就是今天的成都地区。《山海经·中山经》说岷山地区"其兽多犀、象",《山海经·海内南经》也说"巴蛇吞象,三岁而出其骨",都可以互为证明。

与象的生存条件相同的犀牛,黄河流域也曾经到处可见。《说文》:"兕,如野牛,青色,皮坚厚,可以为铠。"犀之雌者称为兕。甲骨文中就有殷人捕捉犀的记载。先秦文献也屡屡提及兕。《国语·晋语》说:"昔我先君唐叔,射兕于徒林,殪以为大甲,以封于晋。"《诗经·吉日》说:"发彼小豝,殪此大兕。"《诗经·何草不黄》说:"匪兕匪虎,率彼旷野。"《老子》说:"陆行不遇兕虎。"《淮南子》说:"两虎不斗于伏兕之旁。"

但是,气候的变化似乎正是在此时,黄河流域某些地区的居民已不见生象,以致即使看到埋在地下的象骨之后,也想不起象的模样,《韩非子·解老篇》说:"人希(稀)见象也,而得死象之骨,按其图以想其生也,故诸人之所以意想者,皆谓之'象'也。"据说,后世用"象"字表示疑似,正是从这里来的。

此外,"爲"字的本义与服象有关,东周之人似乎已经一无所知,年代较晚的青铜器铭文中的"爲"字已经讹变得面目全非:

7-12 选自《(四版)金文编》

《说文解字》这样的文字学名著,甚至穿凿附会,把"爲"字说成是母猴的象形字,"其为禽好爪……",又说古文"猴"字"象两母猴相对形"。可见时代愈后,讹谬愈甚。

第三,人为的驱赶。先秦文献提到,殷人曾经将象群用于战争。《孟子》说:"周公相武王,诛纣伐奄,三年,讨其君,驱飞廉于海隅而戮之,灭国者五十,驱虎豹犀象而远之,天下大悦。"明确说到将虎豹犀象驱赶到远方。《吕氏春秋·古乐篇》也有类似的记载:"商人服象,为虐于东夷。周公以师逐之,至于江南,乃为《三象》以嘉其德。"也明确说到将象驱赶到了江南。《三象》是纪念周公的这一历史功绩的颂歌,周代的学童都要学习,《礼记·内则》说,学童到了十三岁,要"学乐,诵诗,舞勺。成童舞象"。王国维先生解释说:周代的大舞称为《大武》,共有六成,一成犹言一节。第一成叫作"武宿夜",第二成叫作"武",第三成叫作"勺",第四、五、六成统称"三象"。《内则》的记载正好可以与《孟子》《吕氏春秋》相互印证,说明周代以后,中原地区象群的减少,有人为驱赶的因素在内。

其时,黄河流域仍为犀生息之地。《唐书·地理志》载,澧、郎、道、邵、黔、锦、施、叙、夷、溪诸州(今鄂、川、湘、黔诸地)皆贡犀角,而岭南道(今两粤)则贡象、犀,日南郡(两粤及越南)则贡象齿、犀角。《宋史·地理志》载衡州(在今湖南)贡犀,宝庆府(在今湖南)贡犀角,而广南路则有犀、象、玳瑁、珠玑之产,其情况正与此同。

第四,人类的猎杀。在常态之下,象是一种比较温和、驯顺的动物,但历代猎杀象的记载史不绝书,主要有两方面的动机:

首先是为了得到珍贵的象牙,以获取经济利益。《宋史·李昌龄传》说：雷州、化州、新州、自州、惠州、恩州等地，"山林有群象，民能取其牙"，碍于官府的禁令，而私下出卖之。或者将象牙作为礼物献给官府，如《宋史·五行志》记载，建隆四年（963），有象到黄陂县，藏匿林中，食民苗稼，又到安州、复州、襄州、唐州，践踏民田，其后被捕杀，"献其齿革"。又如《宋史·太祖纪》记载，乾德二年（964）春正月，有象进入南阳，被人捕杀后，"以齿革来献"。

其次是为了吃象鼻。我国儒家主导的饮食文化，都是吃驯养的家畜，不吃奇怪的食物。但是，魏晋以后在一些豪门奢侈之风的影响下，在饮食上追求怪异之食，象也随之成为牺牲品，据说象鼻非常好吃，刘恂《岭表录异》说："广之属郡潮、循州多野象，循人或捕得象，争食其鼻，云肥脆，尤堪作炙。"从此，人不再是象的朋友，而是它们凶恶的敌人。这也是象逐渐变少的原因之一。

第五，人类大规模开发自然，使象的生存之地日益狭小。秦汉以后，北方的象群虽然大为减少，但江淮流域依然可以见到野象的身影，《宋书·五行志》记载，南朝宋顺帝昇明元年（477），"象三头渡蔡州，暴稻谷及园野"。《南史·沈攸之传》说，在江陵城北数里，"有象三头至"。《南齐书·祥瑞志》说，永明十一年（493），"白象九头见武昌"。《魏书·灵征志》说，天平四年（537）八月，"有巨象至南兖州"。《南史·梁元纪》说，

7-13 卜辞逐犀拓本

承圣元年（552），"吴郡、淮南有野象百，坏人室庐"。

至于南方，有关的记载就更多了。长沙马王堆汉墓出土物中，有木质的象牙和犀角各5枚，说明它们是生前使用或者珍藏的物品，由于是随葬的"明器"，所以用木料仿制后替代原物。在宋人的《太平御览》中，引用到许多有关象的记载，如王韶之《始兴记》说："伊水口有长洲，洲广十里，平林蔚然，有野象群生。"彭乘《墨客挥犀》说："漳州漳浦县地连潮阳，素多象，往往十数为群，然不为害。惟独象，遇之逐人，蹂践至骨肉糜碎乃去。盖独象乃众象中最狂悍者，不为群象所容，故遇之则蹂而害人。"《宋史·五行志》说："乾道七年，潮州野象数百，食稼，农设穽田间，象不得食，率其群围行道车马，敛谷食之，乃去。"又说："乾德二年五月，有象至澧阳、安乡等县，又有象涉江入华容县，直过阛阓门，又有象至澧州、澧阳县城北。"

徐中舒先生认为，各地含有"象"字的地名，如秦代的象郡、《汉书·地理志》的象氏、《大明一统志》思明州（即厦门）东之逐象山、汀洲府南之象洞等，可能都曾经是象的栖息之地。

近代以来，人们四处开矿山，修公路、铁路，大片的森林被砍伐，生态进一步遭到破坏。我国境内自然生存之象，目前仅云南西双版纳尚有，其他地区均已绝迹。在我国绝大部分地区，人们只能在动物园里欣赏象这位我们曾经的朋友的身姿，再难与它亲密地共同生活了，真是令人感慨。

参考论著：

1. 徐中舒：《殷人服象及象的南迁》，《徐中舒历史论文选辑》，51—72页，北京：中华书局，1998年。

2. 上海博物馆编：《象尊与牺尊：中法文化年交流展览》，2004年1月。
3. 德凯琳：《吉美博物馆的象尊》，载上海博物馆《象尊与牺尊》，36—39页。
4. 周　亚：《论法国吉美博物馆收藏的象尊》，载上海博物馆《象尊与牺尊》，19—35页。

第八讲　妇好偶方彝与青铜时代的礼乐文化

偶方彝，1976年河南安阳殷墟妇好墓出土，通高60厘米，通长88.2厘米，重71千克。器的形制酷似殿堂建筑，器盖像四面坡屋顶，屋脊有两个形似烟筒的短钮。两面檐下各有七个方形、尖形槽，有如椽木。器身布满高浮雕、浅浮雕和平雕式的多层纹饰。此器为妇好墓青铜器的代表性器物之一。

人类社会的发展有阶段性，但是，对于发展阶段的划分，不同学科有不同的原则。考古学家根据人类所使用的工具，划分为石器时代、铜器时代和铁器时代等几个阶段。铜器是人类最早认识并加以利用的金属。以青铜作为制作工具、用具和武器的重要原料的时代，称为青铜时代。从全世界范围来看，大约在公元前4000年到公元前1000年，出现了几个青铜铸造的重要地区，并形成为青铜文明的中心。商周时代是我国青铜文化的鼎盛期，高度发达的青铜物质文化与周初萌生的人本主义思想相结合，形成了独具特色的中国礼乐文明。

一、灿烂的中国青铜时代

青铜是铜和锡或铅的合金。人类最初冶炼的铜是红铜，熔点约

1083℃。在红铜中加入锡或铅，熔点可以降低到700—900℃，并可以改善红铜的性能，如在红铜中加入10%的锡，则硬度可以提高4.7倍。此外，青铜液在冷却凝固时有胀大的特性，因而铸件的气孔少，有较好的填充性，适宜于铸造各种器具。由于在红铜中加入的金属不同，因而有锡青铜、铅青铜、硫青铜、砷青铜之类的区别。

青铜时代铜器的制作方法，主要有锻打法、范铸法和失蜡法。锻打法是利用红铜延展性强的特性，打击成器。范铸法是用淘洗过的泥，掺和草叶等，做成陶范，再浇注铜液，冷却后即成。范铸法一般都用泥范，但在江西吴城遗址等处发现有用石范的。失蜡法是先制作蜡模，外面用泥范包住放入炉中加温，使蜡模熔化，形成空腔，然后浇入铜液成型。用失蜡法制作的器物更为精细、繁缛。

中国青铜时代的时间跨度，大致与夏商周三代相当。郭沫若先生将我国青铜时代分为滥觞期、鼎盛期、颓败期、中兴期、衰落期五个阶段。

滥觞期是指商代中期以前青铜时代的初始阶段。中国的青铜制作起源于黄河流域，但具体的起始时间尚不清楚。古书说黄帝时代"以铜为兵"，《论衡》也有黄帝采首山之铜的记载。《山海经》提到的铜矿已有467座之多。目前考古所见最早的实物，是仰韶文化的姜寨遗址出土的铜片，距今约6000多年。在龙山文化晚期遗址和齐家文化遗址中，多次发现用红铜打制的小刀、铲、凿之类的工具，以及范铸的青铜镜。最近，考古工作者在山西襄汾的陶寺遗址中发现一件铜铃和一件齿轮形铜片，遗址的年代为距今4400—4200年之间。在年代与夏代相当的各地考古遗址中，普遍发现各种青铜制品。在河南偃师二里头遗址（前1900—前1500）中，不仅出土有青铜制作的工具、兵器、乐器、嵌有绿松石的铜腰牌，而且出土

8-1 妇好墓出土偶方彝及其线图

采自中国社会科学院考古研究所编著《殷虚青铜器》

多件青铜容器——爵,乃是用多范合铸而成,显示了更高阶段的铸铜技术。商代早期的青铜器在郑州二里岗和江西新干大洋洲等遗址都有出土,其中不乏器型宏伟的青铜鼎,以及成套的礼器,表明合范技术已经比较成熟。

鼎盛期是指商代后期到西周的昭王、穆王时期。盘庚迁殷以后,中国的青铜时代开始进入巅峰期,青铜制作的规模空前宏大,在殷墟孝民屯和苗圃北地发现的两处铸铜作坊,面积都在1万平方米以上。江西瑞昌铜岭发现有商代的古铜矿遗址,在第一次发掘的300平方米范围内,就发现21座竖井和2条平巷,露天采矿坑、槽坑各1个,还发现一处配套的选矿系统——溜槽及尾砂池。井巷全部用木头作支护,支架则采用"榫卯"和"搭接"的形式。出土大批采掘、装载、提升、排水、照明等工具,足见已经有了相当的规模和比较先进的采铜技术。湖北大冶的铜绿山遗址,是西周开始形成的矿冶遗址,长达2公里,宽2公里,有几百座竖井和近百条平巷,炼渣的数量在40万吨以上。据专家推算,此地历年出产的铜的总量当不少于10万吨。我国青铜时代一些最精美、最壮观的青铜器,如著名的司母戊方鼎、四羊方尊、大盂鼎等,几乎都出在这一时期,墓葬中出土青铜器的数量也明显增加。

1976年,考古工作者在河南安阳殷墟发现一座保存完好的商代贵族墓。经专家研究,墓主是商王武丁的妃子妇好,故称"妇好墓"。墓出土的青铜器多达460件,礼器、乐器、武器、工具等,应有尽有,向世人展示了灿烂辉煌的商代青铜文明。其中青铜礼器有190件左右,偶方彝、铜方壶、铜圈足觥、铜鸮尊等器,形制瑰玮,精美无比。偶方彝的形制,乃是模仿商代殿堂峥嵘轩峻的建筑形式,器盖象四面坡屋顶,前后两面檐下各有七个方形、尖形槽,有如椽木。屋脊有两个形似烟筒的短钮。器身布满高浮雕、浅浮雕和平雕式的多层纹饰。铜圈足觥高 22 厘米，长 28.4 厘米，重 3.35 千克，器身的造型，前面为虎，后面为鸮，再辅以牛头形的錾和饕餮纹饰，富于奇想，而又浑然一体[1]，让人切身感受到商代青铜文明震撼人心的魅力。

颓败期是指西周恭王、懿王以后到春秋中叶。这一时期王纲解纽，诸侯纷争，反映在青铜器上，则是形制草率，铭文书写随意，错误较多。但这一时期依然不乏精品佳作，如著名的卫盉、墙盘、大克鼎、小克鼎、散氏盘、虢季子白盘、颂壶、毛公鼎等。

中兴期是指春秋末期到战国末期。这一时期最大的特点是，青铜编钟盛行，制作精良，典型的代表是湖北随县的曾侯乙编钟。此外，青铜剑异军突起，不仅锋利无比，而且剑品极佳，其中吴越青铜剑达到了出神入化的境界，将青铜兵器的制作水平推向了极致。

衰落期是指战国末期以后的时期。由于铁器的发明和普遍使用，以及铁器自身的各种优长，铜器开始衰落，并淡出历史舞台。

二、何谓礼乐文化

商朝有着高度发达的青铜文明，但又是一个迷信鬼神的社会，殷墟出土的十几万片甲骨，就是商王"不问苍生问鬼神"的见证。如果说商朝是物质文明的巨人，那么，它在精神方面则是侏儒。如此强盛的国家，竟然一朝覆亡于几个蕞尔小邦，引起了伟大的政治家周公的深思。周公总结殷亡的教训，认为主要是统治者"失德"，

1　参阅张广立：《从妇好墓中的四件青铜酒器看商代工艺美术》，《文物天地》1990 年第 3 期。

因而他提出了推行德政的政治纲领，要求周人"毋于水鉴，当于民鉴"，肇启了中国人本主义思想的先河。

孔子把周代的典章制度称为"周礼"，认为它是万世的楷模。孔子把德政的核心归结为一个"仁"字，并解释说，"仁者爱人"。认为为政以德，就必须有仁爱之心，言行举止都要合于"礼"。孔门弟子对"礼"的思想作了深入的阐发，认为万物皆有道，道就是万物皆有的、与生俱来的自然之性，治理国家应该从人性出发，尊重人的喜怒哀乐之性。

但是，人性很难自发地达到理想的状态，如果片面强调人性合理而不加约束，就无异于将人等同于禽兽。人是动物界的精灵，能够接受教育。《中庸》说："喜怒哀乐之未发谓之中，发而皆中节谓之和。"人性在没有外物引诱时，处于"中"的状态，与天道一致；当物诱情出时，情能处处"中节"，这才是理想的境界。为使人性符合于天道，儒家制订了一系列行为规范，总称之为"礼"，希冀化性成习。礼的全部意义在于，从人性出发，将人性引向符合天道的境界。

礼与乐相辅相成，有如宇宙秩序，《礼记·乐记》说："乐者，天地之和也；礼者，天地之序也。和，故百物皆化；序，故群物皆别。"可以说没有乐的礼不是礼，没有礼的乐不是乐。中国传统的乐的观念，有特定的内涵和深刻的哲理，不能与现代的"音乐"等量齐观。《礼记·乐记》说："乐者，非谓黄钟大吕、弦歌干扬也，乐之末节也。"乐的大节是德，这是中国传统音乐思想的基本点。

儒家的音乐理论中，声、音、乐是三个不同层次的概念。声与音的区别在于，音有节奏、音调，所以称为乐音；而声没有这些特点，只能称为噪声。人与动物都能够感知外界的声响，动物不能识别声与音，而人有感知音的欲望。所以《乐记》说："知声而不知音者，禽兽是也。"又说："凡音者，生人心者也。情动于中，故形于声。声成文，谓之音。"只有发自内心而又"成文"（有节奏）的声，才能称为"音"。

乐音可以是庄重的，也可以是张狂的；可以是细腻的，也可以是粗犷的：它给人以不同的感受，诱导情感的发生与转换。犹如今日的古典音乐与摇滚音乐，尽管都属于乐音的范围，但给听众的感受是完全不同的。

儒家注重乐音对人性的影响，认为好的音乐可以涵养心性，是入德之门；以刺激感官作为主导的乐音会乱性，是亡国之音。儒家将最高层次的音称为"乐"，只有合于道的音，才能称为乐，也就是德音。《乐记》说："知音而不知乐者，众庶是也。唯君子为能知乐。"只有君子才懂得真正的乐。

德音是德治之音，是指至治之极在音乐上的体现。唯有这样的音乐，才能奏于庙堂，播于四方，化育万民。春秋时代盛行的是新乐，是纯粹的音乐学意义上的乐。从儒家的音乐理论来判断，它们尽管华美之至，但都是昏君乱臣的作品，表现的是声色犬马的狂热，完全悖逆了德治的精神，失却了音乐的灵魂。

儒家认为音乐与政治相通，《乐记》说："声音之道，与政通矣。"考察一国之政，最好的办法莫过于听其乐，《吕氏春秋·音初》说，"闻其声而知其风，察其风而知其志，观其志而知其德，盛衰、贤不肖、君子小人，皆形于乐，不可隐匿。"

人类是动物界的灵长，因为人可以教育。儒家教育的目标，是要通过德和礼培养表里如一的君子。礼以治外，旨在规范人的行为举止，使之处处中节，恰到好处；乐以治内，重在引导人的性情心志，解决礼的根源的问题。如果人的行为举止能中规中矩，但不是内心德行支配的结果，而是单纯的模仿，则教育的目的仅仅完成了一半。只有内心建立起德的根基，外在的规范言行才是真正意义上的礼。

乐与礼是内外相成的关系，《乐记》说："乐者所以象德也；礼者所以缀淫也。"乐是内心德行的体现，礼的作用是防止行为出格（"淫"是过头的意思）。《乐记》说："礼乐不可斯须去身。致乐以治心。""德辉动于内，而民莫不承听"，"理发诸外，而民莫不承顺。"君子的容貌是通过礼来端正的，而礼是体现理的精神的，因此发之于外的就是理。可见，礼乐并行，则君子之身内和

8-2 《仪礼·乡饮酒礼》书影

外顺,王者之治四海清平。

乐有音调,有节奏,有强烈的感染力,为人们喜闻乐见。儒家制乐的目的,是要"感动人之善心","不使放心邪气得接焉",在健康的音乐中接受德的熏陶。用当今的语言来说,就是寓教于乐。《乐记》说,乐"可以善民心,其感人深",《孝经》也说:"移风易俗,莫善于乐。"下面,以乡饮酒礼为例,略作说明。

上古时代,每年春秋,各乡(乡不是今天的乡镇,而是周代最高一层的行政单位。《周礼》规定了乡、州、党、族、闾、比的行政管理,五家为比,五比为闾,四闾为族,五族为党,五党为州,五州为乡)都要举行以尊老养贤为宗旨的"乡饮酒礼",席间要演奏或歌唱《诗经》的篇章。先由乐工歌唱《鹿鸣》《四牡》《皇皇者华》三篇,说的是君臣之间的平和忠信之道。接着笙奏《南陔》《白华》《华黍》三篇,说的是孝子奉养父母之道。然后,堂上、堂下交替演奏乐歌,堂上鼓瑟唱《鱼丽》之歌,堂下则笙奏《由庚》之曲;堂上鼓瑟唱《南有嘉鱼》之歌,堂下则笙奏《崇丘》之曲;堂上鼓瑟唱《南山有台》之歌,堂下则笙奏《由仪》之曲。最后是器乐与声乐合起,奏唱《周南》中的《关雎》《葛覃》《卷耳》,《召南》中的《鹊巢》《采蘩》《采蘋》,说的都是人伦之道。一乡之人在揖让升降、笙瑟歌咏的愉快气氛中,受到礼乐的教化。

三、青铜礼器

礼必须借助于器物才能进行,礼器是行礼的器物。使用何种礼器行礼,以及礼器如何组合,都蕴含着礼的深义,古人说"藏礼于器",

就是这个道理。

青铜器的种类很多,有礼器、乐器、兵器、农具、杂器等。但主要的礼器和乐器。礼器、乐器主要用于宗庙祭祀以及贵族生活。古代称铜为"金",宗庙祭祀的目的是祈求吉祥,所以称礼器为"吉金",如罗振玉的《三代吉金文存》,就是著录夏商周青铜器的书。青铜礼器主要有鼎、俎、簋、簠、盨、豆、尊、壶、甋、罍、爵、觯,以及盘、匜等。按照它们的用途,可以分为蒸煮器、盛食器、盛酒器、饮酒器、挹注器等几类。

1. 蒸煮器

蒸煮器主要有甗和镬。甗是一种复合器皿,下部为鬲,上部为甑,中间横隔有带孔的箅子。下部烧水,上部放主食,是古代蒸主食用的器皿,屡屡有出土。殷墟妇好墓出土的三联甗,由上下两部

8-3 妇好墓出土的青铜三联甗

分组成，下部为长方形六足青铜甗架，长 103.7 厘米，宽 27 厘米，高 44.5 厘米，重 113 千克。甗架正面有三个均衡分布的圆孔，圆孔上各配有一青铜大甑，甑高约 26 厘米，重约 8.5 千克。将两部分组合，则通高 68 厘米，通重 138.2 千克。此器形制为目前所仅见。甗架腹部有烟炱，可知为实用器物。镬相当于后来的锅子，主要是煮牲肉用的，但出土物中很少见到。

古代礼仪活动中最常用的牺牲是牛、羊、豕。牛、羊、豕各一，称为"太牢"；羊、豕各一，称为"少牢"。殷墟甲骨文中就有用太牢和少牢祭祀的记载。用于祭祀的牺牲，都要经过挑选，并由专职人员豢养。牺牲宰杀后，要按照不同的礼仪要求进行剖解。剖解的方法，主要有豚解、体解、节解等三种，分别称为全烝、房烝、肴烝。

豚解，是将牲体分解为左右肱、左右股、左右胁和正脊等七块，煮熟后全部升于俎，称为全脀（zhēng），或者全烝。全烝用于南郊祭天等最高规格的祭祀。王公的宗庙祭祀用牲有半体和体解两种。半体就是将牲体剖为左右两半，只用牲的半体升于俎。体解，是先将牲体分解为肱、股、胁、脊四部分，然后将左右肱各分解为肩、臂、臑（nào）三块，共六块；将左右股各分解为肫（chún）、胳（chún）、胳三块，共六块；将左右胁各分解为代胁、正胁、短胁三块，共六块；将脊骨分解为正脊、脡（tǐng）脊、横脊三块；总共二十一块。然后，将它们放入镬中煮熟。这两种情况都称为房烝。节解，就是再将牲骨折断，称为肴烝。

2. 盛食器和盥洗器

盛食器分为盛牲体之器、盛主食之器、盛副食之器等三类。盛牲体之器主要有鼎和俎，盛主食之器主要是簠和簋，盛副食之器主要是豆和籩。盥洗器主要是盘和匜。

鼎是青铜礼器之冠。鼎是盛牲器，鼎中盛怎样的牲，以及鼎的数量的多少，决定着礼数的高低，因而被视为标志性的器物。鼎的形制有圆形和方形两种。圆鼎为三足，方鼎则为四足。年代较早的鼎一般为立耳，器腹较深；年代较晚的鼎以附耳为多，器腹较浅。比较著名的鼎有商代的司母戊方鼎、西周的大盂鼎、大克鼎、毛公鼎等。其中毛公鼎有铭文32行，497字，与《尚书》一篇的文字相当，是铭文字数最多的一件，弥足珍贵。

文献中有关于鼎的使用的记载。牲煮熟后，要取出来放入鼎中，调和入味。为了保温和防灰，要加上鼎盖。鼎盖称为"幂"（音 mì），一般用茅编织而成，但出土实物中也有用青铜制作的。将鼎从庖厨运送到行礼的场所，是用"铉"贯穿鼎的两耳抬走，铉就是专用的

8-4　毛公鼎　　　　8-5　妇好墓出土的中型圆鼎

杠子，文献中又写作"扃"（音 jiōng）。

食用之前，要用匕将牲肉从鼎中取出，放在俎上，然后送到食者的案上。匕的形制与后来的汤匙相似，但要长得多，一般为三尺或五尺。为便于刺取牲肉，所以头部尖锐而薄。

由于用牲时有豚解、体解、节解的不同，此时所用的俎也不同。房烝用的俎，是一种形体比较大的俎，两端各有两足，足下都有跗，足与足之间有横板，与堂的壁相似；横下的二跗，与堂的东西房相似，所以称为房俎。节解用的俎比较小，称为折俎。豚解用的俎，文献没有记载，应当是比房俎等级更高的俎。

湖北荆州市天星观 2 号墓漆木器中有俎 21 件。俎分宽面、窄面和小俎三种。其中宽面俎 3 件，窄面俎 9 件，小俎 9 件。《礼记·玉藻》："特牲三俎。"《仪礼·公食大夫礼》："上大夫九俎。"《周礼·天官·膳夫》："王日一举，鼎十又二，物皆有俎。"墓主人身份等级的不同，设俎的数目也不同，俎的数目多与鼎的数目相符，说明俎是鼎的配器，其礼制功能应与鼎相同。

盛主食的器皿主要有簋和簠。古代的主食，主要是黍稷和稻粱。簋和簠的形制，《说文解字》说："簠，黍稷方器也。""簋，黍稷圆器也。"但从出土实物来看，正好相反，簋是敛口的圆形器皿，簠是大口的长方形器皿。

最常见的簋为大口、

8-6 利簋

圆腹、双耳、圈足,但也有四耳或无耳的,或者器身下部为方座。出土或传世的簋很多,其中比较著名的有西周的利簋、夨(音 zè)令簋、召伯虎簋,春秋时期的秦公簋等。其中利簋铭文记载武王克商在甲子日之朝,当时岁星上中天,对于研究武王克商之年有重大意义,受到国内外学者的重视。

簠是西周后期兴起的器种,春秋、战国时期特别流行。簠的铭文中发现有"用盛稻粱"的记载,可见簠并非如《说文解字》所说仅仅是盛黍稷之器,也用于盛稻粱。簠的器身与器盖是对称的,将盖仰置,则成两个相同的器皿。比较著名的簠,有东周的陈侯簠、邾大宰簠、铸子簠等。

周代还有一种盛黍稷、稻粱的器皿叫"敦"。敦与簠、簋的区别,《尔雅·释丘》邢昺疏引《孝经纬》说:"敦与簠簋受容虽同,上下内外皆圆为异。"其特点是器身和器盖都呈半球形,上下相扣,正好呈一球形,故俗称"西瓜鼎"。

出土实物所见的簠和簋,器形都比较大,所盛谷物,绝非一人的胃纳所能承受。其原因是,上古吃饭用手抓,不用筷子,也不像今人每人一碗,而是将主食集中盛在器皿中,供大家抓食。《礼记·内则》说:"共饭不泽手",

8-7 战国镶嵌几何纹敦

意思是说与客人一起吃饭时，不要把手上剩余的饭再放回饭器；又说"毋抟饭"，意思是用手抓饭就可以了，不要将饭搓成团，以免有贪吃之嫌。出土物中发现有与筷子形制类似的器物，古人称为"箸"，是夹汤里的菜时使用的，不能与今天的筷子混为一谈。

由于古人直接用手抓食，所以食前都要洗手，洗手用的器物是匜和盘。《礼记·内则》说："进盥，少者奉盘，长者奉水，请沃盥，盥卒授巾。"匜是一种深腹的盛水器，前端有注水用的"流"，后有握持用的"鋬"。盘是接弃水用的器皿。洗手者伸手于盘的上方，另有一人持匜徐徐向下注水。因此，

8-8 史墙盘

匜和盘是配套使用的。

笾与豆的形状相似，但由于两者盛放的食品不同，质地也就不同。笾是盛脯（肉干）、枣、栗等干燥的食物用的，所以用竹子制作。豆是盛菹（腌渍的蔬菜）、醢（肉酱）等有汁的食物用的，所以多用木材制作。笾与豆通常也是配合使用的，而且都用双数，如六豆六笾、四豆四笾之类，与专用单数配合的鼎俎不同，因此，《礼记·郊特牲》说"鼎俎奇而笾豆偶"。

3. 盛酒器、饮酒器和承尊器

盛酒器主要有尊、卣（音 yǒu）、罍（音 léi）、壶、缶等，金文中往往将它们统称为"尊彝"。

狭义的尊，一般是大口、深腹、圈足的盛酒器，有方尊和圆尊之别。但出土器物中有许多尊的造型模拟动物之形，如羊、牛、虎、鸟、象、鸱鸮等，十分生动。

卣是盛郁鬯（用香草和黑米调制的酒）的器皿，形制富于变化，比较常见的器形是细颈、大腹、圈足、盖有钮、侧有提梁；也有略呈圆柱形或方形的。有的外形设计为鸮，甚至饕餮食人的形状。卣是殷周时期最常见的酒器之一，文献中常常提及，如《尚书·洛诰》说到，成王曾经派使者赠给周公"秬鬯二卣"，《诗经》有"釐尔圭瓒，秬鬯一卣"之句，金文中也每每有"锡汝秬鬯一卣"之类的文字，都是以秬鬯为赏赐品的记载。

8-9　妇好墓出土的鸮尊

罍是商代晚期开始兴起的大容积的盛酒器（也有用作水器的），《诗经》有"我姑酌彼金罍"之句。罍的形制主要有方形和圆形两种，一般为圈足，也有平底的。

壶是殷周时期盛行的酒器之一，春秋、战国时代尤其风行。器形有圆形、方形、瓠形、扁形等多种，基本样式是长颈、圆腹、贯耳、圈足。比较著名的壶有西周的颂壶、春秋晚期的莲鹤方壶等。

缶也是大容积的盛酒器，出土比较少。传世的缶，以栾书缶最为著名。栾书是春秋时晋国的执政者之一，曾为中军将。此器大腹、小口，有盖，腹部有5行40字的错金铭文。

在礼仪场合中，酒器陈设的位置每每体现尊卑的不同，《礼记·礼器》说："门外缶，门内壶，君尊瓦甒。"可见缶与壶是门内与门外相对地陈设的。瓦甒是国君用的酒尊，而臣只能用罍，不能混同。

承尊器通常是指承方酒尊的器座，其名称有"禁"或"梮"（音 yù）、"斯禁"之分，其主要区别是，"禁"有足，而"梮"，即"斯禁"没有足。

饮酒器统称为爵，细别之则有爵、觚（音 gū）、觯（音 zhì）、觥（音 gōng）等。它们的形制有比较明显的区别，爵的形制的特点是，前有注酒用的、宽而长的"流"，后有尖而略翘的"尾"，旁侧有

8-10 商晚期亚其爵　　8-11 斝

作为把手用的"鋬",上有两柱,下有三足。《说文解字》说:"爵,礼器也。象爵之形,中有鬯酒。又,持之也,所以饮。器象爵者,取其鸣节节足足也。"意思是说,之所以名之为爵,是因为器皿的形状像雀,而且饮酒时发出的声音如鸟鸣。

斝(音 jiǎ)是一种与爵形制相似酒器,但没有流与尾,铭文自名为"散",王国维认为就是文献中的斝。

觚的基本特点是大口、细腰、长身,四面有觚棱,也有方形和圆形两种。觯的形制与尊相类似而小,器身以圆形者为多,也有椭圆形的。

过去将爵称为饮酒器,但是,口部的两柱实在妨碍饮酒。著名铜器学家容庚先生发现,爵的腹底往往有烟炱,可知是煮酒器,上部的两柱与鼎的两耳作用相似,是加热后提举用的。

青铜酒器的容积有等差,爵为一升,觚为二升,觯为三升。觥(文献又写作"觵")在饮酒器中容量最大,所以在君臣宴饮等场合,凡是失礼者,都用觥饮酒,以示责罚。

青铜礼器种类繁多,以上所列,不过是主要的几类。

四、青铜礼器的组合

上古贵族的青铜礼器是成套使用的。礼器数量的多少,是行礼者身份的体现。礼器组合以鼎与簋最为重要,前者用奇数,后者用双数,如天子用九鼎八簋,诸侯用七鼎六簋,大夫用五鼎四簋等。为了使大家对先秦时代礼器的使用有较为形象的了解,下面以《仪礼·少牢馈食礼》的有关章节为例,略作介绍。

先秦诸侯的卿大夫祭祀祖先的正礼，祭牲用一羊、一豕，所以称为"少牢馈食礼"。祭祀之日，先要在庙门外宰牲。祭牲呈东西向排列，头都朝北。然后司马宰羊，司士宰豕。按照规定，羊和豕只用"右胖"（右半边）。蒸煮祭品的灶设在庙门的东南方，由北向南，依次是黍、稷、羊、豕、鱼、腊（麋），每品一灶，共六灶。炊具，黍、稷用甑、甗；羊、豕、鱼、腊用镬。

执事们在各自的灶前洗涤鼎、匕、俎、甑、甗、敦、豆、笾、勺、爵、觚、觯、几、洗、篚等礼器。洗毕，将豆、笾和篚放到房内的西墙下，洗手用的盆设在庭中正对着东南檐角的地方。

肉羹煮熟后，执事者在庙门外陈放五鼎，其中三个鼎放在煮羊的大镬之西，两个放在煮豕的大镬之西。司马将羊的右胖从镬中捞起来去掉后窍，将肩、臂、臑、肫、胳，以及脊、胁、肠、胃、肺，都放入同一鼎中。司士将豕的右胖除去后窍，将肩、臂、臑、肫、胳，以及脊、胁、肺，都放入同一鼎中。雍人将九块皮、胁之间的肉，放入同一鼎内。司士将十五条鱼放入同一鼎中。司士将完整的腊（麋）放入鼎中。如此，五个鼎中的食物全部盛载完毕。为了防灰，同时也为了保温，每个鼎上都加有鼎盖。

有司将鼎抬到庙门外的东边陈设，鼎面朝北，由北向南排列。两只酒甒放在房和室门之间的地方，下面共用一个底座，甒的上面用一块鼏覆盖，其中一甒为玄酒（水）。又在房中豆、笾内盛放菹（音zū）菜、肉酱。庭中洗盆的东侧放着盛水的罍，罍上有舀水的勺；洗盆的西侧放着篚。在西阶之东也陈设盥洗用具。

主人进门后在阼阶之东即位，执事在室的西南隅为神设几席。主人到庙门外迎鼎，并揭去鼎盖，表示将要祭祀。士抬鼎入门，由北向南地设在庭东正对东序的地方，以最北边的鼎为尊，肤鼎在最南，鼎上都放着匕，鼎西放着俎。在羊俎之北加设肵俎，这是专为接受祭祀的"尸"准备的。

众来宾洗手，并按年齿顺序用匕从鼎中取肉。上佐食将羊和豕的心、舌取出，放在肵俎上。肵俎放在阼阶之西。上佐食将羊牲右半边从鼎中取出，放在俎上。下佐食将豕牲从鼎中取出，放在俎上。鱼，每十五条放一俎。腊放一俎。九块伦肤放一俎。如此，五个鼎中的食物全部盛放在俎上。然后将俎端进室中陈设在尸的席前。尸一般由儿童担任，在祭礼中充当受祭者。现将陈设在尸席之前食器图示如下，以清眉目：

     腊 鱼 稷 黍
     俎 俎 敦 敦
肵 肤
俎 俎
     豕 羊 黍 稷
     俎 俎 敦 敦
豕 羊 葵 蠃
醢 醓 菹 醢
豕 羊 醢 韭 羊 豕
醢 醢 醓 菹 铏 铏

      |尸 席|

根据礼书的记载，在贵族的礼仪中，有一种列鼎制度。依据天子、诸侯、大夫、士的等级身份，使用数目不同的、成组的鼎，即鼎的

形制相同、大小相次。出土器物中，曾发现过许多与文献记载大致相符的列鼎，但也发现许多与文献相矛盾的情况。历史上的用鼎制度究竟如何，学者间的看法有分歧，[1]还需要作进一步的研究。

五、青铜乐器

按照所用材质的不同，古人将乐器分为金、石、丝、竹、匏、土、革、木等八类，称为"八音"。其中，金，如青铜钟；石，如磬；丝，如琴、瑟；竹，如笛、箫；匏，如笙、簧；土，如陶埙；革，如用皮革制作的鼓；木，如柷（音 zhù）、敔（音 yǔ）。

青铜乐器中最重要的是编钟。编钟在乐队中的位置，犹如礼器中的列鼎。钟是典型的中国乐器，它的发展，可谓源远流长。钟的雏形是铃，湖北天门石家河遗址曾出土一件用泥土烧制的陶铃，器身呈筒状，体腔内挂有棒状铃舌，摇动铃体时可发出响声。其他地方出土的陶铃，发现有石质铃舌的，与铃的形制相仿的是铙，但筒体向上，筒把向下。使用时一手执把，另一手敲击筒体。陕西长安客省庄龙山文化遗址出土过一件陶铙，形制与后来的青铜钟相似，陶铙的形制与商代的铙已非常接近，两者当有传承关系。

商代晚期，铙成为贵族中流行的乐器，殷墟曾多次出土，一般以三件为一组，形体不大，小者只有几百克，大者不过数千克。但也发现有四件或五件一套的。经专家测音，彼此之间有音律关系，故被称为编铙。江西、湖南等地多次出土形制巨大、纹饰华丽的青

1　参见俞伟超、高明：《周代用鼎制度研究》，《北京大学学报》1978年第1、2期，1979年第1期；王飞：《用鼎制度兴衰异议》，《文博》1986年第6期。

铜铙，但都不是成组使用的。江西新干大洋洲商墓曾出土3件大铙。1983年湖南宁乡日山铺出土的铙重达222.5千克，是目前所见最大的青铜铙。

铎是筒腔内带舌的青铜乐器，与铃的形制非常相似，一般认为铎是在铃的基础上变化而来的，铎盛行于春秋战国时期。铎的形制与钟相仿，呈合瓦形，但腔体较小，而且略微短阔。木柄插在舞部正中的方銎内，伸入体腔内，端部装有铜舌，摇动木柄，铎舌即发声。

西周初，周人对铙的形制作了较大改变，铙体呈合瓦形，有圆柱形的空甬与体腔相通，使用时将甬插在木柱上固定，敲击铙口发声。后来将铙的甬部铸上环，倒挂起来，就成为悬击乐器——钟。

大约到西周中期，编铙开始变为编钟，西安普度村出土的长由编钟，虽然还是三件一组，甬端透空，但钟体已经出现枚，钲部以小乳钉为界划，而且有明确的大三度音程。其后，钟位由倒植式改为悬挂式，并出现了直悬的纽钟和镈钟。

周代编钟的数量明显增多，西周中晚期已经发展到八枚一组，形制和纹饰基本相同，但大小递减，敲击正鼓和侧鼓部，可知是小三度或大三度的音程。东周时期有九枚或十三枚为一组的。西周编钟出土较多，著名的有克钟、应侯钟、中义钟和柞钟以及晋侯苏钟

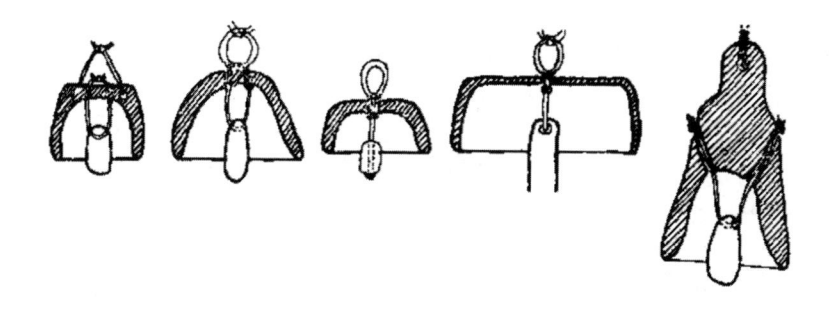

8-12 远古铃悬铃和悬舌法推测示意图

等。扶风齐家出土的柞钟，总音域为三个八度，发音序列大致为羽、宫、角、徵。到春秋中晚期，编钟的数量又增加到9枚或13枚一组，如侯马晋墓出土的九枚一套的编钟，总音域比柞钟少一个八度，但在羽、宫、角、徵的基础上多出了商音和变徵音，构成了变徵的六声音阶。

西周晚期出现一种钟类乐器，形体比甬钟小，舞部有钮而无甬，故称纽钟，一般为9枚一组。

钟体可以分为上、中、下三部分，其各部位都有专门的名称：

  上部 衡——甬上端的平顶处。
     旋——悬钟用的环。
     斡——衔旋的纽，通常铸成兽形。

  中部 钲——正体中央的敲击处。
     篆——分隔枚的带状纹饰。
     枚——篆间的乳突。
     景——枚的顶部。

  下部 铣——钟体的左右两边。
     侧鼓——近下口的敲击处。
     于——两铣的尖角处。
     正鼓——于上饰有花纹处。

钟的正鼓和侧鼓部是敲击的部位，可以发出不同的乐音，分别称为正鼓音和侧鼓音。

镈，文献又作鑮，是一种形制与钟基本相同但要大的乐器。它的声调低沉，与编钟的音阶不配套，主要作用是为乐曲打节奏。镈时有出土，如著名的秦公镈，曾侯乙编钟中，也有一件镈，据镈身的铭文，可知是楚惠王在位五十六年时赠送给曾侯乙的礼物。

乐器主要有钟、磬、鼓、柷、敔、瑟、笙等。天子、诸侯迎宾、送宾要"金奏"，即奏钟、镈，而以鼓磬相应。镈如钟而大，其作用是控制编钟的音乐节奏。金奏一般在堂下进行。乡饮酒礼、燕礼等在献酬的仪节结束后，有升歌、笙奏、间歌、合乐等节目。升歌是歌者升堂歌《诗》，弹瑟者在堂上伴奏。笙奏，是吹笙者在堂下吹奏《诗》篇。间歌是升歌与笙奏轮番进行；合乐则是升歌与笙奏同时进行。大夫送宾用鼓。柷，状如漆桶，方二尺四寸，深一尺八寸，中间有椎，摇动之则自击，奏乐之始，都先要击柷。敔，状如伏虎，木制，背部有齿，划之则乐止。

据《周礼》等文献记载，周代乐舞，有严格的等级规定，如舞者：天子八佾（音 yì，行列，每列八人），诸侯六佾，大夫四佾。钟磬之乐，天子宫悬，诸侯轩悬，大夫判悬，士特悬。宫悬究竟指什么？《周礼》语焉不详。汉代学者郑司农解释说，宫悬就是宫室的四面都悬挂钟磬，轩悬就是去掉南面的

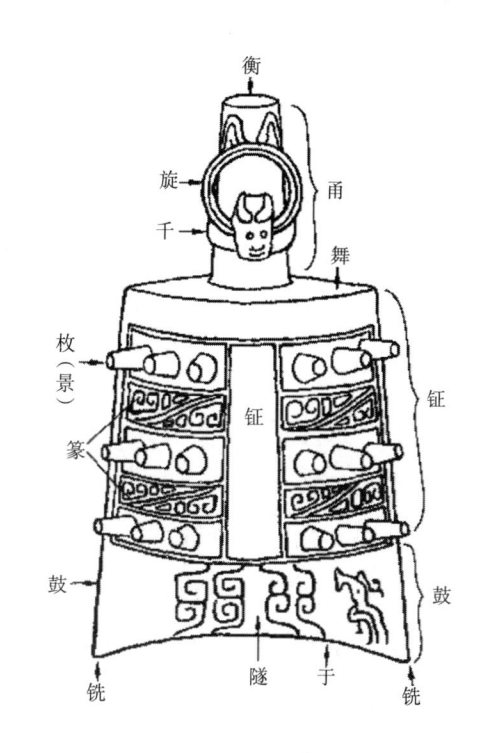

8-13 周纪侯钟命名图

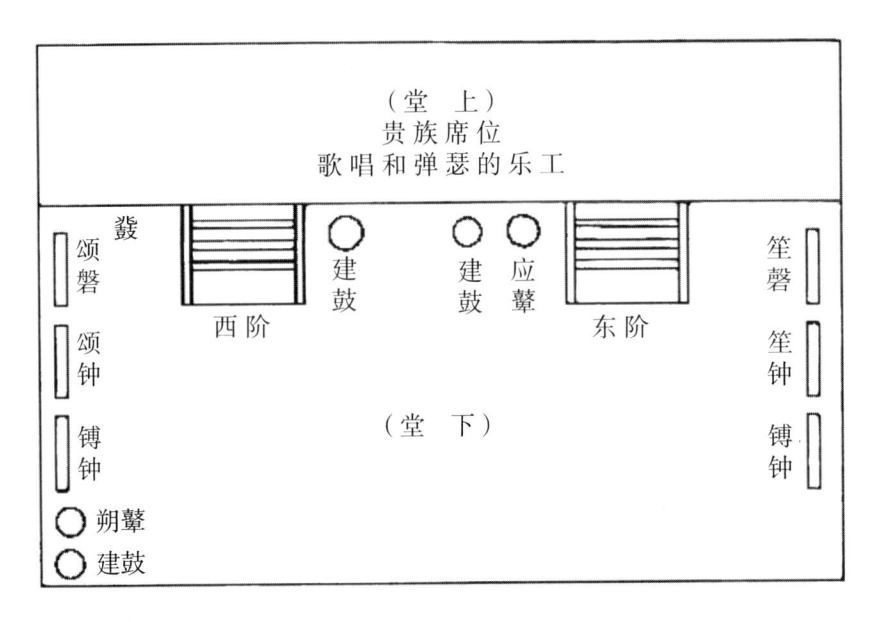

```
┌─────────────────────────────────────────────────────┐
│                    （堂  上）                        │
│                   贵 族 席 位                        │
│                歌唱和弹瑟的乐工                      │
│                                                     │
│  颂   ▓▓▓▓   ○      ○  ○   ▓▓▓▓   笙              │
│  磬   ▓▓▓▓   建      建  应  ▓▓▓▓   磬             │
│       西阶   鼓      鼓  鼙         东阶            │
│  颂                                   笙            │
│  钟                                   钟            │
│                    （堂  下）                        │
│  镈                                   镈            │
│  钟                                   钟            │
│                                                     │
│  ○ 朔鼙                                             │
│  ○ 建鼓                                             │
└─────────────────────────────────────────────────────┘
```

8-14 大射仪时乐队排列示意图

钟磬，只剩另外三面有钟磬；判悬就是东西两面有钟磬；特悬就是只有东面悬挂钟磬。

那么，每面悬挂的钟磬的数量又是如何规定的呢？《周礼》说是"半为堵，全为肆"，文字简奥，难以理解。东汉学者郑玄解释说，钟和磬都是以十六枚为一组，悬挂在架子上，两者合在一起，称为一肆；如果只有其中一种，就称为一堵。也就是说，乐悬的每一面都有十六枚钟和十六枚磬。曾侯乙编钟的出土，为学术界提供了研究先秦乐悬制度的实物，引起了广泛的关注。曾侯乙编钟的六十四枚钟，分三层悬挂在曲尺形的钟架上，居于墓室的西壁和南壁；三十二枚编磬分两层悬挂在磬架上，居于墓室的北壁。有学者认为，曾侯乙编钟就是《周礼》所说的"轩悬"制度。这种说法与汉代学者的解释有比较大的距离，学术界对于如何理解郑玄的注解，也存在比较多的分歧。因此，曾侯乙编钟是否就是"轩悬"制度，还需要更充分的论证。

此外，《周礼》有"四金"之说，即金錞（音 chún）、金镯、金铙、金铎；并说四金是在军旅和田役中与鼓配合使用的，可见是属于军礼中的乐器。金铎是一种形体比较大的铃，体腔内有舌，摇动铎体即可发出响声。军中击鼓之前，首先要振金铎，然后诸鼓齐鸣，金錞与鼓相和。金铙是一种没有舌的铃，但其柄一半在外面，一半在体腔内，可以转动，所以摇柄即可发声，军队撤退时，金铙声起，则鼓声停止。金镯又名钲，外形与小钟相似，进军时击之，可为鼓声之节奏。金錞就是錞于，是一种上大下小、略如圆桶形的乐器，乐声起后，与鼓相和。我国南方出土錞于较多，文献中相关的记载也比较多，如《国语·吴语》说："王乃秉枹，亲就鸣钟，鼓丁宁、錞于，振铎，勇怯尽应，三军皆哗，扣以振旅，其声动天地。"可谓绘声绘色。

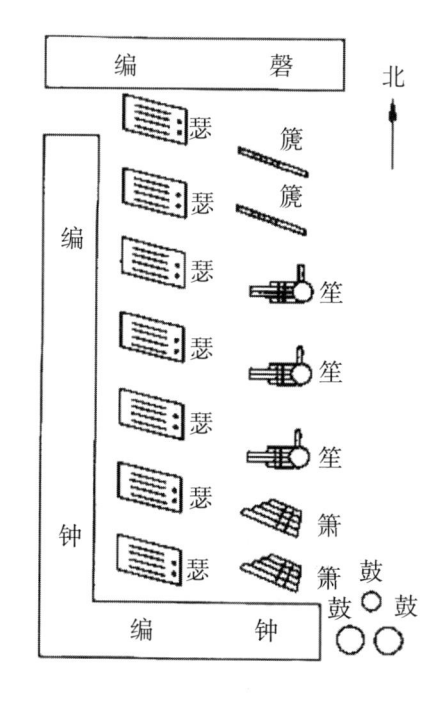

8-15 曾侯乙墓中室乐队示意图

参考论著：

1. 郭沫若：《两周金文辞大系图录考释》，上海：上海书店出版社影印本，1999年。
2. 容庚、张维持：《殷周青铜器通论》，北京：文物出版社，1984年。
3. 马承源主编：《中国青铜器》，上海：上海古籍出版社，1988年。
4. 中国社会科学院考古研究所：《殷墟妇好墓》，北京：文物出版社，1980年。

第九讲　曾侯乙墓漆箱盖天文图与二十八宿的起源

漆箱盖，1978年湖北随县曾侯乙墓出土。箱盖正上方为一幅星象图，中央是篆书的"斗"字，表示北斗，四周顺序书写着二十八宿的名称，二十八宿的东宫一侧绘有青龙，西宫一侧绘有白虎，是目前所见我国年代最早的二十八宿图。

一、《尧典》所见的上古天文学

天文学是人类最古老的科学。在远古时代，先民仰观天文，辨识星座，探索天体运行规律，并开始划分星空体系。我国现存最古老的文献《尚书》中有《尧典》一篇，相传记载的是五帝、三王之际之事，可以帮助我们了解尧舜时代观象授时的情况。

《尧典》说，尧命羲和"历象日月星辰，敬授民时"，意思是说，观察天文，郑重地将时节的变化告知万民，以便农作：

> 分命羲仲，宅嵎夷，曰旸谷。寅宾出日，平秩东作，日中星鸟，以殷仲春。厥民析，鸟兽孳尾。
> 申命羲叔，宅南郊。平秩南讹，敬致。日永星火，以

正仲夏。厥民因，鸟兽希革。

分命和仲，宅西，曰昧谷。寅饯纳日，平秩西成，宵中星虚，以殷仲秋。厥民夷，鸟兽毛毨。

申命和叔，宅朔方，曰幽都。平在朔易，日短星昴，以正仲冬。厥民隩，鸟兽氄毛。

相传羲氏掌天官，和氏掌地官，文中提到的羲仲、羲叔、和仲、和叔，习称"羲和四子"。羲和四子分掌四时，分别居住在东方的旸谷、南方的南郊、西方的昧谷、北方的幽都，职责是观察日月星辰，根据某些作为标志的恒星昏见南中的时间，来定准四季：春分之日，白天和黑夜一样长，所以说是"日中"，这一天的昏时，鸟星在南中出现；夏至之日，是一年中白天最长的一天，所以说是"日永"，这一天的昏时，大火星（心宿二）在南中出现；秋分之日，白天和黑夜又是一样长，所以说是"宵中"，这一天的昏时，虚星在南中出现；冬至之日，是一年中白天最短的一天，所以说是"日短"，这一天的昏时，昴星在南中出现。

《尧典》观测四仲中星的方位是"南中"，即正南方向。南中的位置稍有偏差，则观测的结果就会谬以千里。那么，先民是怎样求得准确的南中的呢？《尧典》中没有提到。在周代成书的《周髀算经》中对此有比较详细的记载。东南西北四方的准确方向，先民是通过最简单、也是最基本的天文测量仪器"表"来得到的。表，最初是指一根直立的杆子，立杆即可见影。观察表影的方向和长短，就可以知道一天中大致的时间，这就是后世钟表之"表"的来历。定准四方的具体方法是，每日记录日出时和日没时的表影的端点，将两个端点用直线连接，就分别得到正东和正西的方向。找出连线的中点，再与表相连，就是正南和正北的方向。

《尧典》还提到"在璿玑玉衡，以齐七政"。根据汉代学者的解释，在，是观察的意思。玑是一种可以旋转的仪器，就是后世的浑天仪。衡是玑内观察星宿的横筒。璿是装饰的美玉，故称"璿玑玉衡"。七政，是日月和金木水火土五大行星。如果这一解释不误，则尧舜时代已经有了初始的天文仪器。

尧还对羲和说："期三百有六旬有六日，以闰月定四时，成岁。"据此，当时已经有了简单的历法，知道一个太阳年的长度为366日。由于已经知道用闰月，可知采用的是阴阳历。由于一太阴年分为12个月，6个大月为30日，6个小月为29日，所以12个月的长度只有354—355日。实际上，太阳年的长度为365.24日，与太阴年长度并不相等，两者有10—11日的差数。随着时间的推移，差数越积越多，势必造成寒暑季节错位。为此，古人最初在适当的时候安排连大月，后来每隔2—3年就要增加1个闰月，以便与太阳年的长度协调，这就是"以闰月定四时，成岁"的意思。

《周髀算经》还提及，日影在四季的位置变化也是用表测得的。春分和秋分之日，太阳从正东升起，从正西落下。而冬至这一天，太阳升于东南、没于西南；夏至这一天，太阳升于东北、没于西北。这正是太阳运行路线在地面的投影。中国古代特别重视冬至的时刻，每每将它作为一年的开始。从这一个冬至到下一个冬至，就是一个回归年的长度，也就是《尧典》说的"期三百有六旬有六日"。但是，对日影的长期、细致的观察发现，每年冬至的时刻并不固定，而是每年向后推迟大约六个小时，即四分之一天，到第五年，又回到原位。由此而知，每年的实际长度应该是三百六十五又四分之一天，所以中国古代的历法称为"四分历"。汉代相传的古代历法有黄帝历、

9-1 《尚书·尧典》"定四时成岁"

颛顼历、夏历、殷历、周历、鲁历等六种，习称"古六历"[1]。古六历都是四分历。

但是，尧是传说时代的人物，这一时期的遗址或实物，在考古学上还得不到证明。《尧典》的记载，究竟是上古时代口耳相传的史影，还是出于战国儒者的附会？学术界一直聚讼纷纭，莫衷一是。

二、北极、北斗和二十八宿

在中国传统的天文学体系中，北极星有着最为重要的地位。在恒星的视运动过程中，天球北极是固定不动的，星空的旋转，无不以北极星为中心，所以《论语》说："为政以德，譬如北辰，居其所而众星拱之。"北辰就是北极星。但是，实际上所谓的北极星（帝星，即小熊座的α星），并非就是北天极，古人对此已有认识，《吕氏春秋·有始》说："极星与天俱游而天极不移。"北极星与其他恒星一样，也在绕天极旋转。不过，北极星是离天极最近的亮星，移动的范围极小，位置相对固定，所以，人们还是将它作为北天极来看待。

与北极星密切相关的是北斗七星。远古时代，北斗七星处在黄河流域的恒显圈内，一年四季都能看到。北斗与北极星的距离比较近，位移明显而有规律，先民早就认识到初昏时斗柄的指向与四季有直接的对应关系：斗柄指东，天下皆春；斗柄指南，天下皆夏；斗柄指西，天下皆秋；斗柄指北，天下皆冬。民间的一切节令，无

---

[1] 经专家研究，古六历实际上都是战国时期的历法，而托名为黄帝历、颛顼历云云。

9-2　二十八宿图

不与北斗星有关。所以，古人特别重视北斗星的作用，《史记·天官书》说：北斗七星，"斗为帝车，运于中央，临制四乡。分阴阳，建四时，均五行，移节度，定诸纪，皆系于斗。"

以北极星和北斗星为基础，古人将观察的视野扩展到天赤道附近的恒星区。古人把太阳在天空中的周年视运动轨迹称为黄道，把与天球极轴垂直的最大的赤纬圈，也就是地球赤道平面延伸后，与天球球面相交的大圆称为天赤道。先民将分布在黄道和赤道附近两个带状区域内的恒星划分为二十八个区，名之为二十八宿，至迟到战国时代，我国文献中出现了以北斗为中心的、完整的二十八宿体系。二十八宿分为东、南、西、北四宫，每宫七星。为了便于识别和记忆，古人将它们分别想象为一种动物，即东宫像苍龙，南宫像朱雀，西宫像白虎，北宫像玄武，这就是"四象"。四宫、四象与四季相配如下：

东宫苍龙主春：角、亢、氐、房、心、尾、箕七星；
南宫朱雀主夏：井、鬼、柳、星、张、翼、轸七星；
西宫白虎主秋：奎、娄、胃、昴、毕、觜、参七星；
北宫玄武主冬：斗、牛、女、虚、危、室、壁七星。

二十八宿是先民观测行星、记录特殊天象的背景，也是绘制星图、制定历法的基础。以二十八宿为坐标，参酌月亮在星空中的位置，也可以推定太阳和恒星的位置。有了如此完善的周天星座体系作为计算的基点，还可以产生诸如"合朔"等复杂的天文概念。因此，二十八宿是中国古代天文学体系的主体部分之一。

那么，古人创立这一恒星体系，为什么要选取"二十八"这样一个数字，而不是其他数字呢？学者中有不同的解释。但多数专家认为，它可能与恒星月的长度，也就是月球从某一恒星出发又回到此恒星的周期有关。《吕氏春秋·圜道》说："月躔二十八宿，轸与角属，圜道也。"《论衡·谈天》说："二十八宿为日、月舍，犹地有邮亭，为长吏廨矣。邮亭著地，亦如星舍著天也。"《史记·律书》所引的古文献，把二十八宿称为二十八舍，著名史学家司马贞的《索隐》解释说，二十八宿就是日月和五大行星所止舍、停宿的地方。这与《吕氏春秋》等书把二十八宿理解为邮亭、星舍是一个意思。在古代印度，二十八宿被称为"纳沙特拉"（nakshatra），在阿拉伯则被称为"马纳吉尔"（al-manazil），意思也都是"月站"。

恒星月的长度为 27.32166 日，月亮每晚都在恒星之间的一个住所停留，取其整数，所以划分为二十八宿。由于恒星月的长度在27日与28日之间，所以古人曾经使用过二十七宿，为此而将室、壁两宿合为一宿。需要指出的是，月亮每天绕地运行有固定的行度，是一个常数，即用周天365度除以恒星月的长度，为13度略多。而二十八宿划分的天区并不是等分的，各宿的距度相差很大，用古度表示，井宿最宽，有33度，觜宿最窄，只有2度。因此，月亮在恒星之间的运动实际上并不是每天运行一宿。所谓二十八宿，不过是古人在天空中自西向东选择的二十八个标准点。

三、二十八宿起源于何地

从18世纪到19世纪初，法国传教士宋君荣（A. Gaubil）和英国学者科尔布鲁克（H. T. Colerooke）将中国和印度的二十八宿介绍到欧洲，引起了学术界的注意。在中国、印度、伊朗、埃及等古文明的天文学体系中，都有二十八宿。那么，这一体系首先是在哪一国发明的呢？它传布的路线又是怎样的呢？这些问题成为各国天文学家研究的热点。

在相当长的时间里，人们多认为中国的十二辰和十二支都是从巴比伦黄道十二宫演变而来的。英国学者艾约瑟（J. Edkins）、基思（A. Berriedale Keith）和德国学者韦伯（A. Weber）、奥尔登贝格（H. Oldenberg）、博尔（F. Boll）等都持这种看法。日本人饭岛忠夫认为，公元前331年马其顿亚历山大大帝灭掉波斯帝国时，其势力曾直逼中亚，西方天文学，包括二十八宿体系在内，就是在那时传入中国的。他甚至推论说，中国的天文学也是在公元前300年左右，由西方人"逾葱岭，过流沙，而达于黄河流域"的。[1]许多学者认为，二十八宿起源于巴比伦，然后分别传入阿拉伯、印度、埃及和中国。

从表面上看，中国与巴比伦的天文学体系在概念上和方法上都非常相似，巴比伦将黄道分为十二宫，中国则把周天分为十二辰，并用子、丑、寅、卯、辰、巳、午、未、申、酉、戌、亥等十二地支来命名。但是，古代巴比伦把黄道划分为十二宫，是因为每个回归年有十二个月，太阳沿黄道周年视运动，每月进入一宫。而中国的二十八宿体系是月亮视运动的标志点，四象、二十八宿呈赤道环分布。巴比伦直到公元前3世纪的塞琉古时期的泥版上还是采用黄道系统。

重要的是，在数量巨大的巴比伦泥版文书中，至今没有发现过二十八宿表，甚至没有见到二十八宿的痕迹，只有一种独立于黄道十二宫之外的三十一标准星体系，其年代在公元前312—前64年的塞琉古王朝时期。将西汉汝阴侯墓出土的二十八宿圆仪刻列二十八宿距度所反映的原始古距星，与巴比伦三十一标准星比较，只有三星相合。表明巴比伦三十一标准星与中国的二十八宿完全不是一个体系。因此，所谓二十八宿缘起于巴比伦的说法是没有根据的。

中国、印度、阿拉伯、埃及的二十八宿体系同出一源。在这四个地区之中，二十八宿的发生孰先孰后？据专家研究，阿拉伯"马纳吉尔"的星名表大约完成于《古兰经》之前，其使用二十八宿的年代不会早于公元前2世纪。埃及使用二十八宿的时代与此接近，大约在公元前3世纪以后的科布特时代。适成鲜明对比的是，中国文献有关二十八宿的年代要比埃及和阿拉伯早得多。《吕氏春秋·

---

[1] 饭岛忠夫：《中国古代历法概论》，见新城新藏：《东洋天文学史研究》附录。

十二月纪》《礼记·月令》等战国典籍中，已经有了基本完整的二十八宿之名。西汉的《淮南子·天文训》和《史记·律书》中，就已经有了完整的二十八宿的名称记载，只是名字略有差异。在长沙马王堆三号汉墓出土的帛书（约前170）中，二十八宿名也已经全部出现。唐代《开元占经》引用的战国时代的石氏星表中，也有了二十八宿的名称，以及大约公元前4世纪观测的二十八宿距度。因此，至迟在战国时代，中国的二十八宿体系已经完备。据此可以肯定，二十八宿不可能起源于埃及或阿拉伯地区，而只能是起源于印度或中国。

英国学者白赖南（W. Brennand）和美国学者伯吉斯（E. Burgess）认为，二十八宿体系是从印度传入中国的，他们在对二十八宿的中国名称语音作了若干"处理"后认为，在中国的二十八宿名称中，有与古梵文相似之处。而日本学者新城新藏认为，二十八宿体系起源于中国，然后传到世界诸古文明，二十八宿，系于中国，在周初时代或其前所设定，而于春秋中叶以后，自中国传出，经由中央亚细亚，传入印度，进而传入波斯、阿拉伯诸国。

中国和印度的二十八宿体系十分相似。中国二十八宿的古距星与印度的联络星相比，有九个相同；而二十八宿距星与联络星相比，则有角、氐、心、尾、牛、女、娄、毕、觜、参、轸十一个相同。古代中国曾经将二十八宿中的营室称为西萦，东壁称为东萦，可知曾经将室宿和壁宿合为一宿。印度的古代经典中，也有室宿和壁宿合为一宿，成为二十七宿的记载。此外，中国和印度的二十八宿都以角宿为起始宿。

但是，中国与印度的二十八宿体系也有许多不同之处。著名考古学家夏鼐先生指出，印度的"月躔"体系有二十八宿和二十七宿两种体系，但使用得比较多的是二十七宿体系。印度二十七宿的宽度是相同的，而中国二十八宿的宽狭是不同的，有的甚至非常悬殊。[1] 此外，中国的二十八宿的距星，早期多是取亮星。后期为了调整度数而改用暗星。著名天文学家竺可桢先生指出，印度二十八宿的主星大多采用亮星，一等星以上的有10颗，四等星以下的只有3颗[2]；中国确定的距星，大多选择暗星，即使有某些亮星，那也是早期选择的，后来都尽可能地改为暗星。例如，原先是一等星的河鼓（天鹰座 α）和零等星织女（天琴座 α）后来被三等星的牛宿一（摩羯座 β）和四等星的女宿一（宝瓶座 ε）代替。如果说，这是因为织女距赤道[3]和黄道太遥远所致，那么，河鼓距离赤道比牛宿一还要近，可见并非距离远近的原因。又如，心宿二（天蝎座 α）是一颗一等亮星，自古称为"大火"，但二十八宿体系中却不用它作距星，而是选择了三等星的心宿一（天蝎座 σ），两者与黄道、赤道的距离几乎相同。黄道上的轩辕十四（狮子座 α）是一等亮星，离赤道也不远，却被舍弃，而选择了离黄道、赤道都比较远的四等小星张宿一（长蛇座 $υ_1$）。毕宿一（金牛座 ε）和毕宿五（金牛座 α）都在赤道和黄道附近，但也没有被采用，而是选择了四等小星毕宿一。参宿是亮星群集的星宿，其中参宿七（猎户座 β）是零等星，参宿四（猎户座 α）是一等星，也都没有被选作距星，而选用了一颗二等星参宿一（猎户座 ζ）。在《史记·律书》里，二十八宿包括狼、弧，狼即天狼（大犬座 α），是全天最亮的星，但最后也被一颗三等星井宿一（双子座 μ）所取代。要之，中国二十八宿的距

---

1 夏鼐：《从宣化辽墓的星图论二十八宿和黄道十二宫》，《考古学报》1976年第2期。
2 竺可桢：《二十八宿起源之时代与地点》，《思想与时代》1944年第34期。
3 此处的"赤道"指今天的赤道，下同。

星中，只有1颗是一等星，而四等星以下的却有8颗，其中的鬼宿一，竟然是用肉眼勉强可见的六等星。这是很值得注意的现象。[1]

此外，由于北斗七星常年处于黄河流域的恒显圈内，所以中国的二十八宿与北斗七星的联系非常紧密。而印度的纬度比中国低得多，北斗七星并非四时可见，所以北斗七星的地位远不如中国突出。印度的古代历法将一年分为六季，即冬、春、夏、雨、秋、露，但"纳沙特拉"却同中国的二十八宿一样分为四宫，两者不相协调。中国二十八宿先牵牛、后织女的次序与公元前3500年以前的实际天象是一致的。印度在接受中国二十八宿体系的时候，先牵牛、后织女的次序已经与当时的实际天象不合。

以上种种研究表明，印度的二十八宿体系来自中国。但是，这一结论主要是依据文献材料得出的，缺乏出土实物的证明。所以，学术界一直是疑者自疑、信者自信，难以取得共识。

四、铁证如山：曾侯乙墓漆箱盖星图

中国二十八宿形成的具体时间，竺可桢先生曾作过长时期的研究。最初，他根据岁差推算，认为公元前4300—前2300年，沿赤道±10°分布的星宿，属于二十八宿的有18—20宿。如果二十八宿是沿赤道划分的话，则很有可能形成于此时。而这一时期正好与五帝时期相当。竺可桢先生进一步推论说，牛、女两宿的距星本来是牵牛（河鼓，天鹰座α）和织女（天琴座α）两星，后来才被

---

[1] 郑文光：《中国天文学源流》，80页，北京：科学出版社，1979年。

牛宿一（摩羯座 β）和女宿一（宝瓶座 ε）替代。但目前织女在河鼓西，不符合牛、女的顺序，经计算，公元前2400年，河鼓在织女西。这是否意味着二十八宿形成于公元前2400年？

1951年，竺可桢先生计算了二十八宿与天球赤道的最佳会合年代，发现公元前4500年至前2400年间相合的，有12宿之多。如果把观测范围扩大到南北赤纬8度间带形区域内，则有18至20宿相合。如果将黄道与赤道星座加以区分，则赤道星宿可以全部容纳。从公元前3500年至前3000年间，赤道星座的位置与赤道最为符合，所以他又将二十八宿形成的时间改在殷末周初。1956年，竺可桢先生再次修改自己的观点，认为二十八宿的形成不会早于公元前4世纪。郭沫若认为，二十八宿，"其制并不甚古，单独之星名于古虽已散见，然其积成为之月躔之系统者，当在春秋以后。"[1] 钱宝琮先生也认为，黄道二十八宿成立于战国，而赤道二十八舍则成立于春秋。[2]

新城新藏认为二十八宿形成于周初以前，因为当时不仅能从新月的出现逆推朔日，而且在《尚书》和《夏小正》等文献中已经有了二十八宿的某些星名。饭岛忠夫则认为，二十八宿以牵牛初度为冬至点，按岁差推算，二十八宿当形成于公元前396—前382年间。而在此之前，《诗经》已经提到火（心）、箕、斗、牵牛、织女、定（室、壁）、昴、毕、参等宿，可见二十八宿中重要的恒星都已认识。

有些天文学家认为，中国二十八宿体系的创立年代，至早只能上溯到公元前8世纪至公元前6世纪。甚至有学者认为，与二十八宿对应的"左青龙、右白虎"之说，不过是汉儒的附会。

---

1 郭沫若：《释支干》，《郭沫若全集·考古编》第1册，334页，北京：科学出版社，1982年。
2 钱宝琮：《论二十八宿之来历》，《思想与时代》1947年第43期。

1978 年，湖北随县发现一座战国早期墓葬，墓主是一个小诸侯国——曾国的一位名叫乙的国君，这就是著名的曾侯乙墓。墓葬中出土的青铜编钟，以其瑰丽的造型、雄浑的气势、准确的乐音轰动了全世界。就在音乐史家和全国上下沉浸在编钟带来的惊喜之中时，细心的天文学家却从一只漆箱的盖子上发现了又一个巨大的惊喜！

墓中出土五只样式相同、大小相近的衣箱，箱身和箱盖分别是用整块木料挖凿而成的，外表髹有漆。箱盖呈拱形，箱面的南北两侧各有一内凹的长条，箱盖打开后仰置时可以充当箱足来使用。根据箱内所刻的铭文，漆箱固有的名称叫"匫"（音 hū）。箱盖的四角都有外凸的把手，便于手抬、搬移。

在其中一件编号为 E.66 的漆箱盖上，绘有一幅彩色的天文图。画面中央是篆书的"斗"字，显然是表示星空枢纽的北斗。四周顺序书写着二十八宿的名称，与文献所见的二十八宿之名基本相同。二十八宿名的东侧绘有一龙，西侧绘有一虎，这与传统天文学中的东方苍龙七宿、西方白虎七宿正好对应。这是目前所见年代最早的将青龙、白虎与二十八宿配合的实物。

细心的专家发现，主图上"斗"字的写法非常夸张，某些笔画被故意拉长。不难发现，被拉长的笔画分别指向了"四象"的心、危、觜、张等 4 个中心宿，其意图显然是要突出北斗与四时的对应关系。

漆箱盖的三个侧立面各绘有一幅星图，内容与箱盖的主图配合，共同构成星图的体系。漆箱东立面的主区绘有 3 颗星和 1 个火形符号。3 颗星代表心宿，中间 1 颗是主星，画得最大，与心宿的实际天象完全一致。主星被绘在火形符号内。火形符号的右下副区绘有房宿的距星，左下副区绘有尾宿的距星。火形符号的左侧，画有两个草卉符号，表示大火星的东升。而漆箱主图白虎腹下的火形符号

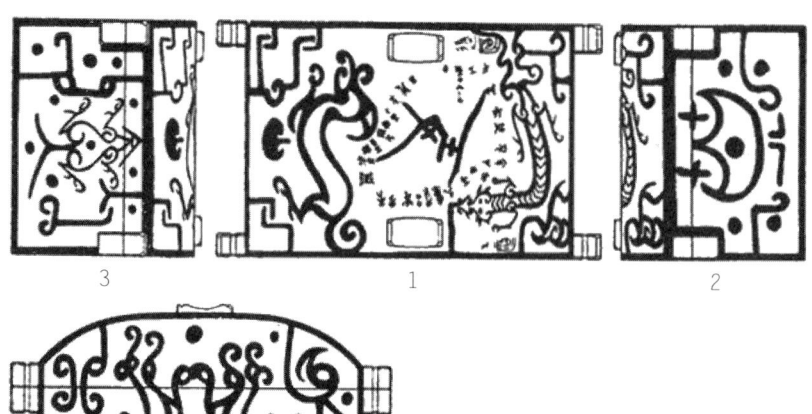

9-3 战国曾侯乙墓漆箱星象图
1.盖面 2.东立面 3.西立面 4.北立面

9-4 曾侯乙墓漆箱

则被涂实,表示大火星的西落。

　　漆箱盖西立面上的星图分为四区,主区是觜宿和参宿,并绘有觜觿的形象,参宿右侧是毕宿的距星,兼指毕宿;左上方纵列的二星,上星是井宿距星,下星是井宿的古距星,古代这二星代表井宿。

左下区绘有星空中最亮的天狼星。

漆箱盖北立面上的星图，主区绘有二兽，手足相对，中间纵立的三星是危宿，右兽后面纵列的二星是虚宿，左兽后面的一星可能是雷电六星之一；副区绘有女宿距星，兼指女宿。

著名天文考古学家冯时先生将漆箱盖的主面与东、西、北三面比邻立面的星图加以综合研究，认为每个立面星图中央的星象，正是主面中北斗所指的星宿，即东宫的心宿、西宫的觜宿、北宫的危宿。所以，东、西、北三个立面的星图，是对三宿附近实际星空的描述，因此，"三立面星图正反映了中国传统的十二次中的三次，即大火、实沉和玄枵。这些星象与《汉书·律历志》的记载完全一致。"[1]

冯时先生指出，曾侯乙墓漆箱的星图，不仅以圆点表示恒星，而且用圆点的大小表示恒星的亮度，如心宿二、参宿七、井宿三、危宿三都是各自星座中最亮的星，故所绘的星点也最大。图中的恒星位置和星数都比较准确。作者还用曲线分隔不同的星座，这些曲线与现代天文学使用的星座界线意义相似。

随县漆箱盖二十八宿天文图，是迄今为止世界上最早的二十八宿图，它的面世，使得沉寂已久的关于二十八宿起源的讨论再度活跃起来。曾侯乙墓下葬的年代是公元前433年左右，表明至迟在公元前5世纪初，中国就有了完整的二十八宿体系。二十八宿体系的形成，需要相当漫长的过程，它的源头必然要远远早于此。

曾侯乙漆箱盖星图中左青龙、右白虎与二十八宿同时出现，证明"四象"并非汉代儒家的附会。河南三门峡上村岭虢国墓地曾经出土一件西周时代的铜镜，年代约为公元前9世纪到前7世纪，镜

1　冯时：《星汉流年——中国天文考古录》，199页，成都：四川教育出版社，1996年。

面的东南西北四方,分别为龙、雀、虎、鹿。后世的"四象",北方为玄武,两者相比,似乎不相符合。专家指出,苍龙、白虎、玄武、朱雀四象的形成,有一个漫长的过程,中间曾经有过以鹿为北宫的阶段。所以,学术界将上村岭的铜镜看作是"四象"的雏形。

曾侯乙漆箱盖天文图的发现,划定了二十八宿与"四象"在中国出现的年代下限,那么,它的上限又可以断在什么时代呢?真是令人悬测万度的难题。

五、濮阳西水坡 45 号墓:远古时代的北斗二宫图

1987 年 6 月,考古工作者在河南濮阳西水坡发现了一群远古时代的遗迹,经碳十四同位素测定,其年代为距今 6460 ± 135 年。其中编号为 M45 的墓葬,大体呈南圆北方的形状,东西各有一个弧形的小龛。经测定,墓主为一壮年男性,头部朝南,东、西、北三方各有一具殉人。在死者的左右两侧,有用贝壳摆塑的龙和虎。整个墓室,宛如一幅硕大的画面。

由墓主人的葬卧方向可知,墓内的布局是按照上南下北、左东右西的方位设计的,这与我国早期的天文图和地图的方位是一致的。传世文献中的《管子·幼官图》,以及出土的甘肃天水放马滩战国古地图和长沙马王堆西汉地图都是上南下北、左东右西。

在死者的身旁耗时费事地用贝壳制作如此复杂的龙虎图案,究竟是要表达怎样的意思?有人认为是出于装饰的需要,这种说法似乎无可厚非。但是,一个不经意的发现,使得龙虎摆塑的"天机"显现了端倪。发掘 45 号墓时,曾在墓主的脚端发现一堆贝壳,另

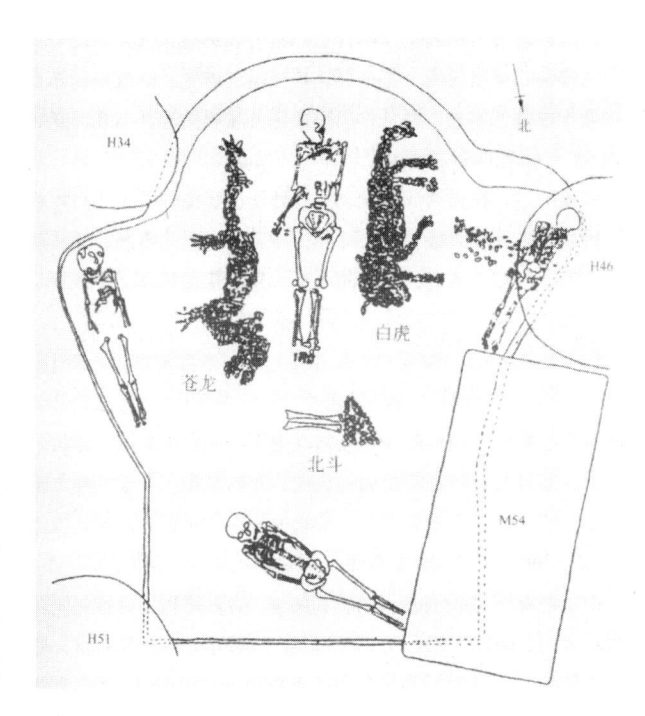

有两根人的胫骨。这种情况以前从未见过，发掘者误以为是龙虎摆塑后多余的贝壳而无意放置于此的，故将其全部清除。所幸的是，恰好有一位考古学家前来参观，在尚未清除贝壳、胫骨的现场拍

9-5 西水坡45号墓龙虎摆塑

了照片，这一至关重要的珍贵资料才得以保存。由照片可知，贝壳堆成一个三角形，胫骨与三角形的底边大致呈垂直角度放置。著名天文考古学家冯时先生认为，三角形贝壳和两根胫骨所构成的是完整的北斗的形象：蚌塑三角形表示斗魁，东侧横置的两根胫骨表示斗杓。耐人寻味的是，西水坡31号墓是单人墓葬，但是墓主的骨架中却不见有胫骨。可见，45号墓中作为斗杓的两根胫骨，正是取自31号墓。从而可以排除"北斗图"无意摆放的可能性。

西水坡45号墓北斗的确认，对于解读隐藏于此墓的天文信息具有重要的意义，北斗与龙虎配合，构成一幅"北斗二象星象图"；曾侯乙墓漆箱盖天文图中，中心大书"斗"字，东西两侧绘以青龙、白虎；两者何其相似乃尔！它们所要表达的含义无疑是一致的。与

曾侯乙漆箱盖天文图一样，45号墓的蚌龙、蚌虎绝对不是作为装饰性的艺术品，而是作为星象图的重要内容，与北斗星共同构成一个刻意安排的整体。

如前所述，在黄河流域，北斗星处于恒显圈内，全年可以观测。因此，古人将天极星和北斗作为中宫，以此为枢纽，逐步建立起东宫、南宫、西宫、北宫的体系，来统辖黄道和赤道附近的二十八宿。

据《史记·天官书》记载，北斗斗杓指向东方的龙星之角（杓携龙角），斗魁指向西方的虎星之首（魁枕参首）。45号墓北斗的两根胫骨和蚌塑三角形的指向，与《史记·天官书》所记不仅完全一致，而且是一种更为简明的模式：斗杓东指，会于龙角；斗魁在西，枕于参首。龙虎与北斗系联为一体，所表达的应该就是"左青龙、右白虎"的星象意义。

西水坡45号墓没有涉及南、北两宫，究其原因，可能是四宫的形成有两个阶段：先有东、西两宫，然后才有南、北两宫。冯时先生认为："西水坡蚌塑星象也正可以作为其中东宫、西宫和中宫的雏形，它代表着中国传统的天官体系的初期发展阶段，而这个体系的出现，显然直接适应于北斗及东西二宫中的某些星象对于古人观象授时的重要作用。"[1]

那么，在西水坡时代，蚌龙、蚌虎究竟代表了怎样的观象授时体系呢？蚌虎的腹下有一堆贝壳，发掘时已经散乱，无法辨认形状。这会不会是无意堆放的呢？冯时先生将这堆贝壳与曾侯乙漆箱盖星图中白虎腹下的火形符号相联系，认为就是心宿。进而可以认为，西水坡龙虎摆塑代表的是心、参二宿。这一发现对于解读45号墓

1　冯时：《星汉流年——中国天文考古录》，142页，成都：四川教育出版社，1996年。

有重要意义。

先民很早就认识了位于黄道东、西两侧的参星和商星，发现两者不能同时出现于天空，所以古人有"动如参与商"之说。参宿有七星，上下各有二星，中间有三颗紧连的亮星，古人认为像一张悬挂着的虎皮，所以将它与虎项联系。西方称参星为猎户座，将中间的三颗亮星称为"猎人"的腰带。我国古代所说的参星，主要是指中间的三颗星。商星又称大火星，由三颗星组成，中间一颗是主星，称为"心宿二"，《诗经·豳风·七月》说的"七月流火"的"火"，就是指它。大火星是中国古代最重要的星宿，著名学者庞朴先生认为，上古时代，中国流行过一种以大火星为主要标准的"火历"。古人所说的参、商，主要是指参三星和商三星。参、商二宿是中国传统天文学的授时主星。

由碳十四和考古学的综合研究，45号墓的年代为公元前4000多年。根据岁差的原理，春分、秋分点和夏至、冬至点在黄道上的位置，每71.6年向西移动1度。据此，可以回推出墓主生存时期两分、两至的实际位置。经推算，公元前4400年左右，参宿正好在春分点上，此时参星伏没不见，而春分日前，日落之后，大火星从东方地平线升起，斗杓东指。公元前4200年左右，秋分之时，日躔尾宿，此时大火星伏没不见，斗杓西指，参宿于黄昏日落之后从东方的地平线上升起。简而言之，公元前4600年—前3900年，正是大火星与参宿分别处于春分点和秋分点的时期。冯时先生认为，西水坡45号墓北斗与东、西二宫并列出现，传达了一个重要信息：它是曾侯乙墓星图中青龙、白虎二宫的雏形，记录了一个特定的周期，即一个恒星年的长度。

六、西水坡 45 号墓墓主身份之谜

西水坡 45 号墓的形制非常独特，其规格之高，在仰韶文化中也是绝无仅有的，能够被如此隆重地安葬的墓主人究竟是谁？此外，墓中有三位殉葬者。一般认为，用活人殉葬，是进入奴隶社会之后才开始出现的现象，而这座将近 7000 年前的、史前时期的墓葬，居然也有殉人，真是匪夷所思。如何解释这一现象，不能不引起研究者的兴趣。

根据文献记载，河南濮阳是上古帝王颛顼之墟"帝丘"的所在地。颛顼是司马迁《史记》中记载的"五帝"之一，文献中有关他的记载很多。《史记·五帝本纪》说，颛顼是黄帝之孙，昌意之子，号高阳氏，他"静渊以有谋，疏通而知事"，有很强的运筹能力，因此"动静之物，大小之神，日月所照，莫不砥属"，是一位影响很大的部落联盟的首领。相传颛顼十岁就开始辅佐少昊，二十岁登帝位。《左传》说他有八个才子，号称"八恺"。

《国语·楚语下》有一段楚昭王与大夫观射父的对话，里面比较详细地提到颛顼的政绩。观射父说，在黄帝之子少昊氏衰落的时期，蚩尤的九黎部落乘机作乱。当时人鬼不分，"夫人作享，家为巫史"，"烝享同位，民神同位"，结果是"嘉生不降"，"祸灾荐臻"。于是，颛顼命令南正重司天以属神，命火正黎司地以属民，"是谓绝地天通"，意思是说分别神、人，使之不再相混。相传在尧舜时代掌管天地的羲、和，就是重、黎的后裔。由此可以推知，颛顼时代可能已经有了历法。晋人皇甫谧说，颛顼在位七十八年而崩。有古书说，颛顼的坟墓在濮阳顿丘城门外的广阳里。

西水坡45号墓中有三位殉葬者，据骨架鉴定，都是12—16岁的青少年男女，而且都是非正常死亡。冯时先生认为，文献记载的颛顼的事迹与西水坡45号墓所表现的内涵十分相似，墓主人可能是一位部落或部落联盟的司天者，三位殉人可能与《尧典》羲和四子之说法有关。春分、秋分之神分居东西方太阳出没之地，墓中东、西两侧的殉人有可能是司春分、秋分者。夏至、冬至之神分居南北极远之地。墓中东、西两侧殉人的方向，大致与墓主相同，基本上为南北方向。北方殉人的方向则迥然不同，为头朝东南，脚朝西北；经测量，头向为北偏东130度，即东偏南约40度。冯时先生认为，"这是一个很有意义的角度"，经测算，他的头向相当准确地指向冬至时的日出方向。因此，冯先生认为，北方的殉人"具有象征冬至之神的意义"。

墓中缺少夏至之神，令人不得其解。但是，无独有偶，曾侯乙墓漆箱星图的立面图也缺少南宫的图象，其中的奥妙，至今不能作出完满的解释。

从《尧典》等文献看，中国二十八宿体系的滥觞期，至少可以上溯到公元前4世纪的中叶。曾侯乙墓漆箱星图和西水坡45号墓的发现，为这一结论提供了有力的证明。二十八宿体系何时传入印度，目前还很难确指。估计印度人在接受二十八宿体系之后不久，又向阿拉伯方向传播，而古波斯可能是西传的桥梁。

参考论著：

1. 冯　时：《中国天文考古学》，北京：社会科学文献出版社，2001年。
2. 冯　时：《河南濮阳西水坡45号墓的天文学研究》，《文物》1990年第3期。
3. 郑文光：《中国天文学源流》，北京：科学出版社，1979年。

第十讲　曾侯乙墓均钟与中国古代的律吕

均钟，1978年湖北随县曾侯乙墓出土。木制，形若长棒，首端近方，尾端近圆。首宽7厘米，高4厘米；尾宽5.5厘米，高1.4厘米。全长115厘米。表面平直狭长，首端立一蘑菇状柱。柱旁和器面尾端各横亘首、尾岳山，两岳外侧，均并列五个弦孔。其首起52厘米为一狭长形的音箱。器身以黑漆为地，朱绘繁缛的图案。为我国目前所见年代最早的编钟音准器。

说起曾侯乙墓的重要发现，大多数人都会想起曾侯乙编钟。著名音乐史家黄翔鹏教授却从一件不起眼的"五弦器"上考证出了失传千年的、与编钟配套使用的音准器——均钟。这是一个令音乐史界拍案叫绝、为之欢呼的重大发现。

一、三分损益法

古代中国是音乐发皇最早的国度之一。至迟在春秋时期，就形成了比较完美的音乐理论和一整套记谱及确定乐律的方法。今天简谱中的1、2、3、5、6，古人称为宫、商、角、徵、羽，表示一种音阶关系。宫、商、角、徵、羽的音值是怎样确定的呢？《吕氏春秋·仲夏纪》说："音乐之所由来者远矣，生于度量，本于太一。"可见古人很早就注意到乐器的发音都与一定的度、量、衡有某种必然的联系。中国五声音阶的生成方法，最早见于《管子·地员》，称为"三分损益法"：

> 凡将起五音，凡首，先主一而三之，四开以合九九，以是生黄钟小素之首，以成宫；三分而益之以一，为百有八，为徵；不无有三分而去其乘，适足，以是成商；有三分而复于其所，以是成羽；有三分而去其乘，适足，以是成角。

这段文字的大意，是说如何在弦上求得所需要的音律。文中的"小素"指丝弦。具体的方法是，以一条81寸长的弦作为宫音；然后增加其长度的三分之一（即"三分益一"），得108寸，就是徵音的弦长；再以徵音的弦长分为三等份，去其一，即"三分损一"，得72寸，就是商音的弦长；再以商音的弦长为基础，三分益一，得96寸，就是羽音的弦长；再以羽音的弦长为基础，三分损一，得64寸，就是角音的弦长。这样，五音的音值就全部确定了。

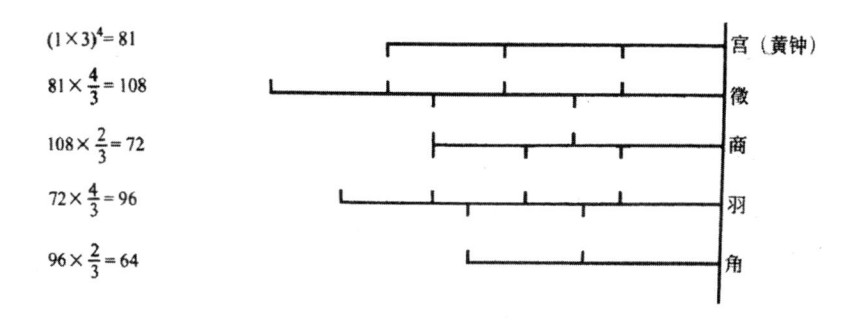

$(1 \times 3)^4 = 81$ — 宫（黄钟）
$81 \times \frac{4}{3} = 108$ — 徵
$108 \times \frac{2}{3} = 72$ — 商
$72 \times \frac{4}{3} = 96$ — 羽
$96 \times \frac{2}{3} = 64$ — 角

10-1 三分损益法示意图

欧洲最早的五声音阶理论，是由希腊"数论之祖"毕达哥拉斯（Pythagoras）的五度相生律奠定的。管仲的"三分损益法"与毕达哥拉斯的"五度相生律"基本原理相通，但具体途径不同。毕达哥拉斯（约前580—前501）的年代，要比管仲晚140多年。[1]

把一个八度分成十二个半音，就是所谓的"十二律"。生律的方法不同，则所得到的十二律也就不同。"三分损益法"所得到的十二律，是不平均律。它所形成的古代大全音（204音分）比十二平均律的全音大，小半音（90音分）比十二平均律的半音小。

《国语·周语下》记载周景王向伶州鸠问律。伶州鸠说，律有十二个，这是"古之神瞽"发明的，十二律中有六个是阳律：一曰黄钟、二曰太簇、三曰姑洗、四曰蕤宾、五曰夷则、六曰无射；另有六个律称为"六间"，也就是六吕：一曰大吕、二曰夹钟、三曰仲吕、四曰林钟、五曰南吕、六曰应钟。这是传世文献对十二律律名最早、最完整的记载。但是，学术界对《国语》的记载是否可信，一直有争论。曾有学者提出，古代中国的十二律体系，是战国末期由希腊传来的，不过稍加汉化而已。

《吕氏春秋·音律》在三分损益法生五律的基础上，用"隔八相生法"推算出了十二律："黄钟生林钟，林钟生太簇，太簇生南吕，南吕生姑洗，姑洗生应钟，应钟生蕤宾，蕤宾生大吕，大吕生夷则，夷则生夹钟，夹钟生无射，无射生仲吕。"

1　陈应时：《中国古代文献记载中的"律学"》，《中国音乐》1987年第2期。

黄	大	太	夹	姑	仲	蕤	林	夷	南	无	应
钟	吕	簇	钟	洗	吕	宾	钟	则	吕	射	钟
C	#C	D	#D	E	F	#F	G	#G	A	#A	B

六律之中，相邻两律都是全音程关系，六吕是出于两律之间的半音，《国语》称之为"六间"正是这个意思。十二律合称律吕。乐工根据情感表达的需要，变换宫音的位置，称为"旋宫转调"，由此产生丰富多彩的乐曲。

十二律之名沿用千年，成为后人仅知的一套古代律名。而三分损益法在秦汉时期还广为流行，影响很大，以致后人一直以为它是我国最古老的生律法。

二、匪夷所思：曾侯乙编钟的乐律

我们在"舞阳贾湖骨笛"的专题中已经介绍过曾侯乙编钟的基本情况，以及编钟已经具备七声音阶等问题。在此，我们还要简要地谈到曾侯乙编钟的乐律。

曾侯乙编钟的钟身、钟架、挂钩等部位共有铭文约3700多字，内容为编号、记事、标音以及音名、阶名、调式、八度组、旋宫法，以及与各国律名的对应关系等方面的乐律理论。音乐史专家据此对编钟进行测音，并系统地研究春秋战国时期的乐律体系，获得了丰硕的成果。

曾侯乙编钟铭文所见的律名共有28个，其中有8个见于传统的十二律，另有18个不见于传统的十二律。由此可以肯定，至迟在春秋前后，曾侯乙编钟的十二律体系就已形成。编钟的主要律名如下：

（按：根据曾宪书第 25 页钟律表及第 142—146 页各国律名说明，全部律名如下）

楚律：吕钟、浊坪皇、坪皇、浊文王、文王、浊新钟、新钟、浊兽钟、兽钟、浊穆钟、穆钟；

曾律：穆音、蕤宾、无射、黄钟、应钟、太簇；

曾楚合用：浊姑洗、姑洗；

曾周合用：韦音、嬴孚、应音、宣钟；

周律：刺音；

晋律：上般下米钟、六埔；

齐律：吕音；

申律：夷则。

由上可见，见于传统十二律的只有蕤宾、无射、黄钟、应钟、太簇、姑洗、夷则七个。

楚国的十二律的律名，与《国语·周语下》伶州鸠所列举的十二律律名居然没有一个相同，其构成的方式也不相同，可见是一种独特的律学体系。

钟铭还记载了曾侯乙钟的律名与周、晋、楚、齐等国律名的对应关系。如中层 2 组 11 号钟铭："穆音之宫。穆音之在楚为穆钟；其在周为刺音。"又如中层 3 组 10 号钟的铭文："姑洗之徵，大族之羽，新钟之变商，夷则之羽曾，兽钟之徵角。"意思是曾国姑洗律的徵音，也是曾国大族律的羽音，又是楚国新钟律的变商音，又是申国夷则律的羽曾音，还是楚国兽钟律的徵角音。

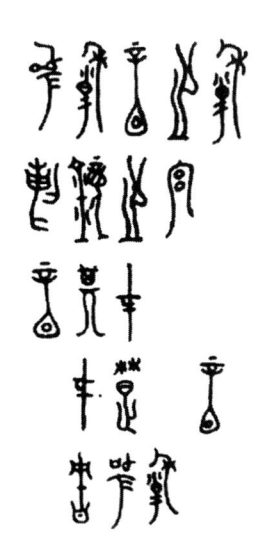

10-2　曾侯乙墓编钟铭文

曾侯乙编钟所见的音名，有以下几种表达方式：

1. 加前缀词：如变羽、变商、珈钼、珈徵；
2. 加后缀词"颠"：如宫颠、商颠、徵颠、羽颠；
3. 加后缀词"曾"：如宫曾、商曾、徵曾、羽曾；
4. 作为高低八度音名的：终、鼓、巽、钼、骹；
5. 表示阶名的：和、下角；
6. 表示不同八度位置的前、后缀词：浧、大、少、反。

此外，还有某些含义尚不清楚的名词。

专家认为，"颠"表示某音上方的大三度音程，"曾"是表示某音下方的大三度音程；两者共同构成"颠—曾"三度关系。

用三分损益法生律，最多只能生出360律。而曾侯乙钟采用的是一种兼用三分法和"颠—曾"纯律三度生律法的复合律制，其几何图像，是左右、上下各个方向都可以从不同起点多次延伸的"钟律音系网"，包括基列、一次高列、二次高列、一次低列、二次低列五列，它在数理逻辑上远远比三分损益法复杂。根据对曾侯乙编钟铭文的研究和对钟的实际测音，可知半音之间甚至多达五个不同的律，如此繁复的音律，究竟是怎样计算出来的，真是匪夷所思。著名音乐史家崔宪先生指出："曾侯乙编钟的生律法，是在'宫、商、徵、羽'这四个按五度关系排列的基本音级上，再以'颠'与'曾'分别向上、向下生成大三度音程，构成以五度为主、以三度为辅的十二个基本律高，及其代表的十二个基本律位的律学体制。"[1]这显然是一种与文献记载颇有不同而更为复杂的律制。

金为八音之首，众声之起，必待钟声之作。编钟在乐器中的地位，犹如食器中的列鼎，位居于其他乐器之上，具有"音标"的作用。古人对钟的声音是否合于标准十分看重，《吕氏春秋·长见》中有一段记载很能说明这一点："晋平公铸为大钟，使工听之，皆以为调矣。师旷曰：'不调，请更铸之。'平公曰：'工皆以为调矣。'师旷曰：'后世有知音者，将知钟之不调也。臣窃为君耻之。'至于师涓，而果知钟之不调也。"这段话的意思是说，晋平公新铸了一口大钟，请乐工们审听，都说符合音准，唯独著名的乐师师旷听后说"不调"，就是音准不对，要求晋平公重新铸造。晋平公不以为然，师旷十分生气。后来，另一位著名的乐师师涓听过此钟的声音，果然是不合音准。

为什么钟铸好之后要调音呢？因为钟是用范铸造而成的，在精密铸造诞生之前，钟的音准不可能丝毫不差。因此，需要通过错磨的方法来对音高进行微调，使钟律准确无误。那么，错磨的部位又在哪里呢？有人认为，钟上突起的"枚"，可能就是调音用的；也

---

[1] 崔宪：《曾侯乙编钟钟铭校释及其律学研究》，7页，北京：人民音乐出版社，1997年。

有人认为，调音主要在舞部。但是，实验表明，这些部位对于音高调试都没有明显的影响。

编钟的音高究竟如何调整，古书很少提及，只有《考工记》等极少数文献有简略的记述。《考工记·凫氏》说："于上之攠谓之隧。"这句话的意思非常难懂，从字面上理解，钟的两于之间的敲击之处称为"隧"。东汉学者郑玄解释说："攠，所击之处攠弊也。隧在鼓中，窒而生光，有似夫隧。"历代学者多认为，钟体正面的敲击部位称为隧。曾侯乙编钟出土后，证明是一种双音钟，许多学者将一枚钟上正、侧两面所发的音称为"隧音"和"鼓音"。

但是，有学者发现，在出土或传世的钟的隧部或鼓部的背面，每每可以见到锉磨的痕迹，因而怀疑这些地方有可能就是调音的部位。实验表明，调音的部位确实就在这两处，在鼓部进行精细的调试，可以将音高调整到 ±3 音分以内。不过，从出土编钟的锉磨沟槽来看，先民寻找调音的敏感区，并非一步到位，而是经历了很长时间的摸索，最终才选择在敲击部位的背面。著名冶金史专家华觉明先生认为，《考工记·凫氏》郑玄注所说的"窒而生光，有似夫隧"的隧，应该是指钟背面锉磨而成的沟槽。因为《考工记·匠人》一职中提到的"隧"就是指田地中的沟渠。据此可以肯定，清代以来考据学家认定的钟体上"隧"的位置是错误的。华先生主张将"隧音"和"鼓音"改称为"正鼓音"和"侧鼓音"，得到学术界的认同。

毫无疑问，乐工在调整音律如此复杂、精密的曾侯乙编钟时，一定会有一种音准器来作为锉磨、修正音律的标准。遗憾的是，当曾侯乙编钟在许多地方巡回展览时，似乎谁也没有想过，或者是谁也不敢想，与曾侯乙编钟配套使用的音准器是否也在曾侯乙的墓中？唯其如此，一个价值不亚于整套曾侯乙编钟的惊人发现，险些与我们擦肩而过，而重新埋没在岁月的流光中。

三、五弦琴乎？筑乎？

在曾侯乙墓东边的"寝宫"中，考古学家发现有若干件乐器，其中10弦弹奏乐器1件，25弦瑟5件，竽2件，悬鼓1件。

另有一件形状比较奇特的器物：木质，长棒形，首段近方，尾段近圆。全长115厘米，首宽7厘米，高4厘米；尾宽5.5厘米，高1.4厘米。表面平直狭长，首端立一蘑菇状柱，柱高4.4厘米。柱旁和器面尾端各横亘有首、尾岳山。首岳长5.1厘米，底宽0.8厘米，高0.35厘米；尾岳长4.5厘米，底宽0.8厘米，高0.35厘米。两岳间距（隐间）106厘米。两岳外侧，均并列5个弦孔，孔径0.3厘米，孔距约为1厘米。其首起52厘米为一狭长形音箱，内空。周壁平直，底板首端开有一椭圆孔与内腔相通，椭圆孔与器首挡板相交处（亦即首挡板底沿正中）尚有一小凹槽，似过弦槽。其器身的另一段，表面平直，内实，底部弧圆，尾端呈坡状上收。经脱水处理时仔细观察，该器主体系用整木雕成，首部音箱的底板是加工后嵌入的。

10-3 均钟

器身全部以黑漆作底色。器表除音箱面板部分（首岳以内）之外，均以朱、黄两色相间遍饰精细绮丽的纹样。首端，以绹纹勾边，内填鳞纹和卷曲纹；面板、侧板、底板，以菱纹带勾边；尾端，表面绘鳞纹，底面绘正反向嵌合的三角雷纹。在由菱纹带勾边的装饰块面里，纹饰的内容有两个主题。第一主题绘于器身后半段的底面，画面中有变形鸟纹、龙纹和人形纹，据其摆布，可分为两幅：其一，人作蹲状，有目有口，头顶长发高竖且向两旁弯曲，头顶两侧各有一蛇，上肢作龙形，向上曲伸，胯下有二龙，龙首相对，龙身相互环绕三道，龙首各向后翘，龙体饰菱纹。其二，人亦作蹲状，面孔比前者多出个大鼻梁直冲天灵盖，月牙形的大嘴张而上翘，双目倒挂，相当两耳之处各有一蛇。其胯下双龙形与上同。

面板宽约 5.5—7 厘米，长 115 厘米，大略以中间为界，一端厚 4 厘米，另一端较薄，约 1.4 厘米。由于它的一端镶嵌有一枚"岳山"，也就是架设丝弦用的部件，上面有 5 个刻槽，因此，学者最初将它定名为"五弦琴"。

黄翔鹏先生对这件"五弦琴"进行了仔细的观察和深入的研究，发现它的形制比一般的琴窄得多，在如此狭窄的面板上安上 5 根弦，弦距就只有 0.9—1.1 厘米，要比唐代以来演奏用琴的弦距少一半。这么窄的弦距，弹奏时势必无法"容指"。假如它是用弓演奏的乐器，那也必然会出现丝弦挤缠的现象，无法成音。

此外，一般演奏用琴的岳山高 1.7 厘米，而这件"五弦琴"的岳山仅高 0.35 厘米，相差非常悬殊，而且共鸣箱也很小，弹拨所产生的音量十分微弱，很难想象可以用于演奏。适成鲜明对比的是，它的弦长却有 105 厘米，比普通的演奏用琴只短 4% 左右。如此长的弦，架在如此低矮的岳山上，弹奏时势必出现弦索擦碰腹板的现象，难以演奏。

那么，是否可以用加设柱码的方法来解决岳山过低的矛盾呢？答案是否定的。因为腹板太窄，左右两边外侧的弦下都没有架设柱码的地方。又因为弦距过窄,其余之弦的柱码也会有折叠、抬架的现象出现。总之,这是一件无法演奏的器物,绝对不能定名为五弦琴。

那么,它是否会是先秦两汉时期流行的另一种乐器"筑"呢?说起筑,大家都不会陌生,"高渐离击筑"是妇孺皆知的故事。据古书记载,高渐离善于击筑,为了谋杀秦始皇,他预先在筑的空腔内灌满铅,使之成为一件杀伤性武器。

可是,筑是什么样子的呢?古书没有记载,因为实在是太普通,无人不晓,根本用不着说明。三国两晋以后,随着歌舞伎的盛行,包括筑在内的一些传统乐器开始衰落。到唐代,随着清乐乐部在宫廷中的消失,筑已经绝迹于宴饮场合。宋代学者已经不知筑的形制。陈旸在他的《乐书》中描摹的筑的样子,与琴瑟没有多少区别。

1975年,在长沙马王堆三号墓随葬的明器中发现一件长约35厘米的大头细颈的乐器,引起了专家的注意。器身如四棱长棒,尾部细长,通体髹黑漆,首尾两端各嵌一排竹钉,共5个,可以设5根弦。首端竹钉外有一圆柱,系于竹钉上多余的弦缠在此处。出土时,上面缠有丝质残弦。同墓出土的"遣册"(记载随葬器物细目的清单)上有"筑一,击者一人"的记载,推测这件器物应该就是失传已久的筑。

有趣的是,专家在马王堆一号墓的彩绘棺头档上发现了一幅图,

10-4　连云港市海州侍其繇墓食盒

图中有一位头部画成龙形的人正在演奏一种乐器,这种乐器的样子与三号墓出土的大头细颈的乐器完全一样!

无独有偶,在连云港的西汉侍其繇墓中出土的漆食奁彩绘花纹中,也发现了与马王堆彩绘棺头档类似的画面。由图可知,筑的演奏方法与我们想象的完全不同,是左手持于细颈,翻转左手四指、屈指按弦,右手用条形器物插弦。经专家考证,击筑的"击",是插的意思。

马王堆的筑,并非实用的乐器,而是随葬用的明器,所以只有33厘米长。它的实际长度,应该更长。至此,人们才恍然大悟,如果在它的共鸣箱中灌满铅,那确实是一件颇具杀伤力的重器。

将曾侯乙墓的五弦器与马王堆的筑相比,两者都是一头大,一头小,而且都是架设5弦,确实有许多相似之处。但是,如果将马王堆的筑放大到与曾侯乙墓的五弦器相当的长度,就可以发现,五弦器的共鸣箱部分要比筑小得多,形状也不同。因此,完全可以排除它是筑的可能性。

既非五弦琴,又非筑,那么,它究竟是什么乐器呢?

四、均钟!湮没千年的均钟!

黄翔鹏先生对曾侯乙墓出土的这件器物进行了相当深入的研究,认为它应该就是《国语》中提到的、至迟于公元前6世纪已在周代宫廷中使用并在秦汉失传了的"均钟"。它是一种为编钟调律的音高标准器,也是中国古代的一种声学仪器。

"均钟"一词的出处,和《国语·周语下》中乐官伶州鸠与周景王的一段对话有关：

> 王将铸无射，问律于伶州鸠。对曰：律所以立均出度也。古之神瞽，考中声而量之以制，度律均钟。

在这段话对话中，伶州鸠谈到了律的作用、方法、用具三个方面。第一，律的作用是"立均（韵）出度"。"均"是指七声音阶各个音级律高位置的总体结构。所谓"立均"，就是确定音乐中所使用的某种音阶的调高。不同的律，可以表现为一定的长度，即提出一定数据作为音调的标准，此即所谓"出度"。第二，周代决定律准的方法，是凭借"古之神瞽"传下来的前代尺度，它可用以"度律"（确定律长），用以"均钟"（为编钟调音）。第三，定律的用具叫"均钟"。"均钟"的均是"调"（tiáo）的意思。均钟的形制是怎样的？《周语下》没有提到，但是，韦昭作的注解中有说明："均者，均钟木，长七尺，有弦系之以均钟者。度钟大小清浊也。汉大予乐官有之。"根据韦昭的注释，均钟在东汉皇家音乐机构中仍然存在。韦昭是东汉末年三国时代的吴人，离东汉的年代不远，是著名的学者，他能描述均钟的质地、长度、基本形制、用途等，应当是曾经见过这种器物，或者是当时的文献中有所记载。

韦昭的注解虽然比较简略，但是非常宝贵，由此可以了解到，均钟是一种长方形的木制器具，长约七尺，器身有弦，弦的数目不详，是古代的盲人乐师专用于调钟的律准。

黄翔鹏先生认为，根据曾侯乙编钟的乐律体系，它所使用的律准，应该与秦汉以后的律准判然不同。秦汉以后的律准，以三分损益法为宗，而且是每钟一音，音准器是一种十三弦琴。十三弦琴的形制，通常是在中央一弦之下，或者是最外侧的第一弦（即所谓黄钟弦）之下，刻画分寸，并且施轸设柱，乐工根据分寸刻画确定其他十二弦的律高标准。

从曾侯乙钟的铭文可知，它采用的是以宫、商、徵、羽为基础的四颤四曾纯律大三度律法，是一种复合律制。其音高并非完全采用三分损益法正律；由于同位异律的缘故，律数超过十二的一倍以上。因此，黄先生指出，如果曾侯乙编钟是用三分损益法来正律数的，那么，音准器上连5根弦都显得多余；而如果是按照钟铭所有律名与音名来设弦，那么，20根弦也不够用。

黄翔鹏先生认为，在古代的音乐实践中，有一种七弦琴的钧法，声序从徵音起算，在古代乐律学理论中称为下徵调"钧法"。《管子》一书记载的五声之序为徵、羽、宫、商、角，这正是自古相传的七弦琴"正调"的"钧法"。黄先生指出，根据曾侯乙钟铭文，可知编钟使用的是按照浊、太、正、少、反来划分八度组位置的"钧法"，因此，这件五弦器上张设的五根弦，是为了与编钟的五个八度组相对应。如果将这件五弦器按照基列之各音作e、d、f、g、a各音来定五条空弦，则可以得到宫、商、徵、羽以及四颤、四曾，十二律的全部调律法。黄翔鹏先生感叹地说："真所谓多一弦则不必，少一弦则不足。"这正是均钟形状与五弦琴相似的原因。将这件五弦器作为音准器来认识，许多以前无法解释的问题都迎刃而解了。

首先，五弦器的岳山设计得如此低矮，是为了轻拨弱奏的需要。调音者为了避免张力的变化，只能轻轻拨弦；为辨别音准，则宜静听。如果岳山过高，就无法达到这一目的。

其次，五弦器的器身一侧有音箱，另一侧无音箱，两者的分界，正好在1/2弦长处，也就是通常所说的七徽位，此处绘有全器唯一的一个断纹,说明均钟的设计,是有意识地只用一半徽位。因为,从7徽到12徽都位于音箱上,可以用左手按弦而取音;其右方则虽有指板而丝弦悬空,无法按弦取音,因为用右手轻拨弦线,无须按实,因此不同于琴。从1徽到6徽,徽上的按音全都是左半部所有各音的重复,只有八度组的差别,没有不同音程的关系。而凡是高音部分与低音区音程关系相同的,其弦长分寸也随音高而渐密,容易发生误差,不如低音区取音准确,所以干脆弃而不用。可见均钟"虚其半器"的形制,是一种深明音响原理而又符合均钟性能的科学设计。

再次,所谓"度律均钟",就是按照一定的计算方法求得的律来测定钟的大小和发音高低。在均钟的设计过程中,无疑已经利用了弦长比值等数据的度量关系,它作为一种仪器,把上述律制的多头绪的复杂运算,化作简易的直观手法,只凭简单度量,就能直接以所发音高,提供所需各律的标准,可谓神奇至极。用弦律来进行音律计算,由于弦长比与频率比正好互为反比,故精确而易算。古代音乐声学家们早已深谙此道。

黄翔鹏先生还指出,五弦器上的图案也有助于解决它的性质问题。器身绘有五组在方格纹衬底上飞翔的凤鸟:面板上的凤鸟有两行,各十二只;一边侧板上的一行凤鸟也是十二只,另一侧为十一只;底板上的凤鸟共有十二只。如果将各组凤鸟按照首尾衔接的关系合拢两端,正好形成完整无损的五个封闭的圆环,恰好与器身的五弦相对应,这恐怕不是巧合。这些花纹的寓意,应该就是上古神话中关于律的起源的故事。《吕氏春秋·古乐》说,黄帝令乐官伶伦造律。伶伦来到大夏之西,昆仑之阴,模仿六只雄鸟的鸣声,将竹子截成长短不同的六个竹管,成为六个阳律;

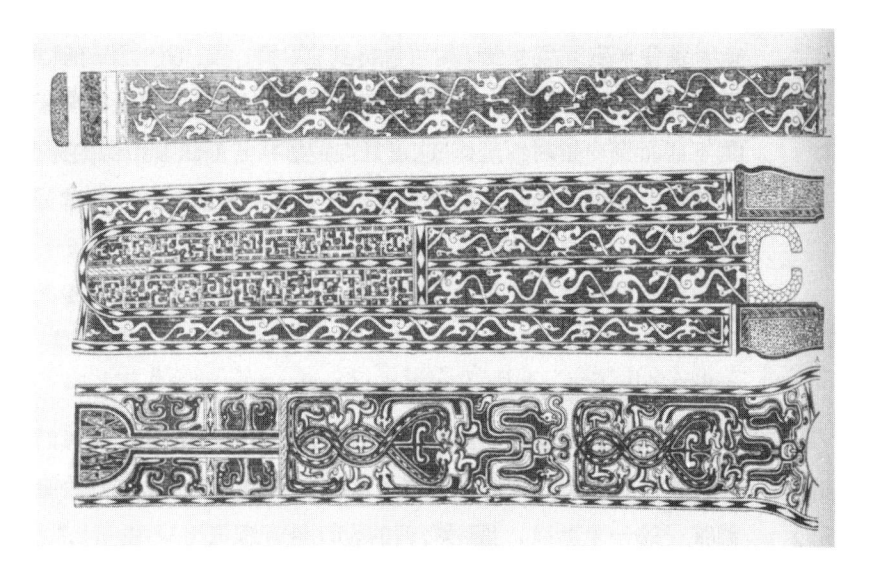

10-5　均钟纹饰
采自《中国音乐文物大系》（湖北卷）

又模仿六只雌鸟的鸣声，将竹子截成长短不同的六个竹管，成为六个阴律。西周钟中多次发现有以凤鸟标志侧鼓音的敲击部位的。均钟上的这组图案，恰恰表明了均钟的性质。琴箱两侧及颈面上饰有五组凤鸟纹，十二羽为一组，每组中六正六反。两个音乐神话，一为"乐"的起源，一为"律"的起源，用来装饰调钟用的音准器，实在是再合适不过了。

另有学者指出，器底的图案也与音乐有关：在器身后半段的背面，绘有两幅人形纹图像，人作蹲状，有目有口，头顶长发高竖且向两旁弯曲，两耳处各有一蛇，上肢作龙形向上曲伸，胯下有二龙，龙首相对，龙身相互环绕三道，龙尾各向后翘，龙体饰菱纹。它们可能是《山海经·大荒西经》所载夏后启上天得乐的写照。[1]

1　冯光生：《珍奇的"夏后启得乐图"》，《江汉考古》1983年第1期。

那么，古人为什么能够用如此简单的调音器来解决如此复杂的音律问题呢？为什么在使用均钟时，弦下不必刻画分寸，设置徽位，仅用耳朵就能迅速在弦上找到律高的正确位置呢？这除了均钟本身的高超设计之外，还有一个重要原因，就是上古时代在王室或诸侯宫廷中掌握"成均之法"的大司乐，或具体掌握均钟或调律的大师都是盲人。盲人凭双耳审听音高所达到的精度，是今人无法想象的。蔡邕《月令章句》说："古之为钟律者，以耳齐其声。后人不能，则假数以正其度。度数正，则音亦正矣。以度量者，可以文载口传，与众共知，然不如耳决之明也。"艺术的高妙之处，往往不是科学技术可以替代的。时至今日，最高级的乐器都出自匠人的手工，而不是现代机械，这是人所共知的。世界上最好的钢琴，都是人工调试的。盲人乐师由于失明，其听觉往往超乎常人，他们以音乐为终身唯一的事业，使得他们对于音准的敏感，达到常人难以企及的程度。《淮南子》中曾经说道："师旷之施瑟柱也，所推移上下者，无寸尺之度而靡不中音。""今夫盲者目不能别昼夜、分白黑，然而搏琴抚瑟，参弹复徽，攫援摽拂，手若蔑蒙，不失一弦。"这正是对当时盲人乐师的音准敏感的生动写照。所以，蔡邕"古之为钟律者，以耳齐其声"的话，绝非空穴来风。

秦汉以后，已经不再严守三度生律法的同体谐和关系，并且宫廷乐工开始由明眼人担任，因而改为在弦下刻画明显标志。

古书记载的音准器有两类，一种如《管子》的"三分损益法"，是通过弦长来求音高，是所谓"以弦定律"。此外，东汉蔡邕的《月令章句》中还提到通过有规律地变化孔径和周长都相同的管子的长度来求十二律，是所谓"以管定律"。先秦定律到底是"以弦定律"

还是"以管定律"？千余年来，学术界几乎都认为是以管定律。黄翔鹏先生以其渊博的学识和惊人的智慧，考证出鲜为人知的"均钟"，精审严密，铁案如山，湮没千年的古代编钟音准器由此重现人世，使世人对中国先秦时代的律学水平有了全新的认识，其功莫大焉。均钟的考定，证明曾侯乙钟是"以弦定律"，周代已有以弦定律的正弦器，同时也有力地证明中国音律的比率知识是独立形成的，与外来文明无关。

五、雨台山律管：又一种战国调音器

无独有偶，在曾侯乙墓发现均钟这一弦音准器之后，考古学家又发现了"律管"的实物。1986 年 10 月，江陵雨台山 21 号墓出土了 4 支律管，编号为 17-1、17-2、17-3、17-4。律管均用刮去表皮的异径无节细竹管制成，上端管口圆形，从管口开始刮去表皮，管壁一侧削成一或二个条状平面，上面直行墨书本律（调）之宫和一些律（调）的对应阶名，共计有依稀可辨的墨书 39 字，均为乐律内容。其中，能见到圆形管口并有文字的两件，两端均残但有文字的两件。此外还有一些无字的残竹片。据此可以推断，保留下来的残管至少有四支，从残片残文分析，当有散佚。谭维四等先生对铭文作了如下的复原：

M21：17-1，定新钟之宫，为浊穆钟羽，为定坪皇角，为定文王商，为浊姑洗徵。

M21：17-2，定（或可省略）姑洗之宫，为浊文王羽，为浊新钟徵。

M21：17-3，定文王之宫，为浊兽钟羽，为浊穆钟徵。

M21：17-4，浊坪皇之宫，为定文王羽，为浊穆钟角。

由此可寻绎出本定律的铭文格式是：

1. 首先标出本定律之宫；
2. 其次标出上方小三度的浊律羽；
3. 再次标出上方小六度的定律角；
4. 再次标出上方小七度的定律商；
5. 最后标出上方纯四度的浊律徵。

据此，可以将其余八律的铭文复原如下：

浊兽钟律：浊兽钟之宫，为定穆钟羽，为定坪皇角，为浊新钟商，为定姑洗徵。

定兽钟律：定兽钟之宫，为浊姑洗羽，为定文王角，为定新钟商，为浊坪皇徵。

浊穆钟律：浊穆钟之宫，为定姑洗羽，为浊新钟角，为浊兽钟商，为定坪皇徵。

定穆钟律：定穆钟之宫，为浊坪皇羽，为定新钟角，为定兽钟商，为浊文王徵。

浊姑洗律：浊姑洗之宫，为定坪皇羽，为浊兽钟角，为浊穆钟商，为定文王徵。

定坪皇律：定坪皇之宫，为浊新钟羽，为浊兽钟徵。

浊文王律：浊文王之宫，为定新钟羽，为浊姑洗角。

浊新钟律：浊新钟之宫，为定兽钟羽，为浊坪皇角。

它们的发音都稍微低于现行的平均律，与曾侯乙编钟的实测结果相同。律名和阶名与曾侯乙钟磬标音铭文大体上没有差别，只是新钟、文王两个律名之前所冠的"定"字是竹律所特有点。律名中，只有"姑洗"属于姬姓的曾国，其余都是楚国所固有，证明它与曾侯乙墓钟磬铭文属同一乐律学体系。曾楚两国乐律关系之密切，于此可见一斑。

将竹律与曾侯乙编钟铭文比较，可知冠有"定"字的新钟、文王二律都属于六律，即阳律；而冠有"浊"字的穆钟、兽钟和文王三律都是降半音的六吕，即阴律。[1] "定"字的意思与"正"字相当，因此，六定律就是六常律，六浊律就是六变律。楚国属于阳律的六定律就是六正律。

与均钟一样，这些竹制的律管不是乐器，不能演奏乐曲，只能用于定音或调音。至于雨台山21号墓竹管的具体用途，专家认为可能是调瑟用的律管，有学者认为可以名之为"瑟律"，这是继曾侯乙墓均钟之后出土的又一件先秦时期楚地的调音器，是中国竹律管的最早物证。随着田野考古的发展，一定还会有新的乐器和调音器出土，这是我们完全可以期待的。

参考论著：

1. 杨荫浏：《中国古代音乐史稿》，北京：人民音乐出版社，1981年。
2. 黄翔鹏：《均钟考——曾侯乙墓五弦器研究》，《黄钟》（武汉音乐学院学报）

1　李纯一：《曾侯乙编钟铭文考索》，《音乐研究》1981年第1期。

1989 年第 1—2 期。
3. 黄翔鹏：《溯流探源——中国传统音乐研究》，北京：人民音乐出版社，1993 年。
4. 崔　宪：《曾侯乙编钟钟铭校释及其律学研究》，北京：人民音乐出版社，1997 年。
5. 华觉明、贾云福：《先秦编钟设计制作的探讨》，《自然科学史研究》第 2 卷第 1 期，1983 年。
6. 刘再生：《中国古代音乐史简述》，北京：人民音乐出版社，1989 年。
7. 谭维四：《曾侯乙墓》，北京：文物出版社，2001 年。

第十一讲　越王勾践剑与吴越地区的冶铸技术

越王勾践剑，1965 年出土于湖北江陵望山 1 号楚墓，通长 55.6 厘米，剑身长 47.2 厘米，剑茎长 8.4 厘米，剑身宽 4.6 厘米，剑格宽 5 厘米，重 857.4 克。剑身遍饰菱形暗纹，近格处有"越王勾践自作用剑"两行八字错金鸟篆铭文。

剑是先秦冷兵器时代最主要的武器之一，也是贵族、士人身份的标志。剑在古代文化生活中扮演着重要角色，文人、武士与剑都有不解之缘。如果没有剑，中华文化将大为失色。

一、文献中的吴越之剑

在中国古史的传说体系中，蚩尤被奉为兵神，是兵器的创造者。《山海经·大荒北经》说蚩尤作兵伐黄帝，《世本·作篇》也有蚩尤作五兵的记载。有人认为蚩尤所作的五兵，包括剑在内。由于剑是后世最典型的贴身兵器，故汉画像石上的蚩尤就是手持利剑的形象。迄今所见中国最早的剑，是新石器时代晚期、江苏邳县大墩子发现的一把环形短剑，是用岫岩玉制作的。

从公元前 21 世纪起，中国进入青铜时代。河南偃师二里头遗址出土的青铜戈，是目前出土年代最早的青铜兵器。但二里头文化和早商遗址中都没有出土过青铜剑。直到商代晚期，青铜剑才问世。由于环境和文化传统的差异，我国南北各地的青铜剑风格各异，精彩纷呈，逐渐形成了中原式、巴蜀式、滇式、吴越式等几大谱系。

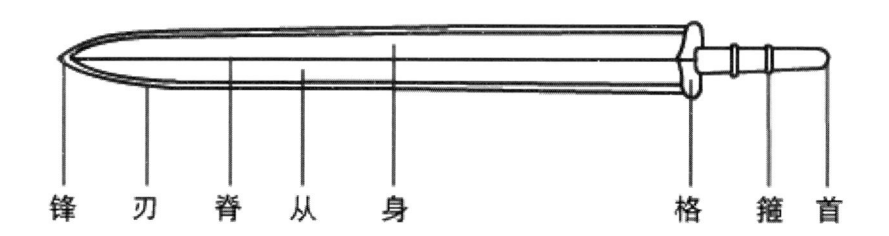

锋　刃　脊　从　身　　　　　格　箍　首

11-1　古剑各部分名称示意图

早期青铜剑的形制比较简略，如陕西长安张家坡的西周早期墓出土的一把青铜剑，仅 27 厘米长，扁茎、斜肩、无格，茎部有两个纵列的圆孔，当是在两侧夹缚木柄用的。北京房山琉璃河出土的一件周初的铜剑，只有 17.5 厘米长。这些剑，除去握持的部分，有效的部分很短。到早周或稍晚，中原地区出现了以脊柱为特点的铜剑，如果再作细分，又可以有直刃和曲刃两类，前者出现较早，后者出现较晚。

在商周之际或稍晚，西部的四川地区出现了颇具地方特色的短剑，器身呈柳叶形，习称"柳叶形剑"。由于以往柳叶形剑主要出土于川东的重庆等地，当地为古代巴国的所在，故又称为"巴式剑"。后来，柳叶形剑在古蜀国的所在地成都平原也不断出土，铜剑上常见的手心纹也见于三星堆的青铜人像上，可见柳叶形剑是巴蜀地区共有的文化特征。

今川南、贵州和云南地区，古代是以滇文化为中心的西南夷的地域，青铜文化出现较迟，大约到中原地区进入战国时代之时，这里的青铜文化才开始兴盛。滇式剑的形式很多，最典型的是三叉格式剑，此外，金鞘铁柄铜剑用金、铁、铜三种金属，颇有特色。

吴越之剑的形制，主要有有格圆茎空首式和有格圆茎带箍式两类，是当时工艺最精的剑系，设计科学，剑锋犀利，剑相高贵，总体水平远在周围各国之上，从而为各国竞相仿效，战国时期流行的双箍剑和空茎剑都源自吴越。著名史学家顾颉刚先生曾经指出，我国的青铜剑起源于吴越地区[1]，是颇有道理的。

《荀子·强国》提到，铸造一把好剑要具备以下几个条件："刑（型）范正，金锡美，工冶巧，火齐得，剖刑（型）而莫邪已。"意思是说，剑范要正，金（铜）锡的品质要好，工艺技术要巧，合金的配方要恰到好处，如此铸造，则剖开器范就可以得到莫邪之剑。吴越之剑正是具备了《荀子》提及的种种条件。其中尤其重要的是"金锡美"，因为青铜剑是金（先秦称铜为"金"）与锡的合金，金、锡的品质是否纯正，决定着剑的质量高下。先秦时期南方盛产铜、锡，而且材质精美。如江西瑞昌从商代起就有了大型铜矿的开采，江苏无锡的锡山曾经是名闻天下的锡矿产地。《考工记·叙》说："吴、粤（越）之金锡，此材之美者也。"可见，在当时人的心目中，吴越的金、锡甲天下。地理、气候环境对于青铜剑的铸造也有特殊的作用。此外，它可能还包括水质是否合适、水中是否含有必需的微量元素等因素，古人称之为"地气"。《考工记·叙》说："吴粤（越）之剑，迁乎其地，而弗能为良，地气然也。"金、锡和地气，是吴越两国的天赐之利，加之能工巧匠的过人智慧，吴越之剑的出类拔萃就是顺理成章的事了。

1　顾颉刚：《吴越兵器》，见《史林杂识初编》，163—167 页。

春秋战国之际，吴越两国的君王拥有天下名剑。据《越绝书》外传《宝剑》记载，"越王勾践有宝剑五，闻于天下"。勾践的五把名剑，指湛庐、纯钧、胜邪、鱼肠、巨阙，其中大型者三、小型者二，都锋利无比，"风吹断发，削铁如泥"。后来，吴越交战，勾践败北，他的胜邪、鱼肠、湛庐三剑为吴王阖闾所得。

吴越之剑的锋利，先秦文献就有详细的描述。《战国策·赵策三》马服君赵奢对田单说："夫吴干之剑，肉试则断牛马，金试则截盘匜。"不仅可以斩断牛马之躯，而且可以斩断青铜质地的盘匜，真可谓无坚不摧。

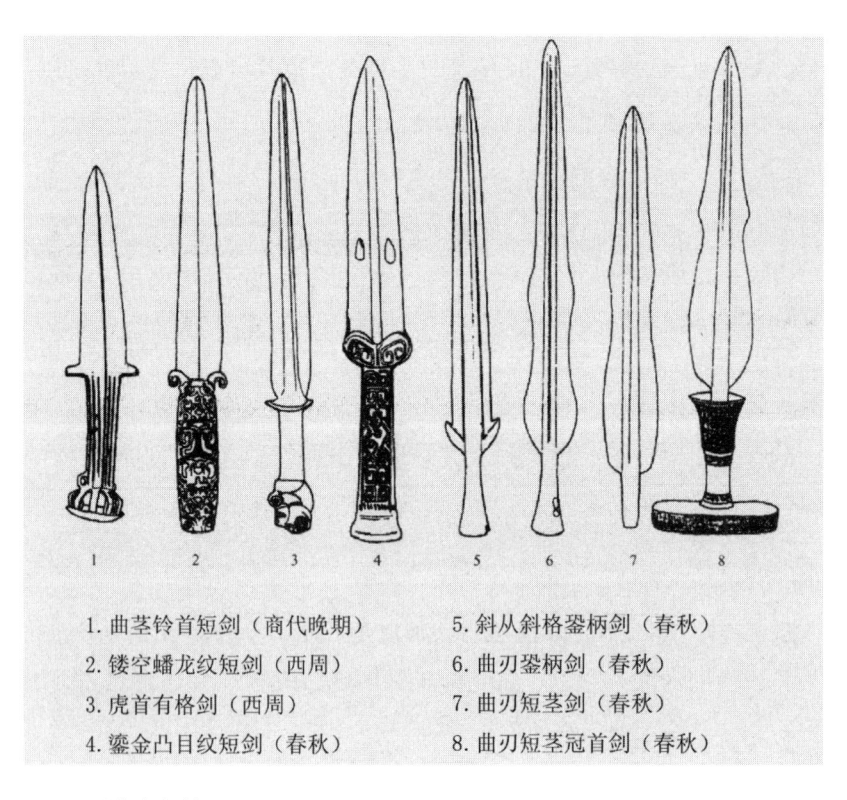

1. 曲茎铃首短剑（商代晚期）
2. 镂空蟠龙纹短剑（西周）
3. 虎首有格剑（西周）
4. 鎏金凸目纹短剑（春秋）
5. 斜从斜格銎柄剑（春秋）
6. 曲刃銎柄剑（春秋）
7. 曲刃短茎剑（春秋）
8. 曲刃短茎冠首剑（春秋）

11-2 早期青铜剑
采自李伯谦著《中国青铜文化结构体系研究》

吴越之剑的品相也为时人所赞美，《吴越春秋》载相剑名家薛烛之语说："光乎如屈阳之华，沈沈如芙蓉始生于湘。观其文，如列星之芒；观其光，如水之溢塘；观其色，涣如冰将释，见日之光。"吴越的铸剑工艺名闻天下，代表东周时期铸剑技术的最高水平。

最初的青铜剑，器型比较简单，如今四川地区出土的柳叶形剑，扁茎，无格，无首，剑身与剑茎之间没有明显的分界。春秋晚期起，随着剑的普遍流行，剑制渐趋一致，一把剑必须具备首、茎、格、脊、锷（刃）、末（锋）等要素。剑外有鞘，鞘的某些部位有玉饰，如口部的玉饰叫琫，对面的小方玉叫珌。

二、剑与先秦社会

吴越地区的历史文化，由于剑的出现，而变得更为生动鲜明。工匠的终身愿望，就是铸造出一把盖世无双的名剑，为此目的，可以慷慨赴死。《吴越春秋·阖闾内传》记载，吴人干将与妻善于铸剑，吴王命其铸雌雄剑，久炼而不得，遂双双跃入沸腾的铜液之中，用自己的生命铸就了天下名剑。

东周列国的君王为了一把吴越名剑，不惜连年征战。越王勾践拥有的五把名剑之一的湛庐，其后流入楚王之手。秦王闻讯，要求楚王交出，楚王不允。秦王乃兴师攻楚，楚王宁可兵戎相见，也绝不交剑，珍爱的程度不难想见。《越绝书》记载，楚王派风胡子到吴国请欧冶子、干将铸铁剑。欧冶子、干将铸成龙渊、泰阿、工布三把剑，晋郑王闻而往求，楚王不允，于是出兵围楚，竟达三年之久。拥有吴越之剑者，无不视为奇珍。《庄子·刻意》说："夫有干（吴）

越之剑者,柙而藏之,不敢轻用也,宝之至也。"可见吴越之剑的名贵。

剑在社会生活中的广泛流传,使剑取得特殊的地位,成为身份的象征。先秦文献《考工记》有执掌铸剑的"桃氏"一职,其职守中有如下一段文字:

> 身长五其茎长,重九锊,谓之上制,上士服之。身长四其茎长,重七锊,谓之中制,中士服之。身长三其茎长,重五锊,谓之下制,下士服之。

意思是说,按照剑的长度和重量,剑的规格可以分为上制、中制、下制三等。上士的剑,剑身的长度是茎的五倍,重量是九锊[1];中士的剑,剑身的长度是茎的四倍,重量是七锊;下士的剑,剑身的长度是茎的三倍,重量是五锊。由此可见,当时的士都得佩剑,剑已是身份的标志。因此,再潦倒的士,也不愿意抛弃他的剑。《史记·韩信列传》说,韩信流落市井,乞讨为生,但"好带刀剑"。《史记·孟尝君列传》说,孟尝君的食客冯驩,寄人篱下,"甚贫,犹有一剑耳,又蒯缑"。缑是剑把处,一般用丝带缠绕作为装饰。冯驩一贫如洗,只能用蒯草搓成绳,缠绕于缑。对于侠士来说,剑又是风流倜傥的象征,《史记·刺客列传》说荆轲"好读书击剑"。

春秋时期的官员都有佩剑,这种风气也影响到地处西陲的秦国,《史记·秦本纪》记载,秦简公六年(前409)"令吏初带剑"。张守节的《正义》解释说:"春秋,官吏各得带剑。"

---

[1] 锊是古代重量单位,一锊重六两又大半两,二十两为三锊。

官员奉命出使他国，佩剑更是不可须臾离开。据《史记·吴世家》，公元前544年，季札奉吴王之命聘于鲁，北过徐国（今安徽泗县北）。徐君十分喜爱季札的佩剑，而羞于启齿。季札看出他的心思，但是使命在身，不敢解剑相赠。季札行聘结束回吴，经过徐国时，徐君已死，季札"乃解其宝剑，系之徐君冢树而去"。"季札挂剑"的故事，主旨是称赞季札的真诚，但我们从中可以得知，在外交活动中剑是不可或缺的。

《左传》宣公十四年，楚王派申舟聘于齐国。途经宋国时，申舟被杀害。楚王闻讯，"投袂而起，屦及于窒皇，剑及于寝门

11-3 季札挂剑图漆盘

之外，车及于蒲胥之市"。意思是说，楚王拂袖而起，连鞋也没穿好就跑出去，准备出兵。随从慌忙将鞋和剑递给他，同时备车。楚王走到"窒皇"（寝门的门阙）时，才穿好屦，走到寝门之外才佩好剑，走到蒲胥的集市时，才上了车。这段文字将楚王冲动的神态描绘得淋漓尽致。于此，我们也可以看出，剑是君王不可须臾离身的器物。

文献中对吴越之剑的描述，每每与某些故事相联系，生动无比，读之令人动容。不过，掩卷之余，人们又不免会怀疑"风吹断发，削铁如泥"之类描述的可信性，以为它不过是文学家的夸饰之言。谁也不敢断言古代中国能铸出这样的利剑，因为，毕竟谁也没有见过吴越之剑。

三、吴王夫差剑，出土知多少

吴越出产利剑，官方和民间所藏不知凡几。据《越绝书》记载，吴王阖闾之墓在虎丘山之下，"铜椁三重，顶池六尺。玉凫之流，扁诸之剑三千"。秦始皇统一中国之后，为了防范人民的反抗，"收天下兵，聚之咸阳，销以为钟𨰻，金人十二，各重千石，置廷宫中"[1]。吴越之剑自然令秦始皇不安。相传，秦始皇南巡到苏州时，下令挖掘吴王阖闾之墓，希望能挖出深藏于墓中的利剑，但挖到地下水涌动为池，也未见剑的踪影。这就是当今苏州名胜"剑池"的由来。其后，东吴的孙策、孙权也曾来此觅剑，结果都空手而归。

---

1 《史记·秦始皇本纪》。

千百年来，金石收藏家以搜寻吴越之剑作为终身梦想。就目前所见的材料而言，最早著录吴王夫差剑的，是清代学者阮元的《积古斋钟鼎彝器款识》。此剑剑身的拓本长约44厘米，圆筒状茎，窄格，剑身中部突起圆弧形脊。腊部（剑身与剑柄相交处）铸有铭文"攻吴王元差自作其夫用"2行10字。其中"夫"字与"元"字误倒。此剑最初为钱塘黄小松所藏，后为日照许印林所有，最后归潍县著名收藏家陈介祺。郭沫若《两周金文辞大系图录考释》对此剑的铭文有考证。《小校经阁金文拓本》和罗振玉《三代吉金文存》著录同一件吴王夫差剑，腊部铸铭"攻吴王元差自作其夫用"2行10字，形制及铭文特点与《积古斋钟鼎彝器款识》所收夫差剑相同。

著名古文字学家、古器物学家于省吾教授藏有稀世名剑两把，故以"双剑誃（音 yí）"作为室名。其中一把是吴王夫差剑，相传1935年出土于安徽寿县西门内。此剑通长58.9厘米，宽5.3厘米，圆首，圆柱状茎上有两道圆箍，剑格嵌有绿松石，饰简化兽面纹，刀锋锐利。器身有"攻吴王夫差自作其元有"10个字的铭文。现藏中国国家博物馆。天津市艺术博物馆也藏有一件剑首与剑锋均已残缺的吴王夫差剑，但腊部的铭文"攻吴王夫差自作其元用"2行10字尚在。剑的形制与上面提到的两件相似。

此外，文物部门在废品收购站的"废铜"中，也发现两把吴王夫差剑。1965年，在山东平度县废品收购站发现一把吴王夫差剑，通长57.8厘米，宽5.8厘米，扁茎，腊部有铭文"攻吴王夫差自作其元用"2行10字。现藏山东省博物馆。1976年，河南辉县百泉文物保管所从废铜中发现一把吴王夫差剑，首部已残损，残长59.1厘米，宽5厘米。器型与于省吾教授所藏相似，剑身也有"攻吴王夫差自作其元用"10字的铭文。据访查，可能是1949年之前从辉县琉璃阁战国墓葬中所盗出。

1974年，安徽庐江县农民在开挖水渠时，无意发现一把吴王剑，长54厘米，无锈，有光泽，柄为椭圆柱形，上有两道箍棱；剑首已经残损；剑格较宽，上有用绿松石镶嵌的花纹；茎部较宽；中脊近格处有两行大篆铭文"攻吴王光自作用剑□余以至克肇多功"。吴王光即吴王阖闾。春秋晚期，庐江属吴国，此地出土吴王剑并非偶然。

无独有偶，1991年，山东邹县农民在整修地堰时也发现一把吴王剑。剑身瘦长，锋尖，隆脊，通长60厘米，茎长9.8厘米，宽5厘米，重1000克；圆首，圆茎，双箍；有铭文"攻吴王夫差自作其元用"2行10字。

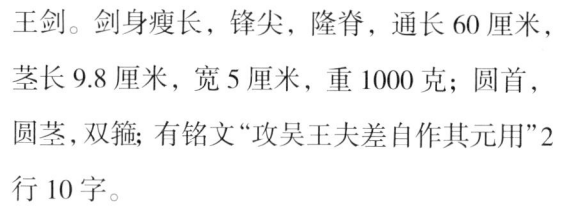

考古发现的吴王剑也有几把。1976年，湖北襄阳蔡坡12号战国墓出土一把吴王夫差剑，出土时装在漆木剑鞘之中，首部已残损，残长39厘米，宽3.5厘米。圆筒状茎，腊部铸铭"攻吴王夫差自作其元用"2行10字。1991年河南洛阳中州中路战国墓出土一把吴王夫差剑，通长48.8厘米，宽4.2厘米，圆首，圆筒状茎，窄格。腊部铸铭2行，因锈蚀，目前仅可见"王夫差……其元用"6字，原本当有"攻吴王夫差自作其元用"10字。此外，山西峙峪出土过"吴王光剑"，山西代县蒙王村出土过"吴王夫差矛"，安徽寿县蔡侯墓出土过"吴王光鉴"。

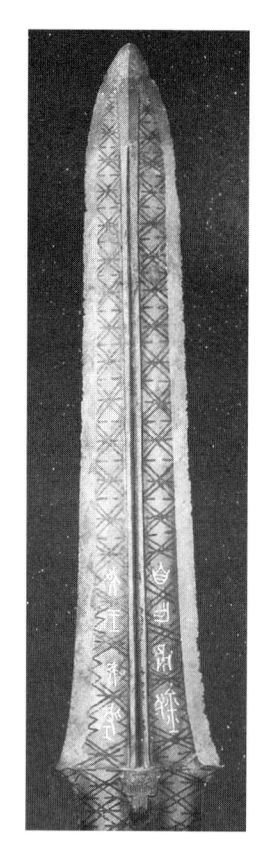

11-4 吴王夫差剑铭文

以上所举的吴王夫差剑，除少数之外，大部分保存情况较差，品相不佳。1991年，香港古董店拍卖一把精美无比的吴王夫差剑，后被台湾古越阁主人王振华、王淑华购藏。此剑通长58.3厘米，铜质精良，前锋内敛，两丛有血槽。剑身中脊和刃线界划分明，制作极工。近格处有铸铭"攻吴王夫差自作其元用"。剑格饰兽面纹，以绿松石镶嵌。圆茎，有双箍。剑首端面以极窄而深峻的同心圆纹为饰。此剑保存完好，锋刃锐利，剑相高贵，为迄今所见夫差剑中最精美的一件，为领袖群伦的剑中极品。

四、地不爱宝，越王剑频频面世

湖北江陵，位于纪山之南，故称纪南城，是楚国郢都的所在地，也是楚文化的发祥地，历史上曾有20代楚王在此执政，历时400余年，地下文物极为丰富。1965年，考古学家在纪南城附近发现一批楚墓，随之进行大规模发掘，出土大批铜器、陶器、漆器、竹器、丝绸、玉器和竹简等，收获巨丰。令中外震惊的是，在望山1号墓棺内人骨架左侧的墨漆的木鞘中发现一把青铜剑，剑通长55.6厘米，剑身长45.6厘米，剑茎长7.9厘米，剑身宽4.6厘米，剑格宽5厘米，重857.4克。剑的前锋内敛，呈两度弧曲状。两侧有血槽。剑身遍饰菱形暗纹。剑格两面分别用绿松石与蓝色琉璃镶嵌出花纹。茎有双箍，剑首向外翻卷作圆箍形，内铸11道间距极小的同心圆圈为饰。剑柄为圆柱体，"缑"（缠绕于柄的丝绳）保存完好，柄上有两道戒箍。剑出鞘时，寒光袭人，毫无锈蚀，锋刃如新，犹能断发。近剑格处有两行错金鸟篆书铭文"越王鸠浅（勾践）自乍用剑"。这正是深藏二千四百多年来人们众里寻她千百度的越王勾践剑!

越王勾践之剑,居然出现在千里之外的楚墓之中,岂不是有悖于情理?其实,楚、越两国的关系一度非常密切。越王勾践的女儿曾远嫁楚昭王,深受宠爱,楚惠王就是她的儿子。因此,如果说这把越王勾践剑是勾践嫁女的陪嫁,绝不会是无稽之谈。望山1号墓的墓主并非楚王,勾践剑为何会成为他的随葬品,就无从考索了。因为随着时间的推移,流入楚国的勾践剑更易主人的可能性实在太多。但是,也有另一种可能,即楚威王六年(前334)率兵灭越时,此剑或是兵将劫掠所得。鉴于吴、越的王器在楚地出土并非仅此一件,这种可能性也不能排除。

1993年,荆州博物馆在江陵藤店1号墓内发现两把青铜剑,其中一把为越王州勾剑。剑通长56.2厘米,刃部极为锋利;茎有两道箍,缠满丝绳,剑首为圆形;剑身近格处有两行错金鸟篆铭文:"越王州句自作用剑"[1]。上古"勾"字写作"句",州句即朱勾,是越国的第四代王。其后,在江陵张家山出土了第七代越王剑,即越王盲姑剑。

1988年10月,江陵县文物局在纪南城北垣外发掘的楚墓中,又发现一把越王剑,全长65厘米,宽5.3厘米,格宽1.2厘米。剑的形制与越王勾践剑相似,剑首7个同心圆,剑格镶嵌有绿松石,并有鸟篆铭文"越王者旨於赐"。剑保存良好,兵锋如新。据专家研究,"者旨於赐"是越王勾践之子,又名鹿郢,公元前459—前454年在位,此剑就是他的佩剑,故称"越王鹿郢剑"。这是继越王勾践剑、越王州勾剑、越王盲姑剑之后出土的第四把越王剑。[2]

无独有偶,继流传在民间的吴王剑被台湾古越阁主人购藏后,

---

[1] 崔仁义、李云清:《荆门出土越王州勾剑》,《中国文物报》1988年4月22日。
[2] 《楚兵器宝库新出越王鹿郢剑》,《中国文物报》1988年11月11日。

香港拍卖行又要拍卖一把越王剑，出价为 120 万港币。1995 年，上海博物馆馆长马承源先生在香港访问，得知此讯，立即前往目验原物。此剑剑鞘黑漆如新，剑长 52.4 厘米，剑身最宽处 4.1 厘米，寒光灼灼，剑柄缠绕的丝带完好无损。剑格镶嵌绿松石，正面的铭文为"戉（越）王戉（越）王"，反面的铭文为"者旨於賜"，都是古代越族特有的鸟篆体。20 世纪发现过两把"者旨於賜剑"，但都已松蚀，即便如此，也列为奇珍，收藏于故宫博物院和上海博物馆。香港的这一把越王剑品相之好，为内地的两把越王剑所无法比肩。马承源先生说："距今 2400 余年左右之剑，仍能光亮湛然。在已发现的千柄古剑中，难能有一柄与之相匹，此乃剑中之极品，稀世之奇宝。本剑的金属质地之完好，已超过湖北发现的越王勾践剑。

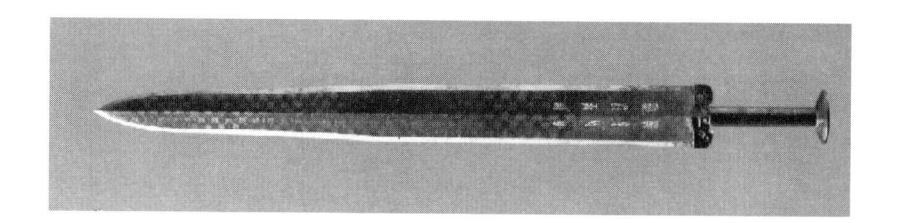

11-5 越王勾践剑

11-6 浙江省博物馆所购藏越王者旨於賜剑

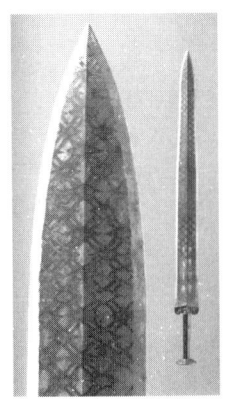

11-7 越王勾践剑

整体来看，质地崭新，有缑，有鞘，此其胜于越王勾践剑者。因而，者旨於赐剑与越王勾践剑，可并列为越剑之双绝，而为国家之重宝。"为了不让这件国之瑰宝流失异域，马先生随即与浙江省博物馆联系，并预付10万港币作为订金，然后筹集购剑所需巨款。在筹款期限将临时，浙江省博物馆因无力斥巨资购剑而一筹莫展。此时，有一日本人愿出150万港币购买此剑。在最后关头，杭州一家不愿透露名称的国有大型钢铁企业，决定出资将这件国宝从香港购回，他们唯一的要求是，"经最后鉴定确是珍品"。浙江省博物馆邀请国内著名冶金史和青铜器专家进行鉴定，确定此剑的国宝地位。[1] "者旨於赐剑"现存浙江省博物馆文澜阁。

如前所述，越王勾践曾经延聘名师铸造五把越王剑，其后，这五把剑流入他国，不知所终。1985年11月上旬，绍兴县漓渚镇洞桥村村民在横路畈挖田泥时发现一把剑，通长21.6厘米，格宽3厘米，茎长6厘米。剑身较扁，略起棱脊，斜从而宽，前锋收狭。剑格较阔，圆柱茎，上有三周凸箍，首心有圆孔通茎内。脊两侧各饰一列变体云雷纹，格、茎和箍上也有云纹，是典型的春秋越国铜器。越国以铸造宝剑而名满天下，绍兴境内已发现的越国青铜剑已有20余把，但大多剑身较长，漓渚镇出土的是最短的一把，坚韧锋利，巧夺天工，

---

[1] 田志伟、吴缪亮：《国宝越王剑回归记》，《中国文物报》1995年12月10日。

有人认为就是五把越王名剑中的"鱼肠剑"[1]。

顺便要提到的是，上举吴越之剑的铭文，大多是错金的鸟虫篆，这是春秋时代当地流行的一种有装饰作用的字体。鸟虫篆的周围，有的还用绿松石银地，成为吴越之剑的鲜明特色。这也是它被人们珍爱的重要原因之一。

五、揭开吴越复合剑的千古之谜

越王勾践剑深埋于地下2000余年，锋刃如新，犹能断发，可谓旷世奇迹，在海内外引起极大轰动，证明古籍中关于吴越之剑的描述，绝不是言过其实的文学夸张，而是真实的写照。

吴越青铜剑展现了诸多特异现象和精湛技艺，是先秦铸剑技术的巅峰，剑身的磨削技术、双色剑制作技术，铭文错金技术，剑格和剑箍的镶宝石、镶琉璃技术，剑身菱形暗格纹技术、剑首薄壁同心圆的制作技术等，令人叹为观止。其中双色剑、菱形暗格纹、剑首薄壁同心圆的制作技术，至今无法超越，堪称吴越青铜兵器技术的"三绝"。

所谓双色剑，是指剑体有两种颜色，剑脊呈红黄色，两刃呈黄白色，故称双色剑。这种情况在吴越以外的青铜剑中很少发现，它究竟是怎样形成的呢？1978年，上海复旦大学静电加速器实验室对越王勾践剑进行无损质子X荧光非真空分析。检测表明，剑脊含铜较高，刃部含锡较高，剑格含铅较高。为什么要用如此复杂的金

---

[1] 周燕儿：《越国青铜短剑》，《中国文物报》1996年9月15日。

属配伍呢？这要从金属的特性说起。铜有很好的韧性，但硬度很低，纯铜难以用来制作兵器。河北藁城台西商代遗址中曾经出土一件铁刃铜钺，将硬度很高的陨铁嵌入刃部，就可以解决锋刃器的硬度问题。但是，陨铁是非常之物，很难得到，所以无法普遍运用。

如果在铜中加入锡，就可以提高金属的硬度。先秦文献《考工记》将青铜器分为钟鼎、斧斤、戈戟、大刃、削杀矢、鉴燧六类，因其用途不同，锡、铜配比各不相同，这就是所谓的"六齐"。但是，事物总是有矛盾和对立的两方面，硬度越高则韧性越差，延伸率越低，脆性越大，在外力的冲击下，金属体容易折断。作为格杀用的兵器，应该锋利和韧性兼备，这在钢铁发明之前，是颇令匠师苦恼的难题。

上海博物馆收藏有5把吴越青铜剑，此外还有若干件剑身的断块，上海博物馆著名冶金史专家谭德睿等先生利用这一有利条件，进行了专题研究。他们仔细观察剑身的横断面，发现中间的剑脊和两边的从不是一次铸成的，而是有着十分复杂的程序：

> 先浇铸出带有剑茎内芯、两侧有榫头结构的剑脊，然后除去剑脊左右榫头表面的氧化层；
> 将剑脊放入铸造剑从的陶范内，并留出浇口和冒口；
> 将陶范放入窑内，用800—850℃左右高温焙烧，使范内的剑脊作组织均匀化的退火处理，于是，剑脊在铸态下形成的树枝晶中的锡偏析得以减少，δ相脆性亦得以减少，使剑脊合金的韧性得到明显提高；
> 取出陶范，注入铜液，浇铸出剑从，剑从冷却收缩时，剑脊对剑从合金有激冷作用，因而剑从结晶细小，强度和硬度提

高，同时与剑脊的榫头咬合成剑身的整体；

取出已成的剑身，纵向磨削剑从，开出刃口；

将开刃后的剑身靠茎部的一端放入铸造范内，在浇铸剑格、剑茎、剑箍、剑首的同时，使之与开刃后的剑身合铸为一体。

铸成后的剑，剑格紧紧包住剑身的端部，剑茎和剑箍则裹住剑茎的内芯，严密无隙，坚固地结合为一体，而又刚柔兼备，其智慧令人惊奇。

六、吴越之剑的菱形暗格纹技术

越王勾践剑表面的纹饰，有双线交叉构成的菱形、椭圆形、短直线等多种图形，从剑格到剑锋，随着剑体的变化而逐渐变小，但在视觉上却是规范匀称，极富装饰性。菱形纹饰有很强的附着力，用力擦拭之不会磨损，但又不是用机械方法嵌入剑身的，似乎与当代的"电镀"工艺相仿佛。吴越匠师是如何将花纹"镀"上去的？这一问题引起国内外许多学者的强烈兴趣。

最早涉足这一难题的，是美国佛利尔艺术博物馆齐思博士（W. T. Chase）和加拿大多伦多大学冶金和材料科学系弗兰克林教授（U. M. Franklin）。他们利用美国旧金山亚洲艺术博物馆的一件菱形暗格纹矛作了检测分析，推测暗花纹的形成工艺是采用天然植物酸或天然酸性盐作蚀刻剂在兵器表面蚀刻出纹饰，因此称菱形暗格纹为"蚀刻纹饰"。然后采用了"上釉和封闭"工艺，使兵器表面有一层玻璃态熔融物。两位学者同时强调，上述推测均需实验验证，因为埋藏过程中器物也会发生重大变化。

1978年，中国学者运用质子X荧光非真空分析法对越王勾践剑的黑色纹饰作了无损分析，发现黑色纹饰处锡、铁含量均高于铜剑基体，并且含硫，推测在处理纹饰时可能使用了硫化物，得到黑色或暗灰色的硫化铜，硫化的主要作用是可以防锈。但也有可能是表面氧化层受到硫化物污染所致。可是，没有足够的证据确认当时使用了硫化的办法。

其后，复旦大学静电加速实验室、中科院上海原子核研究所冶化分析组和北京科技大学冶金史研究室联合，利用复旦大学静电加速器，对菱形纹饰剑表面作质子X荧光非真空分析，并对望山楚墓出土的越王勾践剑和同墓出土的另一件菱形纹饰剑作无损检测，发现铜剑基体锡含量为15.2%—18.8%，与普通的东周剑没有区别；而凡是在有黑色纹饰的地方，锡、铁的含量都高于基体，并且含有硫。专家们推测，剑表黑色或暗灰色的硫化铜，有可能是处理时使用了硫化物所致，但也可能是表面氧化层受到硫化物污染所致。由于越王剑是国宝级文物，所有的研究只能局限在剑的表面，所以，一时无法作出确切的结论。

1996年，在上海科学技术发展基金资助下，上海博物馆与上海材料研究所、宝山钢铁集团公司钢铁研究所合作，这项千古之谜终于揭开，并按古法复制成功。[1]

菱形纹饰剑分析检测的标本，是上海博物馆的一件允许取样分析的菱形纹饰剑残段。专家采用了扫描电镜、电子探针、X射线衍

---

[1] 谭德睿等：《东周铜兵器菱形纹饰技术研究》，《考古学报》2000年第1期。

射分析、金相显微分析和湿法化学分析等手段，系统分析了残剑的基体及表面的成分分布和组织结构。剑体系铸造而成。菱形暗格纹剑表面有以脊线为中心、左右对称分布的菱形纹饰。剑体分纹饰区和非纹饰区两部分，通常前者呈灰白色或浅灰黄色，后者呈亮黑色，表面似有一层釉质。

残剑基体的化学成分分析（电子探针微区分析）表明，铜、锡元素含量均在普通吴越青铜剑成分范围之内，并无特殊之处。

纹饰区和非纹饰区受到不同程度的腐蚀。受腐蚀较深的部位都对应于剑表面的非纹饰区。对应于纹饰区，被腐蚀的大部分仅停留在表面层内，仅在少数有裂纹产生的部位，腐蚀介质才沿着裂纹深入基体，使该区域的基体受到腐蚀。非纹饰区与纹饰区都已受到相当程度的氧化，都有不同程度的铜流失、锡富集的现象，以及铁、硅富集的现象，并不含硫。

对于在先秦时代的技术条件下有可能出现的细晶区形成工艺以及纹饰区 α 相优先腐蚀、氧化的原因和方法，课题组都作了认真的分析，然后用铸造成型法、表面激冷法、表层合金化法、擦渗法、热浸渗法、汞剂法、腐蚀法和金属膏剂涂层法等多种工艺，一一进行模拟实验筛选之后，最后确认，用金属膏剂涂层处理工艺形成的表面细晶区，其成分和组织都能与越王剑相符，可能就是东周吴越青铜兵器表面菱形纹饰的形成方法。

在青铜表面涂有金属膏剂的地方经过扩散处理后，器表呈白色。没有涂金属膏剂的地方是基体外露的部位，呈锡青铜的黄色。由此可知，剑体表面最初呈现的是富丽的黄白相间的菱形纹饰。

将复制的基体试样浸泡在腐殖酸水溶液中，随着浸泡时间的增加，试样表面颜色由灰色变为黑色，并有釉质感。纹饰区、非纹饰区经腐殖酸溶液浸泡后,其形貌、颜色、成分、组织等均与文物标本相近。

模拟实验证明,细晶区是由含锡量高的组分熔化而成,并与基体相互扩散,不是机械结合。菱形纹饰剑的原色是黄白相间的菱形图案,由于纹饰区与非纹饰区的表面因结构和成分的不同,埋藏于含腐蚀介质的土壤中之后,在氧化络合作用下,形成了不同程度的腐蚀,菱形纹饰则由黄白相间变为黑亮、灰黄相间等色泽[1]。

金属膏剂涂层工艺是一项表面合金化工艺,涉及合金成分、扩散、传热、结晶等复杂的高温化学反应过程。早在2500多年前,吴越铸剑高手已创造并掌握这项工艺,中国已发明了一种精湛的金属表面合金化技术——金属膏剂涂层扩散工艺。这项研究揭开了菱形暗格纹形成之谜,并发掘出一项不为世人所知的中国古代科技发明。这种精湛的表面合金化技术,既可在铜器表面产生装饰效果,又具备防腐蚀功能,为中国科技史增添了新的一页。

顺便要提到的是,山西原平峙峪出土的"吴王光剑",剑身有火焰形的花纹,与"越王勾践矛"的菱形花纹风格迥异,显示了吴、越两地不同的地方特色,但两剑的铸造工艺是完全一致的。

七、薄壁同心圆剑首:高妙在何处

越王勾践剑的剑首有用11道极薄的铜片制作的同心圆,最小壁厚仅0.2毫米,最宽不足1毫米,壁高约0.2—2毫米,槽宽约

---

[1] 廉海萍:《东周铜兵器菱形纹饰技术》,《中国文物报》1998年4月8日。

0.3—1毫米。同心圆的槽底，分布着极细凸起的绳纹，增加了剑首同心圆的装饰性。以现代的铸造技术，青铜铸件的壁厚必须大于3毫米，否则无法成型。而越王勾践剑剑首的铜片的厚、宽、高居然全部低于这一成规！冶金史学家称之为"薄壁结构"。

从情理上讲，吴越剑剑首的同心圆饰如此之薄，用铸造的方法是做不到的，而有可能是焊接成型的，但是薄壁上没有焊接的痕迹。那么，它究竟是采用了怎样的工艺呢？专家认为可能有以下几种方法：

一是车削法。要用类似车削的方法加工出薄壁同心圆，必须有硬度高于青铜的材料。但是春秋战国时期，铁的发展处于初级阶段，不能制作出车削青铜的钢铁工具。玉石的硬度虽高，但脆性太大，也不能制作车削工具。退一步来说，即使有合适的材料，也都无法加工出同心圆槽底的绳纹。

二是失蜡法。采用失蜡法，必须先做出与同心圆剑首形状相同的蜡模，然后才能制范，铸造出青铜剑首。但在制蜡模时，模型无法排气，蜡模很难成形，而且同心圆内凹的凸棱使蜡模无法从模型内脱出。

三是石范法。石范热物理性能较差，没有退让性，只能铸造简单的工具和兵器。若用它铸造复杂的剑首同心圆，铜液在从液态冷却到固态时产生的收缩将使同心圆产生裂纹，并使青铜与石范紧夹，剑首同心圆无法完整地从石范内脱出。

四是组合陶范法。如果用组合陶范铸造法，则先要用轮制法车制出剑首陶模，经焙烧定型，再用此陶模翻制出剑首陶范，但脱模时陶范上的薄圈壁极易断裂。

可见，以上四种方法都不可能制作出薄壁同心圆。经专家仔细观察，剑首内底有呈法线方向的纹样，壁内面光洁，有的似乎有旋纹，应当是泥范经镟削加工的痕迹。有些薄壁略向内倾，有的薄壁间有断裂，断面为脆性铸态组织。据此可以认定，同心圆薄壁是铸造成形的。谭德睿等先生认为，有可能是采用制作带齿模板的方法制作的。具体方法是，根据剑首同心圆的尺寸，用硬木刻出内圆、8圈薄壁同心圆和外环的齿形，再用它制作陶范。陶范缓慢阴干后，经850℃焙烧，然后刻下凹绳纹，剑首内范遂告完成。用模板车制如此精致的陶范，需调整范料配方和十分精致的技艺。浇铸时，以剑柄为液态金属进入陶范的通道，在陶范的侧边外环处再设一通道，以排除陶范空腔内的气体。再将两半陶范合起，外敷草拌泥，入炉焙烧，浇注青铜液后，即可得到精美的剑首同心圆。谭德睿等先生的模拟实验，为解读薄壁同心圆的奥秘提供了一种很有说服力的方法。但是，吴越两国是否就是如此铸造薄壁同心圆剑首的，还不能肯定。

11-8　剑首同心圆

需要指出的是，用薄壁同心圆装饰的青铜剑，仅见于少数吴越名剑，实战用的铜剑都没有这种华丽的装饰。专家认为，这种装饰技术在当时亦仅少数铸剑高手能够掌握。

薄壁同心圆的技术如此高超，它是否为吴越地区在这一时期突然出现的发明呢？华觉明先生认为，"薄壁结构"是中国土生土长的独特工艺，在上古铸造史上有明显的源流踪迹可循。从商代早期起就有铸造薄壁件的传统，偃师铜爵（采集品）壁厚仅1毫米许，通体匀薄，范铸成型，技艺不俗；二里头三期所出铜爵，壁厚也只2毫米左右。春秋战国时期，薄壁铸造技术的不断进步，出现了大型的薄壁和极薄壁青铜容器。如侯马上马村铜盘直径约50毫米，底厚不足1毫米，口沿厚约2毫米，耳、足另用铅锡合金铸焊。后川铜盆直径约50厘米，底厚仅0.3毫米。万荣铜鉴直径超过60厘米，厚仅0.2毫米左右，执持时稍有晃动，器壁即如鼓面起伏。曾侯乙墓所出铜盒，器底厚仅0.3毫米，口沿稍厚，但也不足0.5毫米。各地所出春秋战国鼎、豆、盘、匜等容器多有厚度在1毫米左右的，可见我国的薄壁件和极薄件铸造技艺源远流长。

顺便要提及的是，勾践剑上的八字铭文，是在剑铸成之后镂刻而成的，刻槽内的刃痕非常清晰。要在如此坚硬的剑身上刻字，必须有钢铁制作的刀具。据科技史学家研究，至迟在春秋晚期，我国已经发明了渗碳制钢以及白口铁技术。因此，越国制剑工匠必有足以锲刻青铜的锋利刀具。八字铭文的字体是鸟虫篆，要求笔势圆转流畅，而笔画的宽度仅为0.3—0.4毫米，锲刻的难度相当之大，然而工匠似乎不为所难，而游刃有余！

八、剑的衰落

先秦时期的青铜剑有两个显著的特点。其一，从晚商到战国，剑的长度不断加长。早期的青铜剑很短，如殷墟出土的曲茎铃首短剑，长度与匕首相似。《史记·吴太伯世家》记载吴国的专诸刺杀王僚的故事，说专诸将剑藏在炙鱼的腹中以进献，在接近王僚时抽剑将王僚刺杀。剑能藏在鱼腹之中，自然不会很长。洛阳金村出土铜镜的纹饰有握剑的士兵，由图案可知，剑很短。如此短小的兵器，只能前刺而无法砍削。《晏子春秋》说："曲刃钩之，直兵推之。""直兵"就是指剑。春秋早期剑的长度，一般在28—40厘米之间。1965年在河北易县燕下都战国中晚期遗址44号墓出土的15把剑中，平均长度为88厘米，最长的达100.4厘米，与春秋时期的剑相比，剑身几乎加长了一倍。

其二，被中原各国视为"蛮夷之邦"的吴越两国，铸剑的工艺水平明显优于北方。著名兵器史专家杨泓先生认为，吴越之剑的发达及其向中原的传播，主要与作战方式有关[1]：

首先，从西周到春秋时期，中原列国的战争以车战为主，所以，两军对阵时，使用远距离杀伤的弓箭；车与车交战时，使用戈、矛、戟等长柄武器；只有当士兵肉搏时，才会使用十几厘米长的锋刃短兵器。因此，在这种交战方式中，剑的用处实在有限。

其次，南北方的地理环境相差很大。北方平原多，适宜于战车驰骋，所以盛行车战。南方多林莽河湖，适宜于步兵作战、短兵相接，自始至终剑都是主要武器。因而，吴越之地对剑的需求特别大，发展也特别快。

再次，战国时代，北方车战衰落，步兵兴起，故剑也随之迅速发展。为了加强杀伤力，要求增加剑的长度。但是，青铜脆性较大，容易折断，加长剑身有相当大的困难。工匠面对实战需要，不断摸

1　杨泓：《剑和刀》，《中国古兵器论丛》（增订本），北京：文物出版社，1985年。

索改进，终于创造了复合剑，从而使制造长剑成为可能。

最后，剑的衰落，与步兵的衰落几乎是同步的。由于北方游牧民族的影响，骑兵从战国时代开始在中原出现，其后不断发展。到汉代，骑兵已成为军队主力。双方在马背上格杀，需要砍击力很强的武器。以刺击为主的剑，剑脊较薄，剑身较轻，缺乏砍杀所需要的重量，双面剑刃只有一面有用，因此逐渐退出舞台，代之而起的是单刃厚脊、砍击力更强的刀。

参考论著：

1. 谭德睿等：《东周铜兵器菱形纹饰技术研究》，《考古学报》2000年第1期。
2. 杨　泓：《中国古兵器论丛》（增订本），北京：文物出版社，1985年。
3. 华觉明：《中国古代金属技术——铜和铁造就的文明》，郑州：大象出版社，1999年。

第十二讲　秦陵铜车马与先秦时代的造车技术

　　1号、2号铜车马，1980年秦始皇陵封土西侧的陪葬坑内出土。两车均为双轮、单辕，前驾四马，车上各有一位御者。1号车轮径66.7厘米，辀长183.4厘米，衡通长78厘米。舆底呈横长方形，横宽74厘米，前后纵长48.5厘米。2号车轮径59厘米，有辐30根，辀长246厘米，衡通长79.6厘米。后舆底部近似长方形，横宽78厘米，纵长88厘米。

一、文献所见的先秦马车

　　车是古代社会生活中最重要的交通工具之一。车在中国起源很早，《史记·夏本纪》说，大禹治水时"陆行乘车"，以车作为平地的交通工具。关于车的发明者，《世本·作篇》和《墨子·非儒下》都说是"奚仲作车"，是一位叫奚仲的夏人发明了车。《左传》定公元年记载，奚仲被任命为夏王朝的"车正"，封于薛（今山东滕县），春秋时期的薛国人奉他为始祖。《作篇》又说"相土作乘马"，相土是商人的先公，说他是最早驯服马匹并用其拉车的人。

　　先秦贵族生活中，马车是不可或缺的角色。在殷墟甲骨文中，车已经是最常见的字之一。王室贵族每每用它殉葬。《考工记》有"周人尚车"

的说法，这里的"尚"是崇尚的意思，说明周代车的普及与讲究。

《诗经》所收的诗歌大体作于周代，有关车的描述可谓屡见不鲜。我们读《鹊巢》"之子于归，百两御之"[1]，如见诸侯娶妻的铺张；读《有女同车》"有女同车，颜如舜华"，如见君子的淡定；读《大叔于田》"叔于田，乘乘马。执辔如组，两骖如舞"[2]，如见田猎贵族的闲适；读《出车》"出车彭彭，旂旐央央"，如见出征者的庄严；读《载驰》"载驰载驱，归唁卫侯"，如见吊丧者的焦急；读《四牡》"四牡騑騑，周道倭迟"，如见服徭役者的乡愁，等等。周人生活中的车就是这样无处不在。

《诗经》中还有许多诗句提及当时马车的形制。我们举《秦风》中的两首为例。《小戎》说："四牡孔阜，六辔在手。"牡，雄性的牲畜。四牡，指驾车的四匹公马。驾车的四匹马必须同性别，否则异性相吸，都不能安心驾车。驾车都选择雄性的马，因此《诗经》中"四牡"一词屡屡可以见到。《驷驖》说："驷驖孔阜，六辔在手。"驷，是四匹马，古代用四匹马驾车，称为一乘。驖，是铁黑色的马。驾车的马匹既要性别相同，又要颜色相同，实属不易。孔，非常。阜，肥大。诗的大意是赞美驾车的四匹驖色之马高大肥美。辔是驭马的缰绳。当时的马车都是独辕车，辕在车的正中，驾车的四匹马，两匹在内，左右夹辕，称为"服"；另两匹在外，称为"骖"。

先秦时期的车，除了用于生活和经济活动之外，还用于战争。据《尚书·甘誓》记载，夏王启与有扈氏在一个叫"甘"（今河南荥阳附近）的地方交战，就使用了战车。《吕氏春秋》说，夏朝末

---

[1] "之子"犹言这个女子。"百两"即"百辆"，"御"是迎接。诸侯娶妻用百辆车迎亲。
[2] 这首诗开头的一句"叔于田"，有的版本写作"大叔于田"，清代学者阮元考订后说，"大"字当是衍文，应该删去。阮说得到学界的认同。

年，商汤在对夏人的一次战斗中，动用了70辆战车。由于用于战争，对于车辆的质量要求自然非同一般。大概至迟到夏代，车辆建造就有了比较成熟的技术，所以《管子·形势解》说："奚仲之为车器也，方圆曲直，皆中规矩绳墨，故机旋相得，用之牢利，成器坚固。"

殷墟车马坑负载了大量殷代用车的信息。经过考古学家和历史学家研究，商代晚期的军事编制至少有车兵和步兵两种。在殷墟乙组宗庙遗址前面有一群祭祀坑，中间一组是步卒葬坑；北边一组是车辆和徒兵的葬坑。北组葬坑以车为中心，车共5辆，分为中、左、右3组：中组的3辆车在前（南边），呈直线纵列，每车3人2马，每人一套弓、矢、戈、刀、砺石等兵器；左右两组各1辆车居后（北边），每车3人4马，每人也各有一套兵器。车上3人，前面（在舆侧面）1人，车后2人。从其所持武器及其他器具，可知也是中、左、右排列：御者居中，射者居左，击者居右。中组最前1车的左右，并列3个较大的坑，每坑埋5人，这15人大概是随车的徒兵，恰好也是中、左、右的排列。专家认为，中、左、右三队的排列是商后期作战部队的基本格局：步兵方阵在前，车队与徒兵居中。

春秋战国时代战争频仍，车被日益广泛地用于战场。一辆四驾马车称为"一乘"，当时评价国家兵力强弱，以有多少"乘"战车为主要标志。一些经济比较强盛的诸侯国，都把打造战车作为战略目标之一，希冀成为千乘之国、万乘之国，永远立于不败之地。下面我们以齐国为例，来看它的车辆规模。据《管子·大匡》记载，齐桓公即位三年，就与鲁国发生了著名的长勺之战。鲁国使用了正确的战略，打败了齐。而齐桓公认为自己是败在兵力太少，为此而"修兵同甲十万，车五千乘"，车辆规模相当之大。齐桓公在位十九年，主导了六次"兵车之会"。每当盟国受到外敌侵略，他都会用赠予兵和车的方式施以援手,例如宋伐杞国,桓公赠予车百乘、甲一千。狄人伐邢,桓公赠予车百乘、兵卒千人。狄人伐卫,桓公赠予卫国车五百乘、甲五千。桓公出手之大方,由此可见。当时各国的兵车也不在少数。齐桓公五年,狄人来犯,桓公要求诸侯前来救助:大国出车二百乘、兵卒二千人,小国出车百乘、兵卒千人。齐国自己出车千乘。后来,吴国进攻齐国的下都,桓公以车千乘到边境与诸侯相会。诸侯动辄百乘、千乘,各国造车业之盛,不难想象。

从文献来看,春秋已有比较成熟的战车编组法则和相应的战术。例如《左传》桓公五年说到有一种"鱼丽之阵",每二十五辆战车为一个作战单位,步兵则散处于战车周围,机动策应。军队驻扎时,以战车相围,出口处以两车之辕相向,形成所谓"辕门"。随后还出现了以步兵、骑兵、战车协同作战的战术。战争的规模也不断扩大,战国晚期,赵国的李牧与匈奴作战,调动的战车达一千三百乘,骑兵一万三千人,步卒十五万,其中弓弩手十万,场面极为壮观。

秦国偏在西北,与游牧民族杂处,民风剽悍。据《史记·秦本纪》记载,秦人的先祖造父善于驭马而闻名,受到周穆王的赏识。徐偃王作乱时,造父为周穆王驾车,"一日千里以救乱"。战国时,秦有带甲百万、车千乘,其盛如此,不可能不留下遗物。唐初,有农民在秦的故地天兴三畤原(今陕西宝鸡附近)荒野发现十个略似鼓形的石墩,上端略小,农民称之为"石馒头",文人则雅称之为"石鼓",上面刻有一种非常古拙的文字。消息传出后,引起学者极大兴趣,韩愈就曾经写过一首《石鼓歌》,来议论这一发现。经研究,鼓上刻的四言诗,记述的是贵族田猎活动,所以文人都称之为"猎碣"。有学者认为,石鼓上的文字是"籀文",是宣王时一位名叫"籀"

的太史书写的，因而推论石鼓是周宣王时的作品。根据王国维先生的研究，籀文与太史籀无关，而是周秦之间秦国特有的一种字体，属于大篆。又据郭沫若考证，此石鼓作于秦襄公八年，时当周平王元年（前770）[1]。历代帝王都把石鼓视为国之瑰宝而珍藏于深宫，所以石鼓随着都城的转换而不断迁徙，现藏于北京故宫博物院。石鼓上的有些诗句，与《诗经》中的《车攻》非常相似，例如描写秦公出猎的情景：

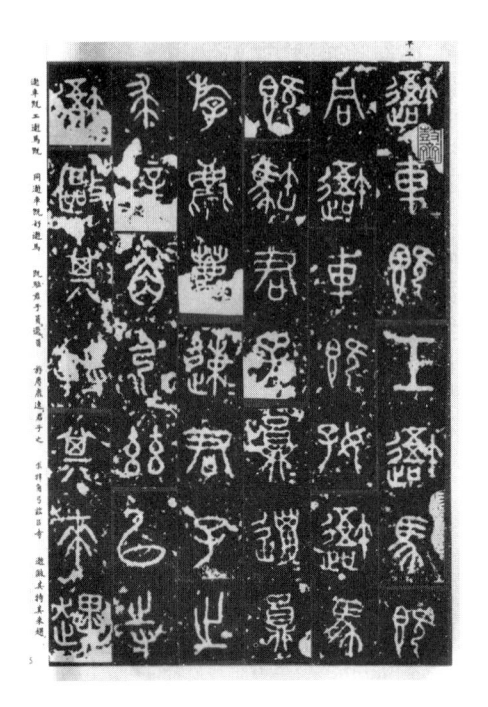

12-1　石鼓拓片（先锋本）

　　吾车既工，吾马既同。
　　吾车既好，吾马既骄。

"吾车既工"，《车攻》作"吾车既攻"，这里的"工"和"攻"是同音假借，意思相同，是说车子坚固精致。"吾马既同"，是说驾车马匹的大小、毛色等都很整齐。由此可见，当时贵族的马车相当讲究。

宋朝以后，金石之学开始兴起，许多学者热心收集古代青铜器，

---

[1] 关于石鼓文的时代，后世学者的见解非常分歧，至今不能统一。近几年来，根据新出土的铜器铭文，多数学者认为当属于春秋晚期。

并且施以墨拓,流布于世。到了清代,金石学复兴,学者开始通过考释青铜器铭文来研究上古史,其中有关车战的铭文已经屡见不鲜。例如西周时期的青铜器不期簋,记载了不期奉伯氏之命,"以我车宕伐猃狁于高陵",大获全胜的经过。

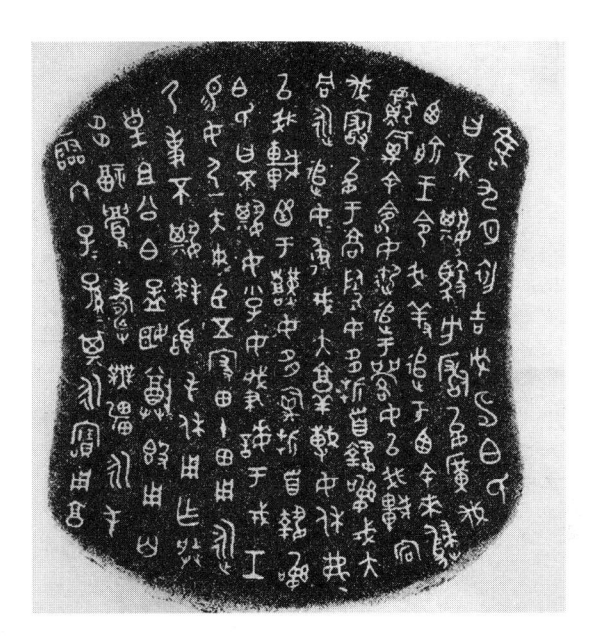

12-2　不期簋铭文拓片

猃狁,后来称为匈奴。类似的器物很多,限于篇幅,不再列举。

二、田野考古所见的商周车辆

甲骨文中已经有了"车"字,出现的频率很高,都是象形字。

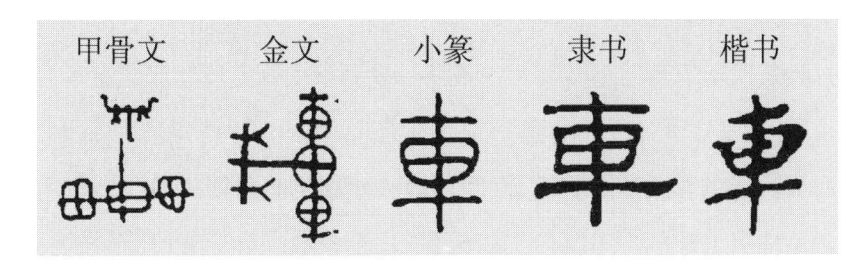

| 甲骨文 | 金文 | 小篆 | 隶书 | 楷书 |

12-3　古文字中的"车"

罗振玉《殷虚书契菁华》收录的一片甲骨记载商王乘车外出打猎，不料车子翻了，一位叫子央的贵族坠落山下。这片甲骨中"车"字的车轴描绘成断裂状，非常形象。

先秦的贵族为了身后的荣耀，都喜欢用车马殉葬。20世纪30年代，考古工作者在殷墟西区就发现了车马坑，此后在孝民屯、大司空村、郭家庄、梅园庄等地不断发现车马坑，迄今为止，总数已经

12-4 甲骨记载商王乘车外出打猎

有二三十座。殷墟车马坑出土车的形制，与甲骨文所描绘的完全一致。由于时间久远，车舆、车轮、车辕、车轭等构件的木质部分都变成了灰，考古工作者以高超的智慧成功地对车的形状作了复原。

西周的车马坑，1932年就已经发现，当时考古工作者在河南浚县辛村发现了2座大型西周车马坑，其中3号坑有12辆车、72匹马。这是首次发现西周车马坑。1955年，陕西长安张家坡发现7座车马坑，随后发掘了其中的4座。1972年在北京房山琉璃河发现西周墓地，此后出土的车马坑有将近20座。1974年在宝鸡茹家庄的西周鱼强国墓地出土3辆车、6匹马。1976年在山东胶县西菴发现1座车马坑。1985年在洛阳中州路发现4座车马坑。1995—1999年在山东滕州发

现 5 座车马坑。山西太原也曾发现 10 多座车马坑。

春秋车马坑，最早是 1956 年在河南三门峡上村岭虢国墓地发现的，在 3 座车马坑中出土了 25 辆车。从 1990 年到 1999 年，该墓地又发现 4 座车马坑，出土 32 辆车。1959 年起在山西侯马上马村墓地发现春秋中期的车马坑，出土 13 辆车。1990 年，在山西太原发现早期晋都遗址，在金胜村的赵卿墓地发现 1 座大型车马坑，出土的车有 10 多辆。1990 年在山东临淄后李春秋遗址发现 2 座车马坑，出土 10 辆车。从 1993 年起，考古工作者在山西曲沃北赵的晋侯墓地进行多次发掘，发现 9 座晋侯墓，每座墓旁都有车马坑，规模不等，有的相当之大，陪葬的车辆数非常惊人。

战国车马坑，最早是在河南辉县琉璃阁战国墓地发现的，共出土 19 辆车。1972 年，洛阳中州路发现 1 座战国车马坑，出土 1 车 4 马。1974 年在河北平山县中山王墓区发现 2 座大型车马坑，因曾遭盗掘，车辆遗迹有破坏，但根据坑内马匹的数量，推测原有 6—8 辆车。1981 年，河南淮阳马鞍塚的楚顷襄王墓地发现 2 座车马坑，出土 31 辆车，随葬的马多为泥质。1982 年在湖北荆州纪南第二砖瓦厂发现 1 座车马坑，出土 2 车 4 马。1988 年在湖北宜城发现 1 座战国车马坑，出土 7 车 18 马。1990 年在山东淄博后李遗址北区发现车马坑，

12-5 殷墟车马坑

车轮、舆、辀被分解后放置，共有 46 轮，舆、辀各 22 件。

到了周代，车的制作越来越精巧，其主要标志是辐条越来越多，《老子》已经说到"三十辐共一毂"，出土的车制与此是一致的。

三、《考工记》记载的造车工艺

马车的使用如此广泛，那么它们是否有共同的制作工艺呢？答案是肯定的，因为各地出土的马车形制基本相同，其间必定有大家都遵循的某种规范。而且，这种规范并非仅仅停留在匠人经验之谈的层面上，而是已经上升到了理论的层面，最重要的证据就是《考工记》一书的记载。[1]

在古代文献中，《考工记》是一部非常特别的书，全书叙述了攻木、攻金、攻皮、设色、刮摩、抟埴 6 大门类 30 个手工业的官名，有做弓的弓人、做剑的桃

12-6 《考工记》书影（四部丛刊本）

---

1 《考工记》一书的作者不可考，它的成书年代，学界有不同认识，一般认为是战国时代的作品，也有人认为是汉初的儒生所作。

氏、做钟的凫氏、做箭的矢人、做鼓的韗人、做玉器的玉人、做皮甲的函人等，每个工种都有详尽的制作规范，如用料、尺寸、工艺、检验标准等。《考工记》涉及做车的有轮人、舆人和辀人3个工官，这在全书绝无仅有，因为制作车辆不仅要涉及木、革、金、漆等多种工艺门类，而且构件繁多，技术要求复杂，所以《考工记》说："一器而工聚焉者，车为多。"

《考工记》是用上古语言书写的，文字艰涩难读，为了下面叙述的方便，我们先来看如下的图，认识一下当时马车的形制，以及各个部件的专用名称：

辐：车轮的辐条。殷代和西周的车，辐条从十几根到二十多根不等，数量愈趋繁密，春秋时期出现一轮有多至三十根辐条的，所以《老子》有"三十辐共一毂"的话。

毂：车轮中心用以插轴的部分。早期毂的形状，呈中空的枣核形；后期的毂呈壶形，毂外部的一端突出于车轮外，因比较长，故称为"长"，古文或作"畅"。车辆相交，彼此最容易碰撞的部分就是毂，所以《战国策·齐策二》形容临淄的繁华时说："车毂击，人肩摩。"

轴：两轮之间，连接两轮的棍形长木。

軎：或者写作"轊"，是套在车轴两端的青铜饰件。

辖：车轴末端的插销，用以防止车轮脱出。文献中经常可以见到关于辖的记载，例如《墨子·鲁问》说："子之为鹊也，不如匠之为车辖。"《韩非子·内储说上·七术》说："西门豹为邺令，佯亡其车辖，令吏求之不能得。"都是例证。

辀：牵引车舆的长木，又称辕。从车舆之下向前伸出后，弯曲向上，以便于驾马。辀的尾部略为超出车舆，露出的部分犹如人的脚后跟，所以称为"踵"。

衡：缚置于辀前方的衡木，用于架轭。

轭：驾车时套在牲口脖子上的分叉形器，位于衡上，左右分置。

舆：车厢，呈横长方形，或者半圆形和簸箕形，乘车者从厢后上下。

轼：车前的横木，供乘车者凭扶。

轸（音líng）：车厢周围纵横交错的栏杆的总称。

辒（音sè）：用皮革覆盖在车厢外部的障蔽。

𫐓：或者写作"𫐓"，伏在车轴两边的长方形木块，下端呈弧形，与车轴相合，上部平坦，正好承接住车厢底部，俗名"伏兔"。《易·大畜》说："舆脱𫐓。"

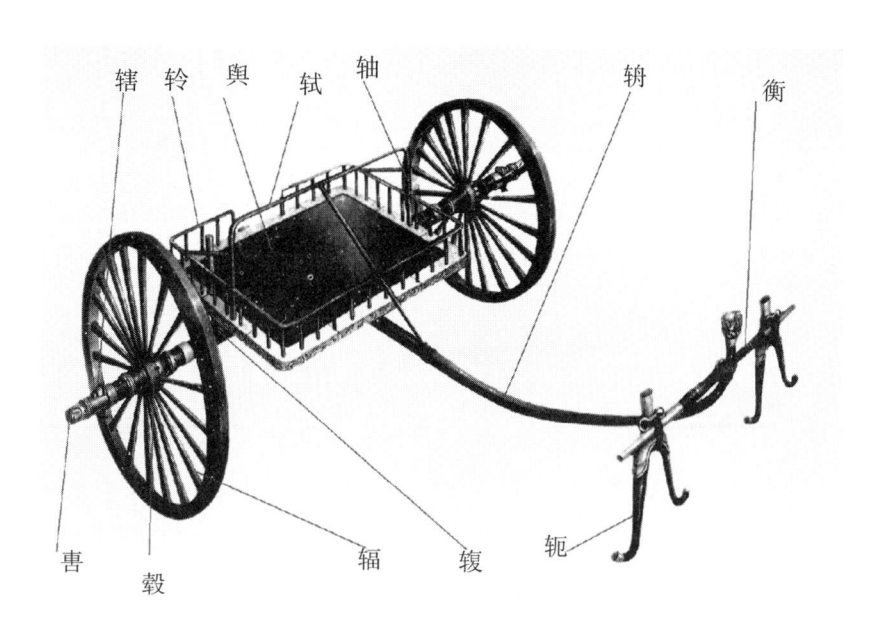

12-7 马车的形制以及各个部件的专用名称

上古时代的车，主要有轮、舆（车厢）、辀（车辕）三大部分组成，分别由轮人、舆人和辀人负责制作。东周时代，我国的数学、物理学知识都已经比较发达，认识到车轮的质量如何最为关键。《考工记》在谈到如何观察车子质量的时候说：

> 凡察车之道，必自载于地者始也，是故察车自轮始。凡察车之道，欲其朴属而微至。不朴属，无以为完久也；不微至，无以为戚速也。

意思是说，观察一辆车子的好坏，一定要从它与地面接触的部分开始，因而就要从观察车轮开始。而观察轮子的好坏，有两个指标：一是"朴属"，就是坚固，否则它就用不长；二是"微至"，就是

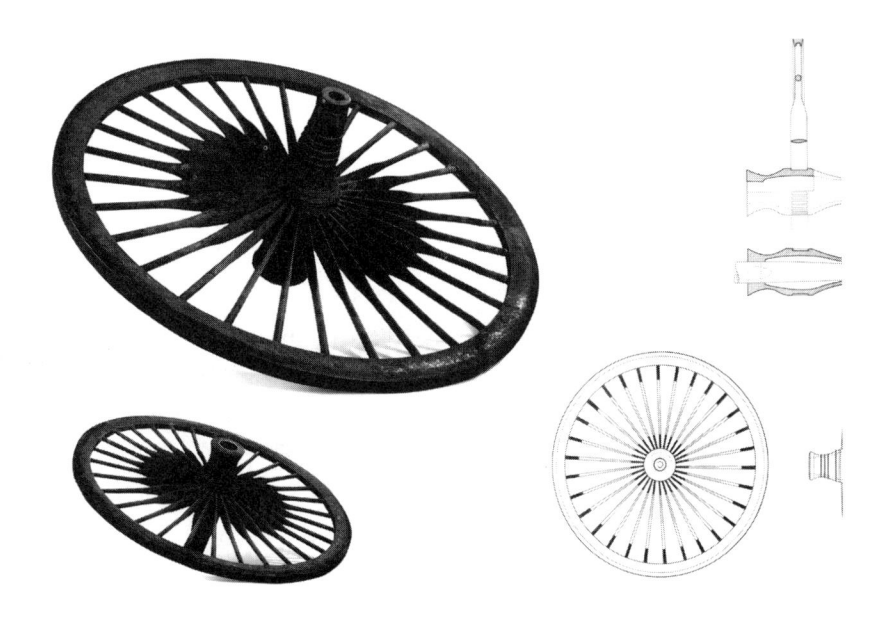

12-8 车轮

12-9　汉画像石制轮图摹本

轮子与地的接触面要尽可能小，否则就不能"戚速"（快跑），说明先民对于滚动摩擦与速度的关系，已经有了深刻的认识。

古代的车轮，分为没有辐条的和有辐条的两类，前者是用"辐板"（整块的圆形木板）做成，比较原始，古人称之为"辁（音 quán）"。辁的缺点是笨重，所以后世很少用。《考工记》记载的轮比较先进，由牙、辐、毂三者构成。牙，又称辋，俗称轮圈，是车轮的外框，古代木车的轮牙是用两块或者三块弯曲成预定弧度的木料彼此相抱而成的，非常像牙齿上下咬合，故名之为"牙"。辐，今人称为辐条，是连接车毂与车牙的狭长木条。毂，指车轮中心的圆木，外周有用于安插辐条的槽；中空，车轴由此贯穿。

木质车辆的制造，第一步是如何选取好的材料。《考工记》说"斩三材必以其时"，树木有生在阳处的，也有生在阴处的，木性有所不同，因此，要在中夏季节砍伐阴处的树木，在中冬季节砍伐阳处的树木。轮毂的取材有特殊的要求。树木在生长过程中，必定有朝阳的一面和朝阴的一面。朝阳面木质缜密而坚硬，朝阴面木质稀疏而柔软。因此，伐木时要在木料上刻上记号，再用火烘烤朝阴的一面，使它的硬度与另一面相同。如此，则制作出来的轮毂，用的时间再长，也不会收缩或者隆起，车轮能灵活地绕着车轴转。

轮牙的弧度是用火慢慢烘烤、煣曲而成的，要做到外圈不崩裂，内圈不起褶，两侧不臃肿，需要很高的掌握火候的技术。轮牙要做得弧度自然，左右一致，着地点要尽可能小，这样才能符合圆的标准。

《考工记》的车轮有三十根辐条，这是一辆车所能容纳的车辐数的极限，再多了轮毂上就安插不下，同时轮毂的强度也会受影响。轮辐的技术要求是挺直，只有这样才能很好地受力，其形状有些像人的手臂，一头粗、一头细，粗的一头嵌入轮毂，细的一头嵌入轮牙。

将轮牙、车辐和车毂做好之后，需要装配，将三者组合成一个严密的整体。这同样需要很高的技术，用《考工记》的话来说，就是"巧者和之"，只有能工巧匠才能做到。由出土的汉画像石可知，轮子的装配，是先将辐条插入轮毂，再分段插入轮牙，最后再作调整。一个质量完美的车轮，《考工记》说是："轮敝，三材不失职，谓之完。"即使车轮用得破旧不堪了，而轮牙、车辐和车毂依然结合严密，功用依然。

需要特别提到的是《考工记》关于"轮绠"的设计。从力学的角度而言，如果辐条、车牙与车毂处在同一个水平面上，那么当车厢负重之后，轮子就会向内或向外歪斜，无法行走。为了解决这一难题，《考工记》把车轮设计成平面呈凹盆的形状。具体来说，如果将车轮平放，中心的车毂处于最低的位置，轮框处于最高的位置，而辐条则从车毂的四周向斜上方向与轮框连接。如此，在车子的负荷加大之后，车轮依然可以保持正直，可谓高明至极。遗憾的是，这种设计不知何时失传了，后人读《考工记》多觉得不可思议，难以采信。始料未及的是，1950年冬，考古工作者在河南辉县琉璃阁发现一座战国车马坑，其中的16号车的车轮采用的就是这种"轮缏"的设计。专家对此进行了论证，认为这一设计非常符合力学原理，显示了当时制车技术的精湛水平。

车轮做完之后，还要经过六道严格的检验：要用圆规来检查牙是否足够圆，用矩尺来检查辐与牙相交处是否成直角，用垂线来检查上下对应的辐是否在一条直线上，把两轮放在水里看它们沉浮的情况是否一致，用黍来检验两毂的空大小是否相等，用称来检验两轮的重量是否相等。只有通过了这六种检验的轮子，才能算是上乘的轮子。

车舆是供人乘坐的地方，略呈横长方形。最底下有承重的枋木，上面铺有地板，周围有纵横交错的木栏。车舆要做得结实、美观，木栏该圆的要圆，该方的一定要方，竖向的木杆要垂直挺立，横向的木杆要平直如水。大的材料与小的材料要各得其所，不能混杂使用，因为各处承受的力量是不同的。

辀的作用是将畜力与车子相联系。先秦都是独辀车，而且是曲辀，这是很科学的。因为直辀会使得车衡太低，上坡时不仅拉车的马很费劲，而且容易翻车。下坡时如果没有人在后面拉住车尾，车子就会顶住马屁股，把它压趴下。因此，要用火把辀煣弯曲了，使得它前端的高度与马的颈部相当，这样马拉起来不费劲，车子也会更加稳当。煣辀需要很高的技术，首先要选择木质坚硬的材料，要顺着木头的纹理慢慢加热，煣曲的弧度要恰到好处。不能破坏它的纹理，也不能弯得太过，否则会被折断。

接着，用车轴贯穿两轮。车轴与轮的结合部位是车毂，车辆行驶时，车轴固定不动，轮毂在轴上转动。由于轮轴和车轴都是木质材料，很容易磨损，因此，往往要在车毂内侧设置"釭"，以减少两者的接触部位。车轴一般都在车毂外伸出一段，称为"轴头"。先秦车子的轴头往往很长，目前所见最长的有 50 厘米，它在车子转弯时有平衡车身的作用。为了防止车轮向外滑移，在轮毂外侧的轴上装一个用以括约轮毂的青铜套，起到定位和保护轴头的作用（相当于今天的车挡），这个青铜套称为"軎"。在軎紧靠车毂的地方，开一个穿透车轴的长方形孔，内插一枚键，作用是固定軎。这枚键称为"辖"，后世所说的"管辖"以及今人所说的"直辖市"的辖，都是由此引申而来的。辖的末端穿有一孔，孔内贯有皮条或组带，将其缚于轴端，以防辖从孔中滑脱，造成车軎向外滑移乃至脱落，使轮位不正无法正常转动，甚至使车轮脱逸、车身倾覆。

车舆架在车轴上，在两者之间的左右各垫有一块方木，朝轴的一面呈圆弧形，为的是要结合贴切。由于方木的样子像一只伏着的兔子，所以称为"伏兔"。

辀的后端在车舆之下，与车轴垂直相交。辀位于车厢与车轴之间，为了彼此接触的妥帖，中间要垫一与伏兔相似的木块，由于它在左右两个伏兔之间，故名"当兔"。当兔朝下的一面做成圆弧，以便与车轴贴合，朝上的一面也做成圆弧，为的是与辀贴合。

《考工记》使用的是先秦的工程语言，非常晦涩难懂，理解上每每有歧义。清代学者戴震、程瑶田、阮元曾经努力按照《考工记》的记载，来复原当时的车制，插图 12-10 是清代著名学者阮元所作的复原图。他们复原的车制各不相同，究竟谁是谁非？学者见仁见智，莫衷一是。

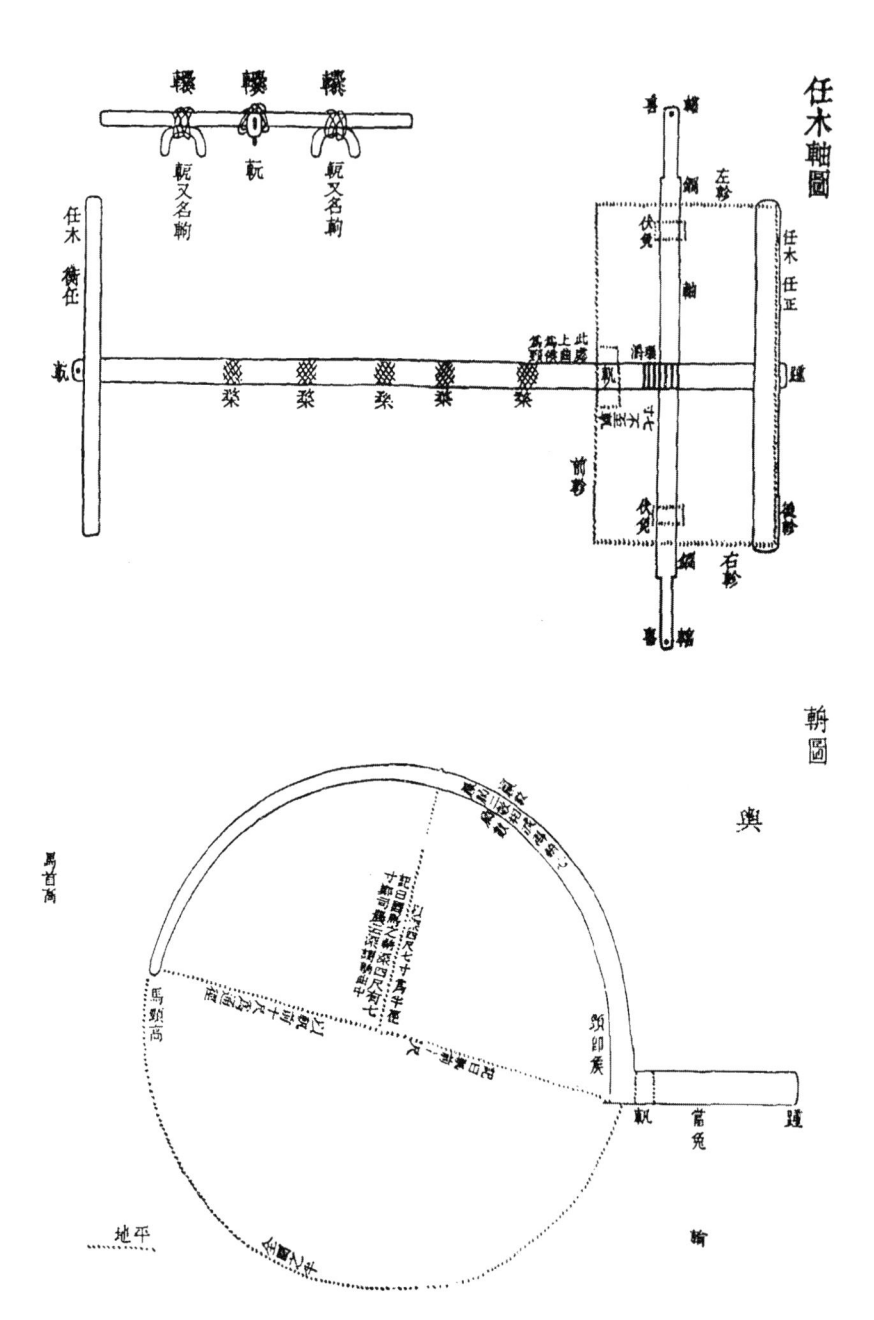

12-10 阮元车制复原图

当兔与轴、辀装配结构图（前视）

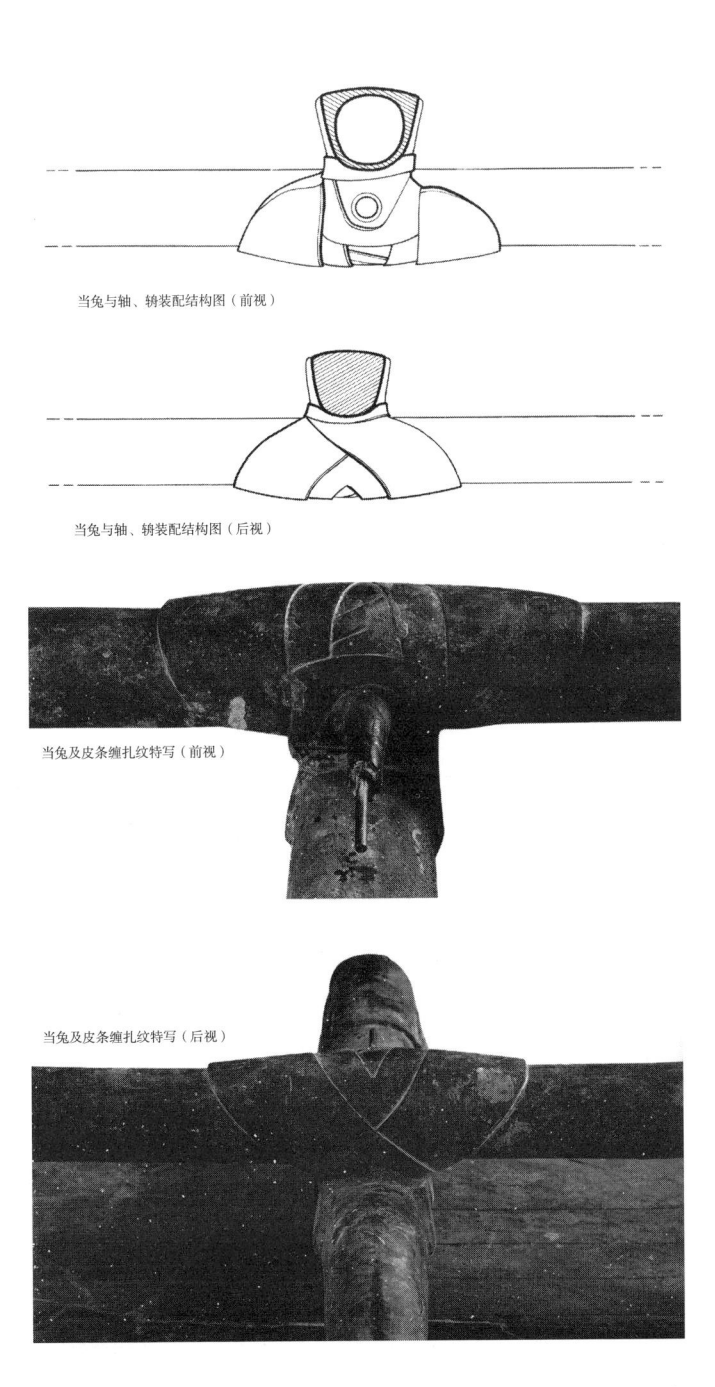

当兔与轴、辀装配结构图（后视）

当兔及皮条缠扎纹特写（前视）

当兔及皮条缠扎纹特写（后视）

12-11　当兔

四、秦陵铜车马概说

古代帝王大多喜欢厚葬,但"自古至今未有盛如始皇者也"(《汉书·刘向传》)。为了建造这座位于陕西临潼的秦始皇陵寝,耗时三十七年,动用的民力最多时达七十余万人。文献记载与民间传说中有关秦始皇陵的宏大和奢侈的描述,极为纷繁。

20世纪70年代以来,考古工作者对秦始皇陵园进行了多年的钻探和研究,初步弄清了这座地下宫殿的概貌。陵墓的封土呈覆斗状,基部南北长515米,东西宽485米,周长2000米,原高115米(五十丈)。由于两千多年来自然与人为的原因,封土堆日渐缩小,如今基部南北长350米,东西宽345米,周长1390米,残高76米。陵园的规制模仿城邑,在封土周围夯有内外两重长方形墙垣,四面都有城门。内城南北长1355米,东西宽580米,周长3870米。外城南北长约2187米,东西宽约974米,周长约6322米。内外城垣如今几乎无存。在皇陵周围已发现的陪葬坑、陪葬墓有三处,总计达400多座,其中最著名的是1974年起陆续发现的1号、2号、3号兵马俑坑。

1980年,考古工作者在秦始皇陵封土西侧仅20米处发现一座大型陪葬坑,在其中一个长方形木椁内出土了两乘大型彩绘铜车马,编号为1号车和2号车。木椁长700厘米,宽230厘米,高220厘米。椁底平铺一层木板,四壁用枋木叠砌成椁室,椁顶原有密集排列的棚木盖板。由于木椁已经腐朽,二车出土时均在原地被压碎,1号车共破碎成1352片,2号车破碎成1685片。经过将近8年的清理修复,

12-12　1号车全图

终于以瑰丽的风姿再现人世。1 号车、2 号车的尺寸为实物的 1/2，车身多处有彩绘，并配有大量的金银饰件，工艺先进而复杂，是 20 世纪考古史上发现的形体最大、结构最复杂的青铜器。

1 号铜车马通长 225 厘米，通高 152 厘米，总重量 1061 千克。车的形制为独辀、双轮，辀前有衡，衡左右各有一轭。辀两侧各有一匹服马，服马外侧各有一匹骖马。轮径 66.7 厘米，各有 30 根辐。舆呈横长方形，横宽 74 厘米，纵长 48.5 厘米。衡近似圆柱形，两末端有银质套管，通长 78 厘米。舆内竖立一高柄的铜伞，伞下有一站立的铜御官俑，通冠高 91 厘米。

2 号铜车马通长 317 厘米，通高 106.2 厘米，总重量 1241 千克。车轮、辀、衡以及骖服四马与 1 号车大致相同，主要不同处是在车厢。2 号车车厢呈纵长形，分前后两室，前室较小，是驾车人的坐处，从左侧门登车。后室较大，乘车人或坐或卧，都从容而宽绰，车门在后面。有学者认为它就是文献中说的"安车"。后室的四周封闭，但在前、后室之间的墙板上有一小窗，窗上方用活动铰链连接一块挡板，可以作掀合式开闭。两侧墙板上各有一个双层的小窗，外层窗板镂空呈菱花形（类似今天的纱窗），横长20厘米，高9厘米。窗的四周有边框，边框的上下两侧及前侧各有一条凹槽，后侧的边栏以及边框外的车厢板为双层，两层之间中空，中空的面积正好与窗板的大小相同。开窗时，把窗板推入车厢中空的夹层内；闭窗时，把窗板从夹层内拉出。这一设计与今天某些汽车上的推拉窗非常相似，十分精巧。

12-13 2号车全图

这种车窗，使得车外之人不易看清车内的情况，而车内之人则可以通过这三扇窗户与御者联系或观察车外事物。除此之外，还可以用它来调节车内的光线和温度。所以有人认为它就是文献上说的"辒辌车"。

1号车的御者身后有一把华美的圆形伞盖，设计水平和工艺技术都令人瞩目。伞盖与今天的伞很相似，古人写作"繖"，是防雨、防晒的工具。要驾车远行，伞盖就是车上的必备之物。

12-14 考古工作者修复伞盖现场

《后汉书·舆服志》提到帝王的冠盖为"羽盖金华爪",意思是车盖上面覆盖翠羽,弓镂末端的"弓爪"用金(铜)装饰。1号车弓镂末端以银为饰,档次更高一层。伞的高度约合汉尺1丈,比普通人的身长(8尺)略高,御者的视线不会被遮挡,设计非常合理。

五、秦陵铜车马的学术价值

秦陵铜车马是精密制造的秦代作品,尽管出土时已被压碎,但由于考古工作者高超的智慧和才能,使它完美地恢复了原貌,使我们得以获见两千多年前的车辆实物,由此解决了许多长期聚讼不决的难题,收获极为丰富,下面试作介绍。

首先，验证了《考工记》的部分记载。《考工记》记载的车轮、辀、舆等构件，秦陵铜车马大多与之相符。比如，《考工记》说轮框接地一面的两侧都削成斜面，有利于在泥泞的地方行走；辐条靠近轮框部分处理成细而圆的形状，就不容易沾上泥土；秦陵铜车马正是如此处理的。

其次，补充许多《考工记》没有提及的细节。例如，车厢的底部与车轴、伏兔三者之间如何结合？《考工记》没有涉及。有了秦陵铜车马，我们方知此处是要用革带捆缚的。此外，《考工记》的车制中，伏兔有两个，是垫在车轴与车厢之间的；在辀与车轴、车厢的交接之处另有一个"当兔"，但在考古发掘中从未出土过，而秦陵铜车马向人们揭示了当兔的真面目。

再次，解决了某些文献记载语焉不详的难题。例如，我们在前面引到的《秦风》的《小戎》和《驷骥》两首诗中，都有"六辔在手"一句，是什么意思？为什么四匹马只有六辔？过去的学者大多认为，服马各有一辔，骖马各有两辔，所以总共是六辔。但是，为什么服马只有一辔？由于没有见到实物，学者都不能说得很明白。秦陵铜车马出土后，人们方才知道，每匹马都有两辔，四匹马一共八辔。其中两匹服马的内辔系结在轼前的瓜形纽鼻上（这个瓜形纽鼻，古人称为䚡軜），其余六辔握在御者手中，每手各握三根辔绳，以此控御车马。两匹服马因借助于衡连成一体，所以它们的内辔不需要牵挽，凭借六辔就可以使车马左旋右旋。

还有一些文献有载，但从来没有见到过实物。例如，《仪礼·士昏礼》中提到，人登车的时候，为了借力，可以拉住车上的一根称为"绥"的带子。这种带子极难保存，所以今人无缘见识。如今，我们在1号车的轼背面的中部，居然看到了两根带状绥。每根绥都是用子母扣法将三节铜构件连接而成，左侧一根通长34.5厘米，右侧一根通长37厘米。从绶带的形状、绾成的结，以及残存的彩绘纹样，可以清楚地知道，原物是用组带纽结而成的彩带。为了增加绶带的飘动感，工匠甚至将位于最下面的一节金属片做成微向外卷的形状，非常逼真。

再如，轫的发现。大家知道，在车子停止时，为了防止车轮滚动，需要用木块塞在车轮前后，如今的飞机停留时也必须如此。古人把这种木块叫"轫"。车子将要启动，先要将轫拿走，这叫"发轫"。人们用"发轫"来表示启程，例如《离骚》说的"朝发轫于苍梧兮，夕余至于县圃"，就是这个意思。但是，由于木质的轫很难保存，所以人们无法知道古代轫的样子。在发掘秦陵1、2号兵马俑坑时，考古工作者在某些车轮旁边发现过木质方框的遗迹，往往是每个车轮旁各有一件，当时不清楚它的用处。考古工作者在修复铜车马时，发现每辆车各有两个用长方形铜条构成的方框，长14.4厘米，宽13.2厘米，正面的中部有一个外高内低、两侧高中间低的斜坡形浅槽，其弧度与车轮下部完全吻合，证明它就是止轮用的"轫"，这是我国古代最早的"轫"的实物！

有趣的是，在1号车车厢的后部发现了一件"人"字形的器物，通高34厘米。专家认为这是支撑车辆用的器具，名

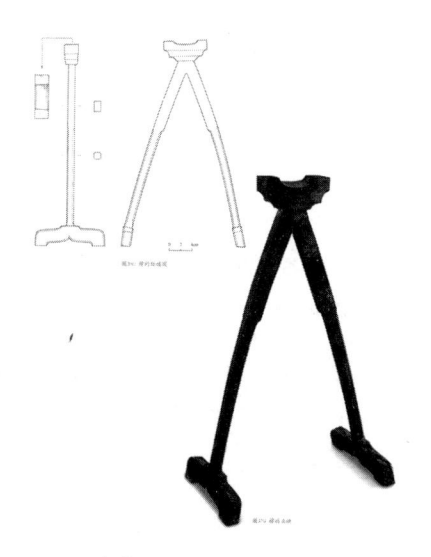

12-15　车撑
采自秦始皇兵马俑博物馆、陕西省考古研究所编《秦始皇陵铜车马发掘报告》

之为"车撑"。在车静止时，它放在"踵"（辀与车厢相交处的尾部）的下面，从后部支撑车身的重量，主要作用有二：一是防止在有人登车时用力过猛而造成车的前部上翘，二是在停车时可以减轻马的负荷。这是此前从未见过的车马器，令人耳目一新。

最后，我们可以通过1号铜车马的伞盖来看它正经补史的作用。《考工记》记载的伞盖有以下几个主要构件：

  杠：车伞的柄有两截，下面一截称为杠，又名"桯"（音tīng），长八尺。

  达常：插在桯上的伞柄，与上端的"部"一体，乃是用同一块木料制成，总长二尺。

  部：达常顶端的盖斗，部的四周有插"弓"用的榫眼，一共是22个。

  弓辕(音lǎo)：从盖斗向四方伸出的木条，犹如后世的伞骨，长度有6尺、5尺、4尺三种。为了便于泄水，弓辕靠近伞顶的1/3处是平直的，其余的2/3则向下倾斜。

1号车伞盖的主要构件也是杠、部和弓辕，与《考工记》基本相同。将两者对照，我们对古代伞盖的制作规范可以了然于胸。与此同时，也可以发现它们的某些不同，以及《考工记》语焉不详而可以求证于1号车的地方。

首先，《考工记》的伞盖总高度为十尺，顶部有很大的伞面，不免头重脚轻，它如何立在车上？文中没有谈及。1号车的伞盖立在一个纵横各长36厘米、宽6.6厘米的十字形底座上，中间有滑槽，伞杠可以自如地置入。该底座是活动的，与车厢没有固定连接，可以根据御者的意愿随意挪移。

第二，《考工记》的伞杠高而细，如何保证它在直立时的稳定，不前后左右摇晃？文中没有谈及。看过 1 号车之后，我们才恍然大悟。原来，伞杠是插在一个十字拱形的底座上的，两者之间有一个锁紧装置。此外，伞杠的一侧还有一根 56 厘米高、与伞杠并行的座杆，杆子上端有一个内径为 2.8 厘米的圆环形活扣，当伞杠插入底座，杆子上端的活扣即可将它固定。这一固定点与底座的滑槽上下着力，可以保证伞盖在行车过程中的高度稳定。

第三，《考工记》中的伞杠，是由上下两部分组成的，达常与部连成一体。而 1 号车的伞杠只有 1 根，直接与上端的部连接，作为伞柄的达常不明显，甚至可以说没有。

第四，当太阳斜射或者风雨偏至时，正立的雨伞作用大减，此时该怎么办？《考工记》没有提及。而在 1 号车，伞杠可以通过立柱上的环形活扣调节，灵活抵挡四方的阳光和雨水，设计之精妙，令人叹为观止。

第五，《考工记》中弓镞的数量有 28 根，说是象征二十八宿，而 1 号车的弓镞只有 22 根，与二十八宿之说不符；此外，《考工记》之弓镞的折斜位置在靠内端的 1/3 处，而 1 号车则完全不同，在大致相反的位置。两者比较，《考工记》的设计使得伞盖下的空间比较低窄，雨水下滴处太近车身，而 1 号车的伞盖弧度比较舒展，不仅伞盖之下的空间比较宽敞，而且足以遮住车毂，真正达到《考工记》"庇轵"的设计要求。

第六，《考工记》伞盖上的弓镞有 28 根，一端插入盖斗，另一端则孤悬于外，彼此不相系属，结构上比较松散。1 号车的每根弓镞的中部均有 1 小孔，而用一根称为"榑"的细线串联为一体，犹如今天的伞骨也用细线系链那样,从而保持全部弓辕之间的平稳。

《考工记》说:"轸之方也,以象地也。盖之圜也,以象天也。轮辐三十,以象日月也。盖弓二十有八,以象星也。"意思是说,车厢做成方形,是为了象地。车盖做成圆形,是为了象天。轮辐之所以是三十根,是象征每月三十天。盖弓之所以是二十八根,是象征二十八宿。但是,车厢与车盖的方圆,与地方天圆之说不一定有对应的关系,而且大部分出土车马的轮辐都不到三十根,因为轮辐多到如此的数量,轮毂上的凿空就会过分密集,从而影响到轮毂的强度。1号、2号铜车马虽然有30根车辐,但是盖弓只有22根,而不是《考工记》规定的28根。可见,《考工记》的某些带有思想色彩的记载,带有理想化的成分,不能过于拘泥。

六、秦陵铜车马的精湛工艺

秦陵铜车马既是具有重大学术价值的历史文物,也是冠绝于世的艺术珍品。两者之所以能完美地结合为一体,是由于其精湛的工艺技术。

首先,是高度仿真。工匠们用青铜制作普通马车上原本用皮革、木料、绳索、丝绸制作的部分,以及人的须眉、衣服、束带、纹饰、服饰等,乃至马的鬃毛、缨络,车厢内地毯的织纹等等,无不惟妙惟肖,富于质感。例如,1号车覆盖在伞盖上的布帛,也按照织物的纹样模拟,四周饰以错金图案,华丽典雅。铜车马上有许多表现布帛、革带缠结的地方。这些带结可以分为活结和死结两大类,其中活结的绾结方法有9种,死结有13种,令人浩叹。再如套在马身上的鞘绳和辔绳,生活中是皮革制作的,为了表现皮革的柔软,不厌其烦地把鞘绳和辔绳做成一小节一小节,然后用直径 1—1.5 毫米粗的销钉连接。又如对车上彩绘的模仿。1 号车车舆在轸的内外侧,有髹漆彩绘。2 号车车厢内外都有彩绘纹样,下层为流云及几何纹样,上层为夔龙夔凤纹,均为锦绣的仿真样式。1 号车舆底的正面的青铜板上有麻布编织纹,并在上面涂以朱色,显然是模仿朱色麻布。2 号车的前室底部有 2×2 厘米的浮雕状几何方格纹,上涂朱色,视觉轻软,类似软垫。后室正面反扣一块方形铜板,上面绘有精致纹样,视觉犹如厚锦垫,发掘者名之为"绣茵"。

第二,是复杂的焊接技术。秦陵铜车马的用料,除部分是金银饰物之外,全部用青铜制作。铜车马的零件数以千计,仅 2 号车马身上的饰件和用具就有 2500 件之多。将如此繁多的金属零件组成一个瑰丽的艺术品,显示了工匠的不朽智慧。2 号铜车马的各种接口有 3780 个,其中活性接口 3171 个,焊接接口 609 个,带纹接口 182 个。从工艺技术的角度而言,各种连接可以分为不可卸的冶金连接与可卸的机械连接两大类。前者有铸焊、钎焊、红套、镶嵌四大类,包括熔化焊接法、榫卯结合加焊接、榫卯结合加焊接和包铸、镶嵌加钎焊、焊接加铜栓板连接、插接式焊接、补铸法等,此外还有某些有待研究的焊接方法。后者包括键连接、铰链连接、锥度紧配合、弯钉连接、销钉连接等几大类。从功能上来说,有闭锁结构与非闭锁结构之分,其中闭锁结构有拐形栓式闭锁、键式闭锁、活销式闭锁、带扣式闭锁、自锁式闭锁、活铰加曲柄销的闭锁、三重卡接闭锁等,充分体现了工匠在焊接、金属切削、金属冷加工和钳工装配方面的卓越成就。再如铜丝链条的焊接,由直径仅 5 毫米的细小铜丝先对接焊成环形,再组成链条。铜丝两端对接呈斜行面,接缝清晰,结合坚固。但如此细的铜丝经不住高热，只能用低温焊接法，但具体的工艺如何，很难想象。

第三，是金银件的连接技术。两辆铜车马的金银饰物的重量超过 14 千克，制作也非常讲究。马络头和缰绳都是一节金、一节银，乃是用子母扣连接法串联而成，这种连接法与今天金属手表链的连接技法几无二致。1 号车、2 号车左右骖马颈部的金银缨环，断面呈卵圆形，由 42 节金筒节和 42 节银筒节相间构成。金银筒节长 9 毫米，外径 7.5 毫米，壁厚仅 1 毫米左右，接缝非常严密。经专家用 X 光探视后发现：（1）筒节内部以一个八棱铜条为芯骨，金银管的内壁也作八棱行，与管芯紧密结合，但没有发现金属熔化的现象，可见并非嵌铸而成。（2）金银筒节是对接连接，而非套接连接，难度之大，无法想象工匠究竟如何操作？给人留下了无穷的好奇。

第四，是精巧的小件连接技术。铜车马中有许多细小零件的连接，方式相当复杂。例如，两辆铜车马上的 16 根铜辔，前段为圆柱形，后段为条带形，由许多小铜节连接而成。这些铜节先单独铸造成型，再进行细加工，然后用子母扣法组成链条。子母扣的结构有三种方式：一种可以上下活动，另一种可以左右活动，还有一种可以 360° 随意活动，类似于万向节头。总之，完全根据实际需要来设计和制作。铜车马上有名目繁多的链条，广泛采用了销钉与小孔连接的方式，小孔的直径有 0.12、0.17、0.2、0.3、0.4 厘米等不同的规格，专家认为当时已经有了标准化、系列化的钢制钻具。零件表面的加工也相当精密。发掘者在箭镞从脊到刃的部位发现了互不交错的平行纹路，显然不是手工锉磨的痕迹。专家推测，当时可能已有简单的机床加工磨具。

第五，是防腐技术。这两辆车之所以要用青铜制作，是为了埋葬在地下后不会朽烂。但是，土壤中有水分，对铜质物体有腐蚀作用，天长日久，照样会朽烂。2号铜车的四匹马，全身覆盖着一层厚约0.1毫米的白色涂层，出土时有部分脱落。仔细观察可以发现，凡是脱落的部分便有绿锈，未脱落的部分则保存完好，可见它有明显的防腐作用。这是一种怎样的防腐涂料？其机理尚不很清楚。专家经化学分析后推测，可能是先用一种水溶性的天然树脂与一种白色矿物均匀混合，再涂在铜质基体上。经过阳光和空气的作用，部分交连固化为一种膜状物，从而可以在一定程度上抵抗水和氧对金属基体的腐蚀。

第六，是大面积薄板状伞盖的铸造。两辆铜车的伞盖都是大型薄壁拱圆形铸件：1号车的伞盖直径122厘米，厚度仅0.1—0.4厘米，而盖体匀称、规整，精美无比，足以代表铜车铸造的高超工艺水平。2号车伞盖长178厘米，宽129.5厘米，呈拱形椭圆体，最薄处只有0.1厘米。它们的制作有两大难题：第一，由于伞盖很薄，铸范的内腔相当狭窄，工匠如何解决器范的上下壁之间始终保持工艺要求的间距问题？第二，由于范腔薄窄，铜液注入后势必流动缓慢，加之铜液很薄，极易冷却、凝固，而伞盖的面积相当之大，很可能出现前面的铜液在半途就已冷凝，致使后边的铜液无法再注入的局面。因此，伞盖的铸造，不仅要求工匠有高超的制范和合金配比水平，还要有使铜液有足够高的深液流动性和充型性能的能力，善于控制整个铸造过程。这些苛刻的要求，即使在铸造技术高度发达的今天也难以想象。专家根据伞盖的金相组织分析，发现伞盖并非一次铸成，而是先铸成4毫米厚的板材，然后在四周的边缘部分做局部加热，再用锤敲击板材，使之变薄、延展，厚度渐次变为1毫米。这种铸、锻结合的工艺，是当时的重要创造，专家认为，它"标志我国到了秦代已经掌握了极其高超的青铜铸造技艺"。

参考论著：

1. 陕西省秦俑考古队、秦始皇兵马俑博物馆编：《秦陵二号铜车马》，《考古与文物》，1983 年。
2. 秦始皇兵马俑博物馆、陕西省考古研究所编：《秦始皇陵铜车马发掘报告》，北京：文物出版社，1998 年。
3. 刘永华：《中国古代车舆马具》，上海：上海辞书出版社，2002 年。

第十三讲　泉州宋船与中国古代的造船技术

南宋海船，1974年8月福建省泉州市后渚港出土。船体残破，仅保存了原来属于水下的部分，船身残长24.2米，残宽9.15米，残深1.98米。船内用十二道隔板将全船分为十三舱。舱内残存中桅和头桅两个桅杆座。

一、文献所见的原始渡河工具

我国幅员辽阔，江河湖泊遍布，如何渡水过河，乃是最基本的交通问题之一。《尚书》的《禹贡》篇说，大禹治水之后，曾经以大山、大川为界，将天下划分为九州：九州的中心是冀州，济水与黄河之间是兖州，泰山与大海之间是青州，大海、泰山与淮河之间是徐州，淮水与东海之间是扬州，荆山与衡山之间是荆州，荆山与黄河之间是豫州，华山以南到黑水是梁州，黑水与西河之间是雍州。《禹贡》还提到各州向中央进贡当地特产的路线，比如兖州运送贡品的船只经由济水、漯水而来，进入黄河之后，再到冀州。青州运送贡品的船只经由汶水到达济水，然后进入黄河，再到冀州。徐州运送贡品的船只从淮水和泗水而来，转入菏水，再入济水，最后经黄河到冀州……限于篇幅，不再罗列。在这样一个交通网络之中，船只的制造和使用，就是不可或缺的了。《禹贡》是否为夏朝的作品，学术界有争论，但它最迟也是战国的作品，学者们并没有分歧。

在传世文献中，每每将舟船的发明追溯到黄帝时代，《易·系辞下》说："黄帝、尧、舜垂衣裳而天下治，盖取诸乾坤。刳木为舟，剡木为楫。舟楫之利，以济不通，致远以利天下。"相传大禹治水，以开九州，舟船是他所使用的交通工具之一，《史记·夏本纪》说大禹"陆行乘车，水行乘舟，泥行乘橇，山行乘樏"。但是，舟船的结构已经比较复杂，在此之前，当还有更为原始的渡水工具。见诸我国文献记载的，至少有以下三种：

首先是匏。葫芦古称"瓠"或"匏"，在《说文解字》里，这两个字是一个意思，可以互相训解；也有通假作"壶"的，例如《诗经·豳风·七月》说的"八月断壶"之"壶"，就是"瓠"的借字；又如《尚书·禹贡》里的"壶口"，《史记·河渠书》写作"瓠口"，都是例证。瓠是我国南北各地普遍种植的作物，外壳并不十分坚硬，除了可以做瓢，没有太大用处，但瓠腹中空，有很好的浮力，缚在腰间，可以做渡河的浮具——古人称之为"腰舟"。《诗经·邶风·匏有苦叶》说："匏有苦叶，济有深涉。"意思是说，匏叶的味道很苦，但匏可以用来渡河。《鹖冠子》说："中流失船，一壶千金。"意思是说，在江河的中流翻了船，壶（瓠）就成了价值千金的救命之物。《庄子》说有能"浮于江湖"的"五石之瓠"，虽然说得夸张，但农家有大型的瓠，大概是没有问题的，否则《庄子·逍遥游》就不会说"魏王贻我大瓠之种"的话。

其次是筏。树木和竹子都有浮力，如果将若干竹木编连起来，就可以成为载人载物的渡具。《尔雅》郭璞注说"筏"就是"并木以渡"，非常形象。古人把比较大一点的称为"筏"，小一点的称为"桴"。孔子周游列国推行他的政治主张，而不为诸侯所采纳，他伤感天下无贤君,愤愤地说:"道不行,乘桴浮于海。"可见桴也是人们常用的渡具。文献中也有把桴称为"泭"的,如《国语·齐语》说的"方舟设泭,乘桴济河","泭"也是指木排。先秦时代已经使用桴运兵,如《越绝书》记载:公元前486年越国将都城从会稽(今浙江绍兴)迁至琅琊(在今山东胶南县南)时,"伐松柏以为桴",将两千八百名士兵运到北方。

再次是独木舟。古籍记载:"轩辕作舟楫。"最早的舟是独木舟。《淮南子·说山训》说,古人"见窾木浮而知为舟","窾"(音kuǎn)是空的意思,有些大木上面有自然形成的凹陷,正好可以作为人坐立的空间,古人由此受到启发,于是就"刳木为舟",在木上凿出凹槽用于载人,双手则可以划桨或撑篙,提高前进速度,灵活掌握行船方向。《淮南子·泰族训》说"窬木而为舟","窬"(音yú)和"窾"的意思一样,这句话表达的内容与《说山训》完全相同。

二、绰墩山出土的渡河浮木

1961年1月,南京博物院在江苏昆山市正仪镇北面的绰墩山发现一处总面积约40万平方米的新石器时代遗址。从1998年到2003年,考古工作者对该遗址进行了五次发掘,发现其主要内涵是以河道为中心的良渚文化聚落,以及分布在河道两岸的居址、祭台、水井、墓葬、灰坑等,出土物非常丰富。

苏州地区河湖港汊很多,良渚文化的古村落往往离不开水道,在吴淞江南岸发现一座四万多平方米的村落,外面有三条小河平行环绕,专家认为有防御的功用。吴江县龙南遗址的良渚文化村落以河道为中轴分布在两岸，与绰墩山遗址的布局相似。在聚落四周开挖环壕，另外有一条6—9米宽、东西向的河道与环壕连接。那么，生活在水网之中的良渚先民是使用怎样的工具渡河的？这是一个饶有趣味的问题。

在第四次发掘中，考古工作者发现一块长1.10米、宽0.7米、厚0.23米的大木块。大木块的一端为垂直面，另一端为38°角的斜面，大木块上部中心有一象鼻孔把手。南京林业大学的专家对它的质地、体积、性能等作了鉴定：（1）材质为二针松；（2）体积0.1771立方米；（3）干重94.4千克；（4）浮水率82.7千克（极限）。那么这块大木头究竟是做什么用的？发掘者认为，这是当时的渡河工具：象鼻孔形把手是穿绳索用的，绳的两端分别固定在两岸树上，渡河者伏在木块上，朝前进方向拉绳，即可过河。木块的一端之所以要做成斜面，是为了便于靠岸，其形状类似于后世的船头。今日

13-1 绰墩山浮木
采自《绰墩山——绰墩遗址论文集》

昆山的农民虽然多乘船过河，但依然保留着利用拉绳索的力量行舟的做法。[1] 绰墩山出土的这块浮木，是迄今所见最为简单的渡河工具。这种古老的渡河方式不见于文献记载，所以特别令人惊喜。

三、我国古代舟船的遗迹

与舟船有关的考古发掘，至今层出不穷，而且分布于南北各地，以下略为介绍。

浙江余姚河姆渡遗址出土一支7000年前的木桨，是用整木刊凿而成，有明显的柄和叶，残长63厘米，叶宽12.2厘米，桨身有线刻图案。[2] 浙江嘉兴钱山漾遗址发现一支5000年前的木桨，用整根的青冈木制作，柄长87厘米，翼长96.5厘米、宽19厘米。[3] 杭州水田坂出土的一支木桨，桨柄与桨叶也是用同一根木料削成，桨柄为长圆柱体，桨叶扁平，较窄。此外，湖南澧县城头山遗址也出土过一支木桨。木桨的出土如此之多，可是在相当长的一段时期内，一直没有发现新石器时代的舟船。但是，著名船史专家席龙飞先生断言："有船未必有桨，但有桨一定有船！"

山东荣成县毛子沟出土一具商周之际的独木舟，用一根原木刳成，平面略呈长方形，底纵剖面呈弧形，长3.9米，有三个隔舱。

---

1 丁金龙、萧家仪：《绰墩遗址新石器时代自然环境与人类活动》，南京博物院《东南文化》2003增刊1，第94—98页。
2 河姆渡遗址考古队：《浙江河姆渡遗址第二期发掘的主要收获》，《文物》1980年第5期；劳伯敏：《一支七千年前的船桨》，《光明日报》1981年1月21日。
3 浙江省文管会：《吴兴钱山漾遗址第一、二次发掘报告》，《考古学报》1960年第2期。

船体前翘后重，舱壁外鼓，显然不是原始形态的独木舟。[1] 类似的独木舟在许多地方都有出土。遗憾的是，它们的年代都比较晚。

1990年和2001年，考古工作者两次发掘浙江萧山的跨湖桥遗址，出土了一批距今约8000年到7500年之间的文物，其中最为珍贵的是一艘学术界望穿秋水的独木舟。据席龙飞先生在现场的考察，该独木舟的底部有随处可见的火烧痕迹，舟的周围有不少有段石锛及其木柄，所以他推测该舟是先用火燃烧后，再用有段石锛等石器刳制的。舟身已残损，最宽处尚有70厘米，舱深15厘米，舟体两侧各有一处小木桩。[2] 迄今为止，世界上年代最早的独木舟实物出土于荷兰，距今约8300年，跨湖桥独木舟的年代与之约略相当。这一重大发现，证明了席龙飞先生的远见卓识。

有趣的是，直到宋元时期，独木舟依然存在，只是形制更为复杂。例如，山东平度新河乡出土一艘隋代独木舟，船体乃是用两条独木

13-2　浙江省博物馆藏跨湖桥独木舟

1　王永波：《胶东半岛上发现的古代独木舟》，《考古与文物》1987年第5期。
2　参阅席龙飞等主编：《中国科学技术史·交通卷》，18页，北京：科学出版社，2004年。

舟合并而成，每条独木舟都是用三段粗树干挖成空槽后纵向连接而成，残长达 20.2 米。再如，1992 年在韩国全罗南道珍岛郡碧波里道海滩出土一艘宋代海船，残长 16.85 米，残宽 2.34 米，残深 0.7 米。船体也是用三段巨大的樟木挖成空槽，再用子母榫卯合后纵向连接，接缝处用舱料填充，然后用铁钉紧固。船体首狭尾宽，前低后高。船内用六道隔板分为七个舱，在第四舱中残存用松木和樟木制作的桅杆座。在龙骨的保寿孔内发现了八枚中国铜钱，年代最晚的是宋徽宗的政和通宝。这艘船保留了独木舟的挖凿制作法，但却是三段接合，而且有桅、帆、隔舱等舟船的结构，所以专家认为这是一艘"保留某种独木舟特点的宋代海船"。

此外，还有一类与古代舟船相关的出土文物，它们虽然不是舟船的实物，却鲜明地反映了舟船与先民社会生活的关系。

陕西宝鸡北首岭新石器遗址出土的 1 件船形陶壶，高 15.6 厘米，长 24.8 厘米。外形似船，底呈弧形，两端尖而上翘，腹部两侧有墨线画的渔网纹。湖北红花套新石器遗址出土 1 件舟形陶器，形状似矩形槽，方头方尾，两端略上翘，底呈弧形，距今 5770 年。辽宁大连市长海县吴家村新石器遗址也发现 1 件舟形陶器，已残缺一半，器身窄长，底平，一端上翘，残长 7 厘米，最大宽 2 厘米，凹槽深 0.5 厘米，距今约 5500 年。浙江余姚河姆渡遗址出土的舟形陶器，长 7.7 厘米，宽 2.8 厘米，其外

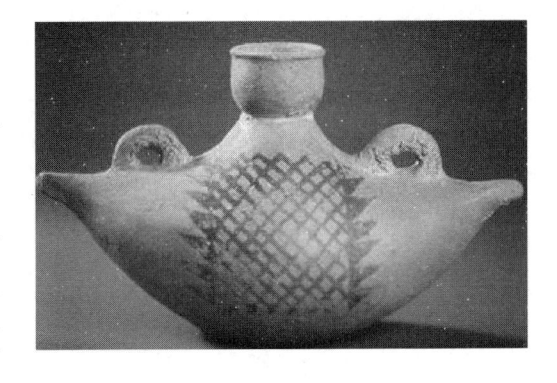

13-3 陕西宝鸡北首岭仰韶遗址出土的船形陶壶

形两头尖而上翘，前端有一带穿孔的突出物。辽宁丹东市东沟县三家子村新石器遗址出土 1 件距今约 6000 年的舟形陶器，器身为长条椭圆形，横剖面为半圆形，两端圆弧，腹部略宽，全长 13 厘米，最宽处 6.6 厘米。辽宁旅顺市郭家村新石器末期遗址出土的舟形陶器，长条椭圆形，平底，口沿长径 17.8 厘米、短径 8 厘米，距今约 4000 年。

在距今约 4000 年的青海乐都县柳湾齐家文化墓葬中，共出土 180 余件船棺，都是用整段树木挖凿而成，棺两端大多削成平头，少数削成弧形，最大者长 2.02 米，宽 0.36 米。类似的葬式，后世在福建、江西、四川等地都有，反映了船与先民生活的密切关系。

黑龙江海林县群力屯岩画船图，1960 年在该县牡丹江右岸岩壁上发现，相当于新石器时代后期。岩画描绘人们的捕鱼狩猎活动，其中有一独木舟。舟之一端有人背水而坐；中部一人站立，双手高举一物；另一端一人，上身微屈，十分传神。

到了商代，舟船已经成为生活中最常用的交通工具之一，在甲骨文和商周青铜器铭文中，"舟"字以及与之相关的文字可谓触目皆是。下图所列的是甲骨文中的"舟"字的各种写法：

仔细观察不难发现商代的舟有以下两个特点：首先，甲骨文的"舟"字的朝向尽管有向左、向右的不同，但它的形制基本一致；其次，这些舟都不是独木舟，而是用多块木料构成的船。

以下两图，上图是青铜器铭文中的图案文字，描述的是一个肩上挑着货贝的人站在船上到其他地方去做贸易，非常形象，舟船在先民的经济生活中的作用于此可见。下图是成都百花潭出土的一件青铜器上的图案的局部，由于描述的是古代陆战和水战的场景，所以称之为"水陆攻战图"。

13-4　肩挑货贝的人站在船上

13-5　水陆攻战图局部

东汉已有大规模的海上船队，当时的航海家已远达印度和锡兰（斯里兰卡）。东汉刘熙所著的《释名》中有《释船》专篇，记述了汉代船的种类、用途和船上的设备。从三国历经晋、隋到唐代，由于海上交通需要，我国造船业日益发展，所造海船无论是坚固性、稳定性、适航性，还是水密隔舱的安全设施，在世界上都具有先进性。到了宋代，由于海外贸易的日益繁荣，我国的造船技术发展到更高的水平。

四、中国古船制造的原创性技术

古代中国的造船技术，在明代之前一直处于非常先进的地位，曾经有许多原创性的发明，对世界造船业作出了重要贡献。以下逐一介绍。

关于船的水密性问题。独木舟的承载能力太小，无法满足社会生活的需要，因而需要制作体型硕大、结构复杂的舟船。舟船的基本难题，是解决船板与船板以及各个构件之间的密接与防漏问题。先民对此早就措意，证据之一，是古文字中的"朕"字，最初是一个与船有关的字。《说文解字》说："朕，船缝也。"段注："其解当曰舟缝也。"就是说，船板与船板之间的接缝叫作"朕"。朕字的这一古义在古籍中偶尔还可以见到，《考工记》中说的"视其朕"，就是一例。后来假借为人人可用的第一人称，比如《离骚》

13-6 古文字"朕"

中屈原说"朕皇考曰伯庸"中的"朕"就是如此。自从秦始皇将"朕"作为他专用的自称，其他人不得再用。久而久之，很少有人知道古文字中的"朕"不是从月，而是从舟。

先秦时代，尚未出现用铁钉连接的技术，那么船板是怎样连接的呢？由于实物不易保存，所以我们无法肯定。根据一般判断，最初可能是先在两块板的对应位置钻孔，然后用竹钉连接。但是，这种连接强度较差。在铁器出现之后，先民曾经采用过用铁箍捆扎的方法加固。1974年，考古工作者在河北平山县发现战国中山王墓，在该墓的陪葬坑中发现三艘东西并排的木船，一律首南尾北，船身有不同程度的朽烂，其中最大的一条船，残长13.1米，最宽处2.3米，舱深0.26米。此外还发现五支木桨，桨叶长达1.4米，有的桨身还有彩绘。其中最重要的发现是，每条船上都发现有铁箍：西船31个，中船32个，东船8个。

由残存的遗迹可知，船只是用木板拼接、组装而成，其方法是：先在相邻的两块船板上各凿出1个20毫米见方的穿孔，再用20毫米宽、3毫米厚的熟铁片插入，周绕3—4匝，然后用薄木片为楔子打进剩余的空隙内压紧，最后注入铅液，使之坚固。有专家认为，这是船用铁钉的滥觞。

中国工匠用榫接合、用桐油灰塞缝这两种工艺，为当时世界各国所无。据日本学者桑

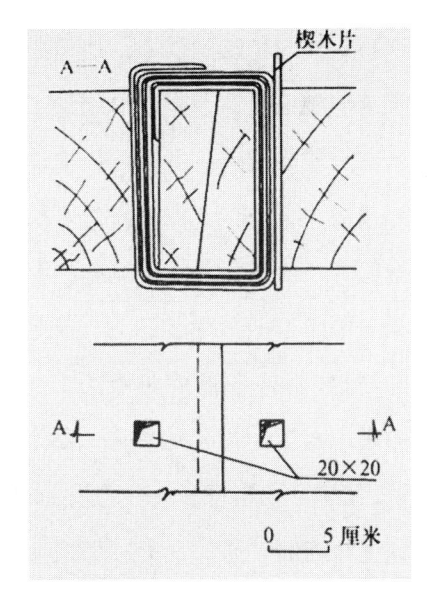

13-7 中山王墓铁箍拼接船板示意图
采自席龙飞等《中国科学技术史》（交通卷）

原隰藏所著《蒲寿庚考》一书记载，大食（波斯）造船是"用椰子树皮制绳以缝合船板，涂以橄榄糖泥的脂膏和他尔油"。又据汪大渊《岛夷志略》记载，甘埋里（今伊朗南部）船因为"不使钉、灰"，所以"渗漏不胜，梢人日夜沦戽，水不竭"。《玄览堂丛书续集·日本海船》记载，日本造船则是"取方相思合缝，……不使麻筋、桐油，惟以草塞罅漏而已"。至迟到宋代，泉州造船就使用麻绒桐油灰填塞板缝，《马可·波罗行纪》记述说，工匠用石灰、碎麻和桐油混合成舱料，用以涂船缝。这种舱料的防渗漏效果非常好，泉州船工至今还在使用。

船舶在航行中如果触礁，或者受到其他外力的撞击而发生破裂，水就会迅速涌进船内，船舶就会受到致命威胁。为此，先民发明了水密隔舱这一在世界航海史上曾经非常领先的技术。这一技术，是用木板将船舱分隔成若干个彼此独立的空间，即使一舱出现漏洞，船身依然有足够的浮力，船员也可以及时封堵和修复漏洞。此外，水密隔舱的设计，有效地增加了船体的强度，可谓一举两得。有关水密隔舱的文献记载，可以上溯到魏晋时期。《艺文类聚》引《义熙起居注》说："卢循新作八槽舰九枚，起四层，高十馀丈。"八槽舰，一般认为是八个隔舱的船舰。义熙是晋安帝的年号，为公元405—418年，故学界认为，至迟到公元400年前后我国已经有了水密隔舱。水密隔舱的实物见于唐代，1973年6月，在江苏如皋发现的唐代木船，共有九个舱，要比欧洲早近千年。关于水密隔舱的设置，《宋会要辑稿》也有记载：如海鹘船，"长十一丈，计十一仓"；铁壁铧嘴船"通长九丈二尺，计一十一仓"。这种设置提高船体的安全性，一些外国学者也曾提到。如宋末元初来华的马可·波罗，在他的《行纪》中说：（中国）最大的船舶有十三舱，用坚固定板壁隔开，在于自防海险。如船身触礁或鲸击而进水时，水手们就将进水舱中的货物徙于邻舱。由于舱壁甚密，水不会透入它舱。然后修理好破处，再将徙出的货物搬回原舱。水密隔舱的设置，除了有增强船舶的抗沉性的优点之外，由于多隔舱，也便于货物的装卸。西方人懂得水密隔舱的技术是在1795年，当时为英国皇家海军造船的萨缪尔·边沁（Samuel Bentham，1757—1831）第一次在船舶中使用这种技术。

关于舵。古时舵字也作柂、柁，东汉刘熙《释名》解释"柂"字说："其尾曰柂。柁，拖也，在后见拖曳也。"南北朝《玉篇》说："舵，正船木也。"可见中国人很早就发明了舵。1955年于广州东郊的东汉墓中出土的船模型，长54厘米，宽15.5厘米，高16厘米，首尾狭，中腰宽，平底。船首两侧有三根桨架，两舷上架八根横梁。船上有前中后三间舱房，船尾还有一间矮小的尾楼，船尾有一柄大叶木桨，显然是早期的舵。广东、湖北等地的西汉墓中也都出土过船尾有舵的木船模型。云南铜鼓和汉代的南粤船，也都装有尾舵。欧洲人一直用侧桨来控制方向，舵在欧洲的出现，是在公元12世纪，要比我国晚一千年。

关于橹。春秋战国时期我国盛行单层桨船，到西汉时出现了橹。《释名·释船》说："在旁曰橹。橹，膂也。用膂力然后舟行也。"橹是连续做功的高效推进点，既可推进，又可操纵船，十分方便。此后，摇橹船开始流行，直到今天，在中国的江湖中摇橹船还随处可见，而在世界其他地区都没有。

新中国成立初期，在长沙出土一艘西汉木船模型，长1.54米，底部略呈弧形，首部稍高，尾部方阔，后部有舱室，左右有十六支桨，尾部有一支桨。划桨需要把桨重复地提出水面，费力耗时，而

13-8 汉画像石船图拓片

橹是在水下做连续运动，不必出水，与鱼摇动尾巴前进的原理相似，效率大大高于桨，故历来有"一橹三桨"之说。中国早在西汉就开始用橹了。《旧唐书·李皋传》载："挟二轮蹈之，翔风鼓浪，疾若挂帆席。"可见唐代（公元8世纪）已经知道以用足踩踏的轮桨来代替用手划动的桨，这要比欧洲早一千多年。轮桨船在中国古代叫"车船"，根据现有记载，宋代岳飞与杨幺的水战（12世纪），便是一次车船大战。

关于帆。由于船的体积和重量越大，需要的推动力就越大，仅仅使用木桨是不够的。于是，人们想到利用风力来推动船的行进，从而有了帆的发明。阿拉伯人最早使用风帆，是一种横向、固定挂置的三角帆，在常年刮定向季节风的印度洋十分好用。欧洲人在13世纪开始使用三角帆，由于欧洲海域风向不定，使用的效果并不理想。中国人何时开始使用风帆，学术界尚无一致的意见，多数学者认为至迟出现于春秋战国时期。中国式的帆是纵向挂置在桅杆上的，属于"纵帆",而且是活动的,可以根据需要升降,与阿拉伯的帆有明显的差别。纵帆的设计,是与中国船普遍有舵的装置相配合的,航船可以根据风向,通过操纵舵来调整航向,利用分力、合力原理,有效地利用四方来风,推动船只呈"之"字形前进,甚至可以把当头逆风转变成侧斜风来利用,收到"船驶八面风"的效果。徐兢在《宣和奉使高丽图经》中说,中国船上的帆有"布风"和"利蓬"两种,前者用于正风,后者用于偏风。

中国工匠对帆的性能有很深入的认识:桅杆太低,则起不到借用风力的作用;如果太高,则在刮大风时可能会把船掀翻;桅杆的合理高度,应该与船的长度约略相当。此外,中国很早就从单帆船发展为多帆船。《马可·波罗行纪》说,中国船一般有四桅,多者有六桅。这在许多传世的古画中可以得到证实。

尽管风帆的使用带来了极大的好处,但在河网密布、桥梁众多

13-9 泉州海外交通史博物馆藏清明上河图船模

的内陆，带桅杆的船只无法通过；二是在海上航行时，一旦暴风雨来临，高耸的桅杆可能会使船只倾覆。为了解决这些难题，先民设计了活动桅杆，可以按照需要竖起或者放倒桅杆，《清明上河图》中描绘的这种人字形的桅杆就是活动桅杆，当时已经普遍使用。据《梦溪笔谈》记载，宋嘉祐年间，一艘高丽海船的桅杆被风折断后，漂流到苏州府昆山县，船上有三十多人。昆山知事韩正彦闻讯后派人去帮助修理，发现桅杆是固定的，于是"工人为之造转轴，教其起倒之法，其人又喜"，为他们专门做了可以控制卧立的桅杆，并且教会他们使用。

根据《宣和奉使高丽图经》载，长十余丈的宋船，"大樯十丈，头樯八丈"，说明主桅高度在船的长度之内，头桅高度则是主桅高度之八成。《天工开物》也说桅高比船长少五十分之一。

关于船的造型。中国海船的造型，因海岸的自然特点的不同，而以长江为界分为两大类，彼此风格迥异。北方多沙岸、浅滩，所以船都是平底，尾舵可以升降，以便搁浅时提升，称为沙船。南方多岩岸，所以船都是"面宽三丈、底宽三尺"的船身扁宽的尖底船，两头高翘，船身离水面较高，便于深海作业，吃水深，有利于抵御风浪的冲击，即使在遇到横风时横向位移也比较小，适于在风力强、潮流急的海域航行。《宣和奉使高丽图经》描述说："上平如衡，下侧如刃，贵其可以破浪而行也。"后一类船只以福建为代表，故称"福船"。这种尖底、扁阔的造型，是我国南方海船的传统特点。

中国古船在船型设计上非常讲究，例如，船体水线平面的最宽处应该设计在船的哪个部位最为合理？西方人按照仿生学原理，也就是仿照鱼类的流线型，设计在中部靠前的地方。中国人不然，认为船舶虽然在水中行驶，但并非像鱼那样在水里游，而是像水鸟（例如鸭和鹅）那样，在水与空气两种介质之间划行，因此，中国船体的最宽处是在中部靠后的地方。中国船的设计更符合流体力学的原理，因此，西方人也转而将船体的最宽处放在中部靠后的位置。[1]

13-10　这是剑桥大学麦格达伦学院（Magdalene College）佩皮斯图书馆（Pepysian Library）收藏的马修·贝克（Matthew Baker）1586年手稿中的一页。叠画在船体上的鱼形图案，说明当时造船工匠遵循一条有名的准则："鳕鱼头，鲭鱼尾。"

关于"锚"。锚或称为"碇"。船停泊时容易随着风或者水流漂移，为此而用绳索拴住一块石质或铁质类的重物，将其沉入水底，绳索的一端则固定在船上，使船只稳定在水面上。到启航时，再将其从水中提出。河姆渡遗址曾经发现一块大石，外面用编成网状的

---

[1] 参考李约瑟：《中国科学技术史》第四卷《物理学及相关技术》第三分册《土木工程与航海技术》论"船体形状及其意义"部分，461—464页，科学出版社、上海古籍出版社，2008年。

绳索兜住，专家推测它可能是早期形态的"碇"。广州东汉后期砖室墓出土的陶船模型，船首有锚，侧面视之为十字形，正视则呈Y形。船上有六个陶俑，有的匍匐在甲板上，有的凭舷站立，有的扬手抬臂似在召唤他人。

此外，宋代的海船上还备有"太平篮"，在情况紧急需要停下

13-11 《天工开物》制锚图

时抛入水中，可以较快减速。这一功能类似今天飞机降落时用的减速伞。

五、泉州宋船的发现

泉州港是我国宋元时代最重要的海港之一，因当年盛栽刺桐，故波斯商人称之为刺桐港。刺桐港以泉州湾为主，包括深沪湾、围头湾和安平港。泉州湾以后渚港为主，包括梧宅、蚶江、石湖等港口。据《光明城》记载，刺桐港停泊的船只有一万五千艘，超过威尼斯。吴自牧《梦粱录》卷十二《江海船舰》说，当时船舶之大者，可以载客五六百人。马可·波罗说，一船之室，每至五六十间之多。

1974年8月，在距离后渚居民点只有一百余米的海滩上发现一艘沉船，船身深埋在细密的海泥中，仅露出部分舷侧板。船身残长24.2米，残宽9.15米，残深1.98米。

全船用十二道隔板分为十三个舱，隔舱板仅残存下半部分，原舱位清晰可辨。第十一舱宽1.84米，是最大的舱。第十二舱宽0.80米，是最小的舱；其他各舱宽度在0.90—1.46米之间。深度则第八舱为最，有1.98米；位于艏尖的第一舱最浅，为1.50米。

隔舱壁用若干道隔板筑成，板厚在10—12厘米之间，板与板之间都采用榫合，出土时多有残缺。残存舱板最多的是第八舱，尚有六道板，总高1.86米；最少的是第三舱，仅剩三道板，总高0.86米。有些舱底还残存部分垫板。

在船体前面的第一舱与第六舱内发现有中桅和头桅两个桅杆座，都用巨块樟木制成。第一舱的是头桅座，长1.76米、宽0.50

米、厚 0.36 米。座面开有两个 24×21 厘米的桅夹板孔，间距 40 厘米。第六舱的主桅座，长 2.74 米、宽 0.56 米、厚 0.48 米，桅夹板孔 32×24 厘米，间距 48 厘米。根据文献记载，宋代海船通常有四桅，多者有六桅。因此，从该船中部到尾部的范围内应该还有一至二桅，可惜没有保存下来。福船桅杆的高度，一般是主桅、头桅和尾桅分别为船长的 105%、77%、45%。如以这个比例探讨本船的桅杆尺寸，以主桅来说，其高近 36 米，超过船长。船内尚有大片制作精良篾编织物的残片，当是当时的篾帆。根据《天工开物》中"帆等于船身之阔"的记载，推测该船的主帆为 11×17 = 187 平方米，头帆为 7.5×13 = 97.5 平方米，尾帆为 5.5×9 = 49.5 平方米。船尾有舵承座，但未发现船舵残件。经过专家的研究和推算，该船的主要尺寸复原如下：

总长（L）= 34.00 米左右；

水线长（LW）= 25.50 米；

最大船宽（Bwax）= 11.00 米左右；

水线宽（B）= 10.00 米；

型深（H）= 3.80 米；

满载吃水（T）= 3.50 米；

干舷（F）= 0.30 米；

长宽比（L/B）= 2.55；

宽度吃水比（B/T）= 2.86 左右；

首高（H 首）= 7.50 米；

尾高（H 尾）= 10.00 米左右；

梁拱 = 0.50 米；

方形系数 δ = 0.43 — 0.47 之间；

排水量△（型）= 393.4 吨左右；

舵叶总面积：25.5×3.5×13×‰ = 11.60（平方米）；

舵叶高度 55. 米，宽度 2.1 米；

舵杆长 8.5 米，直径 0.35 米。

船舱内的遗物十分丰富，有香料，药材，钢、铁器，陶瓷器，铜、铁钱，竹、木、棕、麻编织物，文化用品，装饰品，皮革制品，果核，贝壳，动物骨骼等，计有14类、69项，其中香料和药材的数量占绝对多数，有降真、沉香、檀香以及胡椒、槟榔、乳香、龙涎、朱砂、水银、玳瑁等，未经脱水时的重量达2350多千克。那么，这艘海船是什么年代建造的？这是历史学家、船舶学家首先要回答的问题。专家们对船上的遗物作了详细的搜集和分析，并进行多学科的研究。

首先，按照古代的习俗，船主龙骨的"保寿孔"内几乎都会藏有铜钱，由于铜钱上都铸有帝王年号，因而是判断船舶年代上限的重要依据。该船"保寿孔"中有13枚铜钱，全是北宋钱，其中年号最晚的是"宣和通宝"，宣和（1119—1125）是北宋徽宗的年号。此外，船舱内发现的铜钱中，年号最晚的是两枚"咸淳元宝"，分别铸于咸淳五年、七年。咸淳（1265—1274）是南宋度宗的年号。证明海船沉没年代不早于南宋咸淳七年（1271）以后。行家指出，古代木船一般三年小修，五年中修，十年大修，而该船船板尚新，钉迹规整，船板没有修补和撤换的痕迹，可知使用的年限不长。专家据此判断，该船建成和出航的时间，应该在咸淳七年后的不久。

此外，船舱中出土了大量的木牌、木签，其中不少牌签上写有官名,由于历朝官制不断变化,因而有重要的断代价值。船舱内共发现 21 件带有"幹"字木牌签。据《宋史·职官志》记载,在宋代都转运使等运输部门的建制内,都有若干名"幹办官",因此,木牌签上的"幹",应该就是幹办官(或称"幹办公事")的简称,由于元代没有沿用这一官名,可以推断该船是宋船。

该海船由两舷往下向内收拢,形成船底尖、船身扁阔的造型,长宽比小(约为 2.55),平面近椭圆形,与文献中有关宋代海船的记载完全相符。此外,从出土海船沉积环境的科学分析,也可以推断这艘海船应沉于距今七百年以前。

综合以上几点,专家们对该船的建造年代和性质取得了共识:泉州湾出土的这艘宋代海船,船体的平面形状肥阔,长宽比小,属尖底造型,其用材、造船工艺等都具有泉州船的特点,是一艘远洋贸易返航归国的南宋末年的海船。该船的建造与沉没的年代,应该是在咸淳七年以后的几年中。

六、泉州宋船的结构与建造技术

泉州海船的出土,为世人提供了考察宋代造船技术的实物,许多文献记载语焉不详的内容,都可以在它身上得到答案,学术价值很高。下面我们扼要介绍几点。

首先,该船的主体结构非常科学。龙骨由主龙骨和尾龙骨两段构成,全长 17.65 米,乃是用两段松木连接而成,主龙骨长 12.4 米,尾龙骨长 5.25 米,断面都是宽 0.42 米、厚 0.27 米,粗硕坚实。在结构上采用了体外龙骨的设计,全部露在壳板之外,两端的接头用

13-12 泉州宋船

斜直角法榫合的工艺，龙骨前端与用樟木制作的艏柱接连，残长4.5米，使得船的纵向强度大为提高。从船的横向结构看，全船的十二道坚固的隔舱壁与船壳板连成整体，在隔舱板与船壳板的交接处，都有粗壮的肋骨扶强，它们与船壳之间用锔钉两面挂联，并加钉紧锁，从总体上组成了坚固的V字形的稳定结构。为了避免航行时出现纵向摇晃，与主龙骨两端接合的首柱和尾龙骨没有采用陡然上收的设计，而是沿纵剖面型线平缓地向上延伸，高点依然在水下，从而具有更好的适航性。

其次，船体采用多层船板叠合的工艺。据《马可·波罗行纪》记载，福船的侧面为求坚牢，"船用好铁钉结合，有二厚板叠加于上"，此后"每年修理一次，加厚板一层，其板刨光涂油，结合于原有板之上"，"至船壁有六板后时遂止"。也就是说，福船用二层或多层木板叠加在船体之外。由于宋船实物罕见，而如今的海船多为铁船，

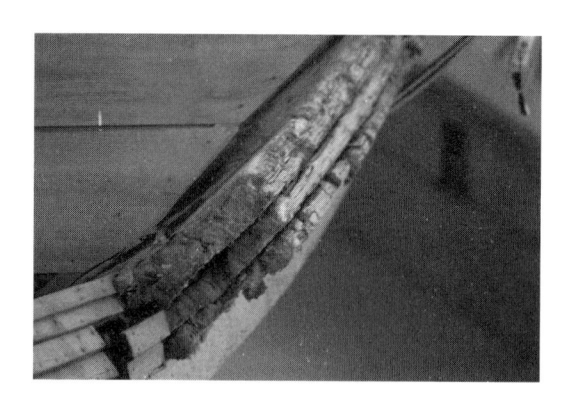

13-13 泉州宋船多层板

此说无从验证，故前人多以为离奇而不予置信。泉州出土的宋船，采用的居然就是多重船壳板叠合的工艺，证明《马可·波罗行纪》所记并非向壁虚造。

从船的横剖面可以看到，船底两边的壳板形成四级阶梯状，每级向外扩10—12厘米。从龙骨到船两侧的残缘，内边左右各有十四路板；外侧左边有十六路板，右边有十五路板。船底用二重板叠合，舷侧用三重板叠合。船壳板都以整木裁制，最大的长达13.5米、宽0.35米；最小的长9.21米、宽0.28米。最厚处的总厚度超过18厘米。之所以要如此，是由于尖底造型的船壳弯曲多、弧度大，采用多重板结构，可以增大船体的强度和回力矩，经得起横向波涛的冲击，有利于远航。这种设计十分先进，体现了很高的智慧。

船壳板的拼接，横向结合采用平接或搭接法，纵向结合则分别用斜面接合、半斜面接合和半侧榫接合等方法，上下左右之间都用子母衔榫合。缝隙间都涂塞用麻丝、竹茹、石灰和桐油灰配成的艌料，以确保其防漏性能，然后用铁钉加固。铁钉有方、圆、扁诸种，都有钉帽，根据不同的需要，采用"参"、"别"、"吊"、"插"等多种方法钉合，例如在舱壁与壳板、隔板与隔板之间，用扁形的钩钉锔联，使隔舱壁同船壳联成整体，加大船体强度。为了防止铁钉锈蚀，钉头吃进木板深处，然后用桐油灰将钉头密封。

第三，该船的用材非常讲究。龙骨用松木，其他承受强大压力的构件或部位，都用质地坚硬的樟木制作，例如十三舱的肋骨，贴近龙骨的第一、二路外壳板，第一道隔舱壁和第十二道隔艘壁，其他十道隔舱壁紧贴船底的一路隔板等，都是受力比较大的部位，全部用了樟木板。两个桅杆座用巨块樟木，艄柱和肋骨用整根的樟木，舵承座用三根大樟木叠合而成，从而不仅保证了船舶的整体强度，而且具有防腐的功能。其余受力较少的船体板则用杉木。

第四，肋骨装配位置的设计十分合理。肋骨大多是用整木料制成，附贴在隔舱壁和船壳板的连接处，下端紧倚龙骨，上端延至舷侧。其装配位置，以船纵向长度的中点为界，中点以前的肋骨都装在隔舱壁之后，中点以后的肋骨则装在隔舱壁之前。如此，既考虑到了船体的横向强度，又照顾到了结构排列整齐的要求。这一先进的设计，与近代铆接钢船的水密舱壁以及边角钢的装配位置完全一致。

第五，许多细节的设计别具匠心。泉州宋船结构复杂，除了总体设计十分坚固合理之外，许多细节的设计，也是非常的周密细腻。举例来说，所有舱壁的钩联都十分严密，水密性相当之好。但是由于木船的质地密度不是很理想，彼此的接合很难做到天衣无缝，因此往往会出现渗漏，就是新船也每每如此。这就需要及时发现渗漏的位置。此外，船外的海水也会不时打进舱内，并且漫流，因而需要及时加以处理。为此，我国工匠发明了流水孔和水舱。从泉州宋船可以清楚地看到它们的实际情况。流水孔开在每个舱壁接近龙骨的地方，一旦某舱出现渗漏，海水就会通过流水孔流到位置最低的舱，也就是"水舱"，船员在此戽水即可，不必逐舱进行。泉州宋船的水舱在第七舱。万一有很多海水打入某舱，只需堵塞流水孔，海水就无法流到邻舱。再如，在航行中，甲板上常常会有海水卷来，为了尽快将滞留在甲板上的海水排出，舷墙根还开了好几排水眼，非常实用。

泉州宋船的结构和建造工艺，具有独特、精巧的设计技术，特别是龙骨和壳板的设计及其工艺，水密隔舱的设置，更显示出这艘海船设计和建造的技巧及其先进性，在船型、结构和造船工艺等方面，都具备我国海船的特征，显示了我国宋代海船的建造技术在世界造船史上的领先地位。

1405年7月11日，在郑和的统领之下，在指南针的导引下，一支由317艘海船组成、负载着27000余人的庞大船队劈波斩浪，驶向了遥远的印度洋。其中郑和所在的"宝船"，长130米，宽50米，在世界航海史上写下了辉煌的一页。郑和七下西洋的大手笔，不是从天而降的奇迹，而是我国人民在数千年的发展历程中，逐步积累、不断创新的结果。读了本文，在了解到宋代造船业的成就之后，你就不难理解永乐皇帝时郑和下西洋的必然性。遗憾的是，1425年明仁宗继位后，下诏禁止出使外国，停止建造船舶。到1500年，两桅以上的船舶不再建造。1525年，明嘉靖帝下海禁令，致使我国的海船制造和国际商贸活动遭受重大挫折并长期停滞。回顾历史，令人深思。

参考论著：

1. 福建省泉州海外交通史博物馆编：《泉州湾宋代海船发掘与研究》，北京：海洋出版社，1987年。
2. 席龙飞：《中国造船史》，武汉：湖北教育出版社，2000年。
3. 席龙飞等主编：《中国科学技术史·交通卷》，北京：科学出版社，2004年。

第十四讲　正统针灸铜人与中国古代的经络学说

铜人，明代正统年间制作，高175.5厘米，头围（经两耳上际）62.5厘米，胸围（经乳头）86厘米。底座长73厘米，宽48厘米，高32.5厘米。腧穴总数654个，穴名352个（会阴、涌泉二穴在铜人身上无法表示，故缺），穴眼深1—1.5厘米，内端为盲端，经穴之间没有连接线。现藏俄罗斯圣彼得堡冬宫博物馆。

1971年，美国国务卿基辛格秘密地从巴基斯坦飞往北京，为尼克松总统访华做准备，随团的《纽约时报》专栏作家詹姆斯·雷斯顿得了急性阑尾炎，经药物麻醉后做了阑尾切除手术。手术后的次日，他因腹部疼痛而接受了20分钟的针灸治疗，效果相当显著。基辛格回国后在新闻发布会上提及詹姆斯·雷斯顿的这一经历，举世为之震惊。此前似乎闻所未闻的中国针灸究竟是怎么回事？不能不令西方人感到新奇。

一、针、灸、经络溯源

人们常用"药石济世"一词来颂扬医术高明者的功德，其中的"药"特指汤药，"石"则是指针灸。古人认为，有些疾病用汤药就可以解决，而有些疾病药力所不及，而用针灸刺激病者的某些穴位，则往往可以收到奇效。

针灸是中国传统医学的瑰宝。针灸与经络有密不可分的关系。用现代解剖学的方法，无法证明经络的存在，但针灸的疗效足以证明经络确实存在。那么，我们的先辈究竟是怎样发现它的呢？这是一个至今令人困惑的谜。

我们通常说的针灸，包括针法和灸法。据学者研究，这两种不同的治疗方法，分别起源于我国古代的北方和南方。其中，针法起源于石器时代，灸法的起源更早，大约是伴随着火的发明而产生的。

南方气温高，雨水丰沛，人们喜欢吃鱼，口味偏咸。在这种湿热的环境中生活，体内很容易产生瘀滞，并且外发为疔、疮、疖、痈等化脓性疾病。先民将天然石头加工成片状或者针状的工具，用它切开皮肤排脓，这类原始的石制医疗工具称为"砭"。《说文解字》说："砭，以石刺病也。"后来，人们陆续发明了竹针、骨针、陶针、铁针，乃至金针、银针，它们统称为针，或者"砭针"。古书里"针"常常写作"箴"或者"鍼"。内蒙古多伦旗头道洼地新石器遗址墓葬中，曾经出土过石针。

从文献记载看，制作针砭的石料大概有特殊要求。《山海经·东山经》说："高氏之山，其下多箴石。"郭璞解释说，这种箴石"可以为砭针"。既然高氏之山盛产可以制作针砭的石料，说明它不同于俯拾皆是的普通石头，但其特殊性究竟何在，今人已经不清楚。针和砭的本义都是治病，后人加以引申，把批评社会问题称为"针砭时弊"，其源盖出于此。

千年以来，针刺的理论和方法不断发展和完善。《内经》中已经有了镵针、员针、鍉针、锋针、铍针、员利针、毫针、长针、大针"九针"

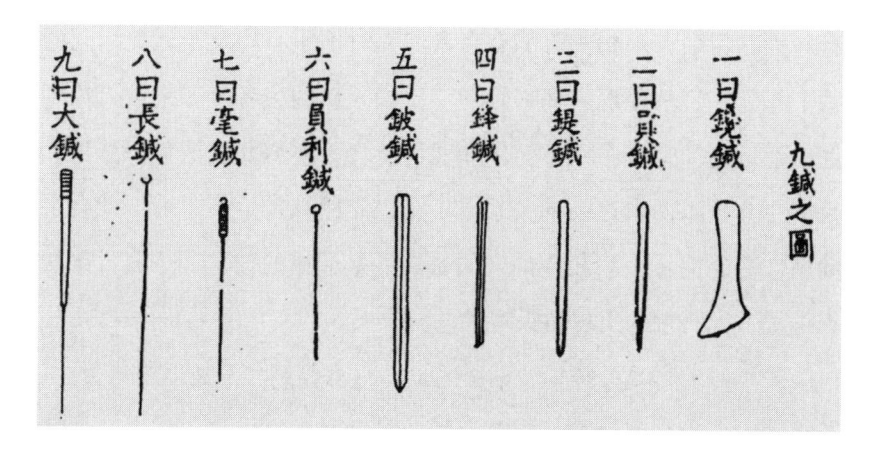

14-1 《内经》中关于"九针"的记载

的记载，包括它们的长度、形状、用处和用针方法。1968年，河北满城汉墓出土四支制作考究的金针，针长6.5—6.9厘米，针柄略呈方形，上有圆孔，针体为圆形。金针的形状与《内经》记载的锋针、毫针、鍉针非常相似。元代的《针经摘英集》等文献中也有关于九针的记载，并有九针的图形。针刺技术也不断完善，如持针法就有手押法、提捏法、挟持法、管针法等。患者的身体有虚有实，医者通过进针，行之以提插、捻转，使病人局部有酸、麻、胀、重、痛或有轻微的电刺激样的放射感，并通过变化针刺深浅、方向、留针时间的长短，施以不同的针刺补泻手法，或补或泻或补泻兼施，使其体内的阴阳、气血、脏腑功能得以新的平衡而防疾疗病、保健延年。

北方天气寒冷，人们

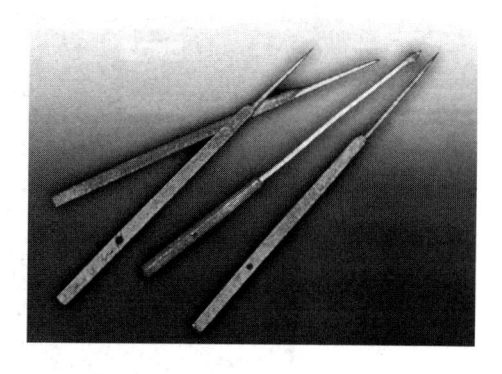

14-2 满城汉墓金针
采自黄龙祥著《中国针灸史图鉴》

有烤火的习惯。最初,可能有患者烤火时不小心灼及了远离病区的某个部位,突然发现病痛减轻了。比如牙痛的患者,如果被火灼到虎口附近的"合谷"穴位,牙痛便可减轻。类似的经历日积月累,人们便会悟出两者之间的关系。于是,先民在发生病痛时,就会主动用烧着的树枝去灼相应的穴位,这就是最初的灸法。"灸"字从火得义,说明它的出现与火有关。

最早的灸材是桑枝,但桑枝的温度不易控制,不是理想的灸材。后来,人们发现燃烧艾叶,其火温比较容易控制,气味芳香,透达性好,而且艾条生长旺盛,取材方便,效果明显,于是成为中医治疗中最为常见的灸材。后世灸用的材料除了艾条之外,还有黄蜡、盐等,灸法有熨法、熏法、烁法、焠法等,效果也更加显著。

至于经脉的发现,也是长期观察和实践的结果。最初,先民发现人体有两个值得注意的现象:一是体表比较粗显的血脉会发生坚实、陷下、滑、涩以及色泽等的变化,它与人体健康状况的起伏有关;二是发现腕踝部的脉象变化不仅反映局部的病变,而且与头面颈部的远隔部位的病变相应。于是,人们把腕踝处作为诊脉的"脉口",称为"本脉",而把头面颈部与本脉对

14-3 艾草和艾草条

应的诊脉处称为"标脉"。今人常讲的"治标不治本"、"标本兼治",就是从这里引申而来的。

汉代以前对病候的治疗,有直接在"脉口"或刺或灸的。人体一些部位在刺激后有感觉传导,这些部位称为"腧(音shū)穴",感觉传导的路线分类后被命名为经络。目前的十四经脉、奇经八脉等名称,即由此而来,我们在针灸挂图上所见到的一些线路就是这些经脉体表循行线。最初的经脉线,只有起点与终点;循行的方向,是从四肢的腕踝部走向头面躯干部分。后来,人们发现在经脉线上还有不少脉动处和诊脉处,便把它们一一添加上去,使得其内涵更加丰富。人们把脉口处所诊的病候称为"是动"病,而将常见的体表病症以及内脏病症分类,称为"所生"病。

二、扁鹊与仓公的针灸医术

太史公的《史记》被誉为"史家之绝唱,无韵之《离骚》",书中记载了数以百计的栩栩如生的人物,其中有两位医家,一位是战国时代的扁鹊,另一位是西汉时代的仓公。

扁鹊是渤海人,本名秦越人,曾经得到高手的真传,医术精湛,《史记》说他"名闻天下"。相传黄帝时代有一位名医叫扁鹊,所以人们称秦越人为"扁鹊",以示褒奖。《史记》中扁鹊见齐桓公的故事,被选入小学课本,大家都很熟悉。《史记》还记载了扁鹊让虢太子起死回生的故事。扁鹊路过虢国,听说虢太子死了,便来到宫门前,详细询问虢太子死的时间以及症状,接着又向虢君分析了太子的病理,认为他不过是"尸蹶",就是人们常说的假死,原因是阳脉下坠,阴脉上争,使得气"闭而不通",阳绝而阴破,所以"形静如死状",其实问题完全可以解决。于是扁鹊让他的学生子阳"厉针砥石,以取外三阳五会"。"厉"是磨砺。"厉针砥石",就是将砥石磨成所需要的形状。"三阳五会",是指头顶的百会穴,这里是手足三阳经、督脉、肝经交会之处,故名。扁鹊给虢太子用针刺方法刺激治疗,不一会儿,太子就苏醒了,疗效神速。

在《史记》的《扁鹊仓公列传》里,扁鹊谈到治病有汤熨、针石、酒醪三种手段,分别用于病体的腠理(皮下肌肉之间的空隙之处)、血脉、肠胃等不同层次。疾病在腠理,汤药酒可以解决;疾病在血脉,则针砭可以解决;疾病在肠胃,则酒醪之可以解决也;疾病一旦进入骨髓,就无药可救了。

1954年,山东济南大观园的东汉墓葬出土一件扁鹊画像石,画中的扁鹊人身、鸟尾、鸟足,手持针砭。此外,山东微山县东汉墓葬中也出土一件画像石,画中的扁鹊人首、鸟身,用针砭为患者治病,

14-4 扁鹊画像石

患者的头、肩、手部分别画有代表细针的若干线条。可见扁鹊的医术为世人所景仰，到处传颂。

仓公是临淄人，姓淳于，名意。司马迁说他"传黄帝、扁鹊之脉书，五色诊病"。所谓"五色诊病"，是说五脏都有与五行对应颜色：肝是青色，心是红色，脾是黄色，肺是白色，肾是黑色，它们都会体现在脸面上。观察面色，就可以知道脏器的健康与否。此外，人体的健康状况，还表现在"寸口尺内"。汉文帝向仓公了解治病的情况，仓公列举了他亲手医治的25个案例，每个案例都记载得比较详细，先是都是患者自诉，或者是已经出现的症候，然后切脉，找出疾病的症结，诊断为某病后，再刺相关的穴位，或兼以服药。例如，齐中大夫龋齿痛，仓公说应该"灸其左手阳明脉"[1]。手阳明脉是指手腕部相当于合谷、阳溪穴之间的手阳明脉口。此处可以治疗齿痛。《素问》上也有相似的记载。又如齐北王的阿母"足热而懑"，仓公诊断是"热蹶"，处理的方法是"刺其足心各三所"，

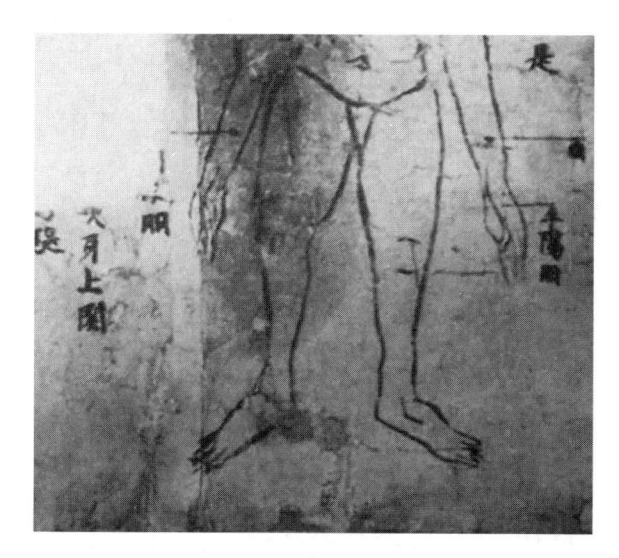

14-5 敦煌医书手阳明脉位置
采自黄龙祥著《中国针灸史图鉴》

---

[1] "左手阳明脉"，今本《史记·扁鹊仓公列传》误作"左太阳明脉"，《本草纲目》"苦参"条下引《仓公传》此语作"左手阳明脉"，据改。

这里的"所"是量词，意思是说用针刺左右足底中央穴位各三次，一共六次。于是，阿母"病旋已"，原有的症状立刻消失了。

需要说明的是，有些人认为中医不科学，有迷信色彩。其实，早在先秦时代，医家就已经能自觉地与巫划清界限，据《史记·扁鹊仓公列传》记载，扁鹊说有六种情况的人，他的病是无法医治的，其中之一就是"信巫不信医"。

三、《内经》与针灸

在世界其他民族的历史上，不乏通过刺激某一穴位来治病的现象，可惜都没有形成体系。我国早在两千多年前就形成了系统的针灸理论，《内经》则是现存年代最早的中医宝典。

《内经》俗称《黄帝内经》，包括《素问》和《灵枢》两大部分，全书以黄帝与岐伯、伯高、少俞、雷公等人问答的形式来论述医理，包括人体经络的运行情况、养生之道、针灸之法以及望、闻、问、切的四诊法等。此书托名黄帝，但实际的成书年代，应该是在战国时期。

《内经》记载了完整的经络系统，即有十二经脉、十五络脉、

14-6 《内经》书影

十二经筋、十二经别，以及与经脉系统相关的标本、根结、气街、四海等概念，并对腧穴、针灸方法、针刺适应症和禁忌症等做了详细论述。其中《灵枢》所记载的针灸理论丰富而系统，是针灸学术的第一次总结，其主要内容至今仍是针灸学说的核心，故有"针经"之誉。

《内经》以阴阳五行的学说为基础，建立经络学说的理论框架。《内经》说："阴阳者，天地之道也，万物之纲纪，变化之父母，生杀之本始，神明之府也。"《内经》分别人体阴阳的原则是：人体的上部、头面、体表、背部、四肢外侧为阳；身体的下部、腰腹、体内、腹部、四肢内侧为阴；六腑为阳，五脏为阴；气为阳，血、津为阴。五脏按部位、功能又可分阴阳，每一脏腑又分阴阳。

《内经》用阴阳对立、平衡、消长、转化来解释人体的病理、治疗原则、药物的性能。依据十二经脉的作用和性质，分别与太阴、阳明、少阴、太阳、厥阴、少阳等名词对应，将心、肺、肝、肾分别称为"阳中之太阴"、"阳中之少阴"、"阴中之少阳"、"阴中之太阳"，而以脾为"阴中之至阴"。

《内经》用阴阳五行的理论来阐述天人关系以及人体的生理节律，认为人的生命活动与自然界融为一体，共同参与宇宙的运动。因此，人的健康问题应该置于人与自然的大背景之下来研究。天人合一，人体与外界环境是统一的，人的生理节律与自然界的日、月、年、环周有对应关系。简单地说，人体每日的节律与太阳的活动相应，《内经》说："故阳气者，一日而主外，平旦阳气生，日中而阳气隆，日西而阳气已虚，气门乃闭。"妇女的经期与月亮的周期一致，这是月律的体现。一年有365日，所以人体有365个穴位。环周，是指六十年一甲子，大病流行有着以六十年为一周期的规律。所以《内经》说:"善言天者,必有验于人。"

《内经》用五行来解释人体生理、病理现象,制定诊断和治疗的理论。它以五行与五脏的配属为中心,将五官、五体、五志、五声、五色、五味等联络为一个有机整体。用五行相生、相克来说明脏腑之间制约联系。相生表主母及子、子病犯母的转变过程,相克代表相乘与相侮的转变过程。

人体犹如一座道路街衢纵横交错的城市,经脉犹如主干道,所以《内经》说:"经脉者,所以能决死生,处百病,调虚实,不可不通。"经脉一共是十二条,手上三条阳经和三条阴经,足上的三条阳经和三条阴经:

> 手三阴经:手太阴肺经,手厥[1]阴心包经,手少阴心包经
> 手三阳经:手阳明[2]大肠经,手少阳三焦经,手太阳小肠经
> 足三阴经:足太阴脾经,足厥阴肝经,足少阴肾经
> 足三阳经:足阳明胃经,足少阳胆经,足太阳膀胱经

十二经脉左右对称地分布在人体的头部、躯干和四肢,它们的循行路线是:手三阴经从胸走向手,手三阳经从手走向头,足三阳经从头走向足,足三阴经从足走向腹。阴经与阳经在手足末端相交;同名的阳经与阳经在头部相交,阴经与阴经在胸部相交。经脉尽管分布在体表,却与体内的脏器相联系,阴经属脏络府,阳经属府络脏,彼此相配。《内经》说:"夫十二经脉者,内属于府(通'腑')脏,外络于肢节。"经气的运行,无处不到,联络脏腑肢节,沟通上下

---

[1] 这里的"厥",是表示阴气将尽、阳气始复的意思。
[2] 这里的"阳明",是表示阳气最旺盛的意思。

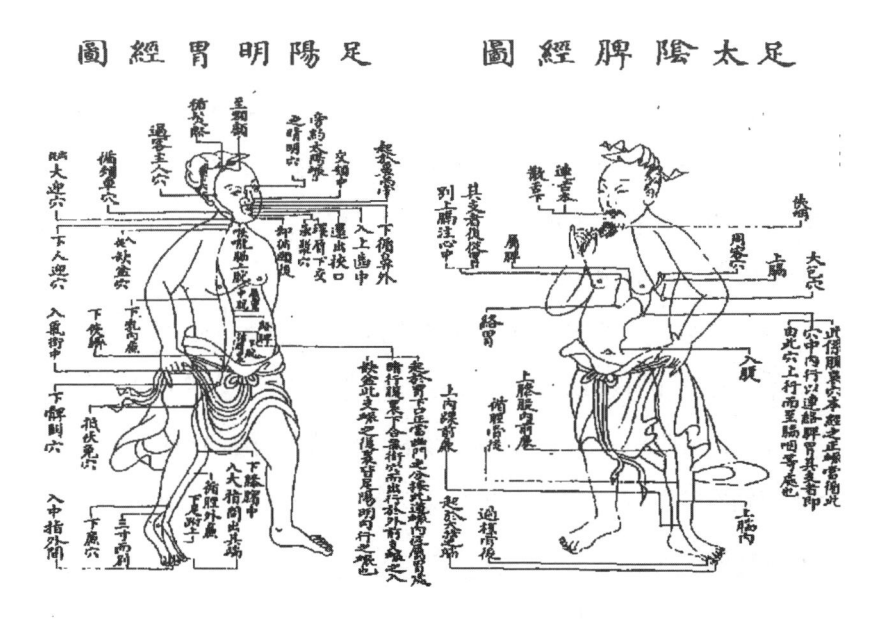

14-7 足太阴脾经图与足阳明胃经图
采自乾隆《御定医宗金鉴》（四库全书本）

内外，将人体各部分联结成一个统一的整体。

除了经脉之外，还有某些作为补充的脉，其中最主要的是奇经八脉（任脉、督脉、冲脉、带脉、阴跷脉、阳跷脉、阴维脉、阳维脉）、十五络脉，以及难以计数的孙络和浮脉，它们彼此贯通，起着连接表里、运行气血、联系脏腑的作用。

中医讲究整体性，认为任何疾病都不是孤立的现象，各种脏腑器官、组织在生理和病理上是相互联系、相互影响的。"有诸内，必形诸外"，也就是说，机体的外部表象与内部情况存在着确定的相应关系。《内经》以人体的四肢为根为本，因为四肢是精气的始发之地，而以头面和躯干为结为标。强调标本兼治，反对"头疼医头，脚疼医脚"。人是一个有机的整体，经络是人体生理体系中的重要组成部分，因而从经络系统上诊治疾病，是中医的重要特色。

所以，中医往往不直接在病区治疗，而是寻找导致疾病出现的穴位。在每条经脉上，离躯干越远的穴位，能解决的病痛越多，疗效越好。为此，在中医的医理上有"上病下治"、"内病外治"的理论，下面试举数例。

内病外治。小儿胆道蛔虫腹痛，发病时腹痛如绞，症状非常严重。中医往往用针挑刺患者手指掌面近端指间关节横纹中点的"四缝"穴位，可收明显的安蛔止痛之功。再比如，治疗咳嗽、哮喘病，将膏药贴在"肺腧"穴——背部第三胸椎棘突下旁开1.5寸处，疗效非常明显。

外病内治。慢性顽固性皮肤瘙痒，患者则坐卧不宁，病似不大，实则非常难治。西医主要是用各种化学膏剂涂抹患处，此是治标不治本的做法。中医认为，本病的症状虽然在体表，根源却出在腑脏功能的紊乱上，因此，除了可局部用药外，更主要的是往往让病者服汤药，通过调剂腑脏功能来消除病根。

患者侧头痛，取足部的侠溪、足临泣等穴位治疗，为上病下治法的应用。

下肢抽搐，取头颈部的风池以熄风潜阳，为下病上治法的应用。

《内经》之后，历代医家都孜孜不倦地学习、研究和发展针灸理论，千百年来，著作不可胜数，这里只能数其荦荦大端者。晋代针灸学家皇甫谧潜心钻研《内经》等著作，将传世的《灵枢》《素问》《明堂》三书按类编集为《黄帝三部针灸甲乙经》十二卷，书中全面论述了脏腑经络学说，发展并确定了349个穴位，并对其位置、主治、操作进行了论述，同时介绍了针灸方法及常见病的治疗，是针灸学术的第二次总结，也是现存最早的针灸专著。唐代永徽年间，孙思邈撰《千金要方》三十卷，其中 29、30 两卷分别记载腧穴名位、腧穴主治病症。宋代太平兴国年间，王怀隐奉敕编撰了《太平圣惠方》一百卷，最后两卷，一为《针经》，一为《明堂》，这是我国历史上最重要的官修针经之一。元代医家将流传于世的《针经指南》《子午流注针经》《黄帝明堂经》《灸膏肓腧穴法》四部针灸典籍合刊，总名为《针灸四书》，大概有仿照儒家"四书"的意思，这是我国第一部针灸丛书。明代学者在整理前人针灸文献方面作出了重要成就，编撰了《针灸大全》《针灸节要聚英》《针灸大成》《类经图翼》四部具有集成性质的全书。

14-8　孙思邈像
采自傅维康等主编《中国医学通史·文物图谱卷》

四、马王堆帛书、张家山汉简中的经络文献

《内经》体系完备，理论精深，它绝不可能诞生于一朝一夕。在它之前，理应有一个渐进的漫长过程。如果能见到《内经》之前的经络学说著作，我们就可以勾勒出它的形成轨迹。可惜，在传世的古书中，我们很难找到相关的线索。

1973 年，考古工作者发掘了震惊海内外的马王堆 3 号汉墓，出土了大批珍贵文物。尤其难得的是，墓中出土了一批西汉帛书，经学者研究和整理，居然是28种古代文献，而且绝大多数是久已亡佚的古籍，总字数竟达12万字！这一空前的发现，将永远载入中国的学术史。

马王堆帛书中有一批与医学有关的帛书，包括《导引图》《五十二病方》《却谷食气》《养生方》《杂疗方》《胎产书》等，内容极为丰富。其中《五十二病方》的正文之前抄录了许多段佚文，都没有题目。整理者根据佚文的内容，定名为《足臂十一脉灸经》《阴阳十一脉灸经》《脉法》和《阴阳脉死候》四篇。《脉法》论述经脉和诊脉的关系，提出了气与脉的关系，以及治病要取有余而益不足和虚实补泻的理念。《阴阳脉死候》论三阳脉和三阴脉在临床中表现的死亡征候。《足臂十一脉灸经》《阴阳十一脉灸经》属于经脉学著作，主要记载十一条经脉的循行走向、所主疾病，治疗方法都只有灸法。

谁都没有想到是，十年之后的1983年12月，湖北省荆州市博物馆在江陵县张家山发掘了一座编号为247的汉墓，墓葬的

14-9 《足臂十一脉灸经》

头箱中也出土了一批竹简文书,包括《奏谳书》《二年律令》《脉书》《算数书》等,完好的竹简的总数为1236枚。《二年律令》是久

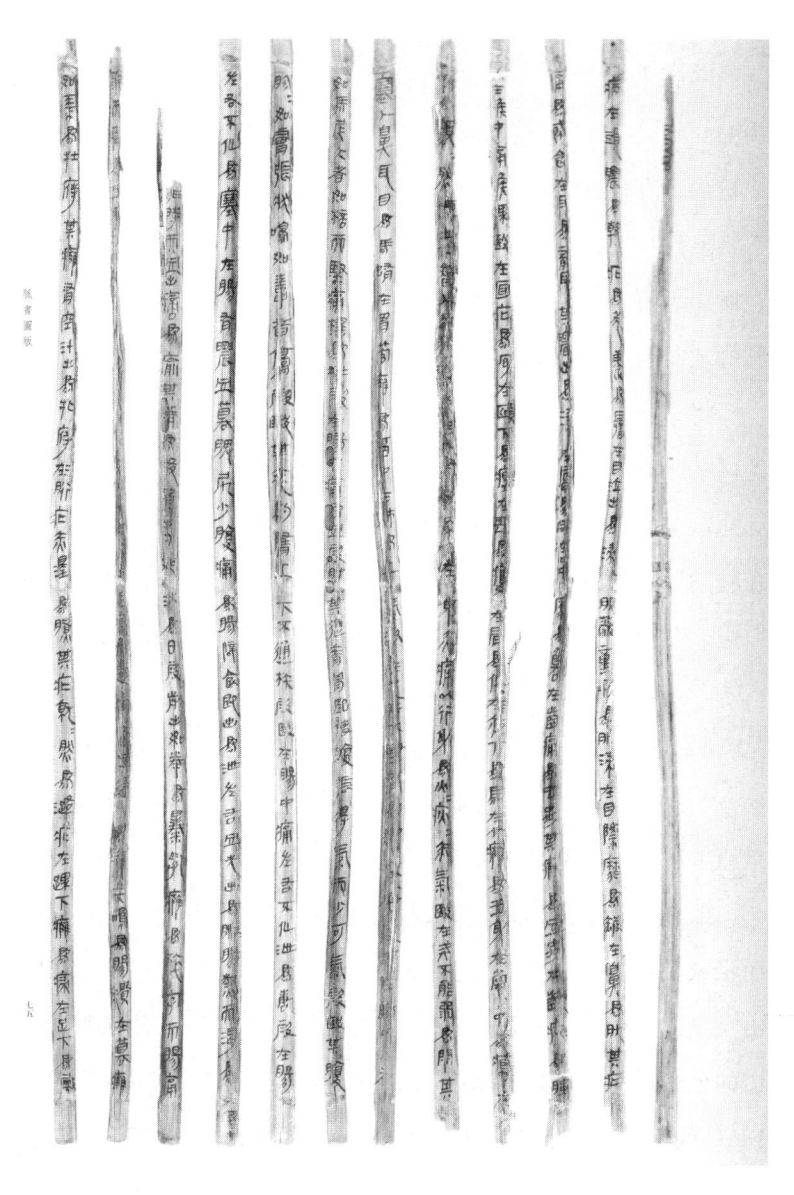

14-10 张家山汉简《脉书》
采自《张家山汉墓竹简:二四七号墓》

佚的汉初律令。《奏谳书》是秦汉司法诉讼的部分直录。《算数书》是数学著作，年代比《九章算数》还要早。而尤其令我们感兴趣的，是《脉书》。

《脉书》共有66简，内容分为两类，前者是疾病的名称，从头部开始，顺序往下：病在头、在目、在目际、在鼻、在耳、在唇、在口中、在齿、在龂、在喉中、在面、在颐下、在颈、在肩、在腋下、在背、在掌中、在身、在戒（阴部）、在胃脘、在肺、在心肤下、在肠中、在肠、在踝、在足下，一共有60多个病名；后者记载经脉的走向与所主病症。

将《脉书》与马王堆经脉学帛书比较，发现《脉书》除了前面的两端之外，其余部分与帛书《阴阳十一脉灸经》《脉法》《阴阳脉死候》几乎相同。而《脉书》与其他文书，原本是各自成卷，放在竹笥内，尽管出土时已经散乱，但经过发掘者的整理，已经恢复原貌，表明它是一部完整的文献。《脉书》的第一支简的背面有"脉书"二字，这是战国、秦汉之际对于文献标题的通行写法，可见这部文献就叫《脉书》。这样一来，问题就很清楚了：马王堆帛书《五十二病方》卷前的《阴阳十一脉灸经》《脉法》《阴阳脉死候》三篇文献原本属于同一部书。

那么，是否可以反过来说：马王堆的三篇文献原本是独立的，而张家山的墓主人将它合为一书了呢？答案是否定的，理由是张家山汉墓的年代早于马王堆汉墓。张家山汉墓中有一部历谱，根据历谱的记载以及墓葬的相关资料，可知墓主人卒于西汉吕后二年（前186）或其后不久。马王堆3号墓的下葬年代为汉文帝十二年（前168），晚于张家山汉墓，因此，张家山汉简《脉书》保留的形态更早。

现在，我们再来看马王堆帛书的《阴阳十一脉灸经》和《足臂十一脉灸经》，并分析它们有哪些值得注意的地方。

第一，这两者都只有十一经，而不是像《内经》那样有十二经，缺少一条手厥阴脉，说明它们的形态要比《内经》原始。但也有学者认为，只说十一经并不等于当时人不知道有十二经，十一之数很可能是为了迎合当时流行的"天六地五"这一神秘的数字。但有一点可以肯定，就是从《内经》开始，十二经成为定说，而十一经之说被淘汰。

第二，《阴阳十一脉灸经》和《足臂十一脉灸经》尽管都只有十一脉，但两者对于十一脉的名称和顺序却不相同，我们试作比较：

	《阴阳十一脉灸经》	《足臂十一脉灸经》
足三阳脉：	巨阳脉	足太阳脉
	少阳脉	足少阳脉
	阳明脉	足阳明脉
足三阴脉：	太阴脉	足少阴脉
	厥阴脉	足太阴脉
	少阴脉	厥阴脉
手三阳脉：	肩脉	臂太阳脉
	耳脉	臂少阳脉
	齿脉	臂阳明脉
手二阴脉：	臂巨阴脉	臂太阴脉
	臂少阴脉	臂少阴脉

从上表不难看出两者的明显区别，一是《阴阳十一脉灸经》中的六条足脉都用阴阳表示，五条手脉只有两条阴脉用阴表示，另外三条阳脉

只说是肩脉、耳脉、齿脉；而《足臂十一脉灸经》不然，十一条脉都用阴阳表示。二是《阴阳十一脉灸经》中只有两条手阴脉的名称前加以"臂"字，以示与足脉的区别，而三条手阳脉和六条足脉都不加；《足臂十一脉灸经》中所有的脉名之前都加有"足"或"臂"字。很显然，《足臂十一脉灸经》的脉名经过整齐化的处理，而《阴阳十一脉灸经》的脉名要显得原始一些。学术界有许多学者认为《足臂十一脉灸经》的年代要晚于《阴阳十一脉灸经》，这是重要判据之一。

第三，《足臂十一脉灸经》经脉的起点多在腕踝部附近；经脉循行路线的描述非常简单，有的脉甚至为只有起点与终点的两点连一线的最简单形式；经脉循行方向自下而上，各脉之间不相接续，也不与内脏相联系。《阴阳十一脉灸经》有9条经脉依然是从四肢走向躯体中心的胸腹部和头部，而"肩脉"与"足少阴脉"则是从头或胸腹部走向四肢的末端，表明当时的经脉还没有形成上下纵横联络成网的经络系统。

在《内经》里，"脉"的走向都是从身体的中心部位向四肢的末梢部位循行，具体来说，手三阳脉和足三阴脉等六条脉朝心性方向循行，而手三阴脉和足三阳脉等六条脉则是朝四肢末梢方向循行，十二经脉是互相贯通、循行着的一个整体，例如：

> 手太阴肺经：起于太渊，经鱼际、少商，绕过大指，与阳明大肠经连接；
> 手厥阴心包经：起于内关，经劳宫、中冲，绕过中指，与手少阳三焦经连接；
> 手少阴心经：起于神门，经少府、少冲，在少泽与太阳小肠经连接。

总之，马王堆帛书和张家山汉简的出土，使得我们目睹《内经》之前的经络学文献，大有耳目一新之感。从《脉书》到《内经》，我们可以看到，经脉体系的形成，经历了非常漫长的过程。最初，沿四肢外侧面循行的经脉，仅仅上行到头面、颈项部；沿四肢内侧面循行的经脉（阴经）则止于四肢近心端。这些经脉彼此不相贯通，是一种简单的上下联系。后来，随着研究的深入，人们先是将阳经与阴经贯通，接着又将阴经顺势行至胸、腹之内，使之与内脏联系，进而将全身的经络与腑脏贯通，建立起了人体的内外联系，这是一个重要的飞跃。

《足臂十一脉灸经》主治的疾病有78种，主治病候以脏病为主，但没有对它们作分类。《阴阳十一脉灸经》记载了所主的147种疾病，并根据其致病原因，区分为"是动病"和"所产（生）病"两类。此外，帛书灸经只用灸法，不用针法，但却有砭石疗法，可见它们的成书年代是在扁鹊施用针法之前。[1] 一般认为《内经》成书于战国晚期，如果此说不误，那么，马王堆帛书《足臂十一脉灸经》《阴阳十一脉灸经》的年代还要早。

五、明代正统针灸铜人

穴位虽然在人体，但肉眼是看不到的，而文字描述比较模糊，不易准确把握。为了教学的方便，魏晋时期开始出现展示人体腧穴的挂图。相传雷公向黄帝问人体的经络血脉，黄帝坐明堂以传授之。

---

[1] 钟益研、凌襄：《我国已发现的最古医方——帛书五十二病方》，《文物》1975年第9期。

所以，后世医界将腧穴图统称为"明堂图"。但也有人说，"明堂"是上古王者居住的建筑物，呈正方形，东南西北四面，每面三室，共十二室。人体有十二经脉，数字正好与之相同，故名。

唐代以前的明堂图，一般有正人、伏人、侧人三张图，以便全面展示各处的穴位。由于当时腧穴归经的工作还没有完成，所以只有四肢部位的腧穴按经排列，并用经穴线连接；其他部位的腧穴则不按经排列，腧穴之间都没有连线。

唐代针灸学术有很大的发展，孙思邈在他的《千金要方》中绘制了指示人体穴位的彩图，有正面、背面和侧面三张，称为"明堂三人图"。图中经络的颜色与五行之色对应。图中人形的尺寸是七尺六寸四分。穴位的名称、位置、用针深浅，都用文字写在图的旁边。

唐末与五代，战乱频仍，文献散失，明堂图也亡佚殆尽，医者无所遵循。到了宋初，医者只能凭经验或者自己对医术的理解来下针，各地不断出现因扎错针而意外伤害患者的事故，从而引起政府重视。1023年，宋仁宗命令著名医学家王惟一负责校订医学文献，制定相关的医学标准。王惟一在深入研究的基础上，编撰了《铜人腧穴针灸图经》，考证了354个腧穴，并将此书刻在石碑上供学习者参抄拓印。天圣五年（1027），王惟一首创用青铜制作仿真的人体模型，体表书刻所有的经络腧穴，铜人体内有脏腑，作为针灸教学的直观教具和考核针灸医生之用，而西方类似的教具在此后的800多年才出现。

为了测验医者掌握穴位的精确与否，相传天圣铜人体内有汞，体表封以黄蜡，下针略有误，则针不可进入；只有刺准穴位，铜人内的汞液才会流出。因此，每年前来应考的人，必须勤学苦练才能成功。

根据史料记载，天圣铜人有两具，一具陈设在医官院内，另一

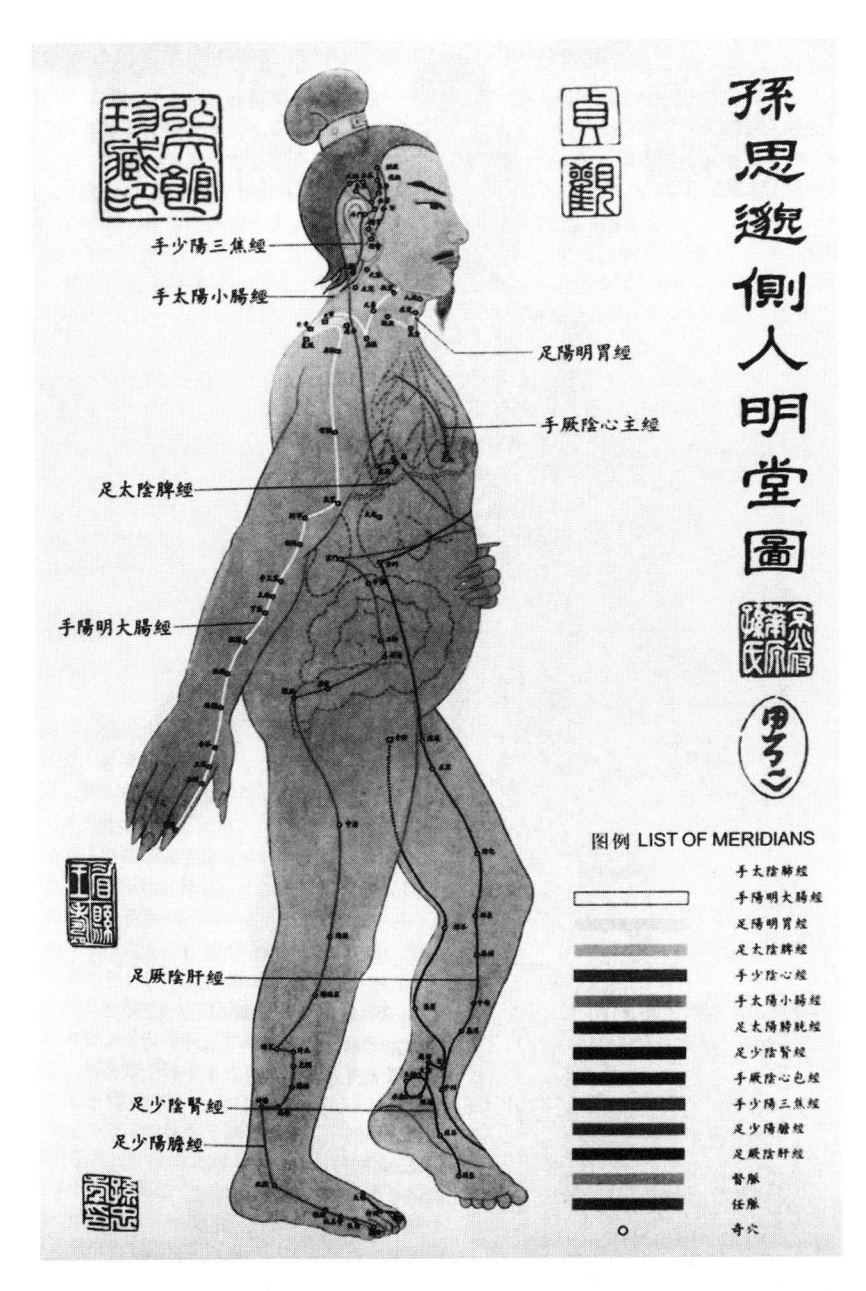

14-11 《孙思邈侧人明堂图》复原
采自《中国针灸史图鉴》

具陈设在都城汴京（今开封）的大相国寺内。公元1126年，金兵攻破汴京，掳走徽宗、钦宗，北宋灭亡。一般的说法是，两具铜人被金兵掠走。

南宋周密的《齐东野语》卷十四有《针砭》一篇，专门记载历代针灸轶事，其中提到他的母舅氏章叔恭曾经在襄州见到过一件"铖铜人"，做得相当讲究，全像用"精铜"制作。体表有腧穴，穴名用"错金"书于旁，所谓错金，就是用金丝嵌入器物表面，然后再打磨平整的一种工艺。这具铜人所有的穴名都是错金文字，足见其身价不凡。此外，铜人"腑脏无一不具"，由背面和正面两件合成，浑然一体。章叔恭说"盖旧都用此以试医者"，"旧都"指北宋都城汴京，也就是说，他认为这具铜人就是北宋的天圣铜人。不过这句话的开头他用了一个"盖"字，说明只是推测之词。作者在文末还说到，这具铜人后来被赵南仲"归之内府"，也就是归之南宋政府的宫城之内。但是，不久元军渡江而下，消灭了南宋，这具铜人的下落再无从考索。

元朝建立后，元世祖忽必烈见天圣铜人历经战乱已经损坏，便命工匠修复，然后与王惟一的《铜人腧穴针灸图经》刻石一起陈列在元大都的三

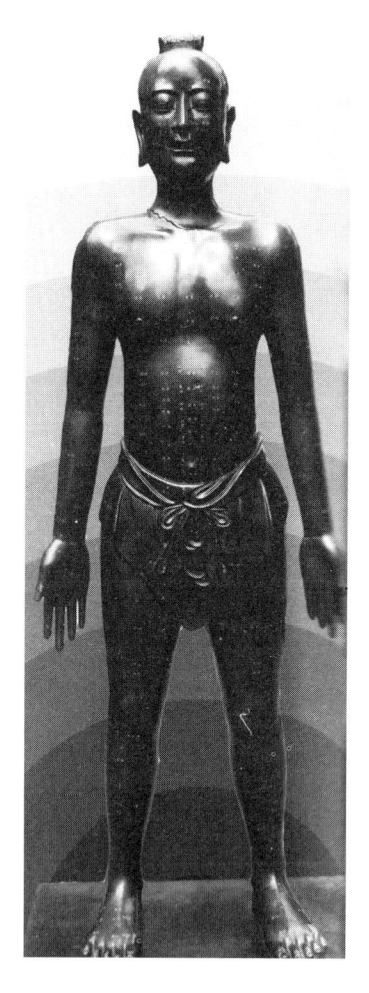

14-12 正统铜人正面图

皇庙内。到了明朝，情况再次发生变化，《铜人腧穴针灸图经》刻石在瓦剌之变中毁坏，而天圣铜人上的穴位名称已经漫漶不清，无法使用。明英宗正统八年（1443），即明政府设立太医院的次年，仿照宋代天圣铜人而制，此后一直置于太医院。相关的情况，《太

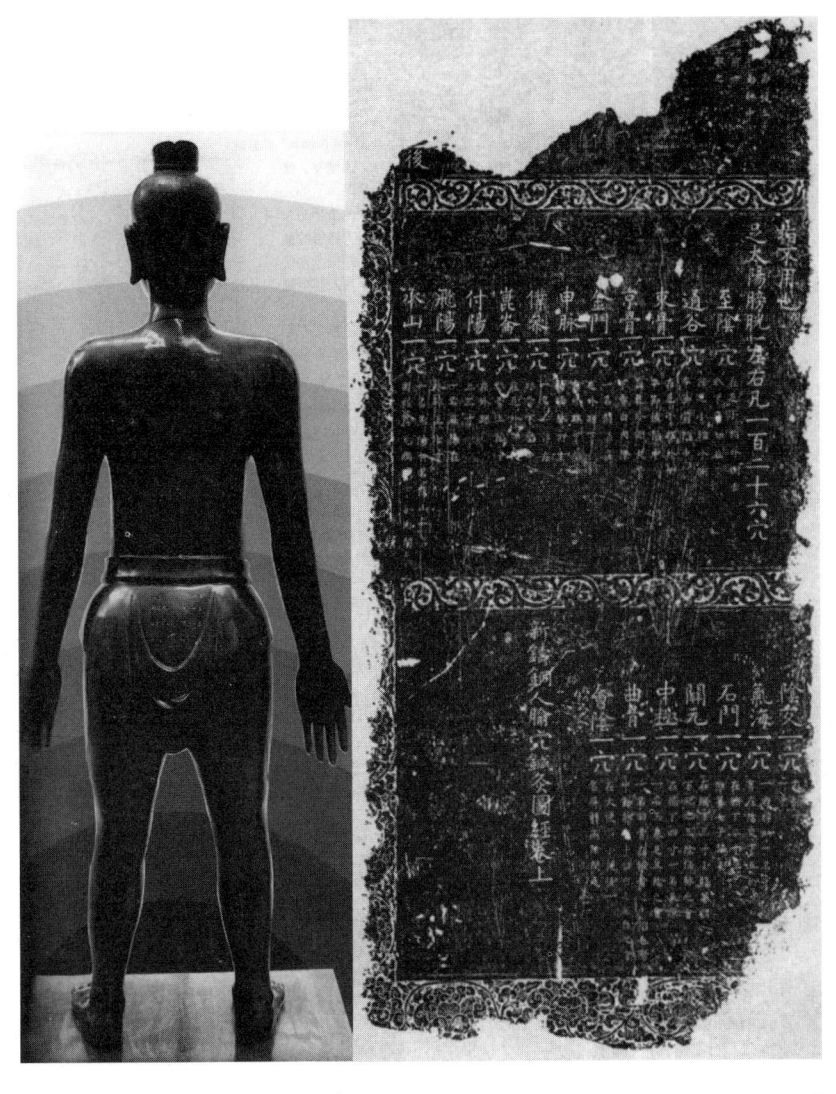

14-13　正统铜人背面图　　　　14-14　《铜人腧穴针灸图经》

医院志》记载说:"周身之穴必具,注以楷字,分寸不少移,较之印于书、绘于图者,至详且尽,为针灸之模范,医学之仪型也。"

明亡,铜人入清代的太医院。光绪二十六年(1900),八国联军入侵北京,北京遭到侵略军洗劫,当时俄军驻扎在太医院。俄军撤离后,正统铜人不翼而飞。于是,清光绪年间又制作了一具铜人,放在太医院。这具铜人并不是按照正统铜人制作的,没有腑脏,但尺寸要大得多,铜人身高2米多,现藏中国国家博物馆。

1958年,有一位学者随代表团访问苏联,在俄罗斯圣彼得堡冬宫博物馆发现一具针灸铜人,有头发、发冠、腰带,体表有穴位,高175.5厘米,头围(经两耳上际)62.5厘米,胸围(经乳头)86厘米。底座长73厘米,宽48厘米,高32.5厘米。腧穴总数654个,穴名352个(会阴、涌泉二穴在铜人身上无法表示,故缺),都是从右往左书写,其中35个穴位名可以辨认,其余均已模糊不清。穴名两字者,一般的穴眼左右各写一字;穴名为三字者,则孔右两字、孔左一字。穴眼直径约2.5厘米,深1—1.5厘米,内端为盲端,经穴之间没有连接线。这具铜人究竟是什么年代制造的,连博物馆的解说文字也说不清。消息传出后,引起中国学者的关注。中国中医科学研究院针灸研究所黄龙祥研究员与助

14-15 正统铜人侧面图

手前往俄罗斯圣彼得堡冬宫博物馆仔细考察，发现了一些非常重要的线索：一是铜人的服饰与太原晋祠前的北宋铁人相似，证明它的年代比较早。二是铜人头上的"通天"穴位没有缺笔。古代有"避讳"的制度，凡是遇到与皇帝及其父亲的名字相同的字，一定要少写一笔，或者用别的文字代替。宋仁宗的父亲中有"通"字，此铜人居然照写不误，证明它不可能是宋代的天圣铜人，而可能是明代的正统铜人。三是铜人的颈部有一圈修复的痕迹，查检《国立历史博物馆丛刊》中收录的《太医院针灸铜像沿革考略》一文可知，在明末战乱中正统铜人大头部被损坏，直到清顺治年间才被修复，可见两者是吻合的。四是铜人的发际和头发刻画入微，这与宋代《针灸图经》的记载完全吻合，宋代对前后发际的骨度有新的规定，尤其强调发际对于确定头部穴位的作用，因此铜人才会如此不厌其烦地加以刻画。根据以上种种理由，黄龙祥先生雄辩地得出结论：俄罗斯圣彼得堡冬宫博物馆的铜人就是明代的正统铜人！

由于正统铜人是仿照天圣铜人的原样制造的，所以具有与天圣铜人同等的价值。但是，学者发现还有两个无法解释的问题：首先，天圣铜人是前后两片合成的，体内有脏腑，而圣彼得堡博物馆藏的这具铜人是一个整体，没有

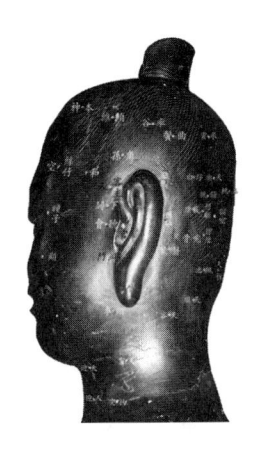

14-16 正统铜人头部

14-17 正统铜人脚部

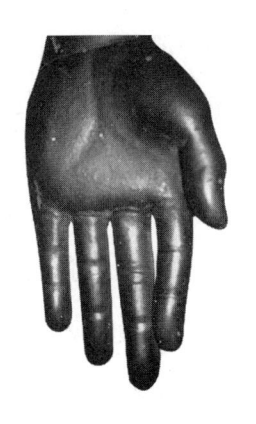

14-18 正统铜人手部

脏腑；其次，按照《齐东野语》的记载，天圣铜人体内有汞，针入穴位则汞液流出，而这具铜人的穴位却不是穿透的，不可能达到"针入汞出"的效果。这些问题如何解释呢？黄龙祥先生做了如下的推测：天圣铜人有两具，一具放在医官院内，因为是供教学和研究用的，所以有内脏；另一具放在大相国寺内，供人观赏，所以没有脏腑。圣彼得堡博物馆藏的铜人，穴位的深度在 1.5—2 厘米之间，估计当时是用黄蜡将汞封在穴孔之内，而不是灌满在铜人的空腔之内。因此，黄龙祥教授认为，俄罗斯圣彼得堡冬宫博物馆藏铜人应该是正统年间仿照大相国寺的那具铜人做的。

六、针灸是中医学对世界文明的重要贡献

早在公元 6 世纪，中国的中医学和针灸就传到了朝鲜、日本等国。尼克松访华以后，中医学和针灸技术引起了全球的兴趣和关注。

在尼克松访华时，菲利浦·弗农（Philip Vernon）还是一名医学院的学生，针灸麻醉的新闻使他感到好奇，于是决定开始学习。如今他在英国用中西医兼治的办法为病人治疗。他的病人，大多是来治疗各种疼痛的，许多英国人知道针灸对于止痛有明显效果。有些病人在治疗过程中了解了更多的中医知识，也会要求治疗别的病。他说："中医确实能治好一些西医无法治愈的疾病。"

20 多年前，瑞典最大的综合性医院南方医院曾经派出一个小组，到中国学习针灸。小组的成员都是瑞典各医院妇产科的接生大夫，他们对针灸减轻分娩疼痛的功效感到很好奇。瑞典著名血液学专家、曾任诺贝尔医学奖评委的比格·布洛姆巴克博士说："今

天，任何一名瑞典产妇在瑞典医院的产床上都会被问到是否希望用针灸减轻分娩时的疼痛感。当然，产妇也可以选择西医的减痛方法。"[1]

中医对各种肿瘤、心脑血管病、呼吸系统疾病、消化系统疾病、内分泌疾病、各种病毒和细菌感染性疾病，以及骨伤科、妇科、皮肤科，乃至艾滋病、SARS等疾病都有独到的治疗方法和效果。在现代科学迅猛发展的今天，中医学的价值正越来越被各国医学界所认同，据报载，目前，中医学已经传播到140多个国家和地区，全世界已经建立的各种类型的中医药机构有5万多家，中草药贸易超过200亿美元。1998—2002年我国对外合作中医药项目达274个，有54个国家和地区派遣留学生到我国学习中医。世界卫生组织（WHO）在亚洲设立的15个"传统医学合作中心"中有13个与中医药有关，其中7个项目设在中国。2003年的《全球传统医学发展战略》指出：中医和针灸正在全球获得广泛重视，在人类保健事业中发挥着日益重要的作用。[2]

为了培养世界各地的针灸人才，北京、上海、南京建立了三大国际针灸培训中心。1987年世界针灸学会联合会（简称"世界针联"）成立，标志着针灸事业的不断发展。据《环球时报》报道[3]，在英国，针灸已经有四十多年历史，被民众广泛接受。20世纪80年代，英国开始兴办针灸学院，目前有影响的针灸学院已有十余所。近十几年来，英国的中医研究所迅速发展，到2003年，英国已有3000多家中医诊所，仅在伦敦地区就有300—350家。在德国，近十年来，

---

[1] 《环球人物》2006年11月16日。
[2] 王庆其：《"废止中医"是对历史的无知》，《文汇报》2006年12月3日，第六版。
[3] 《针灸在海外相当火》，《环球时报》2006年7月14日，第23版。

德国每年派数百名医生和医学院的学生到中国进修针灸，目前有两万多名医生施行针灸，每 6 名执业医生中，就有 1 名用针灸为患者治疗。经过六年试点，2006 年初，德国首次承认中医针灸是正规疗法，法定医疗保险公司必须承担针灸治疗费用。美国学习中医针灸的人也越来越多，美国国立自然医学院福尔斯莱斯教授指导的 30 多名研究生都是西方人。美国国立卫生研究院在其下属的医学研究机构中挑选了 13 家，每年向它们投入 100 万美元用于设立主要研究针灸的项目。在加拿大，仅仅在多伦多一地，中医针灸师的人数就已超过 3500 人。目前，开展针灸治疗的国家和地区已经有 140 多个。据保守估计，全世界至少有 10 万名针灸师，其中世界针灸学会联合会在 46 个国家有 7 万多名会员。

近年，国内有些人提出"取消中医"的倡议，引起了全社会的强烈反响，卫生部发言人迅即表示了坚决反对的态度。国外的许多著名医学家对"取消中医"的做法也表示反对和忧虑。菲利浦·弗农说："很多西方人不懂中国的历史和文化，他们认为西方是先进的，中国是落后的。一些学习西医的中国人，也接受了西方人的观念，否认中医药的价值。这中间也不排除西药公司的背后利益在起作用。中医是中国的国粹，中国人应该珍惜它。"瑞典卡洛林斯卡医学院教授、诺贝尔医学奖评委秘书汉斯·乔尼瓦勒说："为什么要取消中医呢？现在西方社会正在开始正确地认识中医，诞生中医的国家却要取消中医，这可是件让人忧虑的事情！中医西医都是医学科学。"他们的看法值得我们深思。

参考论著：

1. 黄龙祥：《中国针灸学术史大纲》，北京：华夏出版社，2001 年。

2. 黄龙祥:《中国针灸史图鉴》(上下卷),青岛:青岛出版社,2003年。
3. 吴中朝:《〈五十二病方〉灸方浅析》,《山西中医》,1989年第2期,37—38页。
4. 吴中朝:《试论〈足臂十一脉灸经〉"皆灸X脉"对针灸治疗学贡献》,《江苏中医》,1989年第12期,19—21页。

第十五讲 《周易》《周礼》与故宫、北京城

故宫,又名紫禁城,是明、清两朝的皇宫,始建于明永乐四年(1406),永乐十八年(1420)建成,占地72万平方米,南北长961米,东西宽753米,有房屋近9000间,四周围绕10米高的城墙和宽52米的护城河,是我国现存规模最大、最完整的古建筑群,1987年被联合国教科文组织列入世界人类文化遗产目录。

世界上的城市多如繁星,可是没有一座像我们的首都北京,把本民族的哲学和理念融进了城市的格局之中。这里所说的哲学和理念,主要是指《周易》和《周礼》两部古代经典所表述的思想。

一、《周易》与《周礼》其书

《周易》原本是占筮的书,"《易》以道阴阳"[1],是通过阴阳消长,推测事物发展趋势的著作。阴阳的本义是指背对或面向太阳,是古人择址建房必然会遇到的问题,其后逐渐抽象成为一对哲学范畴,用以解释天道、人事的生成及其变化规律,并逐步发展为以阴

---

1 《庄子·天下》。

阳为基础的系统的自然哲学,成为中国哲学的经典之一。根据《周易》的理论,宇宙的万事万物都可以分为阴、阳对立的两个方面,如天与地、昼与夜、生与死、男与女、刚与柔等。《系辞》说"一阴一阳之谓道"。认为阴阳是天地万物的本性,是大化流行、嘉生万物的根据。阴阳互动,往复无穷,造成了万物的转化。

《周易》的雏形,可能出现得很早。《易·系辞》说,伏羲氏"仰则观象于天,俯则观法于地,观鸟兽之文,与地之宜,近取诸身,远取诸物,于是始作八卦,以通神明之德,以类万物之情"。到了殷周之际,纣王暴虐失德,文王因于羑里,于是重《易》六爻,成为六十四卦。到春秋末年,孔子为《易》作《彖》《象》《系辞》《文言》《序卦》等十篇。《周易》成书的过程如此漫长,而且经由伏羲、文王、孔子之手。古人划分时代,以伏羲氏为上古,文王为中古,孔子为下古,所以班固说:"《易》道深矣,人更三圣,世历三古。"[1]《周易》也就被视为三圣相传的秘籍。《周易》在六经中的位置也不断上升。古人认为,《诗》《书》《礼》《乐》《春秋》五经,体现的是五常之道,而《易》论述的是五常之道的本源,所以将它列于六经之首。因此,历代帝王、文人看重《周易》,处处取法于它,就是十分自然的事。

经过长期的探索,先民又逐步形成了"五行"的思想。五行思想的渊源,至迟可以追溯到商代。殷人已经有了明确的四方概念,有一片著名的记载四方风的名称的甲骨[2],上面刻着:"东方曰析"、"南方曰夹"、"西方曰夷"、"北方曰宛"。需要说明的是,殷

1　《汉书·艺文志》。
2　郭若愚:《殷契拾掇二编》第158片,上海:上海出版公司,1951年。此片原残,参照《殷虚文字缀合》补为全辞。

人习惯上把自己居住的地方称为"中商",有着明确的"中"的概念。四方加上中,就是"五方"。

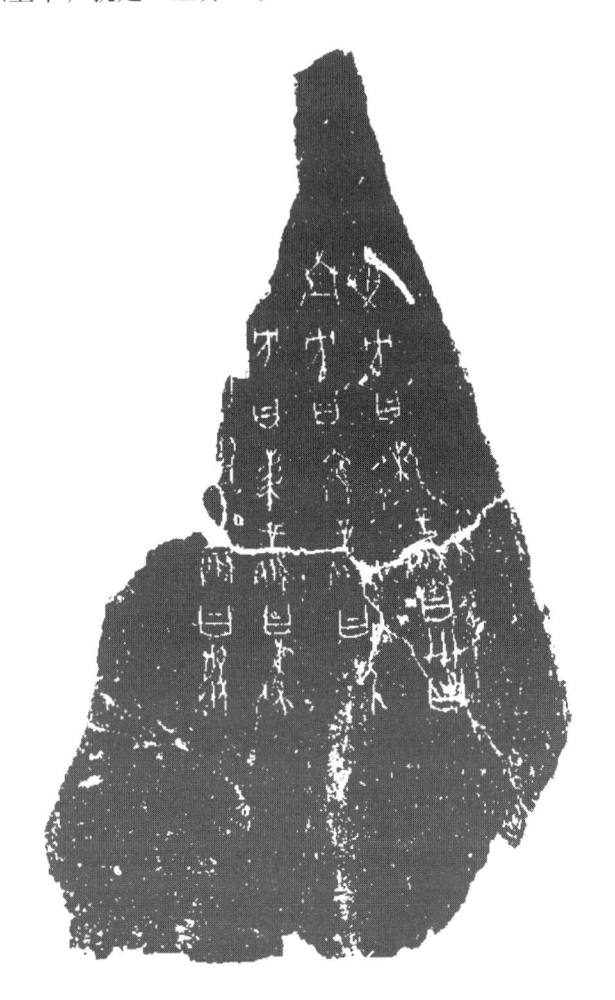

15-1　甲骨文中的"四方风"

甲骨文还有关于占卜四方农业是否丰收的记载,有一条商王亲自占验的甲骨卜辞说:"东土受年,南土受年,西土受年,北土受年。"[1]

---

[1] 郭沫若:《殷契粹编》第907片,北京:科学出版社,1965年。

四土加上中央，也是五方。

五行概念的正式出现，是在《尚书》的《洪范》篇。武王克商后，曾向殷代名贤箕子请教天道。箕子说，大禹治水时，上天曾赐予治理下民的大法有九类，称为"洪范九畴"。洪范九畴的第一畴就是"五行"，箕子解释说："一曰水，二曰火，三曰木，四曰金，五曰土。水曰润下，火曰炎上，木曰曲直，金曰从革，土曰稼穑。润下作咸，炎上作苦，曲直作酸，从革作辛，稼穑作甘。"《洪范》第一次提出了五行的名目，以及五行之性和五行之味，为五行说奠定了基本框架。

五行家将金木水火土与五方、五味、五德等配合，就构成了五行的基本格局，并将万事万物都归类于五行，如：

五色——青、赤、白、黑、黄

五声——宫、商、角、徵、羽

五畜——鸡、羊、犬、豕、牛

五脏——肝、心、肺、肾、胃[1]

《周易》说阴阳而不及五行，《洪范》则说五行而不及阴阳，阴阳与五行各为畛域，尚未合流。到战国时代，邹衍将阴阳与五行结合，形成了阴阳五行思想，成为中国古代哲学的重要内涵，并产生了广泛的社会影响。阴阳五行是古代中国人的思想律，不了解阴阳五行，就不了解古代中国人的思想。

《周礼》是中国古代儒家的另一部煌煌大典。《周礼》原名《周官》，是西汉景帝、武帝之际在民间发现的。全书分为天官、地官、春官、夏官、秋官、冬官六篇，冬官已经亡佚，汉儒用另一部性质

---

[1] 五脏与五行的配合，先秦文献有不同的说法，这里是其中一说。

相似的《考工记》补其缺。《周官》作者佚名，不知出自何人手笔。但通读此书，却是体大思精，科条繁密。作者按照"人法地、地法天、天法道、道法自然"的思想，提出了一套理想化的建国方案。它的官制体系以天、地、春、夏、秋、冬六官为纲，象征天地四方六合；六官又各自下领六十职，共三百六十职官，象征周天三百六十度。此书取名"周官"，正是点明以人法天的思想。书中的都市布局，浸透了阴阳五行思想。刘歆非常推崇《周官》，认为它就是周公制礼作乐时撰作的礼书。王莽时，刘歆奏请将《周官》列为经，与《易》《诗》《书》《仪礼》《春秋》等并列，得到同意，并将书名改为《周礼》。

刘歆的说法得到后世许多大儒的赞同，认为此书非圣人不能作。有的学者甚至认为，《周礼》是黄帝、颛顼以来，直到周公的六代圣贤的大经大法的集粹，是可以经纶万世的大典。因此，历代帝王和政治家都非常推崇《周礼》，把它作为重要的思想资源，每每从中寻找理论依据，以使自己的主张符合于"周公之典"。

二、忽必烈：《周礼》建国之制的第一位实行者

《周礼》的建国之制，主要见于《考工记·匠人》："匠人营国，方九里，旁三门。国中九经九纬，经涂九轨。左祖右社，面朝后市。"文中的"国"指国都。"方九里"，是九里见方。"旁三门"，指四面城墙各开三个城门。"国中九经九纬"，是说连接南北方向和东西方向的城门，就构成纵向和横向的大路各九条。"经涂"是南北方向的主干道路，"经涂九轨"，是说路的宽度足使九辆车同时

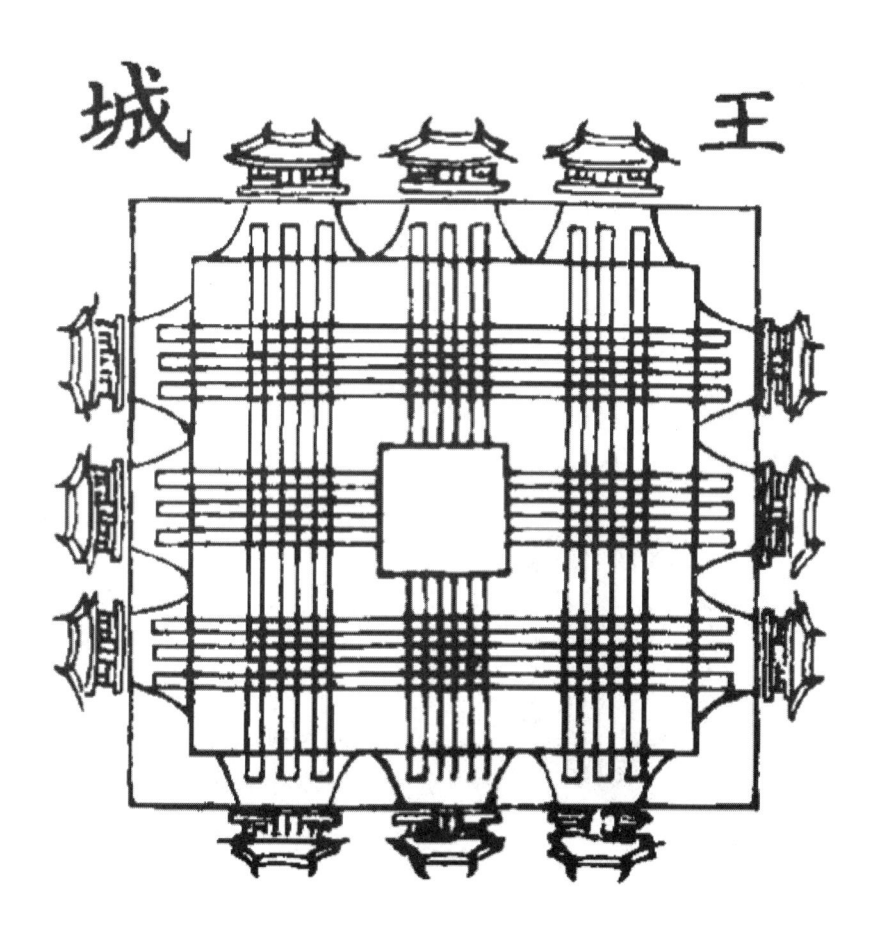

15-2 王城图
采自聂崇义《三礼图》(四库全书)

通过。"左祖右社",是说国都的左面是天子的祖庙,右面是祭祀社神和谷神的坛。"面朝后市",是说宫城的前部是天子治理国家的"朝",后部是天子的配偶"后"治理商业活动的"市"。

《周礼》关于都城格局的设计,含有阴阳思想。《周礼》将天子与后作为人间阳与阴二极的代表。在宫廷的南北方向上,南为阳,北为阴。所以,天子居南,朝阳,象征阳位;后居北,朝阴,象征阴位。天子治朝,后治市,是阴阳分治的意思。在宫廷的东西方向上,左(东)

为阳，右（西）为阴，列祖列宗是人，属阳，所以居左；社神即土神，与天相对，属阴，所以居右。

从学理上看，《周礼》的建国之制富于哲理，可谓尽善尽美，令人称道。但是，这一制度在历史上却迟迟不能成为现实，因为历代的都城大多是利用前朝的旧城而建，原有的城市格局使得新任的帝王没有多少施展的空间，所以，只能将它束之高阁。谁也没有想到的是，真正将《周礼》建都方案付诸实施的，竟是蒙古族出身的帝王忽必烈。

元世祖忽必烈虽然是蒙古族人，但对汉文化十分尊重，身边有若干时常要顾而问之的汉族谋士，其中最重要的人物是元代著名科学家郭守敬的老师刘秉忠。刘秉忠字仲晦，初名侃，又名子聪，邢州（今河北邢台）人。

15-3 忽必烈

青年时，因不愿做碌碌无为的刀笔吏，隐居于武安山中，后削发为僧。忽必烈闻其博学多才，乃召而见之，而知"秉忠于书无所不读，尤邃于《易》及邵氏《经世书》，至于天文、地理、律历、三式六壬遁甲之属，无不精通，论天下事如指诸掌。世祖大爱之"[1]。可见刘氏是一位精通儒家经典，兼擅天文历算、工程营作的全才。中统元年（1260）忽必烈即位，是为元世祖。至元八年（1271），忽必烈拟为新王朝取名，因而询及刘秉忠，刘氏建议取《周易》"大哉乾元"

---

[1] 《元史》卷一百五十七，《刘秉忠传》。

之意，将新王朝的国号定为"大元"，得到忽必烈的首肯。

北京建城，最早可以追溯到武王克商之年（前1046），武王封召公于北燕（今房山县琉璃河一带），又封尧之后于蓟，两地都在今北京城的外围。以后直至唐代，北京一直为北方重镇之一。辽代实行五京制，其中南京析津府即在今北京城的西南方。金代，以北京为中都，是在辽南京的基础上扩建而成。元灭金后，中都已被严重破坏。忽必烈决定放弃金中都，而以金中都的离宫琼华岛为中心，另建新城。至元四年（1267），刘秉忠奉命建造元的都城。刘秉忠此时最大的方便是，新都几乎是在一张白纸上设计的，有充分的施展空间。

中国古代宫室的营建，讲究对称美，所以必定有中轴线。从考古资料看，二里头的宫殿布局已经对称分布，可见夏代就有中轴线的概念。中轴线都是贯穿南北方向的，所以又和子午线融合为一。秦始皇在咸阳筑云明台，号称子午台，说明已有中央子午线的概念。

刘秉忠通过测量，以正门"丽正门"与门外第三桥南一树为基础，定出中央子午线的位置，然后划出与之垂直或平行的经纬道路。刘秉忠将全城最重要的建筑，如皇帝亲政的大殿、寝宫等，都安排在中轴线上。此外，又将宫城内的报时器"七宝灯漏"，以及向全城发布时辰的钟楼、鼓楼也安排在中轴线上，由于中轴线与子午线实际上是合一的，所以，钟、鼓楼发布的时辰，就是大都子午线的标准时间。

按照《周礼》的记述，刘秉忠将元的都城设计为外城、皇城、宫城三重。外城平面略呈长方形，东城墙与西城墙长约7400米，南城墙与北城墙长约6650米。东、南、西三面各有三座城门，唯独北面为两座城门：

南面（自西而东）：顺承门、丽正门、文明门

东面（自北而南）：光熙门、崇仁门、齐化门

西面（自北而南）：肃清门、和义门、平则门

北面（自西向东）：健德门、安贞门

大都的城门，有不少取自《周易》。如皇城正南的城门丽正门，取《周易》"万物丽乎天"之意，后来改名为"正阳门"，也是取阳气之正的意思。前三门中的文明门，也取自《周易》。《周易》的《革》《萃》等卦的《彖传》都有"文明"一词，意为文章灿明或文德光明。安贞门是元大都北面的城门，"安贞"一词取取《周易·坤卦》，坤道无成，安静贞定则吉祥。和义门取自《乾》卦《彖传》"利物足以和义"一语。

宫城建在城的中心。宫城的前半部分，是帝王会见百官、处理国事的地方。宫城的后半部分，是后妃的生活区。根据《周礼》的设计，天子与后，是人类阳、阴的代表。所以天子为阳，南面而治理朝政，后为阴，管理城内的"市"，元大都的"市"之所以都集中在宫城之北，就是缘于此。

刘秉忠在城左边的齐化门内安排了太庙，在右边的平则门内安排了社稷坛，以符合《周礼》的左祖右社之制。

三、明清故宫、北京城的阴阳五行格局

元朝灭亡后，明朝的都城一度建在南京。燕王朱棣（即永乐皇帝）夺位后，迁都北京。因大都的城圈太大，北部空旷荒落，所以将今西直门以北直至北小关的东西两面城墙的北段放弃，将城墙收缩到

今二环路一带，但将南面的城墙向南移动一里多路，从而形成了今天的格局。

明、清两朝大体沿用元大都的格局，共有二十四位皇帝在此君临天下，直到辛亥革命推翻清朝，前后达五百余年之久。两朝帝王不断重修和改造紫禁城的建筑，使之与《周易》《周礼》的思想和制度更为相符。

《易·系辞》说："仰以观于天文，俯以察于地理。"宫城取名为紫禁城，是取法于天象。古人将天空中央星区分为太微（上垣）、

15-4 紫微垣两藩15星

紫微（中垣）、天市（下垣）。紫微垣在中天的中心，共 15 颗星，是天帝所居之处，所以从汉代开始就称天子所居之处为紫微宫或紫宫；又因天子所居为禁地，故称紫禁城。明代故宫以奉天殿（即太和殿）与紫微垣中的天皇大帝星座对应。后寝为天子之常居，初建时只有乾清、坤宁二宫，其后为了应三垣之数，而增建交泰殿，俗称"后三殿"。后三殿连同东西六宫，共 15 宫，与紫微垣两藩 15 星之数相应。

明清故宫的设计，以南北方向的中轴线与东西方向的线垂直相交，构成了布局的基准。以中轴线为基准，东方为阳，西方为阴，以中轴线的东西垂线为界，则前面（南面）为阳，后面（北面）为阴。以此为基准，元大都的太庙和社稷坛在皇城之外。太庙是国庙，是帝王率领群臣祭祀列祖列宗的地方，社稷坛是帝王祭祀土地神和五谷神的场所，远离宫城则有诸多不便。因而改设于皇城之内，在宫城的左前方和右前方。太庙即今劳动人民文化宫，社稷坛即今中山公园中的主体建筑——上覆五色土的三层方台。

《周礼》中的王者，要在圜丘祭天，在方泽祭地，要祭祀日月星辰等。所以，北京城的设计，根据阴阳区分的原则，将皇帝祭祀昊天上帝的天坛建在城南，祭祀地神的地坛建在城北。此外，祭祀日神的日坛在城东，祭祀月神的月坛在城西，这是因为古人把月亮称为太阴，与太阳阴阳相对的缘故。

宫城的布局经过精心设计，四面各有一座城门，城的四角各有一座三重檐的角楼。角楼的高度，是按照《周礼·考工记》王宫"城隅之制九雉"的标准设计的。宫城分前后两大部分，前为阳，后为阴。前一部分以太和、中和、保和三大殿为主体，文华、武英两殿为侧翼，称为前朝，是天子举行盛大典礼和议政的场所。后一部分以乾清宫、

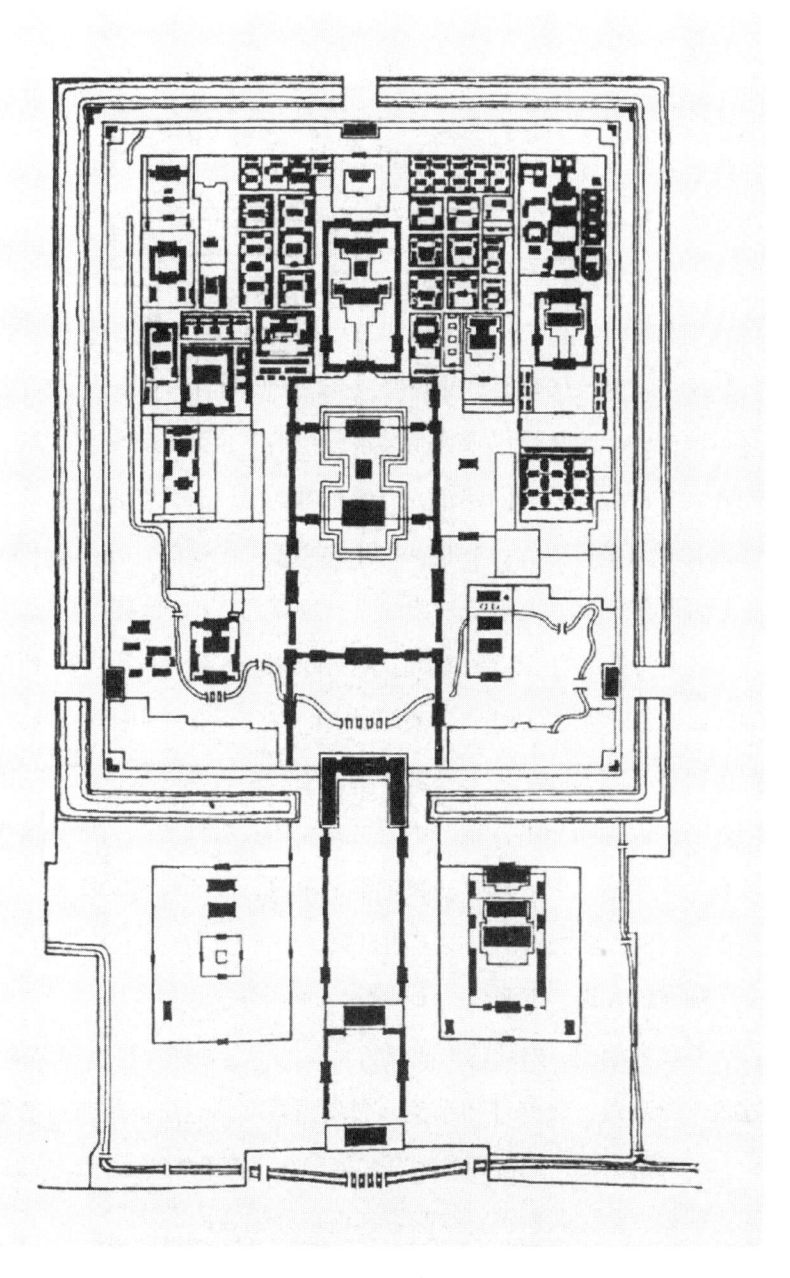

15-5　明清故宫总平面图
采自《傅熹年建筑史论文集》

坤宁宫、交泰殿及东西六宫为中心，以宁寿宫和慈宁宫为两翼，称为内廷。

太和殿是宫城的中心，以此为基准，左右再分阴阳。太和殿的左侧为文楼，右侧为武楼。朝见百官时，太和殿前的广场，左边（东侧）是文官的站跪之位，右边（西侧）是武官的站跪之位。再向前，左边是文华殿，右边是武英殿。天安门前的横街，左右各有一座门，名为"三座门"；左边（东侧）的门俗称"龙门"，每年科举中榜的状元等，骑马从龙门出发游街；右边（西侧）的门俗称"虎门"，每年秋决的罪犯从这里押解至菜市口行刑。今天的天安门广场，原先有大片行政办公性的建筑，以千步廊为界，分为东西两部分，东部为文职六部（吏、户、礼、兵、刑、工）的衙门，西部为武官五军都督府的官署。北京城的南面有三座城门，中间为正阳门，左边（东侧）为崇文门，天下举子进京会试，由此门入城；右边（西侧）为宣武门，每逢出师远征，从此门出城。凡此，都有阴阳分立的意思。

紫禁城建筑的结构也处处体现阴阳之别。外朝是帝王君临天下之处，所以其面积占宫城的十分之六，而且布局疏朗，气势雄伟，意在展现阳刚之美。建筑的数量都是单数，太和殿与文华殿、武英殿鼎足而三。前三殿的踏跺多用奇数，如太和殿的丹陛为三重，中、上二重陛各九级，下重陛二十三级。

与前朝相反，内廷的面积仅占宫城的十分之四，寝宫布局严谨，建筑细密玲珑，装修纤巧精美，展现阴柔之美。建筑的布局都是双数，如二宫六寝，二宫即乾清宫和坤宁宫（交泰殿是后来增加的），六寝即东六宫，西六宫；踏跺等都用双数。

此外，在中国的传统理念中，某些数字往往有特殊的意义。《易·乾卦》："九五，飞龙在天，利见大人。"术数家认为，"九五"

是人君的象征，所以称帝位为"九五之尊"，因而中轴线上的城门，门洞都是五个，门钉的数目，纵横都是九。皇帝专用的大殿都是面阔九间，进深五间。需要指出的是，唐大明宫含元殿为面阔13间，进深5间；麟德殿为面阔11间，进深4间。说明在宫廷建筑的格局中比附《周易》，经历了一个漫长的、不断完善的过程。

在《周易》中，"九"是阳数的最高位，为人君所宜有，所以北京城的中轴线上从南往北分布着九座城门：永定门、正阳门、大清门、天安门、端门、午门、太和门、乾清门、神武门。由于古书有天子五门（皋门、库门、雉门、应门、路门）三朝之说，所以，故宫的设计者以乾清门、太和门、午门、端门、天安门等以及诸门之间形成的空间，比附五门、三朝的古制。清代在天安门颁诏和秋审，在午门献俘和颁发时宪书，是为外朝；太和殿是大朝正殿，是为治朝；乾清宫是皇帝宸居正寝和召见臣工之处，是为燕朝。[1]

在故宫的建筑布局中，五行思想也有充分的体现。前朝的三大殿位于紫禁城的中央，是天子的所在，按照五行的理论，此处应为中央土。如何在建筑上体现出中央土的含义，是一件很困难的事。如果三大殿用黄土筑台，虽然有了五行象类的意思，但不成体统，雨天也不便行走。设计者巧妙地在三大殿的周边用汉白玉围砌成台阶，从而勾勒出一个巨大的"土"字，既体现了哲学寓意，又烘托出了三大殿的雄伟，可谓别具匠心。中央土为黄色，所以紫禁城的琉璃瓦以黄色为主。

三大殿东面的三所，是皇太子所居，太子年青，正在成长之中。东方属木，青色，所以屋顶用绿色琉璃瓦，号称"青宫"。紫禁城

---

[1] 故宫的门廷如何与古代的五门、三朝对应，学术界的看法有分歧，这里采用的是其中一种说法。

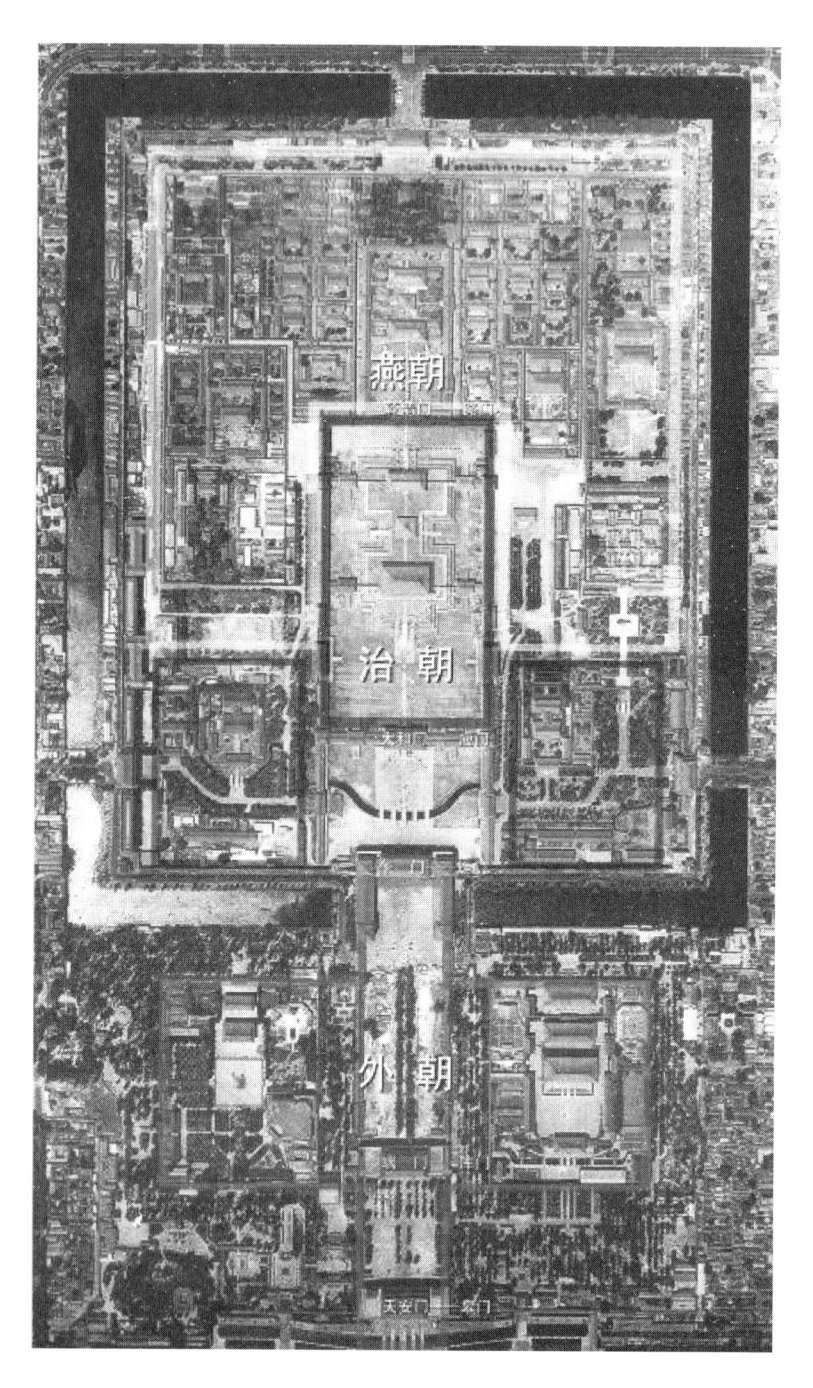

15-6 故宫

内需要的生活用水，除井水之外，还从西山引来活水，因五行中西方属金，故称金水河。南方属火，色红，所以午门大檐下的彩画用红色火焰纹。[1]

紫禁城北面的御花园有"天一门"，取"天一生水"之义，故墙体为黑色，与五行中的北方水位对应。神武门原名"玄武门"，玄武与苍龙、朱雀、白虎组成"四象"，是北方的象类，后因避康熙（名玄烨）的讳而改称神武门。神武门东西侧的大房为宫中老妇所居，妇人属阴，老妇犹如四季之冬，故居于北部，琉璃瓦用黑色。钦安殿是紫禁城最北端的大殿，是道教性的殿宇，北面正中的石栏板用水纹雕饰，也暗含有北方水位的意思。

今中山公园的社稷坛，是祭祀天下四方土地神的地方，由于四方土地的颜色各不相同，所以，坛划分成五块，象征东南西北中五方的土地。五方的土地之色，用青赤白黑黄五行色，所以人们用"五色土"表示社稷坛或者国土。

《周易》对故宫的影响还表现在许多建筑物的命名上。例如，故宫前三殿中的太和殿、中和殿，就直接取自《周易》。《易·乾卦》说："保合太和乃利贞。"朱熹将"太和"解释为阴阳会和、冲和的元气，即万物的"太和元气"。所以将天子之所在命名为"太和殿"。保和殿是"保合太和"的意思，保有太和之气，则能利于万物。中和殿得名于儒家的经典《中庸》："喜怒哀乐之未发谓之中，发而皆中节谓之和。"从学理上讲，太和是天道，中和是人道，两者有对应的关系。儒家中庸之道，能致中和，则无事不达于和谐的境界。

后三殿也是如此。乾清宫，取《周易》乾卦，乾为八卦之首，象天、

---

[1] 有学者认为，午门大檐下的火焰纹并非明清故宫的原貌，而是"文革"后期为了省钱而采用的一种简便画法。这种画法原本是室内彩画。

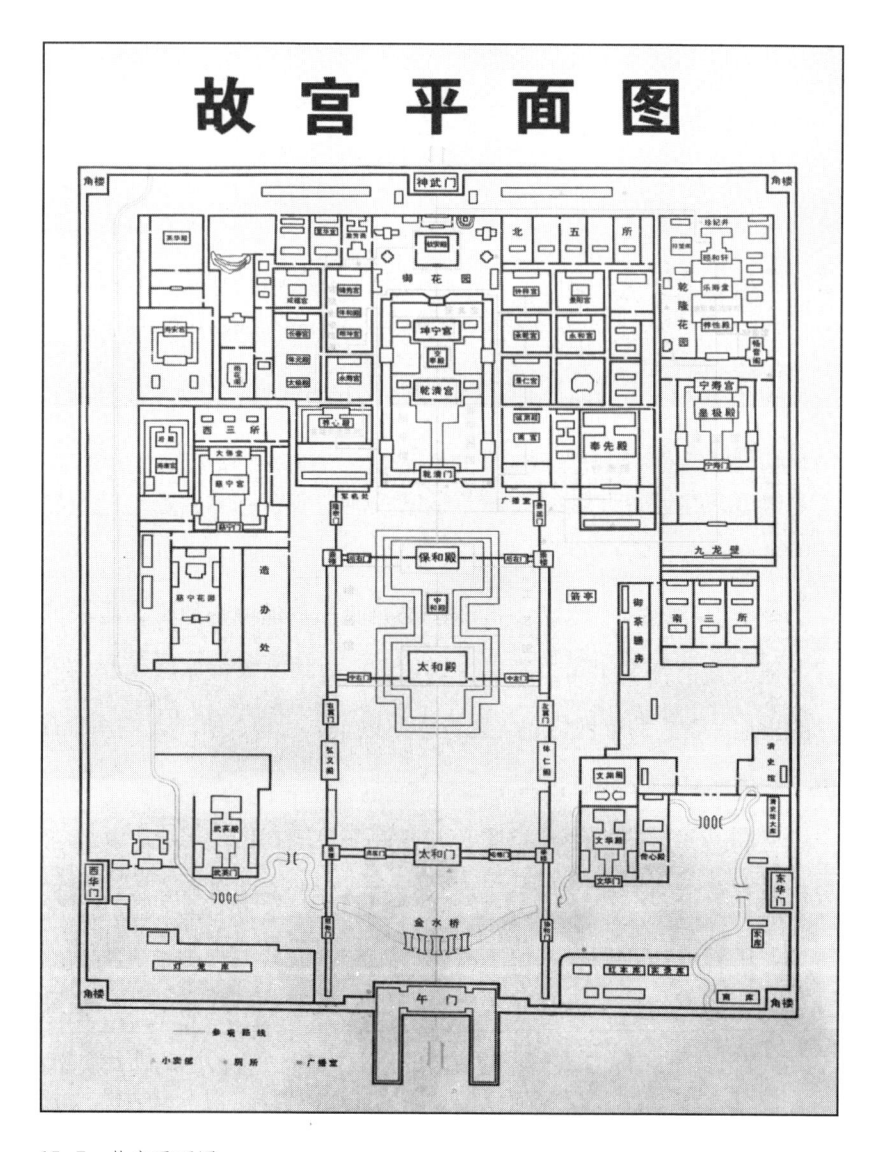

15-7　故宫平面图

象君、象阳。阳清阴浊。清气上升为天，浊气下沉为地。所以把皇帝处理内务的寝宫称为乾清宫。坤宁宫取坤卦。坤是八卦中与乾卦对应的卦，象地、象后、象阴。《易·系辞上》："天尊地卑，乾坤定矣。""乾道成男，坤道成女。"所以把皇后的寝宫称为坤宁宫。

交泰殿位于乾清宫与坤宁宫之间。《易·泰卦》："天地交，泰。"王弼注："泰者，物大通之时也。"交泰，指天地之气融合贯通，生养万物，物得大通，故曰泰。

四、故宫：礼制与审美情趣统一的典范

故宫建筑群是全世界现存最大的古建筑群，有10000多座建筑，9000多间房间，里面居住着数以千计的各色人等，为了议政、办事、管理、生活的方便，必须分隔成许多各自封闭的院落。如此庞大的建筑群，如何避免千篇一律，而又要体现出纷繁的宫廷礼制的等级，是相当复杂的难题。故宫的设计者发挥了无与伦比的智慧，成功地完成了这一伟大的杰作。设计者的匠心，主要体现在以下几方面：

第一，将建筑物的屋顶设计成不同的样式，以收千姿百态的视觉效果。屋顶是建筑物最显眼之处，也最容易形成差别。清工部《工程做法则例》列举了不同规模和形式的27种房屋，就屋顶的形式而言，其所列举者均可在故宫找到实例。其中，屋顶的9种主要样式，美观大方，内涵丰富，又能体现建筑物的等级，下面略作介绍。

重檐庑殿 重檐庑殿顶是故宫建筑中的最高等级。庑殿顶，唐宋时期称"四阿顶"，民间称为"四面坡"，主要特点是四坡五脊，正脊在前后两坡的相交处，左右两坡有四条垂脊，分别交于正脊的一端。重檐庑殿顶，是在庑殿顶之下重出一层腰檐，四角各有一条戗脊，与围绕屋檐上部的围脊相交，构成下檐屋脊，总共九脊。故宫中最重要的建筑，如太和殿、乾清宫、坤宁宫等都是重檐庑殿顶。太和殿是紫禁城的正殿，每年元旦、冬至、万寿三大节，以及国家

重要庆典，皇帝都亲自到此受贺。凡是大朝会、燕飨、命将出师、临轩策士、百僚除授谢恩等，皇帝也都亲临于此。

午门是紫禁城的正门，每逢军队凯旋献俘，皇帝都要到此行受俘礼。神武门是紫禁城的北门，非同一般，所以也是重檐庑殿顶。

以上建筑都在中轴线上，比较容易辨认，也比较容易理解。但也有一些不在中轴线上的建筑，采用了重檐庑殿顶。如太庙，是陈放皇帝列祖列宗牌位的地方，所以要用最高的等级。皇极殿在紫禁城内东北隅，原本是明代宫妃的养老之所的仁寿宫，康熙时改称宁寿宫，为东朝太后的住处。乾隆时再行改建，作为乾隆执政六十年归政后当太上皇时的居处，屋顶就改为重檐庑殿顶。东路的奉先殿是皇帝的家庙，所以也是重檐庑殿顶。

在紫禁城之外，也有一些重檐庑殿顶的建筑，如明十三陵的长陵祾恩殿，是明永乐皇帝陵墓上的享殿，自然要用最高等级，其他帝王的享殿也是如此。需要说明的是，北海西侧文津街上的北京图书馆也是重檐庑殿顶，而它的地位肯定不够这一规格，这是什么原因呢？原来这座建筑是1931年才修建的，此时清朝早已推翻，故宫九种屋顶的制度已经没有约束力，设计者又是一位德国人，所以才出现了这一特例。

重檐歇山 歇山式建筑的山墙先垂直向下，然后向外倾斜，中间有所停歇，故名。其主要特点是，除正脊和四条垂脊外，另有四条戗脊，俗称九脊殿。正脊前后坡是整坡，左右两坡为半坡，腰檐与庑殿顶相同。重檐歇山的等级仅次于重檐庑殿，中轴线上的天安门、端门、太和门、保和殿等均为此种形式。山墙上一般装饰有金黄色的山花，故而既雄伟壮观，又富丽堂皇。

单檐庑殿 单檐庑殿顶是标准四面坡顶，其雏形在仰韶文化遗

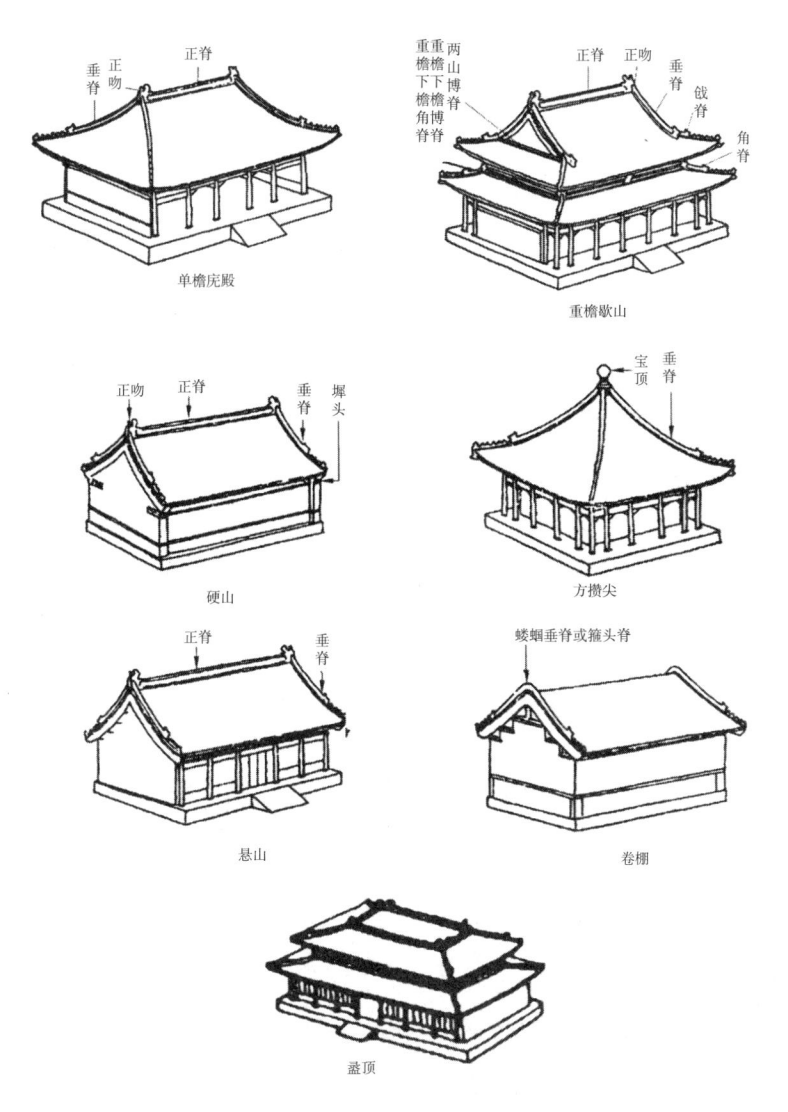

15-8　各种屋顶
采自梁思成著《中国建筑艺术图集》（下册）

址中已经出现，后来发展成为殿堂的主要形态。在紫禁城的建筑体系中，单檐庑殿的等级不太高，只有英华殿、景阳宫、体仁阁、弘义阁、太庙的中殿与后殿等非主要建筑采用。

单檐歇山　单檐歇山的样式与重檐歇山顶的上半部相同，玲珑美观又不失壮观，所以采用的地方相当之多。太和门两侧的昭德门、贞度门，东、西六宫的前殿，以及许多阁、门都是单檐歇山。

四角攒尖　紫禁城中四角攒尖式建筑的典型是中和殿。中和殿介于太和殿、保和殿之间，凡遇三大节，皇帝先在此升座，接受内阁、内大臣、礼部、都察院、翰林院、詹事府各堂官及侍卫执事人员行礼，然后到太和殿。中和殿的样式如果与太和、保和二殿雷同，则势必造成单调沉闷的感觉；若随意改变，则必然降低其等级；因而成为故宫设计中的著名难题。设计者乃征引《周礼》等文献中关于"明堂"的记载，巧妙地设计了这座四角攒尖式的建筑。相传，明堂是上古帝王宣明政教的地方，凡朝会、祭祀、选士、养老、施教等仪式都在此举行。明堂之制，历代记载不一，不可详考，设计者根据依稀的描述，定为平面呈正方形、屋顶为四角攒尖的形制。殿身四面各三间，不砌墙，满设门窗，使光线充盈，寓有明堂"向明而治"的意思。交泰殿在后三殿中的位置与中和殿相同，所以也是四角攒尖顶。

悬山　悬山顶是两坡出水的殿顶，其特点是两端的檩条伸出山墙，上面覆盖瓦，再在檩头上钉以搏风板。悬山原本流行于雨水很多的南方，此种结构可以保护脊檩和墙体免受风雨侵蚀。明代以后，北方也渐渐流行悬山式建筑。紫禁城中的重要配房，文华殿、武英殿的配殿，神武门的东西值房，都是悬山顶。

硬山　硬山是更低一级的屋顶。它与悬山的不同之处是，两侧山墙将顶部的檩头全部封住，这类房子一般是砖石结构，防雨水的需要不突出。宫中等级较低的廊庑、耳房大多用此式。内阁大堂、神武门东西长连房也是如此。

盝顶 "盝"是帝王装玺印的匣子，因盝顶的样子与之相像，故名。盝顶有四角和六角等形式，屋面垂脊上端有横脊，彼此首尾相连，故又称圈脊。御花园中的钦安殿是四角盝顶，太庙中的井亭是六角盝顶。

卷棚 卷棚是紫禁城中等级最低的屋顶，其主要特征是没有外露的主脊，屋脊处用弧形瓦覆盖，故俗名"罗锅顶"。山墙有悬山式，也有硬山式，一般是下人、差役的住所。园林建筑也每每以此为装饰，如御花园内的延辉阁就是一例。

此外，还有一些亭、楼将多种屋顶巧妙地加以组合，形成新的屋顶形式，这类屋顶富于变化，有很强的装饰效果，角楼、千秋亭、万春亭等是其中的典范。

屋顶有两种基本的饰物，一是大吻，二是脊兽，原本是建筑工艺的需要，匠师巧妙地将它们设计成能体现礼制等级的装饰物，可谓独具匠心。

早在汉代，宫廷屋顶正脊的两端就有"鸱尾"的构件。古人认为鸱尾能击水灭火，将它置于屋脊，既可以起装饰作用，又可以表达祈求平安的愿望。元代开始有用龙代替鸱尾的。明代以后，宫廷建筑正式以大吻代替鸱尾，寓意并没有改变，但建筑的观感却更为大气。大吻是指殿宇正脊两端的龙头形吻兽，左右相对，张口吞衔脊端。设大吻的地方，是前、后、侧三个屋面的连接处，是结构上最为薄弱的地方，雨天容易漏水。为了加固和防水，需要用脊桩封住收口处。但这样做势必使脊桩的尾部暴露在外，而大失审美情趣。于是，匠师用龙首形琉璃构件将尾部包住，借以藏拙，并增加装饰效果。太和殿的设计者用13块琉璃构件包裹脊桩，外饰为剑与龙吻，并赋予以龙镇守屋脊可免火灾的寓意，具有浓厚的人文气息。1976

年唐山大地震，北京震感很强，不少现代建筑受到破坏，但这对龙吻安然无恙。

其他屋顶的飞檐处，也是两个或几个屋面的会合点，为封住交接点的上口，需加盖脊瓦，既可防漏，又可增加美感。于是，设计者将外面装饰了若干走兽。古代贵族房屋的大小有严格的制度，身份越高，飞檐（或者戗脊）上垂兽的数量也就越多。因此，垂兽不仅有鲜明的装饰作用，还可以表示屋主人的等级身份。太和殿的垂兽的数目最多，有11个，最前面的叫"仙人骑凤"，其作用是固定飞檐（或者戗脊）下端的第一块瓦件。其他垂兽从"仙人骑凤"向后上方排列，排列的顺序依次是龙、凤、狮、天马、海马、狻猊、押鱼、獬豸、斗牛和行什。

15-9 飞檐神兽

殿宇的等级不同，垂兽的数量也不同，如乾清宫9个，坤宁宫7个，东西六宫的殿顶一般是5个。垂兽的递减，从最后面的"行什"开始。

每个垂兽都有专门的名称和含义：龙、凤象征高贵和吉祥；狮是百兽之王，象征威武；天马和海马象征天子的威德可通天入海；狻猊是传说中的猛兽，能食虎豹，象征百兽率从；押鱼是传说中能兴云作雨的海中异兽；獬豸是传说中能辨别忠奸的独角兽，象征清平公正；斗牛是古代传说中虬、螭之类的龙；行什是一种有翅膀的猴面人像，是屋脊的压尾兽。

第二，在建筑高度上营造跌宕起伏的气势，与宫廷礼制相呼应。为了突出宫廷的重心，设计师往往将主体建筑安排在大型夯土台基上。典型的例子是午门，为了突出城楼的雄伟，设计师将古代的门阙制度加以变化，做成左右两侧前伸的形状，五座门楼建在高台上，彼此以廊房相连，声势夺人。

太和殿坐落在宫中最大的台基上，巍峨、舒展，不同凡响。为了避免太和殿过于突兀，而将两厢体仁阁、弘义阁的台基相应抬高，取得整体的和谐。太和殿与午门之间的太和门，高度也恰到好处，进入午门者仰首北望，太和殿的全景正好透过宽广的门面进入视野。太和门两边侧门的基座也作了相应处理，形成了和缓起伏的梯度。如此，看似散落的建筑物，在默默之中彼此呼应，互为衬托。

紫禁城建筑物的高度，充分运用了传统建筑的美学原则，例如，根据"百尺为体"的原则，建筑物的高度原则上不能超过"百尺"（33米），否则会形同鹤立鸡群，失去整体的和谐。为此，宫内的主要建筑物的高度都以此为限，唯一的例外是午门，为了形成威势而略有超过。另有"千尺为势"的原则，建筑物之间的距离必须适当，太近则觉紧逼，不舒展；太远又觉散落，不紧凑；需要根据具体环境而定，最远的间隔不得超过一千尺。故宫最大的空间是太和殿前的广场，各建筑物之间的距离，均不超过一千尺，所以显得气度恢弘，疏密得当。

乾清门是内廷的正门，为了与前三殿的阳刚布局相区别，总高度仅 13.9 米，与正面相对的保和殿相比，相差几近 1/2，很容易产生不协调的感觉。设计者借用《左传·昭公十八年》"子太叔之庙在道南，其寝在道北"的记载，在两者之间安排了一条横道，利用空间调度，巧妙地分隔了前朝与后寝。由于两处建筑在材料、色彩、风格上的统一，依然保持了整体的和谐，使前三殿之阳刚建筑自然地过渡到了阴柔之境。

第三，在空间处理上求变化。实际上，紫禁城是由许许多多四合院组成的，这种格局很容易显得沉闷死板。设计师通过建筑形式和空间的转换，使视觉运动不断发生变化，从而引起情感的起伏，使整个建筑群成为凝固的乐章。

紫禁城的入口是大明门[1]，从大明门到天安门之间，是一条狭窄而漫长的走道，两边是通脊连檐的长廊，俗称"千步廊"。被召进宫者从大明门进入千步廊，视线被限制在狭长的范围内，不得旁骛，想到深居于九重之中的天子，顿生畏惧之心。千步廊的尽头，是天安门前的丁字形广场，视野顿觉豁然开朗，汉白玉栏板簇拥着雄伟的、红色墙体的天安门，宛如白云红霞，使人下意识地意识到，已经来到天子脚下。走进天安门，迎面而来的是端门，四合院式的空间，宫墙高大，如封似蔽，森严逼人，令人心境为之一变。端门与午门之间变化为长方形的空间，两侧低矮的朝房犹如宫前的仪仗队，巍峨的午门迎面矗立，使人敬畏之心陡增。走出午门，眼前是一横陈的矩形空间，中部是一条弓形的河，上面呈放射状分布着五座汉白

---

[1] 大明门，清代改称大清门，辛亥革命后改称中华门，20 世纪 50 年代为修建天安门广场而拆除，位置约在今天的毛主席纪念堂附近。

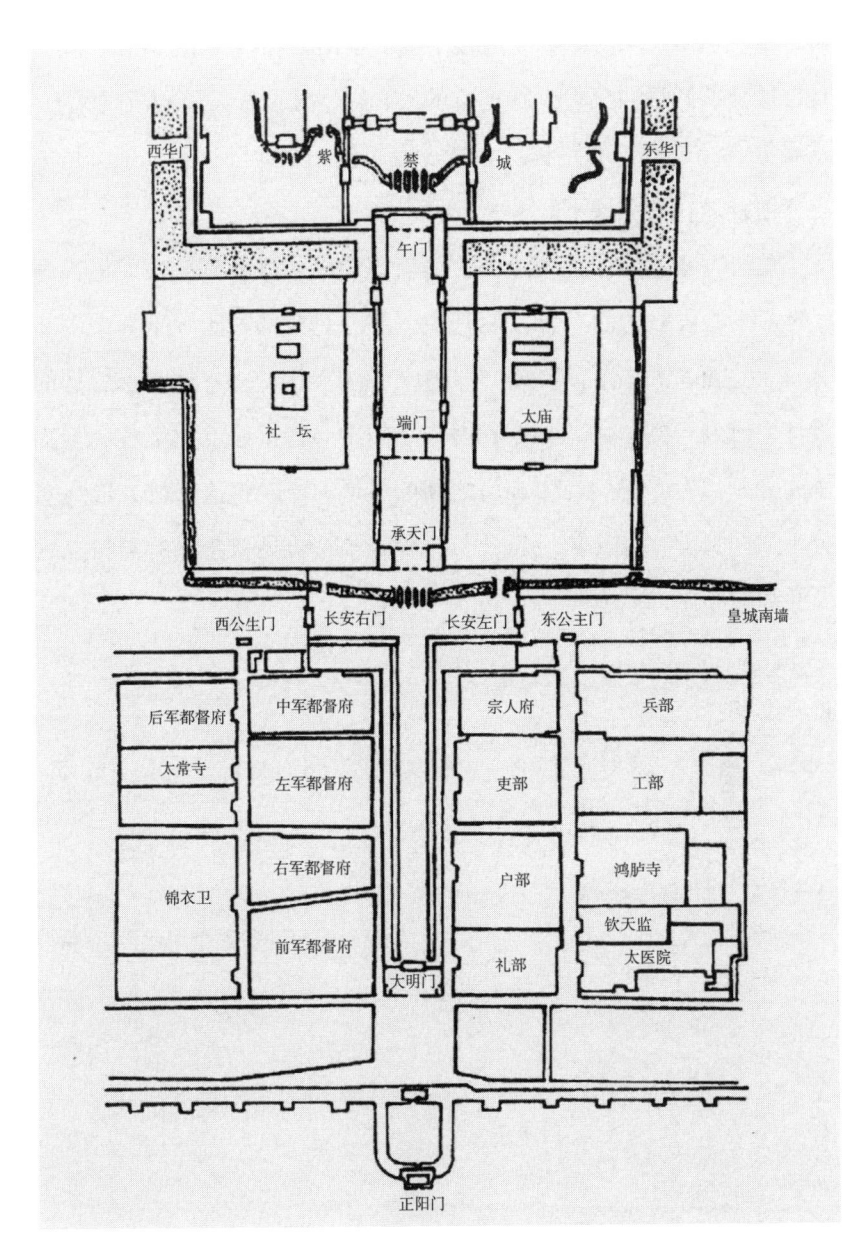

15-10 明北京城午门至正阳门平面图
采自单士元、于倬云主编《中国紫禁城学会论文集》（第一辑）

玉桥，皇家气象的瑰丽扑面而来。抬眼望去，太和门近在咫尺，不由得肃然起敬，整容敛衣，趋步上前。走出太和门，呈现在眼前的，是层层叠叠的汉白玉丹陛护拥着的太和殿，显示着天子的至高无上。被召见者经过漫长的路程，心情跌宕起伏，至此已达到高潮，情不自禁地拜倒在太和殿下。

此外，根据专家研究，西方学者提出的黄金分割率，即把长为L的直线的段分为两部分，使其中一部分对全部的比等于其余一部分对于这部分的比，其约数为0.618。实际上，这一原理在故宫的设计中已经得到运用，如太和殿广场的中心，正好就位于黄金分割率的分割点上。午门与太和门之间的弓形河流，将这一长方形空间分割为两部分，其比值也符合黄金分割率。可见紫禁城的美，浸透了匠师的心血。

参考论著：

1. 于倬云：《故宫三大殿形制探源》，《故宫博物院七十年论文选》，249—259页，北京：紫禁城出版社，1995年。
2. 郑孝燮：《紫禁城布局规划浅探》，《中国紫禁城学会论文集》（第一辑），25—39页，北京：紫禁城出版社，1997年。
3. 郑连章：《紫禁城宫殿总体布局的继承与发展》，《中国紫禁城学会论文集》（第一辑），40—47页，北京：紫禁城出版社，1997年。

"清华版"后记

本书的撰作，是在清华大学文化素质教育基地副主任、中文系主任徐葆耕教授的热情鼓励下开始的。在写作过程中，得到清华大学文化素质教育基地顾问张岂之教授的关心和指教。在各章初稿完成之后，曾分别呈请有关专家审读，并得到悉心指教，他们是：

北京大学考古系严文明教授；

北京大学文博学院院长李伯谦教授；

中国社会科学院考古研究所殷玮璋研究员；

中国社会科学院考古研究所冯时研究员；

中国科学院自然科学史研究所华觉明研究员；

清华大学建筑学院郭黛姮教授；

中央音乐学院音乐学系郑祖襄教授；

中国丝绸博物馆赵丰研究员。

本书的出版，得到清华大学出版社的热情支持，尤其是第六编辑室的全体同志的关心和帮助。责任编辑马庆州先生审读了全书，并多所指正。

在此，谨向以上先生表示衷心的感谢！

作者谨识

2002 年 3 月 27 日于清华园

"北大版"后记

新年伊始,《文物精品与文化中国十五讲》终于脱稿了,揉揉干涩的双眼,转动一下发硬的肩和脖,紧绷了很长时间的神经终于可以松快一下了。而此时我最想说的话,则是要感谢对本书的写作和出版给予了无私支持和帮助的师长和朋友。

本书增写的5个专题,都是我尝试着涉猎的领域,尽管为之耗费了大量的心力,但毕竟不是我的专业,完稿之后心中总觉得不踏实。为了避免错误,同时为了借机会请教,我将文稿分别寄送五位专家审阅、把关。

袁仲一先生是著名考古学家,我平素景仰的前辈。袁先生曾经担任秦陵考古队的第一任队长、秦俑博物馆的第一任馆长,是海内外公认的秦始皇陵考古最有成就的学者。由他来审读拙稿,自然是最为理想了。承蒙袁先生不弃,俯允为"秦陵铜车马与先秦时代的造车技术"把关,他阅读得非常仔细,连文稿中的错字、漏字都逐一标了出来。有些数据,比如秦陵陵园外城墙的尺寸,我是根据考古报告写的,而袁先生指正说:"这是老的数据,现在有新的实测数据。"并在拙稿上做了订正。他还亲笔给我写了长信,对我做的工作给予了亲切的鼓励,又对文稿中某些表述不准确甚至错误的地方提出了修改意见。袁先生虚怀若谷的胸襟和真诚提携后学的风范,是我永远学习的榜样。

席龙飞先生是著名的造船史专家、武汉理工大学交通学院教授、中国船史研究会名誉会长。我拜读过他的大著《中国造船史》，非常敬佩，心向往之，但一直无缘拜识。当他从电话中得知我的愿望之后，慨然允诺审读拙稿"泉州宋船与中国古代的造船技术"。在电话中，他非常赞同我开的"文物精品与文化中国"的课程，希望我进一步把这门课建设好。时隔不久，他先是寄来了几张供我使用的照片，接着又寄来了写得满满的三张信纸，详细谈了他的修改意见，并且提供了一些资料的查找线索，他的亲切令我倍感温暖。

王仁湘先生是著名考古学家，现任中国社会科学院考古研究所边疆考古中心主任、研究员，多年在新疆与甘青等边疆地区从事考古发掘与研究，成就很高，尤其是对于该地区的彩陶，研究尤深，著述颇丰。王先生的工作之繁忙，在考古所可以说是尽人皆知。但他挤出宝贵时间审读我的"上孙家寨舞蹈纹盆与甘青地区的彩陶文化"一章，指出了不少表述不准确甚至是说错的地方，并逐一为我做了解释，不愧是大方之家，使我获益良多。

李朝远先生是著名历史学家，在青铜器研究领域造诣尤深，现任上海博物馆副馆长、研究员，也是我相交多年的好朋友。多年以前，我在写作本课程的教材时，就多次得到他的帮助和指教。2006年，我们同在南京开会，他得知我正在写"妇好墓象牙杯与先秦时期的生态环境"的专题，当即表示可以把手头有关青铜象尊的新资料供我使用。不久，他从上海寄来法国吉美象尊的图册以及资料光盘，令我喜出望外。拙稿完成后，他又作了审读，并提出修改意见，高情厚谊，于此可见一斑。

吴中朝研究员是中国中医科学研究院针灸研究所主任医师、北京国际针灸培训中心教授、中央保健会诊专家，理论与实践兼长。我在撰写本教材中"正统针灸铜人与中国古代的经络学说"一章时，曾两度前往请教，承他多方指点。文稿完成后，又蒙他悉心审读和修改，避免了不少由于我的外行和浅陋而导致的错误，真是幸运之至。

此外，还要提及的是湖南常德地区考古学家曹传松、曹毅父子。本课程的第一讲中谈到湖南澧县的彭头山、八十垱、城头山等几个遗址，但我从来没有到实地考察过。今年初，我应邀到常德讲学，《常德日报》社领导安排我去澧县，实现了我的夙愿。著名的城头山遗址是曹传松先生最初发现的，其功甚伟。我到澧县时，恰好他出差在外，未能拜见。下午参观澧县文物展览时，为我们做讲解的居然就是曹先生的儿子曹毅，真是令人兴奋！这位武汉大学历史系毕业的青年才俊继承父业，长年奋斗在澧县的考古工地。我相信，凭他的才干与事业心，将来必有大成。临别，曹毅将一些相关资料送给我，以方便我的写作。此后，曹传松先生审读了原稿中的"河姆渡骨耜与中国古代农业文明"一章，尤其是其中关于澧县的一节，多所订正。曹氏父子还向我提供了一些珍贵的文物照片，令我感激莫名。

本书写作过程中，还得到清华大学电子系研究生徐研和即将毕业的本科生陈阳同学的帮助。清华电子系在我校素有"状元系"之称，二位是非常优秀的同学，他们都选修过我在清华开的所有课程，是我最忠实的听众。陈阳同学是清华大学摄影协会的会长，他拍了不少文物图片供我采用，书中妇好墓象牙杯的照片就是他的作品，由此可见他的身手不凡。徐研同学将电视台播出的一些文物节目拷贝给我，供我参考。另外，青海柳湾彩陶博物馆李永红小姐也热心提供了图片。

在此，谨向以上各位热忱赐教的先生和同学三申敬谢之意。

本书的责任编辑艾英小姐业务素质非凡,尽心尽职,为本书的出版做了大量工作。我的研究生张涛,多年担任本课程的助教,本书的不少图片是他协助选配的。在此一并致谢。

彭　林
2007年3月5日于清华园寓所